附历年真题及范文

2026版

MBA MPA MPAcc MEM
管理类与经济类专业学位联考

写作 高分一本通

陈君华 编著

SHANGHAI JIAO TONG UNIVERSITY PRESS

内容提要

本书紧扣管理类综合能力考试和经济类综合能力考试大纲的写作部分,结合作者多年的考前辅导教学经验以及长期潜心研究古今中外写作技法的深刻心得,秉承"准确、高效"的原则,通过着力强化和提升考生的分析、论证能力,帮助考生更好地进行写作备考,实现提升考生应试水平和得分能力的最终目标。

本书为考生提供由作者独创的图表型、填空式分析写作法,可以行之有效地帮助考生快速提高读题、找错、析错、成文的能力;论说文部分为考生提供了最常用的八种论证方法和真题范文,快速提高考生论说文写作水平。

本书可供管理类专业学位联考和经济类专业学位联考的考生阅读。

图书在版编目(CIP)数据

MBA MPA MPAcc MEM 管理类与经济类专业学位联考写作高分一本通：附历年真题及范文：2026 版 / 陈君华编著. -- 上海 : 上海交通大学出版社，2025.2. -- ISBN 978-7-313-32402-3

Ⅰ. H193.6

中国国家版本馆 CIP 数据核字第 2025S1L018 号

MBA MPA MPAcc MEM 管理类与经济类专业学位联考写作高分一本通(附历年真题及范文)(2026 版)
MBA MPA MPAcc MEM GUANLILEI YU JINGJILEI ZHUANYE XUEWEI LIANKAO XIEZUO GAOFEN YIBENTONG (FU LINIAN ZHENTI JI FANWEN) (2026 BAN)

编　　著：陈君华
出版发行：上海交通大学出版社　　　　　　　　　地　　址：上海市番禺路 951 号
邮政编码：200030　　　　　　　　　　　　　　　电　　话：021 - 64071208
印　　制：上海景条印刷有限公司　　　　　　　　经　　销：全国新华书店
开　　本：787 mm×1092 mm　1/16　　　　　　印　　张：20.5
字　　数：482 千字
版　　次：2023 年 5 月第 1 版　2025 年 2 月第 3 版　　印　　次：2025 年 2 月第 3 次印刷
书　　号：ISBN 978 - 7 - 313 - 32402 - 3
定　　价：79.00 元

前 言

目前,全国研究生入学管理联考和经济联考,都设有"综合能力"这样一门考试,考试时间 3 个小时(180 分钟),具体内容包括了数学、逻辑和写作三大科目。具体到"写作"科目,管理联考和经济联考又同时包括了"论证有效性分析"和"论说文"两道大题。这两道写作题,无论是哪一种联考,其考试的大纲、性质和要求也基本是一样的。

"**论证有效性分析**"要求考生写一篇 600 字左右的文章,分析给定题干在论证推理过程中存在的最主要的几个逻辑问题,以此来重点测试考生全面准确地理解题干的逻辑结构、找到重要的逻辑问题并进行简明扼要的分析的"**分析能力**"。

"**论说文**"则要求考生根据试题给定的材料进行审题立意,然后写一篇 700 字左右的文章来论证自己的立意和观点,以此来重点测试考生论证自己的观点、劝说别人接受自己观点的"**论证能力**"。

由于两类联考的两篇作文的考试性质完全相同,因而本书写作时虽然主要着眼于管理联考(除非特别指出,本书中的"联考"一词首先是指"管理联考"),但毫无疑问,它同时也完全可以作为经济联考的考生写作复习的教材。

为了更好地帮助各位考生进行写作的备考,本书紧扣联考写作的"考试大纲",并结合作者 20 多年考前辅导的教学经验以及长期潜心研究古今中外写作技法的感悟心得,秉承"准确、高效"的原则,通过着力强化,提升考生的分析、论证能力,来达到提升考生应试水平和得分能力的最终目的。

与考生要考的两篇作文相对应,本书也分为两编:上编为"论证有效性分析",下编为"论说文"。

一、论证有效性分析

上编主要介绍"论证有效性分析"这种从 GMAT 和 GRE 引进的、对绝大部分中国考生来说几乎完全陌生的题型的性质、规则和应对策略。

"论证有效性分析",顾名思义就是要对给定的"论证"的有效性进行分析。但如果我们仅仅停留在这种"望文生义"的肤浅理解上,是很难写出标准意义上的论证有效性分析的文章的。

自从 20 多年前接触到这种文体和思维方式以来,我本人的认识也有个由浅入深的过程。刚开始,我和很多人一样,觉得它很简单,误以为不过是"找几个逻辑问题,写成一篇小文章"而已。但何谓"逻辑问题"? 怎样去寻找最重要的逻辑问题? 找到之后又如何把这些逻辑问题分析清楚? ……这些问题,可不像我们以为的那么容易回答。

经过多年潜心的研究和教学相长之后,我越来越认识到,论证有效性分析其实是一种非常"精妙"的思维方式和沟通方式。正因为它的"精妙",所以,一般人很难摸准它的门道,很难真正入门。

对于中国的初学者来说,论证有效性分析的写作很容易出现这样两种偏差:

一是撇开题干结论,仅仅攻击题干的前提和论证过程。这种偏差的问题在于,为找逻辑问题而找逻辑问题,忘记了结论是整个题干论证的核心。这种偏差就像下象棋的新手不知道"将军",而只是迷恋于"吃子",甚至"为吃子而吃子"一样。或者再打个比方,就像一个足球队只知道在中后场倒脚,而不知道对方的球门在哪里一样。

二是没有进入题干的逻辑空间,撇开题干的前提和论证过程而仅仅攻击题干的结论。这是外在反驳的驳论文的写法。对于标准的论证有效性分析来说,这种写法有隔靴搔痒、泼妇骂街的嫌疑。

为了能够写出真正的论证有效性分析的文章,我们就必须有效地防止以上两种偏差。为此,我们需要准确地了解论证构成的三要素——结论、前提和论证过程,以及它们三者之间的逻辑关系:结论是核心,整个论证都是围绕结论而展开的,都是为了证明结论的成立的。

据此,我们就可以确定,全面准确的论证有效性分析应该是:一手抓题干前提,一手抓题干结论,在尽量接受题干原始事实论据和前提的基础上("一肯"),通过分析题干推理论证过程中所存在的逻辑问题("二否"),指出题干的结论并不能通过上述推理论证必然得出,因此,其结论也很可能不成立("三疑")。

概括起来,论证有效性分析最基本的思维方式就是六个字:"一肯二否三疑。"把握住了这一点,就等于把握住了论证有效性分析的核心和本质。其余的问题,比如怎么去读题,怎么去找错,怎么去析错,怎么写成一篇600字的文章……自然就迎刃而解了。

当然,对于上述这些技术性的问题,我们也不能忽视。为此,本书提供了一套简单易行的应对策略。由我独创的图表型、填空式分析写作法,根据过去20多年、几十万名考生的应试经验验证,确实可以行之有效地帮助各位考生快速提高读题、找错、析错、成文的能力,最终获得比较满意的成绩。

最后,需要特别强调的是,范文是最好的老师。因此,针对历年真题,本书给考生提供了经过许多专家、高手共同讨论、精心修改而成的多篇经典范文,供考生抄写、研究和学习。

不过,为了提升复习的效果,我们建议,在研读、抄写范文之前,同学们最好自己先认真研读题干,然后试着写出一篇文章。自己写完文章之后,再研读范文,就知道自己的问题在哪里,范文的优点在哪里,以及该如何修改和完善自己的文章了。

二、论说文

相对于题型全新、思维方式考生比较陌生的论证有效性分析来说,论说文(或"议论文")是各位考生比较熟悉的,因为中小学里我们不仅读过很多论说文,而且也写过不少论说文。但这是否就意味着大部分考生能轻松应对联考中的论说文了呢?

事实恰恰相反。在复习到一定阶段之后,很多考生真正害怕的不是论证有效性分析,因为论证有效性分析终究有好几百字的题干摆在那里等着我们去分析和批判,我们只要按部就班地读题、找错、析错、成文即可,不必太担心跑题,也不必太担心无话可说。

但论说文考试至少有两点如拦路虎一样让无数考生望而生畏。考生一是害怕跑题,因为一旦被判跑题,文章几乎等于白写;二是害怕无话可说、无理可讲,只能硬着头皮拼凑,而痛苦地、硬生生地拼凑出来的,也不过是一些自己都嫌弃的口水话。更可悲的是,有些考生最后连700字都未必能拼凑得出来。

本书下编就试图帮助考生解决这两大难题。为此,下编内容安排如下:

第六章"**应试基础**"。本章首先对现行论说文的"考试大纲"和"评分标准"做了详细的解读,这是复习论说文的基础。然后,归纳和总结出了论说文联考的30个"常考主题":决策、执行、领导、竞争、合作等。了解了这些常考主题,我们论说文的复习方向和范围也就更加明确了,在主题上也可以做到更加有备无患。

不仅如此,为了帮助考生在理论和写作框架上有比较充分的准备,本书还给大家奉献了一份特殊而丰厚的礼物:一些最常考的论说文主题的写作提纲。如果各位考生理解、消化了这些写作提纲,我们相信,你列提纲、搭框架的能力必将大大提升。在论说文的考场上,只要你的提纲和框架搭建好了,接下来的成文是水到渠成的,要做的无非是一些解释、扩充等简单的工作。

第七章"**题型分析**"。总结历年真题,我们发现,联考论说文的题型可以进一步划分为以下6种:① 命题作文;② 话题作文;③ 立论作文;④ 评论作文;⑤ 观点分析;⑥ 案例分析。为什么要进一步区分这几种题型? 因为不同的题型对应着不同的写作要求和应对规则。所以,如果搞错题型,写出来的文章很可能文不对题。本章试图给各位考生阐述清楚,在考场上如何识别这几种常考题型,识别之后又如何准确地应对。

第八章"**审题立意**"。毫无疑问,审题立意对于考场论说文来说"生死攸关",因为按照现行大纲的评分标准,如果文章立意不准确,甚至完全跑题,那么即使文章本身写得再好,也得不了几分。所以,在下笔写作之前,必须特别注意审题和立意。为此,我们在本章介绍了切实有用的审题立意的原则、程序和方法,并给出了大量审题立意的练习题以及相应的参考答案和详细解析,以提升大家审题立意的能力。

第九章"**成文写作**"。本章的内容比较多,重点是"论证说理"和"写作模块"这两节。论说文的重点就在于论证说理。一篇好的论说文,最大的特点就是论证说理充分有力。如何进行论证说理? 本章用相当大的篇幅给各位考生详细介绍了最常用的8种论证方法:① 分析论证法;② 事例论证法;③ 理论论证法;④ 反面论证法;⑤ 反驳论证法;⑥ 对比论证法;⑦ 引述论证法;⑧ 比喻论证法。掌握了这些论证方法之后,在考场上如果能有意识地加以运用,论说文的论证说理应该不是一件太难的事情。

另外,对于考生来说,掌握几种最常用的"写作模式"也是非常必要的。道理很简单,试想如果考生在考场上事先没有采用适当的写作模式列好提纲、搭好框架,而是一边想一边写,想到哪里写到哪里的话,因为根本就没思路,所以写作的速度可能很慢,写出来的文章质量也难以保证。相反,落笔成文之前,如果按照一定的"写作模式"先列个提纲,然后再扩充成文,也许会更快更好。基于此,我们主要介绍了3种简单实用的论说文写作模式:① 例证式;② 三点式;③ 八股式。借助这些模式,也许我们就能在考场上避免东拉西扯、结构混乱、思路闭塞的现象,比较快地写出一篇结构完整、条理清晰、层次分明的论说文。

在这一章的最后,我们给大家提供了一些高质量的仿真模拟试题,希望同学们自己能够认真审题立意,拟出写作提纲,并写成正式文章。然后,再研读本书的分析思路和范文,看看自己的问题出在哪里,将来怎么防范,怎么提高。

第十章"**历年真题**"。历年论说文真题是考生复习论说文最宝贵的资料,因为它们就出自命题人之手,而命题人又是相对比较稳定的,所以,命题风格也相对比较稳定。为了确保大家的论说文复习紧贴真题,本章搜集了 1997 年以来管理类联考以及 2011 年以来经济类联考所有论说文的真题,供同学们研究、练习。希望同学们能像当年的考生在考场上一样,认真读题、审题、立意,然后列提纲、搭框架,最后写成一篇正式的文章。如果这样,我们相信,你的论说文的应试能力必将迅速提升!

为了帮助同学们更好地研究历年真题,本书还提供了一些重要真题的参考范文。希望同学们认真研读这些经典的论说文范文,有意识地分析和学习它们背后的论证技巧、说理方法、文章布局、文气酝酿、措辞造句、修辞手法、事例运用……潜移默化地,我们的思想在日积月累之中就会变得越来越厚实,我们的视野在阅读经典范文的过程中就会变得越来越开阔,这时也许你就能体会到得心应手、"下笔如有神"的那种写作的快乐。

句句犀利,击中联考真谛;招招神奇,点破作文玄机。

最后,希望这本为你们精雕细琢、倾情奉献的书,能帮助你们在今年的联考写作中写出好文章,考出好成绩,考上自己理想的院校,迈上自己更新、更高的职业和人生平台!

友情提醒

本书对有些题目做了比较详细的解析,所占的篇幅比较多,这样你在阅读随后的"解析"时,可能就需要来回翻看之前的"题目",从而造成一定的阅读和理解的困难。

为解决这个问题,我们建议同学们用手机先把这道题拍下来,接下来就可以方便地对照着手机中的"题目"看本书的"解析"了。

陈君华
于同济大学人文学院哲学系
2025 年春

新浪微博:@陈君华博士
微信公众号:陈君华的批判性思维
哔站空间:陈君华的批判性思维

目 录 ❖

现行管理类联考和经济类联考写作的"考试大纲"如下：

管 理 类 联 考	经 济 类 联 考
综合能力考试中的写作部分主要考查考生的分析论证能力和文字表达能力,通过论证有效性分析和论说文两种形式来测试	综合能力考试中的写作部分主要考查考生的分析论证能力和文字表达能力,通过论证有效性分析和论说文两种形式来测试
1. 论证有效性分析 论证有效性分析试题的题干为一篇有缺陷的论证,要求考生分析其中存在的问题,选择若干要点,围绕论证中的缺陷或漏洞,分析和评述论证的有效性。 本类试题的分析要点是:论证中的概念是否明确,判断是否准确,推理是否严密,论证是否充分,以及有无明显的逻辑错误,论证的论据是否支持结论等。 文章要求分析得当,理由充分,结构严谨,语言得体	**1. 论证有效性分析** 论证有效性分析试题的题干为一篇有缺陷的论证,要求考生分析其中存在的缺陷与漏洞,选择若干要点,围绕论证中的缺陷或漏洞,分析和评述论证的有效性。 论证有效性分析的一般要点是:概念特别是核心概念的界定和使用是否准确并前后一致,有无明显的逻辑错误,论证的论据是否支持结论,论据成立的条件是否充分等。 文章根据分析评论的内容、论证程度、文章结构及语言表达给分。要求内容合理、论证有力、结构严谨、条理清楚、语言流畅
2. 论说文 论说文的考试形式有两种:命题作文和基于文字材料的自由命题作文。每次考试为其中一种形式。 要求考生在准确、全面地理解题意的基础上,对命题或材料所给观点进行分析,表明自己的观点并加以论证。 文章要求思想健康、观点明确、论据充足、论证严密、结构合理、语言流畅	**2. 论说文** 论说文的考试形式有两种:命题作文和基于文字材料的自由命题作文。每次考试为其中一种形式。 要求考生在准确、全面地理解题意的基础上,对材料所给观点或命题进行分析,表明自己的态度、观点并加以论证。 文章要求思想健康、观点明确、材料充实、结构严谨完整、条理清楚、语言流畅

在这里,首先要提醒同学们,上述关于联考写作的"考试大纲"非常重要,因为它是联考写作最权威、最官方的文字,也是出题者和阅卷者的主要依据。毫无疑问,同学们的复习必须紧扣现行的考试大纲;复习过程中,有什么疑问,最终也只能求助于考试大纲,以大纲为标准,而不能听信各种所谓的"坊间谣传"。时刻记住,考试大纲有明确规定的,必须严格遵循;大纲没有明确规定的,考生就有相当的自主权。

为了帮助同学们准确把握大纲,接下来我们对大纲做一些必要的解析。

显然,上述"考试大纲"告诉我们,不管是哪一类联考,写作大纲都包含了三个部分:一是"总论";二是"论证有效性分析";三是"论说文"。具体的关于"论证有效性分析"和"论说文"考试大纲的解析,本书将在后面相关章节详细展开。在这里,我们暂时只解析写作大纲的"总论"部分。

无论是管理类联考,还是经济类联考,写作"考试大纲"的"总论"部分,都是这样一句话:

综合能力考试中的写作部分主要考查考生的分析论证能力和文字表达能力,通过论证有效性分析和论说文两种形式来测试。

先看"总论"的前半句:"综合能力考试中的写作部分主要考查考生的分析论证能力和文字表达能力……"

这句话是在告诉我们,联考作文主要考什么。当然,只要是作文考试,就肯定涉及"文字表达能力"的测试,但这不是我们联考作文考试的重点。我们的联考作文主要测试的是考生的"分析论证能力",这又可以进一步拆分为两种能力:第一,"分析能力";第二,"论证能力"。显然,这两种能力都属于逻辑思维素养的范畴。

所以,联考的两篇文章主要测试的是我们的分析能力和论证能力这两种重要的逻辑思维素养,而不是写作技巧或文学素养(因为这跟我们将来的学习和工作没有太大关系)。因此,在考场上,文章不一定要写得多么华丽漂亮,但一定要向阅卷老师充分地呈现我们较强的分析能力和论证能力。

接着,我们来看"总论"的后半句:"……通过论证有效性分析和论说文两种形式来测试。"

前半句说的是作文主要测试我们的分析能力和论证能力,现在后半句又说要考两篇文章。显然,这前后两小句之间存在着某种对应的逻辑关系。顾名思义,论证有效性分析主要测试的是"分析"能力——分析题干的逻辑结构和逻辑错误的能力;论说文主要测试的是"论证"能力——论证我们自己的思想观点,打消别人的疑问,劝说别人接受我们思想观点的能力。

在大体了解了联考两篇作文的题型和测试目的之后,同学们可能会关心两篇文章在考场上各占多少分,答题时间大概各是多长。

我们知道,无论是管理类联考还是经济类联考,"综合能力"的考试时间都是 3 个小时(180 分钟),具体内容都包括了数学、逻辑和写作三大科目。不过,总分和分值分布有些不同:

综合能力	考试时间	总分值	数 学	逻 辑	写 作
管理类联考	180 分钟	200 分	75 分	60 分	65 分
经济类联考	180 分钟	150 分	70 分	40 分	40 分

关于文章的长度,现行管理类联考和经济类联考都要求考生所写的论证有效性分析为 600 字左右,论说文为 700 字左右。

具体字数怎么计算?当然,阅卷老师不会一个字、一个字地去数,而是按照版面来估计考生作文的字数。

怎么估计?历年联考作文的答题纸通常是 20 个方格一行的方格纸。在答题纸上,每隔

5 行,就分别有"100 字""200 字"之类的字数提示符。论证有效性分析要求考生写 600 字左右,其实就是要求考生写到答题纸的第 30 行,也即只要你写到有"600 字"的提示符的那一行结束,你的字数就算够了。按照这种计字的方法,如果刚好写到第 30 行结束,大部分考生文章的实际字数(包括汉字、数字、标点符号等在内),大概是 540 字。当然,考生写个 31 行或 32 行(论证有效性分析近年的答题纸每年都是 35 行),也是可以的。但如果少于 30 行,就算字数不够,要酌情扣分了。

论说文要求写"700 字左右",一般来说,写到 35 行到 37 行结束(论说文近年的答题纸每年都是 40 行),长度是最合适的。

由于总分值不一样,因而两类联考每个分值的标准用时也就有些差别。管理类联考"综合能力"每个分值的标准用时是:180 分钟/200 分 = 0.9 分钟;而经济类联考"综合能力"每个分值的标准用时是:180 分钟/150 分 = 1.2 分钟。

按照每个分值的标准用时来进行计算,管理类联考的论证有效性分析总分为 30 分,标准答题时间是 30×0.9 = 27 分钟;论说文总分为 35 分,标准答题时间是 35×0.9 = 31.5 分钟。经济类联考的论证有效性分析总分为 20 分,标准答题时间是 20×1.2 = 24 分钟;论说文总分也是 20 分,标准答题时间也是 20×1.2 = 24 分钟。20~30 分钟写 1 篇文章,1 小时不到写 2 篇文章,时间确实是非常紧张的(所以,套路和技巧就尤其重要)!

总结起来,两类联考的两篇作文的考试性质完全相同,相应的区别在于:

写　作	论证有效性分析	论　说　文
管理类联考	总分 30 分,600 字左右,标准答题时间 27 分钟	总分 35 分,700 字左右,标准答题时间 31.5 分钟
经济类联考	总分 20 分,600 字左右,标准答题时间 24 分钟	总分 20 分,700 字左右,标准答题时间 24 分钟

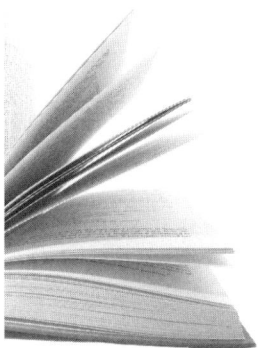

上编
论证有效性分析

※ 复习建议

（1）通读本书的上编"论证有效性分析"部分（估计用时 10~15 小时），最终做到全面准确地了解文体、掌握规则、熟悉模块。

（2）成立 3~5 人的写作小组，相互督促、讨论和学习。

（3）认真研究历年真题。对每年真题最好依次做到：① 认真读题；② 梳理题干的逻辑结构；③ 找错析错；④ 写作成文；⑤ 抄读范文；⑥ 修改重写。

（4）如果时间有限，就重点研究 2003 年 1 月、2004 年 10 月、2005 年 1 月、2008 年 1 月以及最近 5 年联考的真题。

（5）对其余的历年真题，也要做到：① 认真读题；② 找错析错；③ 抄读范文。

第一章　应试基础

任何游戏都有自己独特的游戏规则。当然,论证有效性分析也不例外。

如果你不懂它的游戏规则,你的文章也许根本就不符合要求,写了可能也是白写。

那对同学们而言,论证有效性作为一种全新的游戏,究竟有着怎样的游戏规则?

毫无疑问,"考试大纲"就是它最基本的游戏规则。

因此,考生的复习也只能是:从大纲出发,以大纲为标准。

第一节　大纲解析

关于论证有效性分析,现行的"考试大纲"是这样写的:

管理联考	经济联考
论证有效性分析试题的题干为一篇有缺陷的论证,要求考生分析其中存在的问题,选择若干要点,围绕论证中的缺陷或漏洞,分析和评述论证的有效性。 本类试题的分析要点是:论证中的概念是否明确,判断是否准确,推理是否严密,论证是否充分,以及有无明显的逻辑错误,论证的论据是否支持结论等。 文章要求分析得当,理由充分,结构严谨,语言得体	论证有效性分析试题的题干为一篇有缺陷的论证,要求考生分析其中存在的缺陷与漏洞,选择若干要点,围绕论证中的缺陷或漏洞,分析和评述论证的有效性。 论证有效性分析的一般要点是:概念特别是核心概念的界定和使用是否准确并前后一致,有无明显的逻辑错误,论证的论据是否支持结论,论据成立的条件是否充分等。 文章根据分析评论的内容、论证程度、文章结构及语言表达给分。要求内容合理、论证有力、结构严谨、条理清楚、语言流畅

既然大纲明确规定,"论证有效性分析试题的题干为一篇有缺陷的论证,要求考生分析其中存在的问题",因此,论证有效性分析实际上就是论证无效性分析,也即要通过分析来证明题干的论证是无效的。具体来说,就是要求我们:

（1）找出题干论证中最主要的几个逻辑问题。

（2）中肯简要地阐述这些问题何以成为问题。

具体要找几个逻辑问题来加以分析？对此，大纲写得比较模糊——"选择若干要点"。结合最近几年的真题，我们建议最好找 4~5 个逻辑问题来加以分析。这样才能对题干的推理论证做出比较全面的回应，不至于漏掉太多重要的逻辑问题未做回应；同时又能留下一定的篇幅来对我们所指出的逻辑问题进行具体的分析和阐述。

论证有效性分析主要测试考生的以下 4 种能力，考生的作文所体现出来的这 4 种能力的高低强弱也直接决定了考生作文的得分：

（1）全面准确地梳理清楚题干推理过程的能力。

（2）寻找题干推理过程中重要逻辑错误的能力。

（3）中肯简要地分析这些错误何以为错的能力。

（4）条理清晰地写出一篇流畅优美文章的能力。

另外，现行管理联考的"考试大纲"还对论证有效性分析的评分标准做出了相应的规定：

1	根据分析评论的内容给分，占 16 分
2	按论证程度、文章结构与语言表达给分，占 14 分，分四类卷给分。 一类卷（12~14 分）：分析论证有力，结构严谨，条理清楚，语言精练流畅； 二类卷（8~11 分）：分析论证较有力，结构较严谨，条理较清楚，语言较通顺，有少量语病； 三类卷（4~7 分）：尚有分析论证，结构不够完整，语言欠连贯，语病较多； 四类卷（0~3 分）：明显偏离题意，内容空洞，条理不清，语句不通
3	每 3 个错别字扣 1 分，重复的不计，至多扣 2 分
4	书面不整洁，标点不正确，酌情扣 1~2 分

第二节　思维方式

顾名思义，论证有效性分析就是要对给定的"论证"是否有效做出分析。

要对给定的"论证"是否有效做出分析，首先必须了解"论证"的概念及构成要素。

什么叫论证？逻辑上的定义是：论证是指由断定一个或一些判断的真实性、通过推理确定所需证明观点的真实性的思维过程。

从上述定义可以看出，"论证"至少包含 3 个基本要素：结论、前提和论证过程。它们三者之间的关系，用图来表达就是：

由于论证包含了前提、结论和论证过程这 3 个基本要素,因而完整准确的论证有效性分析必须同时抓住这 3 个基本要素,并且都要做出回应。漏掉任何一个要素,或者回应的方式出现偏差,就不是真正的论证有效性分析。

对于论证构成的这三要素,考生究竟该如何做出回应?具体来说,就是要:

一手抓题干前提,一手抓题干结论,

在尽量肯定和接受题干原始事实论据和前提的基础上("**一肯**"),

通过分析题干推理论证过程中所存在的逻辑问题("**二否**"),

指出题干的结论并不能通过上述推理论证必然得出,因此其结论也很可能不成立("**三疑**")。

概括起来,论证有效性分析的基本思维方式就是六个字:"一肯""二否""三疑"。

用图来表达,也许更为直观明了:

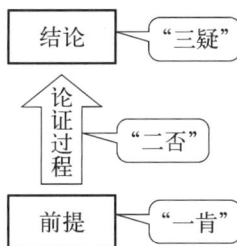

这里需要简单解释一下:什么叫"二否"?"二否"的意思是:考生需要想办法剪断题干的推理论证过程,否定题干推理论证过程的成立。

接下来必须明确"一肯""二否""三疑"之间的关系。它们三者之间的关系是:"一肯"是"二否"和"三疑"的前提,"二否"是"三疑"的手段,"三疑"是"二否"的目的。具体来说就是:

(1)考生要想分析题干推理论证过程中内在的逻辑问题,逻辑上就要先尽量接受题干推理论证的基本前提,这样才能进入题干推理论证过程中的"逻辑空间"之内,做出内在的分析和批判;否则,考生的批驳就很可能只是外在的骂街。所以,"一肯"是"二否"和"三疑"的前提。

(2)论证有效性分析的一项重要工作是"找错析错":寻找题干推理论证过程中存在的逻辑问题并加以分析。但是,"找错析错"只是手段,手段没有自在自为的意义,手段必须为目的服务。就像论证从来不是为论证而论证,论证最终是为了证明结论的成立,论证有效性分析"找错析错"同样是为了质疑题干的结论。如果考生所分析的某个逻辑问题,分析来分析去,最后回不到对题干结论的质疑上来,阅卷老师就会纳闷:你说这些东西干什么?

没意义呀!

（3）论证有效性分析最终是要质疑结论,但对结论的质疑必然要通过寻找分析它内在的逻辑问题、剪断它内在的推理论证过程,也即要通过"二否"来实现。但是很遗憾,很多考生就是不管题干的前提和论证过程,只把结论单独拎出来进行质疑;质疑的时候也不管题干的前提和论证过程,而是在此之外,自己寻找理由来说题干的这个结论是错的。如果考生这样写,那么写出来的文章就不是论证有效性分析,而是驳论文。注意,论证有效性分析必须是内在的分析和批判,而驳论文很可能不过是外在的反驳而已。千万别把内在分析批判的论证有效性分析写成了外在反驳的驳论文。

综上所述,论证有效性分析的思维方式,可以总结成这样一个口诀:

> 论证分析要牢记,
> 一肯二否和三疑:
> 一肯是前提,
> 二否是手段,
> 三疑是目的。
> 批判要求内在,
> 结论必须质疑。

第三节　样题解析

为了帮助大家对论证有效性分析的试题有个初步的感性认识,接下来请大家看一道样题:

56.论证有效性分析:分析下述论证所存在的缺陷和漏洞,选择若干要点,写一篇600字左右的文章,对该论证的有效性进行分析和评论。（论证有效性分析的一般要点是:概念特别是核心概念的界定和使用是否准确并前后一致,有无各种明显的逻辑错误,论证的论据是否成立并支持结论,结论成立的条件是否充分,等等。）

把蜜蜂和苍蝇放进一只平放的玻璃瓶,使瓶底对着光亮处,瓶口对着暗处。结果,有目标地朝着光亮拼命扑腾的蜜蜂最终衰竭而死,而无目的地乱窜的苍蝇竟都溜出细口瓶颈逃生。是什么葬送了蜜蜂?是它对既定方向的执着,是它对趋光习性这一规则的遵循。

当今企业面临的最大挑战是经营环境的模糊性与不确定性。对于高科技企业来说,哪怕只预测几个月后的技术趋势都是件浪费时间的徒劳之举。就像蜜蜂或苍蝇一样,企业经常面临一个像玻璃瓶那样的不可思议的环境。

蜜蜂实验告诉我们,在充满不确定性的经营环境中,企业需要的不是朝着既定方向的执着努力,而是在随机试错的过程中寻求生路,不是对规则的遵循,而是对规则的突破。在一个经常变化的世界里,混乱的行动所得到的结果比有序的努力所导致的衰亡要好得多。（管理联考 2003 年 1 月真题）

　　由上述样题可以看出,一道标准的论证有效性分析的试题,一般由3个部分构成:

　　(1)"写作要求"。每年的"写作要求"基本不变,大体上都是这样一句话:"分析下述论证所存在的缺陷和漏洞,选择若干要点,写一篇600字左右的文章,对该论证的有效性进行分析和评论。"

　　(2)"写作提示"。每年的"写作提示"也基本不变,大体上是这样一些文字:"论证有效性分析的一般要点是:概念特别是核心概念的界定和使用是否准确并前后一致,有无各种明显的逻辑错误,论证的论据是否成立并支持结论,结论成立的条件是否充分,等等。"

　　(3)"试题题干"。也即需要考生具体分析逻辑问题的一篇论证。一般来说,管理联考论证有效性分析每年题干的字数是300~500字。具体字数统计如下:

试　　　题	字　符　数	试　　　题	字　符　数
2003 年 1 月	311	2003 年 10 月	(未考)
2004 年 1 月	331	2004 年 10 月	214
2005 年 1 月	386	2005 年 10 月	488
2006 年 1 月	310	2006 年 10 月	344
2007 年 1 月	744	2007 年 10 月	611
2008 年 1 月	548	2008 年 10 月	427
2009 年 1 月	392	2009 年 10 月	529
2010 年 1 月	536	2010 年 10 月	410
2011 年 1 月	517	2011 年 10 月	813
2012 年 1 月	530	2012 年 10 月	534
2013 年 1 月	569	2013 年 10 月	1 128
2014 年	492	2015 年	470
2016 年	393	2017 年	436
2018 年	405	2019 年	541

试　　题	字 符 数	试　　题	字 符 数
2020 年	357	2021 年	437
2022 年	318	2023 年	325
2024 年	351	2025 年	564

注意：这里所统计的"题干长度"是指需要考生分析其推理过程中所存在的逻辑问题的题干的字符数(包括汉字、数字、英文字母、标点符号等)，但不包括"写作要求"和"写作提示"。

由于每年的"写作要求"和"写作提示"大体都一样，所以，为了节省本书的篇幅和大家的阅读时间，本书后面的论证有效性分析的试题就不再重复给出同样的"写作要求"和"写作提示"了。但如果有实质性的变化，那我们还是会具体给出的，比如 2008 年 1 月真题的"写作要求"是：

下面是一段关于中医的辩论。请分析甲乙双方的论辩在概念、论证方法、论据及结论等方面的有效性。600 字左右。

通过前面的"大纲解析"，我们已经知道，论证有效性分析主要是要求考生寻找和分析题干推理论证过程中存在的逻辑问题。很显然，上述题干在推理论证过程中存在许多逻辑问题，而考生在 20 多分钟内、600 字左右的篇幅里，又不可能面面俱到地把题干中所有的逻辑问题都一一列出来，并加以详细分析。其实，在考场上，考生只需要找到 4~5 个最重要的逻辑问题并加以简洁有力的分析就可以了。

比如上面的这道"样题"，如果你能准确地找到下面这几个比较重要的逻辑问题并加以到位的分析，你的文章就很容易得高分。

【最好应回应的重要的逻辑问题】

(1) 把人和企业简单地比作蜜蜂和苍蝇，有不当类比的嫌疑。

(2) 根据某一次特定的实验就断然推出企业应该怎么做，明显是以偏概全。

(3) 试验瓶口与光亮处的位置的确定不变和企业经营环境的变动不居，使得上文的论证前后自相矛盾。

(4) 环境变动不居只能推出预测很难绝对精确和正确，而推不出没法做任何预测。

找到题干推理论证中存在的逻辑问题之后，论证有效性分析的文章究竟该怎么写？下面我们给出一篇"参考范文"。

企业无须遵循任何规则吗

上文试图论证企业不应该遵循任何规则，但这样的论证漏洞百出。

首先，把人和企业简单地比作蜜蜂和苍蝇，属于典型的不当类比。因为在遇到问题时，人会根据过去的经验预设某种规则来指导行动，这显然要比苍蝇毫无头绪地随机试错有效得多。就算一时受挫，也不会像蜜蜂那样不知变通，人会及时总结教训，形成新的、更有效的规则来指导下一步的行动，直到问题的解决。

其次，上文不仅没有揭示实验环境和企业环境二者之间的真正相同点，而且竟然预先规定了实验的瓶口和光亮处的位置是确定不变的,后来却又再三强调企业经营环境的变动不居——这不能不说上文的论证已经前后矛盾了。

再次,根据蜜蜂某一次遵循不合适的规则而失败,就断然推出企业不应遵循任何规则,犯了以偏概全的逻辑错误。因为假设瓶口一开始就对着亮处,那么,遵循规则"对着亮处飞"的蜜蜂可能要比无规则乱飞的苍蝇更早地逃生。所以,遵循某些正确规则有时对企业可能更有利。

最后,环境变动不居是会导致某种程度的模糊性与不确定性,但由此只能推出预测很难绝对精确和正确,而推不出没法做任何预测。显然,运动总有一定的规律,基于客观规律之上的大体趋势的预测,对企业经营方向无疑是有某种指导意义的。因此,怎能说预测仅仅是浪费时间的徒劳之举?

由于上述推理如此漏洞百出,所以我们担心,如果不加反思地把这种理论奉为圣典,它很可能对企业来说就是一种致命的误导。

第四节　强化训练

分析下述论证所存在的缺陷,选择若干要点,写一篇 600 字左右的文章,对该论证的有效性进行分析和评述。

自 1940 年以来,全世界的离婚率不断上升。因此,目前世界上的单亲儿童,即只与亲生父母中的某一位一起生活的儿童,在整个儿童中所占的比例,一定高于 1940 年。

上述题干在推理论证过程中存在哪些逻辑问题?同学们能不能把自己找到的逻辑问题填写在下面的表格里?

1	
2	
3	
4	
5	
6	

能否在此基础上,参考上述考试样题中的"参考范文",自己写成一篇 600 字左右的文章?

文章怎么写?我们建议同学们最好写成 6~7 段,第一段开篇,60 字左右;本论部分 4~5 段,每段 120 字左右,分别分析题干推理过程中存在的某个重要的逻辑问题;最后一段结尾,40 字左右。

由于联考作文的答题纸一般都是每行 20 个方格的方格纸(部分如下),所以,为了让自己的复习和真实的考试无缝对接,我们建议大家最好准备好下面这样的每行 20 个方格的方格纸(你可以在网上买,也可以自己打印):

																		100 字		

准备好方格纸以后,我们建议,将来凡是和作文复习有关的,比如自己写文章、抄写范文或者练字,都务必在方格纸上进行。否则,如果平时只是在白纸上或者横格纸上写文章,字的大小、字的工整程度以及字数的多少,就很难准确把握。

【参考答案】

上述题干在推理论证过程中,存在着许多逻辑问题和漏洞。比如,很明显,它没有考虑到"离婚的夫妻很可能没有孩子"这一点——注意,只要是推理论证过程中应该考虑但题干作者没有考虑到的问题,你指出并分析之后就能质疑题干的推理和结论的,都算是题干的逻辑问题。

对于"离婚但没孩子"这个逻辑问题,我们可以按照"一肯二否三疑"的句式来写:

① 离婚的夫妻不一定有小孩,所以,② 离婚率上升③ 未必就会导致单亲儿童比例上升。

上面这句话中的②是"一肯",因为它肯定和接受了题干推理的前提"离婚率上升";①是"二否",利用它就可以剪断题干的推理,在逻辑上否定题干推理的成立;③是"三疑",质疑题干的结论。

但是,上面这句话只有 30 多个字,我们如何在此基础上,把它扩展成为一个 120 字左右的本论段呢?为此,我们建议大家这样写:

① 离婚的夫妻不一定有小孩,所以,离婚率上升未必就会导致单亲儿童比例上升。② 一般来说,有了孩子的维系,夫妻就不太会离婚;没有孩子,夫妻关系单薄脆弱,一气之下真

就可能离婚。③ 如果新增的离婚者大多是这样的无孩夫妻,单亲儿童比例又怎么会随之上升?

这是一段标准的论证有效性分析的本论段,请同学们仔细琢磨这一段的写法,将来自己在写文章时,也要努力学习和模仿这一"范段"的写法。

分析下来,这个"范段"有这样一些特点:

1)字数非常标准

论证有效性分析的本论段每段最好在120字左右。上面的这个范段也刚好在120字左右,所以,字数非常标准。

2)语言简洁明了

阅卷老师的阅卷速度是很快的,所以,如果我们的某个段落写得非常晦涩,致使他不能一目了然地读懂这一段的意思,他也许就不会有时间和兴趣进一步仔细琢磨我们想要表达的"深奥意思"——自然给分也就比较低。

所以,在考场上,我们的表达必须简洁明了,这样才能让阅卷老师在阅读疲劳的时候也能迅速准确地理解我们想要表达的意思。相反,如果某个逻辑问题,我们说来说去也说不清楚,考场上就最好不要去写它,否则,勉强写也只会费力不讨好。要写,就要写自己有把握的,三言两语说得清楚的。

应该说,上面的这个范段写得非常简洁明了,阅卷老师不会有任何阅读障碍,很轻松就能读懂它想要表达的主要意思。

3)条理清晰规范

一般来说,论证有效性分析的本论段最好要遵循"引、点、析、射"的基本套路:

(1)引:引题,简单地引述题干的某一步推理,树立本段所要批驳的靶子。

(2)点:点错,简单地点明这一步推理所存在的逻辑问题。

(3)析:析错,具体分析这一逻辑问题何以成为逻辑问题。

(4)射:射门,质疑题干结论,指出这一步推理未必能得出所要得出的结论。

其实,"引、点、析、射"的写作套路就是论证有效性分析的思维方式"一肯二否三疑"在本论段写作中的具体落实。

现在回头来看上述范段。应该说,它完全遵循了"引、点、析、射"的标准套路。具体来说,上述范段的第①句话是"引"和"点";第②句话,是"析";第③句话,是"射"。

分析了题干第一个也是比较重要的一个逻辑问题之后,接下来我们再看其他的逻辑问题:

(1)离婚的夫妻不一定有小孩……(前面已经分析过)

(2)离婚但不分居……

(3)离婚后子女不跟父母任何一方一起生活……

(4)离婚时孩子已经长大成人……

(5)有孩子的离婚者离婚后大多马上复婚……

(6)儿童总量最近持续迅猛增长……

(7)1940年以后,父母中某一方死亡的概率大大下降……

现在,你能理解上述逻辑问题的具体所指吗?并且,你能按照"一肯二否三疑"的方式来对上述几个逻辑问题进行具体分析吗?

【写作练习】

能否模仿上述"范段",把上述题干中的其他6个逻辑问题都一一加以分析,然后分别写成一个120字左右的段落?

（友情提醒：本题的参考范文见本书上编第四章第三节。）

第二章 推理图解

表面上看，对题干的推理论证过程进行图解，在考场上并不是一个必需的环节，因为论证有效性分析最后要交上去的仅仅是一篇 600 字左右的文章。你只要写出好文章，就能得高分。

但如何才能写出好的论证有效性分析的文章？ 显然，前提是要找到、找准题干推理论证过程中客观存在的一些最重要的逻辑问题——为此我们首先必须清楚、准确地知道题干推理论证过程究竟是怎样一步一步展开的。试想，如果你连题干推理论证的过程都搞不清楚，你又怎么能真正进入它的推理论证过程之中，找到它内在的逻辑问题呢？ 反之，如果你能全面准确地梳理清楚题干推理论证的逻辑过程，其中存在的绝大多数逻辑问题往往会自动"现形"。

要全面准确地梳理题干推理论证的逻辑过程，最好的方法就是用画图的方式清晰明了地把它的推理论证过程一步一步地画出来。这就是所谓的"推理图解"。

由于推理图解是做好论证有效性分析的基础，所以，建议同学们在复习过程中要尽量熟练地掌握推理图解的方法，并多做推理图解的练习。这样，在考场上，由于时间的限制，就算不在草稿纸上详细地画出题干推理的逻辑结构图，但由于平时的熟能生巧，很可能看完题干之后，马上就能在心里大概地画出这样的推理图来——然后，就能放心地进入下一步"找错析错"的环节了。

第一节 图解概论

一、推理的逻辑构成

要掌握推理的方法，首先要简单了解一下推理的逻辑构成。

一般来说，推理由三种"逻辑成分"构成，它们分别是：

1. 前提

推理的陈述性基础，推理者一开始就给出并认定的、支持其他陈述而不再被其他陈述所支持的陈述。

2. 推论

推理过程中的中间性产物,推理过程中被其他陈述所支持、同时也支持其他陈述的陈述。

3. 结论

推理所要追求的目的和结果,推理过程中不支持其他陈述而只是被其他陈述所支持的陈述。

比如下面这样一段话:

"① 我们不得不出去吃饭了。② 家里没有任何可吃的东西,③ 况且商店也关门了。④ 我们就去小区门口的洞庭春吃吧。"

上面这个推理的前提是②和③,推论是①,结论是④。用图来表达就是:

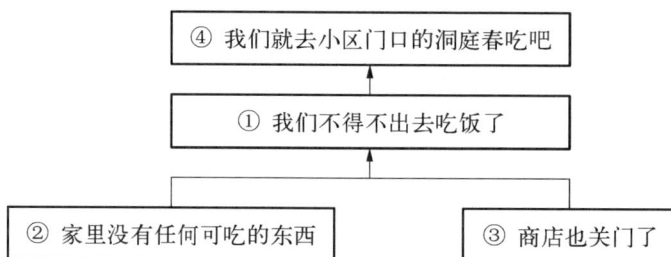

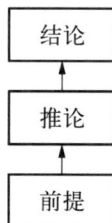

二、推理图解的程序

（1）标示结论。

（2）标示前提。

（3）标示推论。

（4）标示推理步骤(一般用箭头来表达)。

比如下面一段话:

俗话说:求上得中,求中得下。所以,写作的复习应该从有难度的"求上"入手,这样才能避免"得下"的悲剧。

上面这段话的推理过程可以图解如下:

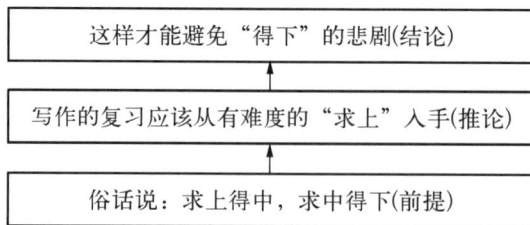

三、寻找结论的方法

由于推理图解的前提是准确地找到题干的结论,而且题干的结论是整个题干论证的核心,所以,在没有找到结论之前,我们就很难确认题干的某句话对题干的推理来说是有用还是没用,或者有什么用,有多大的用。另一方面,如果找错了题干的结论,我们对题干的理解和批驳也必将出现严重的方向性的偏差。因此,快速准确地找到题干的结论,对论证有效性分析的阅读和写作来说,是非常重要的。

下面,我们就来介绍一些常用的寻找和确认结论的方法。

1. 位置寻找法

题干的结论一般出现在短文的开头或结尾。所以,在快速浏览完题干之后,我们不妨先看看题干的一头一尾有没有像结论的句子。

不过,需要提醒的是,"位置寻找法"只是一种常见的经验性方法,虽然对绝大部分题干来说是适用的,但这种方法并不必然有效,因为在某些情况下,结论也完全可能出现在文章的中间。所以,在运用"位置寻找法"寻找结论的时候,最好同时还要综合运用接下来说到的其他几种方法,这样才最保险。

2. 标志词寻找法

一般来说,"因为""理由是""比如""举例来说"等这样的标志词后面跟的不太可能是结论,而只是前提或论据;而"因此""所以""由此可见"等这样的标志词后面跟的很可能就是结论。

不过,同样需要注意的是,这些标志词后面跟的也未必就是"结论",因为它后面跟的也有可能是"推论"。切不可把推理论证过程中的"推论"错误地当成整个论证的"总结论"。

3. 成分排除法

如果题干比较复杂,结论不是那么一目了然,我们该怎么去寻找结论? 这个时候,我们就可以试着用"成分排除法"。具体操作步骤是:先把明显不是结论的一些成分排除(比如前提、论据、定义、标准、背景知识等肯定不是结论),剩下的很可能就是结论。

4. 问题寻找法

结论一般都是对题干所讨论的最主要的问题的回答,所以,读完题干之后,如果能准确地确认题干所讨论的主要问题是什么,那么对这个问题的回答的那句话,一般就是题干的结论。

5. 内容总结法

结论一般都是对题干所有主要内容的总结。所以,如果读完题干之后,一时找不到结论,那就不妨先看看题干主要说了哪些内容。一般来说,能很好地总结和概括这些主要内容的句子,就是题干的结论。

"内容总结法"也是检验我们所寻找到的结论是不是真正结论的好方法。找到结论之后,我们看看,如果我们先前找到的这个结论能很好地概括、总结整个题干的内容,那它肯定就是题干的真正结论;反之,如果题干中的某个或某些非常重要的内容不能被我们先前所找到的结论所涵盖和统帅,那我们先前所找到的这个结论很可能就不是题干的真正结论。

由于结论是整个题干论证的目的和核心,结论一旦找错,我们所找的逻辑错误、所攻击的方向很可能就会一错百错;但同时,上面所介绍的几种寻找结论的方法都只是一些经验性的方法,虽然有时候有效,但未必总是有效,所以,这就需要我们在考场上同时综合运用各种方法来寻找和确认结论,只有这样,我们找到的结论才有可能是题干真正的结论。

四、寻找前提的方法

结论找到之后,怎么寻找前提? 最常用的方法有以下两种:

1. 标志词法

"因为""根据""基于""比如""假设""理由是……""举例来说""首先……其次……""调查显示"等这些词后面,跟的一般都是前提。

2. 支持结论法

在逻辑上对题干的结论构成支持关系的初始命题,一般都是前提。

五、同步练习

仔细阅读下面这段话,看看它的结论是什么? 前提和推论又分别是什么?

"① 在森海地区的每一个城市,维持由政府主办的公立学校的教育经费主要来自各市政府的税收。② 但各市对公共教育的重视程度不一。③ 比如,帕森市每年花在公立学校的教育经费通常是布鲁市的两倍——尽管两市居民人数几乎相等。④ 所以,帕森市居民显然比布鲁市居民更加关注公立学校的教育。"

题干的结论是什么? 如果你认为题干的结论是"④ 帕森市居民显然比布鲁市居民更加关注公立学校的教育",那就说明你没有真正读懂题目。

为什么它不是题干的结论? 题干真正的结论应该是题干的哪一句话? 你能再次回到题干,找到更好的结论吗?

我们认为,题干的真正结论是题干中间的这句话:"② 各市对公共教育的重视程度不一。"为什么是这句话,而不是别的? 你能说出理由吗? 建议你逐一使用前面介绍的寻找和确认结论的五种方法来检查一下你找到的结论对不对。

找到真正的结论后,请你图解上面这段话的推理过程:

下面是本题推理图解的参考答案:

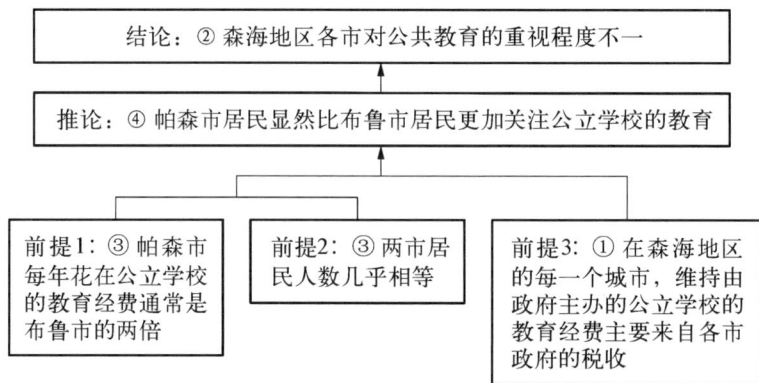

結论: ② 森海地区各市对公共教育的重视程度不一

推论: ④ 帕森市居民显然比布鲁市居民更加关注公立学校的教育

前提1: ③ 帕森市每年花在公立学校的教育经费通常是布鲁市的两倍

前提2: ③ 两市居民人数几乎相等

前提3: ① 在森海地区的每一个城市,维持由政府主办的公立学校的教育经费主要来自各市政府的税收

显然,只有把第②句话看成结论,放在图中最上面的"结论"这个位置,才能把题干中其他信息摆平;相反,如果把题干的结论看成第④句话,然后把第④句话放在图中最上面的"结论"的位置,那么,接下来画图的时候,就没法把第②句话自然地放进题干的逻辑图解当中。所以,题干的结论不可能是第④句话,而只能是第②句话,只有第②句话才能统帅整个题干,而第④句话不过是题干推理过程中的推论而已。

六、常见的推理图式

为了帮助大家画好题干的逻辑结构图,下面介绍几种最常见的推理图式。

1. 直推型

直推型的推理一般是指题干只提供了一个前提,然后在这个前提的基础上一直往上推,依次推出推论和结论。

例如:"论证有效性分析重在分析,所以,你的每个本论段要花更多的篇幅来分析,这样你才能得高分。"

上面这段话的推理过程可以图解为:

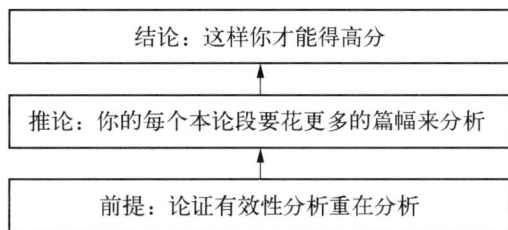

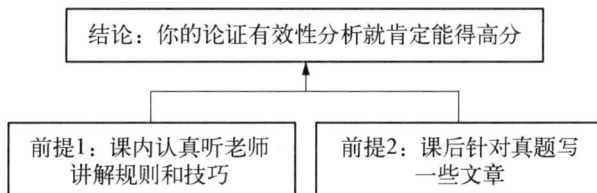

```
┌─────────────────────────────┐
│   结论:这样你才能得高分        │
└─────────────────────────────┘
              ↑
┌─────────────────────────────┐
│ 推论:你的每个本论段要花更多的篇幅来分析 │
└─────────────────────────────┘
              ↑
┌─────────────────────────────┐
│   前提:论证有效性分析重在分析    │
└─────────────────────────────┘
```

2. 合推型

合推型的推理一般是指题干提供了两个或两个以上的前提,这几个前提中的任何一个都不能单独推出结论,只有合起来才能推出结论。

例如:"课内认真听老师讲解规则和技巧,课后针对真题写一些文章,这样,你的论证有效性分析就肯定能得高分。"

上面这段话的推理过程可以图解为:

```
┌─────────────────────────────────────┐
│   结论:你的论证有效性分析就肯定能得高分   │
└─────────────────────────────────────┘
          ↑                    
    ┌─────┴─────┐              
┌────────────────┐   ┌────────────────┐
│ 前提1:课内认真听老师 │   │ 前提2:课后针对真题写 │
│   讲解规则和技巧     │   │    一些文章        │
└────────────────┘   └────────────────┘
```

3. 分推型

分推型的推理一般是指题干同时给出多个前提和一个结论,但每个前提都可以单独推出结论。

例如:"刚开始学写论证有效性分析确实比较难,因为你们过去没有接触过这种思维和表达方式;另外,你们的分析说理能力本来就不是很强。"

上面这段话的推理过程可以图解为：

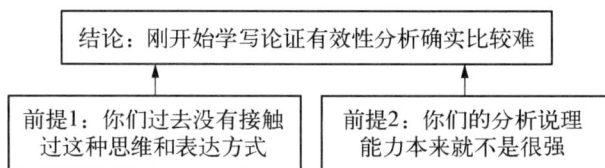

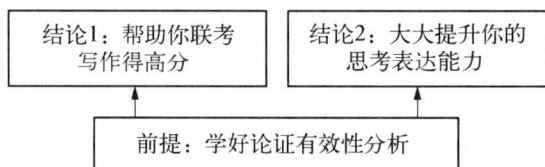

结论：刚开始学写论证有效性分析确实比较难

前提1：你们过去没有接触过这种思维和表达方式

前提2：你们的分析说理能力本来就不是很强

4. 发散型

发散型的推理一般是指题干提供一个前提,然后在这个前提的基础上同时推出多个平行并列的结论。

例如:"学好论证有效性分析,不仅能帮助你联考写作得高分,也能大大提升你的思考表达能力。"

上面这段话的推理过程可以图解为：

结论1：帮助你联考写作得高分

结论2：大大提升你的思考表达能力

前提：学好论证有效性分析

上面介绍的是几种最基本的推理图式,而现实生活中实际的推理过程很可能要比上面这几种基本结构复杂得多。不过,再复杂的推理的逻辑结构也都可以看作是上述几种基本图式的组合和变形。

七、图解的基本标准

在对特定的题干进行推理图解时,我们要力求做到:
(1)画出题干所有重要的逻辑成分。
(2)画出题干所有重要的推理关系。
(3)推理关系的处理力求自然顺当。

八、必要的加工处理

对某个特定的思维文本进行推理过程的逻辑图解是为了对它进行准确、全面的评估,所以,推理图解是以"标准推理"为参照对象的。但由于具体文本不一定是完全按照标准推理展开的,所以,推理图解并不是对原有文本的机械照抄,有时需要进行一些必要的处理和加工。

具体的处理和加工方式主要有:
(1)筛选——选留和逻辑推理有关的成分,否则就删除。
(2)拆解——将复合的分子命题拆解成单纯的、不可再分的原子命题。
(3)替换——用清楚确切的表达来替换隐晦、含糊的表达。
(4)简化——用更简短精练的语言或记号来简化原有的表达。

（5）补充——把原先隐含、省略的必要成分加以补充。

（6）重组——参照标准推理,对一些语句的先后顺序重新进行排列组合。

第二节　图解范例

下面提供一些推理的题干以及相应的推理图解,希望同学们认真读完题干之后,最好不要马上去看它的推理图解的答案,而是要自己先认真思考,动手画图,等你自己画完图解之后再看下面的参考答案。

一、益民食品

在最近的一份调查中,超过80%的回答者表示渴望减少食物中脂肪和胆固醇的摄入量。如今,低脂肪食品已经充满了许多食品店。目前,由于益民公司所出售的许多食品都富含脂肪和胆固醇,该公司的销售量可能会大幅度下降,利润也无疑会减少。因此,建议持有益民股票的所有者应该卖掉他们手中的股票,同时其他投资人也不要购买该公司的股票。

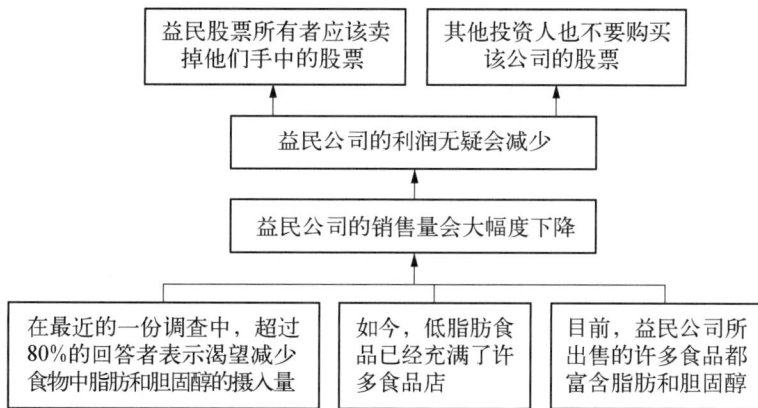

```
┌────────────────────┐   ┌────────────────────┐
│ 益民股票所有者应该卖 │   │ 其他投资人也不要购买 │
│ 掉他们手中的股票     │   │ 该公司的股票        │
└────────────────────┘   └────────────────────┘
         │                        │
    ┌────┴────────────────────────┴────┐
    │     益民公司的利润无疑会减少       │
    └───────────────────┬───────────────┘
                        │
    ┌───────────────────┴───────────────┐
    │   益民公司的销售量会大幅度下降      │
    └──┬──────────────┬──────────────┬──┘
┌──────┴─────┐ ┌──────┴─────┐ ┌──────┴─────┐
│在最近的一份 │ │如今,低脂肪食│ │目前,益民公司所│
│调查中,超过 │ │品已经充满了许│ │出售的许多食品都│
│80%的回答者表│ │多食品店     │ │富含脂肪和胆固醇│
│示渴望减少   │ │            │ │              │
│食物中脂肪和 │ │            │ │              │
│胆固醇的摄入量│ │            │ │              │
└────────────┘ └────────────┘ └──────────────┘
```

二、2007 年 1 月真题

在全球 9 家航空公司的 140 份订单得到确认后,世界最大的民用飞机制造商之一——空中客车公司 2005 年 10 月 6 日宣布将在全球正式启动其全新的 A350 远程客机项目。中国、俄罗斯等国作为合作伙伴也被邀请参与 A350 飞机的研发与生产过程。其中,中国将承担 A350 飞机 5%的设计和制造工作。这意味着未来空中客车公司每销售 100 架 A350 飞机,就将有 5 架由中国制造。这表明中国经过多年艰苦的努力,民用飞机研发与制造能力得到了系统的提升,获得了国际同行的认可;这也标志着中国已经可以在航空器设计与制造领域参与全球竞争并占有一席之地。由此看出,在经济全球化的时代参与国际合作将带来双赢的结果,也是提高我国技术水平和产业国际竞争力的必由之路。

```
┌─────────────────┐        ┌──────────────────────────┐
│ 参与国际合作将   │        │ 参与国际合作也是提高我国技术水平│
│ 带来双赢的结果   │        │ 和产业国际竞争力的必由之路 │
└─────────────────┘        └──────────────────────────┘
         ↖                        ↗
      ┌──────────────────────────────────────────────────┐
      │ 中国已经可以在航空器设计与制造领域参与全球竞争，并占有一席之地│
      └──────────────────────────────────────────────────┘
                          ↑
      ┌──────────────────────────────────────────────────┐
      │ 民用飞机研发与制造能力得到了系统的提升，获得了国际同行的认可│
      └──────────────────────────────────────────────────┘
                          ↑
            ┌──────────────────────────────────┐
            │ 未来空中客车公司每销售100架A350  │
            │ 飞机，就将有5架由中国制造        │
            └──────────────────────────────────┘
                          ↑
            ┌──────────────────────────────────┐
            │ 2005年10月，中国受空客邀请参与A350飞机的研发│
            │ 与产过程，并承担A350飞机5%的设计和制造工作│
            └──────────────────────────────────┘
```

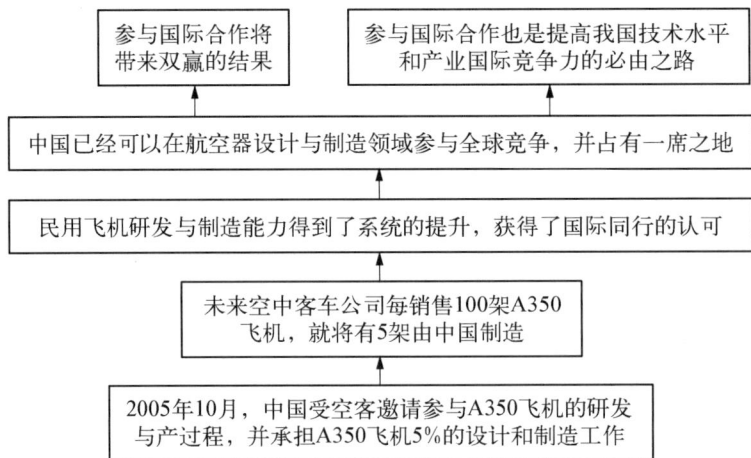

三、2003 年 1 月真题

　　把蜜蜂和苍蝇放进一只平放的玻璃瓶，使瓶底对着光亮处，瓶口对着暗处。结果，有目标地朝着光亮拼命扑腾的蜜蜂最终衰竭而死，而无目的地乱窜的苍蝇竟都溜出细口瓶颈逃生。是什么葬送了蜜蜂？是它对既定方向的执着，是它对趋光习性这一规则的遵循。

　　当今企业面临的最大挑战是经营环境的模糊性与不确定性。对于高科技企业来说，哪怕只预测几个月后的技术趋势都是件浪费时间的徒劳之举。就像蜜蜂或苍蝇一样，企业经常面临一个像玻璃瓶那样的不可思议的环境。

　　蜜蜂实验告诉我们，在充满不确定性的经营环境中，企业需要的不是朝着既定方向的执着努力，而是在随机试错的过程中寻求生路，不是对规则的遵循而是对规则的突破。在一个经常变化的世界里，混乱的行动所得到的结果比有序的努力所导致的衰亡要好得多。

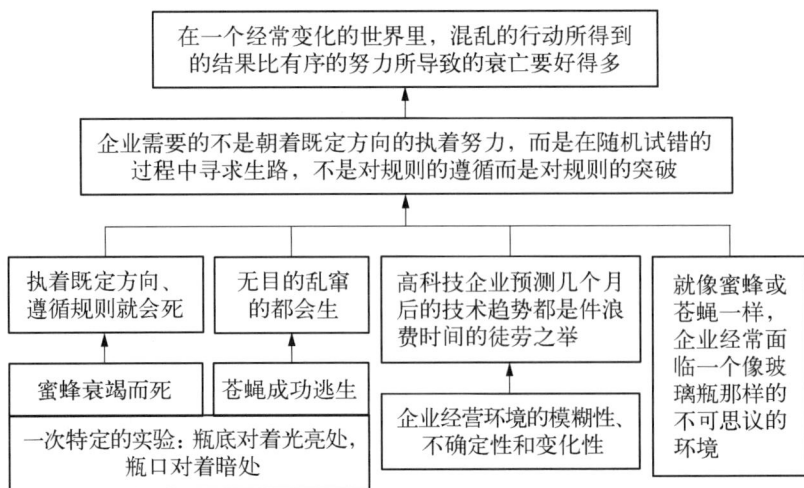

```
      ┌──────────────────────────────────────────────┐
      │ 在一个经常变化的世界里，混乱的行动所得到        │
      │ 的结果比有序的努力所导致的衰亡要好得多          │
      └──────────────────────────────────────────────┘
                          ↑
      ┌──────────────────────────────────────────────┐
      │ 企业需要的不是朝着既定方向的执着努力，而是在随机试错的│
      │ 过程中寻求生路，不是对规则的遵循而是对规则的突破    │
      └──────────────────────────────────────────────┘
        ↗          ↑              ↑              ↖
  ┌──────────┐ ┌──────────┐ ┌──────────────┐ ┌──────────────┐
  │执着既定方向、│ │无目的乱窜 │ │高科技企业预测几个月│ │就像蜜蜂或    │
  │遵循规则就会死│ │的都会生  │ │后的技术趋势都是件浪│ │苍蝇一样，    │
  └──────────┘ └──────────┘ │费时间的徒劳之举  │ │企业经常面    │
        ↑          ↑        └──────────────┘ │临一个像玻    │
  ┌──────────┐ ┌──────────┐        ↑         │璃瓶那样的    │
  │蜜蜂衰竭而死│ │苍蝇成功逃生│ ┌──────────────┐ │不可思议的    │
  └──────────┘ └──────────┘ │企业经营环境的模糊性、│ │环境        │
  ┌────────────────────────┐│不确定性和变化性  │ └──────────────┘
  │一次特定的实验：瓶底对着光亮处，││              │
  │瓶口对着暗处            │└──────────────┘
  └────────────────────────┘
```

第三节　强化训练

请仔细阅读以下各题的题干,然后画出相应的逻辑结构图("参考答案"见本节最后)。

一、巴塔亚牛奶

以下文字出自《巴塔亚报》编辑部的一封信。

巴塔亚的农业部门的报告表明,全国牛奶厂的数量比 10 年前增加了 25%。而在当地一家易买得食品市场上,同期的牛奶价格却从每加仑 1 元增加到每加仑 3 元。为了防止牛奶厂主因显著增加的牛奶供应而持续获得超额利润,巴塔亚地区政府应当规范牛奶的零售价格。这一措施既有力地保证了牛奶的低价,又保证了足够的牛奶供应给消费者。

二、黄市长连任

以下内容摘自宝庆地方报纸的编者按语。

在最近的选举中,黄市长以宝庆选举人 52% 的选票的明显多数获得连任。但是,他的再次当选并不表明,他减税的建议比他的对手雷先生的建议——通过加税来改善教育——更受人们的拥护。以往全国的记录表明,人们倾向于选举已经在位的人,而不管在位的这位候选人的竞选建议为何。事实上,选举过后,当地的一项调查表明,宝庆大多数人对黄市长的建议持反对态度。显然,宝庆的人大多赞同改善教育,亦即拥护雷先生的建议——尽管他们没有选举他当市长。

三、2004 年 10 月真题

有两个人在山间打猎,遇到一只凶猛的老虎。其中一个人扔下行囊,撒腿就跑,另一人朝他喊:"跑有什么用,你跑得过老虎吗?"头一个人边跑边说:"我不需要跑赢老虎,我只要跑赢你就够了!"

这个故事告诉我们,企业经营首先要考虑的是如何战胜竞争对手,因为顾客不是选择你,就是选择你的竞争者,所以只要在满足顾客需求方面比竞争者快一点,你就能够脱颖而出,战胜对手。想要跑得比老虎快,是企业战略幼稚的表现,追求过高的竞争目标会白白浪费企业的大量资源。

四、2006 年 10 月真题

美国是世界上经济最发达的国家,曝光的企业丑闻数量却比发展中国家多得多,这充分说明经济的发展不一定带来道德的进步。企业作为社会财富最重要的创造者之一,也应该为整个社会道德水准的提升做出积极的贡献。如果因为丑闻迭出而导致社会道德风气的败坏，那么我们完全有理由怀疑企业这种组织的存在对于整个社会的意义。当公司的高管们坐着商务飞机在全球遨游时，股东们根本无从知晓管理层是否在滥用自己的权利。媒体上频频出现的企业丑闻也让我们有足够的理由怀疑是否该给大公司高管们支付那么高的报酬。企业高管拿高薪是因为他们的决策对企业的生存与发展至关重要，然而，当业绩下滑甚至亏损时，他们却不必支付罚金。正是这种无效的激励机制使得公司高管们朝着错误的方向越滑越远。因此，只有建立有效的激励体制，才能杜绝企业丑闻的发生。

五、2009 年 1 月真题

　　1 000 是 100 的 10 倍，但是当分母大到上百亿的时候，作为分子的这两个数的差别就失去了意义。在知识经济时代，任何人所掌握的知识，都只是沧海一粟，这使得在培养与选拔人才时，知识尺度已变得毫无意义。

　　现代网络技术可以使你在最短的时间里查询你所需要的任何知识信息，有的大学毕业生因此感叹何必要为学习各种知识数年寒窗，这并无道理。传授知识不应当成为教育，特别是高等教育的功能。学习知识需要记忆。记忆能力，是浅层次的大脑功能。人们在思维方面的差异，不是在于能记住什么，而在于能提出什么。教育的真正目标，是培养批判性思维与创造性思维能力。知识与此种能力之间并没有实质性联系，否则难以解释，与爱因斯坦具有相同知识背景的人有的是，为什么唯独他发现了相对论。硕士、博士等知识头衔的实际价值正在遭受有识之士的质疑，就是这个道理。

　　"知识就是力量"这个曾经号召了几代人的口号，正在成为空洞的历史回声，这其实是时代的进步。

六、参考答案

　　推理图解"强化训练"的参考答案如下（提醒同学们，下面的参考答案"仅供参考"，而不必死套，因为别的画法也完全可能是切合题意的）。

【题 1】巴塔亚牛奶逻辑结构图

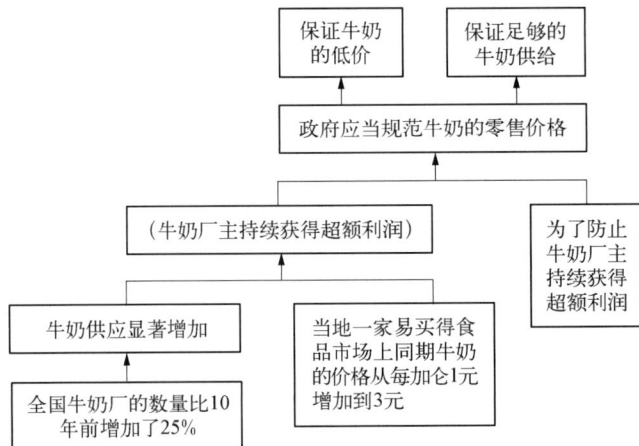

【题 2】黄市长连任逻辑结构图

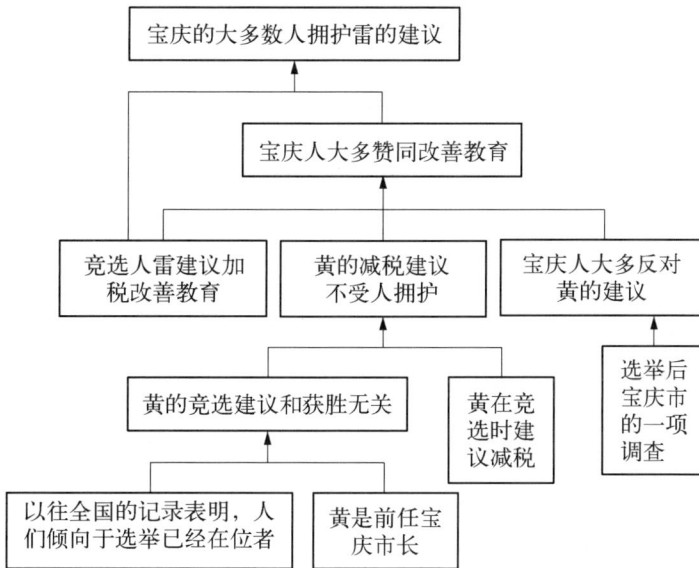

```
                    宝庆的大多数人拥护雷的建议
                                ↑
                         宝庆人大多赞同改善教育
                                ↑
        竞选人雷建议加        黄的减税建议        宝庆人大多反对
        税改善教育          不受人拥护          黄的建议
                                ↑                    ↑
                   黄的竞选建议和获胜无关    黄在竞          选举后
                                ↑        选时建        宝庆市
                                        议减税        的一项
                                                     调查
        以往全国的记录表明，人      黄是前任宝
        们倾向于选举已经在位者      庆市长
```

【题 3】2004 年 10 月真题逻辑结构图

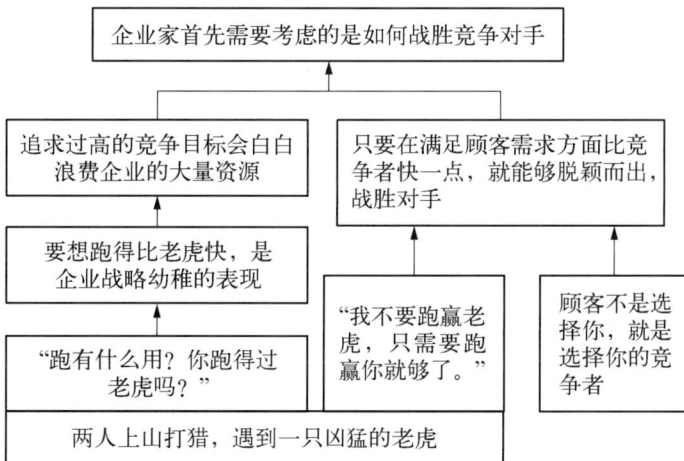

```
              企业家首先需要考虑的是如何战胜竞争对手
                    ↑                        ↑
        追求过高的竞争目标会白白      只要在满足顾客需求方面比竞
        浪费企业的大量资源          争者快一点，就能够脱颖而出，
                                  战胜对手
        要想跑得比老虎快，是              ↑              ↑
        企业战略幼稚的表现
                              "我不要跑赢老        顾客不是选
        "跑有什么用？你跑得过      虎，只需要跑        择你，就是
        老虎吗？"              赢你就够了。"        选择你的竞
                                                  争者
        两人上山打猎，遇到一只凶猛的老虎
```

【题 4】2006 年 10 月真题逻辑结构图

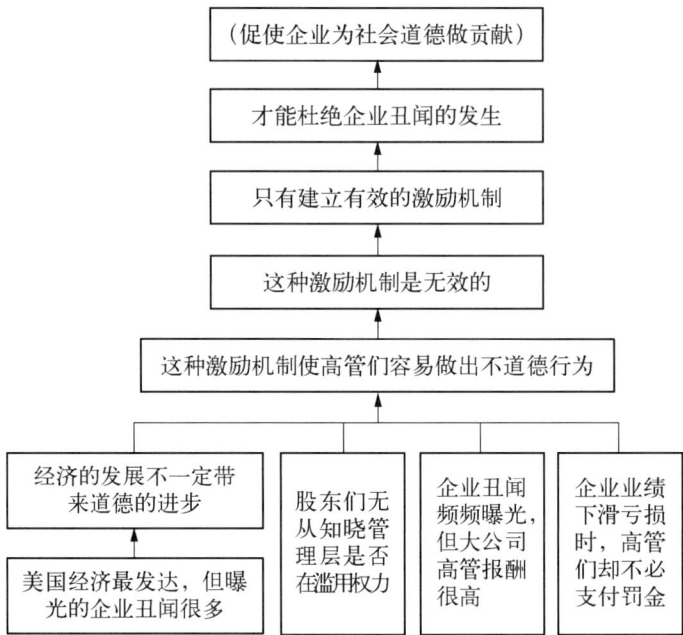

【题 5】2009 年 1 月真题逻辑结构图

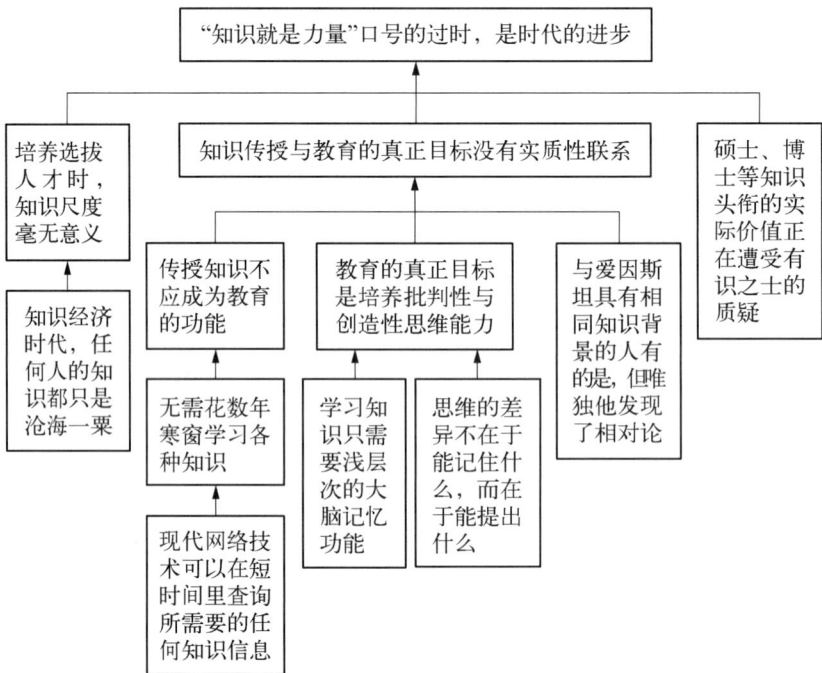

第三章　找错析错

梳理完题干推理论证的逻辑结构之后,我们就要进入论证有效性分析的核心"找错析错"了。"找错析错"要求我们:第一,至少要能找到题干推理过程中的 4~5 个逻辑问题;第二,找到的逻辑问题最好都是重要的,而不是鸡毛蒜皮的;第三,对找到的逻辑问题,必须加以简洁有力的分析。否则,我们的文章就难以得到好分数。

因此,论证有效性分析复习的重点就在于努力训练和提升自己"找错析错"的能力。为此,我们建议同学们,读完本章中每道题目之后,最好自己先想想:我究竟该如何下手去寻找题干推理过程中最重要的 4~5 个逻辑问题? 找到之后,又如何能简明扼要、简洁有力地把它们分析清楚? 当然,如果能经常动笔写写,训练的效果肯定会更好。

第一节　基本套路

一、找错析错的自测

我们先提供一些题干,供同学们自我测试一下,看看自己"找错析错"的能力如何。

【题 1】麦当劳利润

认真阅读以下题干,寻找并且分析它在推理论证过程中所存在的 4~5 个重要的逻辑问题。

---

① 据统计,西式快餐业在我国主要大城市中的年利润,近年来稳定在 2 亿元左右。② 扣除物价浮动因素,估计这个数字在未来数年中不会因为新的西式快餐网点的增加而有大的改变。因此,③ 随着美国快餐之父艾德熊的大踏步迈进中国市场,④ 一向生意火爆的麦当劳的利润肯定会有所下降。

推理图解：	逻辑问题：

（友情提醒：本题的"逻辑问题"和"参考范文"见本书上编第四章第三节。）

【题 2】限速问题

认真阅读以下题干，寻找并且分析它在推理论证过程中所存在的 4~5 个重要的逻辑问题。

① 3 个月以前，福勒斯特地区把行驶在该地区公路上的机动车的限速每小时提高了 10 英里。② 自从这次改变之后，该地区机动车事故的数量增加了 15%。③ 而和福勒斯特地区相邻的爱摩斯地区并没有改变原有的时速限制，④ 在过去同样的 3 个月里，它的交通事故数量却有轻微的下降。因此，⑤ 如果福勒斯特地区的公民希望降低该地区公路上交通事故的数量，⑥ 他们就应该努力想办法把福勒斯特地区的速度限制降低到原来的水平。

推理图解：	逻辑问题：

（友情提醒：本题的"逻辑问题"和"参考范文"见本书上编第四章第三节。）

二、找错析错的原则

在寻找和分析题干推理论证过程中的逻辑问题时，最好能遵循这样一些基本原则：
（1）尽量接受题干给定的原始事实和前提。
（2）按推理图的顺序来依次寻找逻辑问题。
（3）全面仔细地质疑推理图的每一步推理。
（4）寻找不同位置与不同类型的逻辑问题。
（5）分析逻辑问题时要盯住结论展开攻击。
（6）说理不宜太抽象，而要尽量感性具体。
（7）三言两语不能说清楚的，要学会舍弃。
（8）要特别关注核心概念的推理及其偷换。

三、找错析错的套路

对于具体的考题来说，同学们究竟该如何寻找题干推理论证中的逻辑问题或逻辑错误？下面是一些引导性的问题，这些问题也许可以帮你迅速打开思路，找到重要的逻辑问题或逻辑错误。为此,建议同学们,将来读题找错时,不妨拿着这些问题来审问题干,题干最主要的一些逻辑错误也许就很容易被"审问"出来了:

(1)题干作者所讨论的主要问题是什么? 讨论的过程中,有没有出现跑题的现象? 它所说的每一点是否和主题相关? 或者虽然有些相关,但不是强相关,而只是弱相关?

(2)对于所讨论的问题,题干作者的基本观点和最终结论是什么? 支持他的观点和结论的根据有哪些?

(3)题干作者用来作为根据的是事实? 数据? 理论? 还是信念? 或价值观?

(4)如果是事实,我如何知道它是事实? 它是不是可以被证实? 如何证实?

(5)如果是数据,题干作者使用的数据究竟是什么意思? 它们是怎么得出的? 代表着什么样的事实? 如果是统计数据,它的样本有多大? 样本是否具有真正的代表性? 另外,题干作者所使用的平均数、中位数、百分比、绝对值……是否存在偏差,甚至暗藏着陷阱?

(6)如果是理论,那它是不是可以被证明? 如何证明? 还有,这一理论是否适用于当下这个具体的情景? 它会不会是教条主义的机械套用?

(7)如果是题干作者的信念(比如"善有善报,恶有恶报""老婆就应该为老公洗衣服")或者价值观(比如"公平比效率更重要""人际和谐比谁对谁错更重要"),那它是否能被对方或多数人所接受? 或者它只是题干作者个人的偏见而已?

(8)题干作者使用的核心概念是否清晰明了? 是否科学准确? 能否被大家所接受? 在使用的过程中,内涵和外延是否前后一致,或者发生了改变? 也就是说是否存在偷换概念的嫌疑?

(9)题干作者在得出结论的过程中,进行了哪些推理? 每一步推理是如何展开的? 逻辑上是否严密? 是否存在逻辑漏洞?

(10)这一步推理属于什么性质的推理? 是演绎推理? 归纳推理? 类比推理? 归因推理? 或其他性质的推理?

(11)如果是演绎推理,推理是否遵循正确的推理规则? 比如这样的假言推理:"如果天下雨,那么地上湿;既然门口的地是湿的,所以现在天在下雨。"比如这样的直言三段论推理:"有些有钱人是坏人,张三是有钱人,所以,张三是坏人。"……这些推理因为违背了演绎推理相应的推理规则,所以在逻辑上都是无效的。

(12)如果是归纳推理,它所选择的样本的数量是否足够多? 是否真正有代表性? 推理的过程中是否存在以偏概全的逻辑错误?

(13)如果是类比推理,是否存在不当类比的嫌疑? 是否忽视了类比的两类事物之间的重大差异和本质上的不可比性?

(14)如果是归因推理,是否存在强拉因果的逻辑错误? 是否忽略了其他可能的原因? 也即是否存在其他的原因,这些原因也可以合理地解释,甚至更好地解释现在的结果和现象?

(15)在推理论证的过程中,如果涉及好坏优劣、重要不重要、爱或不爱、关心或不关心等这些评价性的问题,那么我们就要问:题干作者采用的是什么样的评价标准? 这个评价标准是否真的科学、适用? 是否还有更科学的评价标准? 或许换一个评价标准,得出的结论就完全不一样了呢?

(16)题干作者为什么会这样想、这样推断? 除了明显的根据和理由之外,背后还隐藏着哪些预设？哪些预设是成问题的？

（17）题干作者在思考的过程中做出了哪些假设？这些假设是否合理？后来是不是把这些未经证实的假设直接当成了推理的必然性基础和根据？

（18）题干作者所搜集的信息是否准确、全面？是否忽视或遗漏了一些重要信息？特别是题干作者是否有意无意之中忽视了一些反面的信息？这些题干作者所忽视的反面信息，会不会影响作者结论的成立？

（19）题干作者在思考的过程中忽视了问题的哪些重要方面？也即题干作者的思考是否过于偏狭、片面？我们还应该考虑哪些重要的问题？考察哪些重要的方面？这些问题或方面的考察，也许就足以推翻题干目前的结论？

（20）题干作者的思想前后是否融贯自洽？是否能够自圆其说？或者存在前后矛盾的地方？

（21）题干结论的得出过程在逻辑上是否无懈可击？另外，题干作者是否忽略了其他可能的结论？相对于其他可能的结论，题干作者现有的结论是否具有最强的竞争力？为什么不选择更合适的结论？

（22）如果题干是为了解决某个问题或实现某个目的，经过一系列的推理论证之后得出某个解决方案，那么，我们就要问：① 这样的解决方案本身能不能真的达到目的？② 它在达到特定目的的同时，会不会产生严重的、我们难以接受的消极后果？③ 必须采用这个解决方案吗？有没有其他更好的解决方案？

下面我们提供一些题干，请同学们尽量按照上面所介绍的方法和套路来阅读研究题干，寻找分析题干推理论证过程中的逻辑问题。

【题 1】益民食品

认真阅读以下题干，尽可能多地寻找并且分析它在推理论证过程中所存在的逻辑问题。

以下文字出自一份为投资者提供建议的报告。

在最近的一份调查中，超过 80% 的回答者表示渴望减少食物中脂肪和胆固醇的摄入量。如今，低脂肪食品已经充满了许多食品店。目前，由于益民公司所出售的许多食品都富含脂肪和胆固醇，该公司的销售量可能会大幅度下降，利润也无疑会减少。因此，建议持有益民股票的所有者应该卖掉他们手中的股票，同时其他投资人也不要购买该公司的股票。

逻辑问题：

【参考答案】

上述题干在论证推理过程中至少存在这样一些逻辑问题：

（1）最近的这次调查，调查对象是哪些人？他们有没有真正的代表性？也许他们都只是一些根本就不能代表正常的大多数人的、正在试图减肥的大胖子？

（2）未回答者占调查对象的比例是多少？是不是占比很多？这些未回答者对脂肪和胆固醇食品的态度如何？或许他们并不渴望减少，甚至希望增加食物中脂肪和胆固醇的摄入量呢？如果真是这样，而且他们这些人的人数和消费能力都远远超出回答者中80%的人，那么，我们又怎能得出结论说，益民公司的利润会减少呢？

（3）为什么报告只关注回答者中80%的人，而不去关注其余20%的人呢？如果这些人对脂肪和胆固醇食品有强大的消费能力，而且市场上只有益民公司一家做这样的食品生意，那么，益民公司的股票也许就值得追加投资。

（4）就算80%的回答者表示"渴望减少"食物中脂肪和胆固醇的摄入量，但"渴望减少"真就等于实际"做到减少"了吗？事实未必如此，也许他们就像很多烟民一样，"渴望"戒烟，但实际上却越抽越多。

（5）就算低脂肪食品已经充满了许多食品店，但因此就能说这些食品"卖得很火爆"吗？也许真实情况是，这样的产品根本就卖不出去而暂时充满了很多食品店呢？另外，就算低脂肪食品真的卖得很火爆，也不能因此就断定高脂肪食品卖不动。也许高脂肪食品卖得更加红火，以至于一上货架就被哄抢一空了呢？

（6）"益民公司所出售的许多食品都富含脂肪和胆固醇"，这里的"许多"是绝对数还是比例？如果益民公司是一个集团性的大公司，虽然这些食品的绝对数看似很多，但是占公司所有产品的比例却很小，这样益民公司的销量就不一定会大幅下降。而且这些食品是不是益民公司的主要利润来源？如果不是，它对整个公司的利润又有多大影响呢？

（7）就算益民公司的销量下降，也无法必然推出益民公司利润减少，因为说不定在销量下降的同时，益民食品的生产和销售成本都大幅下降了呢？另外，就算益民公司的利润有所下降，也不能推出大家都要抛售它的股票，因为说不定益民的利润下降之后仍然比其他很多公司的利润总额和利润率高得多呢？

（8）报告既劝大家抛售益民股票，又劝大家不要购买益民股票。请问，没有人买益民股票，要卖益民的股票的人又能卖给谁呢？

【题2】学徒制

认真阅读以下题干，尽可能多地寻找并且分析它在推理论证过程中存在的逻辑问题。

以下文字出自宝伯建筑集团公司人力资源部经理的一份备忘录。

《当代建筑》杂志采访了几位知名的已退休的建筑师，以询问关于建筑业的变化。这些建筑师中仅有一位获得过大学建筑学学位，其他人都是在早期以学徒的身份进入建筑行业，并在一位经验丰富的建筑师的监督下工作。另外，我们招募新雇员的几所学院也表示，许多有前途的建筑学的学生在他们本科还未毕业时就早早离开了学校。因此，鉴于目前招募有才华的建筑学的毕业生越来越难，我们公司应该设立一个锐意进取的学徒项目，并雇佣那些对建筑业表示浓厚兴趣的高中生，而不要等到他们从大学毕业之后再招募。

题干在推理论证过程中所存在的逻辑问题：

【参考答案】

上述题干在论证推理过程中至少存在这样一些逻辑问题：

（1）题干推理的基本论据是几位已退休的建筑师的采访录。但是，仅有的"几名"建筑师的经历和观点是否具有代表性？而且这些建筑师都是"退休的"建筑师。现在已经退休，他们当学徒的时间大概是在40多年前。在这个日新月异的时代，40多年前的经验到现在是否早就过时？

（2）导致他们后来成为"知名的建筑师"的真正原因是什么？是因为他们的天赋高，还是因为他们的学徒生涯使他们获得了成功？如果是前者而不是后者，那么，开展学徒项目未必就能为自己的公司培养出真正优秀的建筑师。

（3）要判断是否应该采用学徒制，我们还必须知道学徒制成功的概率大概是多少？虽然这几位学徒后来成了知名的建筑师，但是如果总体上看，学徒制下的学徒成为优秀建筑师的概率本来就很低很低，那么，在本公司开展学徒项目未必就是好的决策。

（4）"我们招募新雇员的几所学院也表示……"这"几所"学院是否有代表性？或许他们根本就没有代表性，他们的学生离开学校主要是因为他们的教育质量太低，而其他绝大部分学校的建筑学学生并没有在毕业前就离开学校呢？

（5）许多有前途的建筑学的本科生还未毕业时就早早离开了学校：这里的"许多"究竟是多少？也许，绝对数初看起来是很多，比如上百人，但如果这些人占全国建筑学专业在校人数的比例很小，那么，建筑公司也完全可以不必用学徒制的方式来自己培养人才，依然可以继续向学校招人。

（6）采取学徒制，在40年前可能是成功的，现在是否会成功？也许现在有足够的理由说，它很可能不会成功。因为专业分工越来越细，知识更新越来越快，任何"一个"建筑师都无法全面深刻地掌握建筑工作所有必需的知识。在这种背景下，如果像备忘录所说的仅仅由"一位"经验丰富的建筑师来监督和指导一位"未来的建筑师"，那么，这样的"未来的建筑师"很可能掌握的不是过时的知识，就是片面的知识。

（7）采取学徒制来自己培养建筑师，该公司有没有相应的条件？比如有没有成熟的有经验的师资、图书资料、教学场地和实验室？如果这些都没有，那么这个项目就难以有效实行。

（8）雇佣那些对建筑业有浓厚兴趣的高中生，希望他们成为未来的建筑师：对此，我们担心的是，高中生各个方面都尚未成熟，很不稳定。现在对建筑业有兴趣，很难保证几年以后还会有兴趣。万一到时候对建筑业不感兴趣了，并且又耽误了读大学的时间，那么，对这些人，我们公司怎么安排？会不会成为我们公司沉重的包袱？

（9）题干前面是说"招募有才华的建筑学的毕业生越来越难"，为了解决这个问题，后来开出来的药方是"雇佣那些对建筑业有浓厚兴趣的高中生"。这里似乎已经偷换了概念。因为"有兴趣"并不一定就意味着"有才华"。如果这些"有兴趣"的高中生实际上在建筑学方面没有"才华"，那么，这种学徒制就很难实现最终的目标。

（10）很多有前途的学生毕业前就早早离开了学校，从而进一步导致"招募有才华的建筑学的毕业生越来越难"，就一定能得出结论说"应该设立学徒项目"吗？为了解决招聘难的问题,也许真正应该采取的方法是在大学里设立建筑学的专项奖学金,或者和大学进行合作办学,或者把公司的招募工作提前一些,这样就可以留住他们继续读大学,同时也能保证他们毕业后来我们公司工作。

（11）招收不到自己所需人才的真正原因似乎不明。我们公司难以招聘到有才华的建筑学的毕业生,真正的原因很可能不是由于有些建筑学的学生没有毕业就离校了,而是由于我们公司的薪水待遇不如别的公司。如果真正的原因是这样,那么,备忘录所建议的措施很可能就牛头不对马嘴了。

【题3】天虹运输公司

认真阅读以下题干,尽可能多地寻找并且分析它在推理论证过程中存在的逻辑问题。

以下文字出自一本关于公路货运运输业的杂志。

天虹运输公司去年事故的发生率非常高,从而严重影响了他们公司的营业额。为了改变这一状况,该公司加大了培训力度并且提高了司机每次出车的津贴。与此同时,他们还对司机每月开车的天数进行了严格的限制。结果,他们公司今年第一季度呈交给交通部门的安全报告显示,该公司货运汽车所发生的事故数量比实行上述改革前减少了一半。因此,运输公司如果希望把自己的生意做好,就应该像天虹运输公司一样提高司机每次出车的津贴,并限制司机每月出车的天数。【本题又见“附录”】

逻辑问题:

【参考答案】

上述题干在论证推理过程中至少存在这样一些逻辑问题:

（1）导致天虹运输公司去年事故率高、今年有所降低的真正原因究竟是什么?也许它与出车津贴的高低以及每月开车的天数没有任何关系,而只是因为天虹公司去年的车辆维修质量很差,今年则对所有车辆进行了很好的维修。这样,别的公司还应该像天虹一样去提高司机出车津贴,限制司机每月开车的天数吗?

（2）题干中的“改革前”究竟是什么时候?很可能是指去年第四季度。我们知道,也许由于冬天天气变坏,第四季度本来就是交通事故的多发季节,而第一季度由于天气转暖,事故的发生本来就比较少。所以,天虹公司今年第一季度事故下降未必就和它所谓的“改革”有关。

（3）题干前面说的是事故发生率,现在说的却是事故的数量,这显然是两个完全不同的概念。我们知道,绝对事故数量的减少并不意味着事故发生率的下降。很可能实际情况是,今年的绝对事故数量是减少了,但与此同时,整个公司投入运行的总车次以及运行的总里程数也大大减少了,最后计算下来,事故的发生率很可能是上升的。显然这个时候如果根据“事故发生率”这个更科学的评价标准来进行评价,那么,今年该运输公司的安全状况也许还不如去年好,改革还不如不改革。

（4）关于运输公司的安全状况的好坏,不能简单地看事故的发生率或事故发生的绝对数量这些表面数据,同时还要看事故的严重程度。比如,今年运输公司发生的事故数量虽然减少了,但今年事故的严重性——导致人员的伤亡和财产的损失——却远远超出了去年;相反,去年没有发生过一起这样的恶性交通事故,所发生的交通事故仅仅是一些轻微剐蹭或抛锚之类的。果真如此的话,我们就完全有理由认为,该运输公司今年的安全状况还远不如去年好,今年的改革是失败的。

（5）今年第一季度事故数量减少的原因真的就是因为该公司采用了题干所谓的三种措施吗？未必。或许是因为天虹公司淘汰了去年不合格的司机,同时向社会招聘了更有经验的、更有责任心的新司机呢？

（6）就算今年第一季度事故数量减少的原因是因为该公司采用了题干所谓的三种措施,但很可能进一步的研究却发现,只有"加大培训力度"这个措施才是真正有用的,另外两种措施根本就没有起到任何作用。这样,我们就难以得出结论说,提高司机每次出车的津贴,并限制司机每月出车的天数,便可以达到减少运输事故,从而把自己的生意做得更好的目的。

（7）提高司机每次出车的津贴,在某种程度上或许可以增强司机开车时的责任心,从而减少事故的发生,但这种措施会不会导致其他消极后果,比如进一步刺激司机们为了赚取更多的津贴从而疲劳驾驶,并进一步导致恶性的大事故？

（8）表面上看,限制司机每月开车的天数,似乎可以有效地防止司机疲劳驾驶。但是,真正的疲劳很可能不是每月开多少天,而是每天开多少小时。如果一天开 20 个小时以上,那么,这种疲劳驾驶是很容易导致事故的。

（9）评价"生意好"的标准是什么？是营业额的增加,还是利润的增加？是市场占有率的提高还是客户满意度的提高？在评价标准没有得到科学的确定之前,后面的任何措施都是无的放矢、没有意义的。

（10）就算"生意做好"是指"利润提高",但我们怀疑,限制司机的出车天数本身就会导致公司营业额的下降;而增加司机的出车津贴又可能会导致公司运行成本的增加。营业额的下降和成本的增加,这两个因素加起来很可能导致的不是公司利润的提高,而是利润的严重下降！

（11）别的公司和天虹公司的情况是否具有可比性？如果情况完全不一样,也即如果没有任何可比性,比如别的公司本来在运输安全方面表现已经很好,或者在运输安全方面虽然表现不好,但事故都是由别的原因所导致的,那么,就未必要采取和天虹公司一样的改革措施。

第二节　开拓思路

为了帮助同学们打开思路,下面我们提供了一些题干。看完题干之后,请不要忙于看后面的"参考答案",而要先独立思考,看看自己能不能尽可能多地把题干推理过程中所有重要的逻辑问题都一一找出来,并加以简明扼要的分析。然后,再仔细阅读本书随后所提供的逻辑问题的"参考答案",看看其中哪些逻辑问题是自己找到并说清楚了的?哪些逻辑问题自己找到了,但是说不清楚?哪些逻辑问题自己之前根本就没有想到过?下次碰到同类型的题干时,该怎么去寻找和分析这样的逻辑问题?

在自以为理解了"参考答案"的内容之后,再抛开参考答案,重新让自己回到题干,看看自己:能不能比上一次找到更多的逻辑错误?分析和批判是不是更加清楚明了、更加简洁有力了?

也许,在看完"参考答案"之后,很多同学可能会惊讶于我们日常的思维是多么的漏洞百出;同时,又可能会产生这样的疑问:考场上我怎么可能找到这么多的逻辑问题?找到后,在那么短的时间和篇幅里,又怎么可能把它们一一说清楚?

当然,在真正的考场上,考生一般只需要分析4~5个重要的逻辑问题就可以了,而不需要对题干中存在的所有逻辑问题做面面俱到的分析。我们之所以不厌其烦地罗列题干中存在的各种大大小小的逻辑问题,目的是——

第一,帮助同学们建立起这样一种信念:一个题干中存在的逻辑问题其实有很多,只要能静下心来,擦亮眼睛,我们的论证有效性分析就肯定有很多的点可以写。

第二,万一在考场上一时半会找不到重要的逻辑问题,我们这里的"参考答案"其实也是在告诉大家怎么去寻找一些不太起眼的逻辑问题,这样至少能在数量上凑满4~5个逻辑问题。

另外,需要提醒同学们注意的是,在论证有效性分析找错析错的时候,只要是在逻辑推理上需要的、而题干作者没有提供的信息,如果这些信息可能会影响到题干推理的成立,我们就都可以把这种信息的缺乏称为逻辑问题。也即,论证有效性分析要求考生站在"挑剔"和"批判"题干作者的立场上来对题干作者的推理进行逻辑分析;相反,如果你站在"同情"题干作者、努力为题干作者"辩护"的立场上,你很可能就很难找到题干中存在的逻辑问题了。

一、达达运动鞋

认真阅读以下题干,寻找并且分析它在推理论证过程中存在的一些重要的逻辑问题。

下文摘录于某投资公司的一份商业计划:

研究显示,一般人随着年龄的增长,用于运动的时间将逐渐减少,而用于看电视的时间将逐渐增多。在今后20年,城市人口中老年人的比例将有明显增长。因此,本公司应当及时出售达达运动鞋公司的股份,并增加对全球电视公司的投资。

题干在推理论证过程中存在的逻辑问题:

【参考答案】

上述题干在推理论证过程中至少存在这样一些逻辑问题:

1.“研究”对象是否有代表性?

“研究”的对象究竟是谁?是对某一个国家、地区,还是对某一个城市、农村的所有人或部分人的研究?在年龄阶段上是对某一特殊年龄段的人还是对所有年龄段的人的研究?这些研究的对象能否代表达达运动鞋以及全球电视的消费者以及潜在消费者?如果不能代表达达公司和全球电视公司的消费者,那么,后面的结论又如何能得出呢?

2.“研究”结果是否有预测性?

该“研究”的结果与将来 20 年的客观事实之间的关系如何?也即这种研究结果能否代表今后 20 年的客观事实?如果不能代表今后 20 年真正的发展趋势,而今后 20 年真实的情况是,绝大部分人由于健康意识的提高,随着年龄的增长,用于运动的时间将逐渐增多,而用于看电视的时间将逐渐减少,那么,更加科学的结论就似乎应该是:增持达达运动鞋公司的股份,减少对全球电视公司的投资。

3.“一般人”究竟是多少人?

“一般人”究竟占总人口比例的多少?或许“一般人”占总人口的比例仅仅是 20% ~ 30%,那么,上文的结论自然就难以成立;另外,就算“一般人”占总人口的 70% ~ 80%,但如果其余的人随着年龄的增长用于运动时间的增加量以及用于看电视时间的减少量大大多于“一般人”运动时间的减少量和看电视时间的增加量,那么,我们认为更好的结论很可能就应该是:增持达达运动鞋公司的股份,减少对全球电视公司的投资。

4.“一般人”是不是消费者?

“一般人”,就算是 99% 以上的人,随着年龄的增长用于运动的时间逐渐减少,用于看电视的时间逐渐增多,也并不一定就会影响达达运动鞋和全球电视的销量,因为很可能它们都不是针对这些一般人的,比如前者是针对专业的运动员的,而后者则是针对大型电视会议系统的。显然在这种情况下,上述一般人的那种变化趋势应该不会导致前者销量下降以及后者销量上升的。

5.什么年龄阶段开始?

“随着年龄的增长”,是从哪个年龄段开始的?显然不应该是从一生下来就开始的,因为人一生下来本来就没有真正的体育运动,怎么可能随着年龄的增长用于运动的时间逐渐减少?既然不可能是从一生下来就开始的,那么,它究竟是从什么年龄段开始的?或许是从 30 岁开始才随着年龄的增长运动的时间将逐渐减少,而用于看电视的时间将逐渐增多,而达达运动鞋主要针对的是 30 岁以下的青少年市场。如果真实情况是这样,那么,更加可靠的结论似乎应该是:维持现在的投资状况不变,而不是出售达达运动鞋公司的股份。

6.“运动”的内涵和外延如何界定?

“用于运动的时间逐渐减少”中的“运动”这个概念究竟是什么意思?是不是在专门的运动场所进行的体育锻炼才是运动,或许走路上班或者饭后散步也是运动?这就是说“用于运动的时间”究竟应该怎样计算?如果“研究”显示的“用于运动的时间”是指在专门的运动场所进行体育锻炼的时间,那么,就算这种“运动时间”减少了,但是由于用于非正式运动的时间反而大大增加了,那么,上文作者得出的结论就很可能完全颠倒过来了。

7. 非运动时间穿运动鞋?

"运动时间"与"运动鞋"之间的关系如何?是不是只有在"运动时间"人们才穿"运动鞋"?如果在上班、休闲、娱乐的时间,人们也穿运动鞋,那么,就算用于运动的时间减少了,但很可能在非运动时间穿运动鞋的时间大大增加了;如果实际情况是这样,那么,同样推不出要及时出售达达运动鞋公司股份的结论。

8. 不穿运动鞋的运动时间?

就算人们在非运动时间不穿运动鞋,并且总体上用于运动的时间减少了,但是,这并不意味着穿运动鞋的运动时间必然减少。很可能真实情况是,人们用于游泳的时间大幅度减少了,而用于跑步、打球的时间相反却有所增加。如果实际情况是这样,那么,将来达达运动鞋的市场前景很可能不是变得更差,而是变得更好了。

9. 平均每人拥有运动鞋的数量?

就算人们穿运动鞋的时间明显减少了,但随着人们生活水平的日益提高,运动鞋功能的日渐细分以及人们追求时尚等原因,每个人很可能同时拥有多双散步鞋、跑步鞋、登山鞋、网球鞋、足球鞋。如果实际情况是这样,说不定达达公司的市场前景反而随大势变得更好了。

10. "逐渐"究竟是多快?

"逐渐"究竟是多快?或许用于运动的时间将逐渐减少,而用于看电视的时间将逐渐增多,但是真正增减的速度都不过是原来时间的1%,甚至更少,那么,我们又怎么能推出后面结论中的"及时"呢?

11. 看电视非得要电视机吗?

看电视的人增多,是否就意味着购买电视机的人增多了呢?不一定。因为看电视不一定非得要通过电视机。现在手机、电脑和网络已经越来越普及,人们完全可以通过手机、电脑来收看电视节目。如果真实情况是这样,那么,就算看电视的人在逐渐增多,但今后20年电视机总的销量仍然很可能还不如现在的多。

12. 电视机的寿命是否延长?

从另一个角度看,看电视的人增多并不意味着购买电视机的人增多。因为随着科学技术的进步,每台电视机的平均使用寿命也大大延长了,从而导致人们将来更少地对自己目前拥有的电视机去更新换代。如果真实情况是这样,那么,今后20年电视机总的销量可能还不如现在多。既然如此,在这种情况下去增加对电视机公司的投资,是不是具有很大的风险?

13. 城市人口占总人口的比例如何?

"城市人"与"一般人"之间的关系如何?城市人口占一般人口的比例是多少?如果城市人口在一般人口中仅占很小的比例,比如1%,而达达运动鞋针对的消费者却是广大的农村人口,那么,就算城市中的销量减少了,但如果广大农村地区的销量大大增加了,那么,同样推不出要及时出售达达运动鞋公司的股份的结论。

14. 老年人还是中老年人?

"城市中老年人的比例将有明显增长",这里的"城市中老年人"的概念模糊不清,也就是说这里的"中"字究竟该做何理解?对此,有两种可能:一个是城市中的老年人的比例;一个是城市的中老年人的比例。如果仅仅是城市中的老年人的比例增长,但是中年人的比例却以更大的超过前者 10 倍的速度下降,那么,电视机的总销量将来仍然可能是下降的。

15. 别的年龄人口比例如何变化?

假设上文说的是城市中的老年人的比例增加,但是我们还要问,今后 20 年,城市中别的人口的比例发展趋势如何? 或许真实情况是,老年人口的比例增加 5%,可以说是明显增加了,但是热爱运动的青少年的人口比例却增加得更多,比如增加了 30%。如果实际情况是这样,那么,就算要增加对全球电视公司的投资,也没有必要减少达达运动鞋的股份。

16. 各年龄段人口消费能力如何?

即使老年人的人数和看电视的时间都大大增加了,而年轻人的人数和运动的时间大大减少了,但是如果老年人本来就没有什么消费能力,未来又会大幅下降;而年轻人本来的消费能力就很强,未来又会大幅增长。如果真实情况是这样,那么,上述商业计划的投资就很可能会失败。

17. 老年人的比例基数如何?

现在城市人口中老年人的比例是多少? 或许现在城市中老年的人口比例仅仅占总人口的 5%,20 年后虽然会增长到 10%,但占比仍然很少。相反,青少年原来的比例很可能很大,所以,即使有所下降,仍然远远高于老年人的比例。如果实际情况是这样,那么,运动鞋的市场很可能仍然要比电视机市场更有利可图,自然就没有必要去出售达达公司的股份而增加对全球电视公司的投资了。

18. 以何种方式明显增长?

今后 20 年城市人口中老年人的比例将有明显增长,究竟是以何种方式增长? 就算今后 20 年总共增加了 10%,但是很可能前 15 年城市中老年人的比例没有任何增加,甚至有些下降,到了第 16 年开始却大幅增加。如果实际情况是这样,那么就没有必要"及时"增加对全球电视公司的投资了。

19. 运动鞋行业和企业的关系?

运动鞋这种行业的市场前景和达达运动鞋公司的市场前景之间的关系如何? 我们知道,很可能整个行业状况不太景气,但是这个行业中的某些公司却完全可能生意兴隆。既然如此,就算从前面的前提可以推出运动鞋这个行业的市场前景不好了,但是达达运动鞋公司生产的运动鞋却仍然可以卖得很火爆。如果实际情况是这样,干吗还要卖出它的股份呢?

20. 运动鞋销量和利润的关系?

一个公司某项产品的利润不仅是由它的销售情况所决定的,同时也是由它的成本所决定的。就算达达运动鞋的销量减少了,但是如果公司通过节约成本或提高单价的方式大大增加了每双运动鞋的利润,那么,总体的利润很可能仍然不会减少,甚至还有可能增加。在这种情况下,出售达达运动鞋公司的股份,未必就是明智的决策。

21. 具体如何出售股份?

及时出售达达运动鞋的股份:及时是什么时候? 是明天还是下星期? 它是如何被推导出来的? 出售的数量是多少? 出售的价格是多少? 是不是不管多少价格,只要能及时出售,再便宜也要出售? 所有这些问题,都涉及这次减股的效益问题。这些问题如果在哪个环节上处理不好,很可能就会导致巨大的损失。

22. 全球电视是什么公司?

"全球电视公司"是一家传媒公司,还是一家电视机生产公司? 这个概念的内涵和外延究竟是什么？如果我们都没有搞清楚,就急着准备增加对它的投资,那我们的投资岂不是太盲目、太冒失了？万一我们投资的是根本没什么前景的产业呢？

为了简便起见,我们下面不妨假设它是一家生产电视机的公司。

23. 电视机行业的利润率如何？

就算今后 20 年随着看电视人口的增加,电视机总的销量增加了,但会不会与此同时,由于同行业之间的过度竞争而导致每个公司出售每台电视机的平均利润率却大大下降了呢？如果整个行业的利润率普遍严重下降,在这种情况下,增加对电视机生产行业的投资,也是不太明智的。

24. 电视机行业和企业的关系？

将来电视机制造行业的市场前景很好,并不意味着"全球电视"这个企业就能争夺到足够的市场份额。另外,就算有足够的市场份额,但是如果该公司的生产、管理和销售成本太高,那么,该公司很可能仍然没有什么利润,甚至是亏损的。果真如此,还有必要增加对它的投资吗？

25. 两公司利润率的高低？

就算将来达达公司的利润有所下降,而全球电视公司的利润有所上升,我们仍然不能必然地推出结论:要卖掉达达公司的股份,同时增加对全球电视公司的投资。因为很可能实际情况是,达达公司将来的总利润和利润率在下降之后仍然远远高于全球电视公司上升之后的总利润和利润率。如果真是这样,上述的做法就是不合算的。

26. 其他逻辑问题

只要是题干中客观存在的逻辑问题,考生能正确地指出并加以相应的分析,就能得分。

当然,在考场上,我们不可能、也没必要寻找和分析这么多逻辑问题,只需要找到 4～5 个比较重要的逻辑问题来加以分析就可以了。

你认为对这个题干来说,哪 4～5 个逻辑问题是最主要的、我们最好要做出回应的？

下文摘自某投资公司的一份商业计划:

研究显示,一般人随着年龄的增长,用于运动的时间将逐渐减少,而用于看电视的时间将逐渐增多。在今后 20 年,城市人口中老年人的比例将有明显增长。因此本公司应当及时出售达达运动鞋公司的股份,并增加全球电视公司中的投资。

最主要、最好要做出回应的 4～5 个逻辑问题:

(1)

(2)

(3)

(4)

(5)

应该回应的重要的 5 个逻辑问题:

(1) 运动时间减少不等于运动鞋市场就不好……

(2) 看电视时间增多不等于电视机市场就好……

(3) 老年人比例增长不等于他们的消费能力就强……

（4）整个行业的好坏不等于某个具体企业的好坏……

（5）达达和全球两公司利润率的高低比较……

二、关节炎药物

认真阅读以下题干,寻找并且分析它在推理论证过程中存在的一些重要的逻辑问题。

以下文字出自一家报纸的商业专栏。

在今后 20 年里,如果我国人民患某种类型关节炎的人数从 4 000 万增加到 8 000 万,那么生产治疗关节炎的药物的医药公司肯定会非常有利可图。许多分析家认为在将来的 10 年里,德福制药公司会挣大钱,因为它生产一种目前最畅销的治疗关节炎的药物"燮侬"。但这种药物的专利权距离到期只有 3 年了,到时候其他公司肯定会生产出更加便宜的治疗关节炎的药物。因此,今后 10 年里,最能挣钱的医药公司必将是贝肯公司,因为它是一种新型的治疗关节炎的药物——"燮兰"的制造者。临床研究显示,在患最严重的一种关节炎的病人中,70%的人认为"燮兰"比"燮侬"更加有效。

题干在推理论证过程中所存在的逻辑问题:

【参考答案】

上述题干在推理论证过程中至少存在这样一些逻辑问题:

（1）题干前面说"在今后 20 年里,如果我国人民患某种类型关节炎的人数从 4 000 万增加到 8 000 万……"这只是一种假设,可是题干后来却把它作为一种既定的事实来进行推理。

（2）"今后 20 年"这么长的时间跨度,谁能保证不会出现意想不到的变化? 比如,随着人们生活水平的提高和居住环境的改善,患关节炎的人数很可能逐步减少。因为众所周知,导致关节炎的一个重要原因就是居住环境比较潮湿。而一旦居住环境有了巨大的改善,那么,患关节炎的人数就可能会大幅下降。

（3）题干开头所说的只是患"某种"而并非"所有"类型关节炎的人数增加,无法由此必然地推出"所有"生产治疗关节炎药物的医药公司肯定会有大利可图。

（4）即使将来患某种类型关节炎的人数剧增,生产治疗"这种"关节炎药物的医药公司也不一定就会有利可图,因为治疗这种关节炎的方法除了药物疗法之外,还有别的疗法,比如温泉疗法、机械疗法等。如果更多的人喜欢接受温泉疗法或机械疗法,并且这些疗法也确实更加有效,那么,治疗这种关节炎的药物就很可能照样卖不出去。

（5）即使患病人数有增加,但或许利润都被销售公司赚走了,生产关节炎药物的制造商（其中也包括贝肯公司）也就难说有多少钱可赚了。

（6）就算在今后 20 年里,我国人民患某种类型关节炎的人数从 4 000 万增加到 8 000 万,并且没有别的竞争性疗法,生产治疗"这种"关节炎药物的医药公司也不一定会非常有利可图,因为或许有太多的公司生产这种药物。这样,由于过度竞争,可能所有生产这种药的公司都难以赚到钱。

（7）题干前面是说今后 20 年，患某种关节炎的人增加，并没有说前 10 年就必然增加。也许前 10 年患者人数减少，后 10 年大幅增加。在这种情况下，我们即使假设德福公司生产的就是治疗这种关节炎的药物，德福公司也不一定在最近 10 年就会赚大钱。既然德福不会赚大钱，那么，就算贝肯公司抢走了德福公司的生意，贝肯公司也难以真正赚钱。

（8）就算别的公司生产出了比德福公司更加便宜的药物，但是如果这种药物的疗效根本无法和德福公司的产品相比，或者消费者只认德福公司的品牌，根本就不接受别的公司的产品，那么，德福公司同样可以继续赚大钱，甚至是市场上最赚钱的。

（9）题干认为，贝肯一定会比德福更加赚钱，理由是它所生产的"燮兰"比德福生产的"燮侬"更有效。但这只是对患"最严重"的一种关节炎的病人而言的。或许贝肯生产的"燮兰"本来就是专门针对这种患最严重的关节炎的病人市场的，而德福生产的"燮侬"则不是针对这种病人市场，而是针对更大的、别的病人市场的。果真如此的话，就难说贝肯会比德福更赚钱。

（10）题干只是比较了德福公司的"燮侬"和贝肯公司的"燮兰"这样两种产品，或许它们两个公司都不止生产这一种产品，并且这两种产品也不是他们两个公司的主打产品，那么，仅仅比较一种产品的市场情况就无法必然地推出两个公司整体赢利情况的好坏。

（11）德福公司的"燮侬"的专利权快要到期，不能必然地推出德福公司的利润就一定会下降，同样也不能得出德福赚的钱就一定比贝肯少。因为德福公司很可能现在已经研制出了比"燮侬"更有疗效、更便宜、更受市场欢迎的药物。

（12）燮兰是新药，说不定现在看来有效，但长久看来可能没有效果。或者长期服用燮兰可能会导致某些严重的副作用，那么，燮兰未来的市场前景也许就不容乐观。

（13）"赚钱"是由许多因素决定的，比如生产、销售和管理成本。由于题干没有交代这些方面的情况，所以，我们同样无法必然地得出"贝肯公司赚钱"以及贝肯公司比德福公司更赚钱的结论。

（14）题干说，在今后 10 年里，最能挣钱的医药公司必将是贝肯公司。但是题干并没有比较更多其他的医药公司，自然就无法得出该行业谁"最"赚钱的结论。

三、萨力司治头痛

认真阅读以下题干，寻找并且分析它在推理论证过程中存在的一些重要的逻辑问题。

阿司匹林是一种用来治疗头痛的药物，萨力司则是与阿司匹林同属于一个化学家族的药物。虽然许多食品中本身富含萨力司，但是在过去几年中，食品加工厂也把萨力司作为防腐剂添加到食物之中。在我们为期 20 年的研究中，我们发现，被研究者报告提供的头痛平均数量在稳定地减少，这一现象与萨力司商业用途的增加是紧密相关的。最近，食品加工厂发现萨力司也可以用作风味添加剂。由于萨力司的这些新用途，我们相信，三江地区居民的头痛困扰将会越来越少。

题干在推理论证过程中所存在的逻辑问题：

【参考答案】

上述题干在推理论证过程中至少存在这样一些逻辑问题：

（1）判断"同属于一个化学家族"的标准是什么？"同属于一个化学家族"的东西是不是在所有方面都必然具有相同的属性？如果不是,也许萨力司就很难像阿司匹林一样能治疗头痛,甚至有可能会导致或加重头痛。

（2）"头痛数量"究竟是什么意思？是头痛的次数？如果是这个意思,那么,这样一个概念并不能准确全面地衡量三江地区居民头痛的情况。因为即使头痛次数减少了,但是很可能每次头痛的时间和头痛的剧烈程度都大大增加了,那么,三江地区居民受头痛困扰的程度就可以说是越来越大、越来越严重的。

（3）"萨力司商业用途的增加"并不一定就意味着"萨力司在食品业中的应用增加"。很可能真实情况是,萨力司只是在机械、化学等工业方面用得越来越多,但在食品业方面的应用并没有增加,甚至有所减少。这样,我们就难以得出结论说,近20年里头痛数量的减少是由于食用萨力司而导致的。

（4）食品加工厂发现萨力司也可以用作风味添加剂,这并不意味着食品加工厂就必然会把萨力司用作风味添加剂,因为很可能由于把萨力司用作风味添加剂的成本太高,而风味效果却不太明显,那么,萨力司作为风味添加剂在食品业中就很难得到真正广泛的运用。

（5）就算食品加工厂真的把萨力司作为风味添加剂运用在食品中,但人们是不是愿意购买和消费这种含有萨力司的食品？如果人们不愿意购买这种食品,那么,同样难以达到减少头痛的结果。

（6）就算萨力司真的可以减少头痛,并且在食品业的应用越来越广,但是,会不会在萨力司减少头痛的同时,三江地区又出现了一种新的因素大大增加了人们的头痛呢？比如,由于工作和生存的压力越来越大,环境的污染越来越严重,这样,三江地区居民的头痛困扰很可能依然是越来越多的。

第三节　强化训练

下面我们基本上按照由易到难的顺序给同学们提供一些"找错析错"的练习题,每道题后面都给出了相应的"参考答案",希望同学们先自己独立思考,尽可能多地找到和分析清楚题干推理论证过程中存在的比较重要的逻辑问题。毫无疑问,只有在经过自己深入、独立的思考之后,再看题后的"参考答案",对提升自己"找错析错"的能力才更有帮助。

另外,适当地动笔写写,也是很有必要的。很多考生看完题目之后,觉得自己能找到逻辑问题,并且也能说清楚。但一旦真的动起笔来,才发现最简单的逻辑问题,也不知如何下手把它写清楚。要知道,我们的论证有效性分析是作文考试,你想得再好,也是没用的,只有写得好,才能得高分。所以,看看"参考答案"究竟是怎么写的,自己动笔写写,甚至适当地抄抄"参考答案"中对逻辑问题的分析,也是提升自己"析错"能力的好方法。

一、新建体育馆

认真阅读以下题干,寻找并且分析它在推理论证过程中存在的一些重要的逻辑问题。

研究显示,坚持有规律地进行锻炼的人生病的概率比不运动的人要小一半。通过给我市的公务员新建一座设备精良的体育馆,应该可以减少大约50%的健康保险支出,从而使我市预算保持平衡。

题干在推理论证过程中所存在的逻辑问题:

【参考答案】

上述题干在推理论证过程中至少存在这样一些逻辑问题:

(1)对题干所说的这个"研究",我们要问的是,它具体是什么研究? 这个研究有代表性吗? 研究结果适合我市的公务员吗?

(2)什么叫有规律地进行锻炼? 这个概念含糊不清。它是指一年坚持有规律地锻炼一天,还是天天坚持有规律地至少锻炼两小时以上?

(3)生病的概率低,是否就意味着健康保险支出低呢? 未必,因为许多经常病病歪歪的人,生的很可能都是些小毛小病,不需要花多少钱医治;而生病概率低的人很可能平常不生病,一旦生起病来就是需要花很多钱才能治好的大病。显然,这样的人需要的健康保险支出很可能比前者更多。

(4)我市现有的体育馆究竟有多少? 或许现在的体育馆已经可以满足要锻炼的人,特别是已经可以满足要锻炼的公务员的锻炼要求了呢? 如果真是这样,再新造体育馆,不就是纯粹的浪费?

(5)新建设备精良的体育馆,需要花费多少钱? 建好之后日常运行又要花费多少钱? 也许这些花费加起来已经远远超过公务员健康保险支出所节约的钱了呢?

(6)现在不经常锻炼的公务员,体育馆造好之后,他们会去体育馆锻炼吗? 如果他们没有锻炼的意识,你给他们造再多的体育馆也没用。

(7)公务员们喜欢的锻炼方式是什么? 或许他们并不喜欢在体育馆里锻炼,而更喜欢在公园里、广场上锻炼,比如在公园里跑步,在广场上跳广场舞。如果是这样,更好的方案就不是新建体育馆,而是新建公园或者改造公园。

(8)影响我市公务员身体健康的主要因素是什么? 也许根本不是因为缺乏锻炼,而是工作压力太大、饮食作息不科学等其他原因。如果真实情况是这样,那么,新建体育馆就未必能改善他们的身体健康,从而减少健康保险支出,尤其是减少50%之多的健康保险支出。

（9）"使我市预算保持平衡"的结论是如何得出的？根据何在？还有没有更好的使我市预算保持平衡的其他解决方案？比如严格控制政府的办公经费,或在招收新的公务员时大大提高身体素质要求的标准？

二、无须新建发电站

认真阅读以下题干,寻找并且分析它在推理论证过程中存在的一些重要的逻辑问题。

以下文字出自某电力公司企划部的一份备忘录。

最近的一些调查显示,房主们越来越希望节省室内的能源。一方面,制造商们制造的许多家用设备,比如冰箱和空调的耗能量都比10年前的设备低了一半;另一方面,新的技术使得房屋的隔热性能良好,并且太阳能的使用有利于减少房屋为取暖而消耗的能量。因此,地区的用电需求总量不会上升,并有可能下降。由于过去20年,我们的3个发电厂已经满足了我们的用电需求,所以,建设新的发电厂是完全没有必要的。

题干在推理论证过程中存在的逻辑问题:

【参考答案】

上述题干在推理论证过程中至少存在这样一些逻辑问题:

（1）题干仅仅由针对家庭用电的分析得出整个地区用电量不会增加的结论未必成立。一个地区的用电量既包括居民用电,也包括工业用电,当然,还包括其他经营场所用电,如餐厅、电影院等。也许这些方面的用电量一直在急剧上升。

（2）题干作者对家庭用电的考察也过于片面。就算冰箱、空调这些家用电器的单位耗能现在比过去有所降低,但如果现在每家使用的家用电器的总数量比过去多了很多,那么,每家的家用电器的用电量总体还是增加的。

（3）总人口的增长,农村人口的进城……这些因素也都有可能导致用电量的增加。

（4）新的技术和太阳能的使用很可能节省了能源,但节省的不一定是电能,因为这里的居民过去家里不一定用电取暖,很可能用的是用炭或煤取暖的火炕。所以,本地的用电量仍可能是增加的。

（5）即使作者对用电量不会增加的论断是正确的,也不能就此得出结论说不要建设新的发电厂,因为该地区的电厂过几年后可能由于折旧而导致发电能力下降。就算新建电厂之后供电量大于当地的需求,难道它就不可以把自己所发的电卖给邻近的地区吗？

三、在太京地区建新厂

认真阅读以下题干,寻找并且分析它在推理论证过程中存在的一些重要的逻辑问题。

以下文字出自威法公司总裁的一份备忘录,该公司是一家生产医疗器械的高科技公司。

为了减少公司成本,我们应该关闭我们的一些小装配厂并建立一家大型的中心装配厂。太京将是建立这个新工厂的理想地点。首先,在我们所考虑的新工厂的建设地点中,太京拥有最多的成年人口,这样我们的新工厂就可以快速而简便地雇佣员工。其次,由于太京地区工人的平均工资比其他建设地点低,我们应该能够保持低的生产成本。最后,为了吸引我们在太京建造工厂,该市的市政府答应给予我们前3年经营减免地方税收的优厚待遇。

题干在推理论证过程中存在的逻辑问题:

【参考答案】

上述题干在推理论证过程中至少存在这样一些逻辑问题:

(1)总裁先生显然对太京地区成年人口多这一点很得意。但是,他没有考虑到这些成年人口中适合自己公司要求的劳动者有多少。威法公司是一家生产医疗器械的高科技企业,医疗器械如果质量不合格可能会给病人带来生命危险。如果太京地区缺乏足够数量的高素质劳动力,不仅会大幅增加公司培训的成本,而且也大大增加了产品不合格的风险。

(2)总裁先生还很兴奋地注意到了太京地区平均工资水平不高这一现象。但我们知道,整个地区工人的“平均工资”低,并不意味着威法公司所需要的工人的工资水平就低;更何况导致太京地区平均工资低的原因很可能是当地的人口素质低,这样,到时候威法公司说不定就很难招聘到自己真正需要的人才。

(3)就算太京地区工人的平均工资低,也推不出就要在这里建厂。试想,如果太京地区的原材料成本、销售运输成本都很高的话,那么,在太京建大厂就更加难以达到降低整个公司成本的目的。

(4)总裁先生同样还津津乐道于市政府减免前3年地方税收的许诺。显然,他没有考虑到,3年后当地的地方税是不是比别的地方要高很多?太京地区的水电煤以及土地的价格是否高得惊人?……如果这些条件都不理想,仅仅减免前3年的地方税收远远不足以使得太京成为理想的建厂地点。

(5)总裁先生丝毫没有考虑到这样一些最重要的问题:是否应该关闭小厂建大厂?如果要这样做,关闭、新建以及搬迁的费用究竟有多大?如果这些成本很高,那么,威法公司从总体上就很难达到降低成本的美好愿望。

四、海鲜饭店

认真阅读以下题干,寻找并且分析它在推理论证过程中存在的一些重要的逻辑问题。

最近的销售调查显示,在巴耶市的饭店中,海鲜食品的消费量比去年增加了 30%。然而,目前本市没有饭店专营海鲜食品。此外,巴耶市的家庭大多数都是两个人都挣上班工资的家庭,并且一项全国性的调查表明,这种家庭比他们几年以前更少在家里吃饭;但是他们同时表现出对健康饮食的更大关注。因此,开一家新的专营海鲜食品的饭店一定马上会生意火爆,并且准保会赚大钱。

题干在推理论证过程中存在的逻辑问题:

【参考答案】

上述题干在推理论证过程中至少存在这样一些逻辑问题:

(1)海鲜食品的消费量比去年增加了 30%,是否意味着现在的海鲜市场就很大,足以开一个专营海鲜的饭店呢?不一定,说不准原来的基数微不足道,所以就算增加了 30%,总销量其实仍然很小,不足以专门开一家专营海鲜的饭店。

(2)今年海鲜销量增加的原因究竟是什么?或许是由于今年巴耶市举办了一次重大的体育赛事,今年的海鲜绝大部分都是一些外地来的运动员或观众吃掉的呢?如果真是这样,到时候你新开的海鲜饭店谁会来吃呀?

(3)没有专营海鲜的饭店,未必就能推出现在应该开一家,并且可以赚钱,因为就算巴耶市饭店的海鲜消费很多,但很可能消费者喜欢边吃海鲜,边吃牛排。如果你的饭店只有海鲜,没有牛排,他们很可能就不会去你的饭店就餐了。

(4)两人上班挣工资,并不一定就能吃得起海鲜;一项全国性的调查,并不能够表明巴耶市的这种家庭也比几年以前更少在家里吃饭;就算巴耶市也是如此,我们仍然担心,或许过去他们几乎不外出吃饭,现在虽然外出吃饭多了,但是次数仍然很少;还有,说不定他们都是在公司里吃自己家里带过去的盒饭呢!

(5)巴耶市的家庭大多数对健康饮食表示更多的关注,可海鲜就是健康食品吗?或许巴耶市的市民认为海鲜是会引起痛风等疾病的非健康食品呢?

五、马特公司

认真阅读以下题干,寻找并且分析它在推理论证过程中存在的一些重要的逻辑问题。

以下文字出自马特公司总裁的一份备忘录,该公司是一家制造汽车的公司。
我注意到思巴克公司——一家刚刚迁到我们州的企业——正以相当于我们公司熟练工人工资 2 倍的高薪来宣传其职位的空缺,导致我们公司的一些职员已经跳槽去了这个公司。据说思巴克公司会在本州建立更多的分公司并雇佣新的职员,所以,为了留住我们最高层的雇员,我们必须支付与思巴克公司支付给它的员工相同的工资,否则今后我们的雇员将继续流失。

题干在推理论证过程中存在的逻辑问题:

上述题干在推理论证过程中至少存在这样一些逻辑问题：

（1）思巴克公司究竟是家什么样的公司？或许它是高科技生物医药公司，只在极少数的一两个岗位上与制造业的马特公司有人才竞争的交集，而且这一两个岗位对马特公司来说也根本不重要，那么，马特公司就不必担心自己会有多少员工流失到思巴克去。

（2）思巴克公司以相当于马特公司熟练工人工资2倍的高薪来宣传其职位的空缺。或许这种空缺的职位不是熟练工人的职位，而是高级经理人的职位，而在马特公司，这种高级经理人的工资实际上已经远远超过了熟练工人工资的2倍。这样，马特公司就不必太担心自己的高级经理真会跳槽到思巴克去。

（3）就算马特公司的一些职员已经跳槽去了思巴克，但是，"一些"究竟是多少？如果只是少数几个，就不必大惊小怪了。

（4）那些职员跳槽去思巴克的真正原因是什么？也许根本不是因为思巴克的工资比马特高，而是因为思巴克每年允诺了他们更多的休假。如果真是这样，马特公司加工资也未必能达到留住自己职员的目的。

（5）"最高层的雇员"究竟是指哪些人？他们的工资待遇是不是就比思巴克低？他们真的有跳槽去思巴克工作的兴趣吗？思巴克真的就需要引进马特公司"最高层的雇员"吗？诸如此类的重要问题都没有得到明确的回答，怎么能够急吼吼地得出结论说，要调整他们乃至全公司职员的工资呢？

（6）或许思巴克是以高科技人才支撑起来的高科技企业，因此员工工资比马特高一些很正常。如果看到思巴克来了之后，马特就把自己的员工工资增加到思巴克的水平，经济上承受得起吗？会不会导致马特严重的亏损，甚至最终破产？

六、狮子与野驴

认真阅读以下题干，寻找并且分析它在推理论证过程中存在的一些重要的逻辑问题。

由于狮子的力量比较大，而野驴跑得比较快，所以野驴便邀请狮子合作一起狩猎。狩猎结束后，狮子不仅把所有的猎物占为己有，并且差点把野驴也吃掉了。

公司经营也一样。如果因为想要吞并比自己实力弱的公司而联合比自己实力雄厚的公司，最后的结果就只能像这只野驴一样，不仅自己一无所获，而且会面临自己被消灭的危险。所以，企业最好的竞争战略不是和比自己强的企业合作，而是应该和比自己弱的企业合作来一起对抗更强大的企业。

题干在推理论证过程中所存在的逻辑问题：

上述题干在推理论证过程中至少存在这样一些逻辑问题：

（1）题干犯了不当类比的逻辑错误。人具有动物所不具有的理性。有理性的大企业如果觉得继续和弱小企业合作会继续获利，就未必会像狮子对待野驴那样把它吃掉。另外，弱小企业选择合作伙伴时也未必会像野驴那样盲目冲动，完全可以通过多方了解、理性分析、签订合同等手段来规避风险，从而确保自己与大企业合作时的正当利益。

（2）大企业也许在某些方面比小企业强，但小企业在某些专业技术、反应速度、服务质量等方面可能就远超大企业。所以，大企业未必能像狮子那样完全独霸合作利益。

（3）企业除了通过"外联"别的企业来增强自己的竞争力外，还有加强自身的内部管理、提高自身的创新能力等"内强"的方法。但是，上文作者在推理过程中却完全无视"内强"，就贸然得出结论说"弱弱联合"是最好的竞争战略，明显失之偏颇、武断。

（4）上文推理的结论严格来说是自相矛盾的。因为你不愿意和比你强的公司合作，那么，同样的道理，比你弱的公司也就不愿意和你合作。如果所有的企业都这样想，世界上就根本不可能有上文作者所说的那种合作形式了。

七、失业的担心

认真阅读以下题干，寻找并且分析它在推理论证过程中存在的一些重要的逻辑问题。

美国主要大公司的许多雇员担心不久的将来他们会失业。但这一担心在很大程度上是没有根据的。根据最近的一项调查，多数公司计划在来年雇佣新人，只有较少的公司有裁员的打算。此外，尽管失业令人感觉不快，但是旨在改善求职技巧的课程和工作室的增多，已经让失业的感觉远不如从前那么痛苦。

题干在推理论证过程中存在的逻辑问题：

【参考答案】

上述题干在推理论证过程中至少存在这样一些逻辑问题：

（1）较少的准备裁员的公司很可能就是主要大公司，并且每个公司裁员的数量也可能非常多，而准备雇佣新人的多数公司也许都是一些小公司，并且总体数量也很少。这样，主要大公司的雇员的确有必要担心自己的失业危险。

（2）就算计划来年雇佣新人的多数公司是"主要大公司"，但雇佣新人并不意味着扩大人员规模。很可能这些主要大公司人员规模并没有扩大，而只是进行公司人员的"新陈代谢"，以"新"替"老"——这样的话，这些"主要大公司"雇佣的新人越多，公司的老雇员下岗失业的可能性也就越大。

（3）旨在改善求职技巧的课程和工作室增多，也许可以减轻失业的痛苦感觉，但减轻失业的痛苦感觉，并不意味着降低了失业的可能性。如果实际情况是主要大公司的雇员的失业现象仍然很普遍，那么，他们担心自己的失业就仍然是很有必要的。

（4）旨在改善求职技巧的课程和工作室增多,这本身就说明了就业的难度已经越来越大,就业竞争已经越来越激烈、越来越残酷,失业之后如果你没有更强的求职技巧,似乎就很难找到工作。

（5）这样的课程和工作室增多,也说明了即使你是在岗的雇员,你潜在的竞争对手很可能变得越来越强大,以至于他们会把你从现有的工作岗位挤走。所以,他们担心自己失业不是很正常吗?

八、法律学校的毕业生

认真阅读以下题干,寻找并且分析它在推理论证过程中存在的一些重要的逻辑问题。

在马格罗,过去 3 年里法律学校的毕业生为大型集团公司工作的人数下降了 15%,然而,去小公司工作的人数却增加了。尽管大公司通常提供更高的薪水,法律学校的毕业生们仍然选择那些小公司,原因在于小公司让他们拥有更大的工作成就感。对于第一年在法律学校学习的学生的调查显示,大多数人认为赚更多的钱比工作成就感重要。这些发现说明了,那些在马格罗的大型集团公司应该给毕业生们提供更多的福利和奖励,同时也要减少他们必要的工作时间。

题干在推理论证过程中存在的逻辑问题:

【参考答案】

上述题干在推理论证过程中至少存在这样一些逻辑问题:

（1）过去 3 年法律学校的毕业生为大公司工作的人数下降了 15%,并不能就此推出结论:大公司应该给毕业生们提供更好的条件。因为真实情况很可能是,这 3 年里,只是由于大公司根本不缺乏法律人才,所以,即使很多法律学校的毕业生一直削尖脑袋想挤进这些大公司工作,但很遗憾绝大部分人只能被拒之门外,因而只能退而求其次到小公司供职。

（2）就算近年来这些大公司希望招聘法律学校的毕业生,但是毕业生们都不太愿意去大公司、而更愿意去小公司就职的真正原因是什么? 对此,题干的解释是,小公司让他们拥有更大的工作成就感。既然如此,合理的结论就不应该是提供更多的福利或奖励以及减少工作时间,而应该是赋予他们重任,让他们获得更多的工作成就感。

（3）大一的新生认为赚更多的钱比工作成就感更重要,未必就意味着他们在毕业择业时还会坚持这样的想法。也许正如题干前面所说的,到了真正找工作时,他们的想法改变了,变成了更看重工作成就感,所以,更多的人选择去了能让他们更有成就感的小公司。这样,题干作者建议大公司采取的种种应对策略因为不是对症下的药,所以很可能是无效的。

（4）"减少工作时间"这样的结论,在题干中没有任何的前提支持;另外,既然前提已经指出了大公司通常比小公司"提供更高的薪水",那么,大公司干吗还要通过提高待遇来和小公司竞争吸引毕业生呢?

九、黄市长连任

认真阅读以下题干,寻找并且分析它在推理论证过程中存在的一些重要的逻辑问题。

在最近的选举中,黄市长以宝庆选举人52%的选票的明显多数获得连任。但是,他的再次当选并不表明,他减税的建议比他的对手雷先生的建议——通过加税来改善教育——更受人们的拥护。以往全国的记录表明,人们倾向于选举已经在位的人,而不管在位的这位候选人的竞选建议为何。事实上,选举过后,当地的一项调查表明,宝庆大多数人对黄市长的建议持反对态度。显然,宝庆的人大多赞同改善教育,亦即拥护雷先生的建议——尽管他们没有选举他当市长。

题干在推理论证过程中存在的逻辑问题:

【参考答案】

上述题干在推理论证过程中至少存在这样一些逻辑问题:

(1)在位者竞选获胜的真正原因是什么?很可能就是因为他有执政经验,所以,提出的竞选建议比较对选民的胃口。因此,黄的竞选成功仍可能是得益于他的竞选建议深得民心。

(2)选举过后的那项"调查"样本有多大?也许样本太小,无法真正代表宝庆多数人的意见呢?另外,调查对象是不是选民?如果不是选民,它又如何能代表选举时选民的意见呢?

(3)这次调查是选举之后进行的,很可能选举之后国内或世界政治经济形势发生了巨大的变化,所以导致人们的想法现在已经变了,但在选举时选民很可能还是很支持黄的竞选建议的。

(4)就算现在很多人反对黄的减税建议,也并不意味着大家就拥护雷的通过加税来改善教育的建议。很可能很多人赞同改善教育,但反对通过加税这种方法来改善教育。所以,宝庆人未必真的就拥护雷的竞选建议。

第四章 成文写作

找到题干推理过程中的逻辑问题之后,接下来就是"成文写作",写一篇600字的文章了。这是考生做论证有效性分析时在考场上要完成的最后一步工作。由于之前的读题、找错都是考生自己为"成文写作"所做的准备性工作,这些工作并不直接呈现给阅卷老师,阅卷老师最终看到的就只有考生最后交上去的那篇600字的文章。所以,就算考生之前的工作做得再好,但如果最后的文章没有写出来,或者没有写好,那也是得不到好分数的。

如何写出一篇好的论证有效性分析?有没有相应的一些诀窍?考生最常见的误区和问题主要有哪些?应该如何避免?考前该如何训练,才能提高自己论证有效性分析的写作水平?

本章就试图回答考生所关心的这些问题。

第一节 写作技巧

凡事都有诀窍,论证有效性分析也不例外。下面,我们就从论证有效性分析成文写作的各个环节和角度来给同学们介绍一些简单实用的写作技巧。

一、写作模块

论证有效性分析要求考生写一篇600字左右的文章来分析题干推理论证过程中最重要的4~5个逻辑问题。可这600字的文章具体该怎么写?我们建议同学们最好采用下面这样一种写作模块:

文　章　标　题			
第1段	60字左右	开头	总结论证结构,表明怀疑立场
第2段	120字左右	剪断[论据-结论]1	指出问题,简要分析

文　章　标　题				
第 3 段	120 字左右	剪断[论据-结论]2	指出问题,简要分析	一肯 二否 三疑
第 4 段	120 字左右	剪断[论据-结论]3	指出问题,简要分析	
第 5 段	120 字左右	剪断[论据-结论]4	指出问题,简要分析	
第 6 段	60 字左右	结尾	总结全文,再次表明怀疑立场	

对于论证有效性分析的上述写作模块,同学们需要注意以下几点:

(1) 根据历年的考试情况,考场上的作文答题纸一般都是每行 20 个方格的方格纸。论证有效性分析要求考生写 600 字左右,在答题纸上就意味着要求考生写到 30~32 行结束最好。

(2) 开篇段和结尾段不宜太长,要留下更多的篇幅给本论部分,因为一篇文章的得分主要是由本论部分中找错析错的内容决定的。所以,建议考生开篇第一段写 2~3 行,结尾最后一段写 2~3 行。

(3) 本论段每段最好控制在 6 行左右。不要有一段太长,比如超过了 8 行;也不要有一段太短,比如少于 4 行。太长了,阅卷老师会觉得你太啰唆,而且也容易造成阅卷老师的阅读恐惧感。太短了,阅卷老师觉得你没有展开,这一段太单薄。

(4) 本论每一段的基本思路是"一肯二否三疑",也即要尽量接受题干给定的前提("一肯"),进入题干的逻辑空间里面,找到题干推理过程某一个具体的、实实在在的逻辑问题来加以分析("二否"),分析完后又要能回到对结论的质疑上来("三疑")。

(5) 本论每一段最好按"引→点→析→射"四个环节逐步展开。具体来说,"引"就是"引题",简单地引述题干的某一步推理过程,树立本段所要批驳的靶子;"点"就是"点错",简单地点明这一步推理所存在的逻辑问题;"析"就是"析错",具体分析这一逻辑问题何以成为逻辑问题;"射"就是"射门",质疑题干结论,指出题干的这一步推理未必能得出它所要得出的结论。

(6) 本论四段的先后顺序最好是前提和论据在题干中出现的先后顺序,也即对最先出现的前提和论据以及该前提和论据与结论之间的关系,我们应该最先做出回应,最后出现的最后做出回应,而不能颠三倒四,否则,文章结构就会显得很混乱,阅卷老师读起来就会觉得很别扭。当然,如果考生要写某个全局性的逻辑问题,比如核心概念偷换或不当类比,那么这样的逻辑问题就可以放在本论的第一段来写。

(7) 上面给出的这个写作模块,既基本解决了考生文章的谋篇布局问题,也大体指出了每个本论段的基本写法("一肯二否三疑"),同时,也给考生留下了足够大的自由发挥的空间,确保考生写起来比较自由流畅,又不至于造成所有考生的文章都千篇一律,导致阅卷老师的反感。

二、文章标题

所有完整的文章都必须有标题,有正文,论证有效性分析也不例外。

论证有效性分析的文章如何取题？最常用的取题方法有两种：第一种，内容性取题法；第二种，普遍性取题法。

1. 内容性取题法

内容性取题法的基本目的是考生通过自己文章的标题来告诉阅卷老师，我的文章质疑来质疑去，基本的目的和核心总是要回归到对题干结论的质疑上来。

假设题干的结论是××，采用内容性取题法就可以这样取自己文章的标题：

《真的××吗》

《难说××》

《且慢××》

《未必××》

2. 普遍性取题法

任何论证有效性分析的文章，都可以取成这样的万能标题：

第一组	《似是而非的论证》 《值得商榷的论证》 《漏洞百出的论证》 《成问题的论证》
第二组	《且慢草率下结论》 《如此论证，何以服人？》 《草率的论证，偏颇的结论》 《混乱的思维，疏漏的逻辑》

这里需要注意的是，在使用第一组标题时，前面不要再画蛇添足地加"一段""一篇""一个"等量词了。把这些多此一举的词删除，文章标题反而更显简洁有力。

读到这里，同学们也许会问，内容性取题法和普遍性取题法，到底哪一种取题方法更好呢？

对此，我们的回答是：一般来说，阅卷老师更喜欢内容性取题法，因为内容性取题法是专门为这道题目、这篇文章所取的标题，所以扣题更紧。因此，如果同学们在考场上对自己所找到的结论有把握，并且所拟的标题也不是太长，最好用内容性取题法来取。反之，就退而求其次，采用普遍性取题法来取。

另外，需要提醒大家的是，文章标题写好之后，下面的正文最好要适当回应一下文章的标题，这就是所谓的"点题"，否则就会让人感觉你的文章"文不对题"或"扣题不紧"。

关于标题的格式，最好要注意以下几点：

（1）沿答卷纸的中轴线左右均匀地展开自己的标题。

（2）题目不宜太长，最好在10个字之内，这样标题前后都有几个空格，形式更加美观。

（3）为了确保文题的简洁美观，如果内容性取题法取的题太长，不妨采取普遍性取题法。

（4）标题中最好不用标点符号，如果一旦省略就会影响文意的表达，可以用标点符号。

（5）"吗"字结尾的标题，后面最好不要多此一举地再加"？"。

（6）先在草稿纸上打个草稿，精心修改完毕之后再定稿、誊抄上去。

（7）标题上面和下面都不要再专门空一行，否则，阅卷老师会觉得你在凑篇幅。

三、文章开篇

1. 标准的开篇

（1）上文试图通过一系列推理推出结论说……。这样的推理看似有理有据，其实是难以必然成立的。

（2）上文试图论证……。但这样的论证存在诸多逻辑问题。

（3）上文关于……的论证，逻辑上并不严密。

如果题干结论比较简短，就直接把结论抄上去。如果题干结论比较长，比较复杂，就用自己的语言简化一下再写上去。总之，最好在第一段里出现题干的结论，以此告诉阅卷老师：您看，题干中最重要的结论我找到了。并且最重要的是提醒自己：这是题干的结论，我要时不时地回到对结论的质疑上来。

需要注意的是，在开篇第一段里最好不要出现题干的具体论据和论证过程。因为这样写，会造成开篇过长，让阅卷老师觉得你在凑字数。

2. 万能的开篇

不管什么样的题干，论证有效性分析开篇第一段也可以一上来就开门见山，直接这样写：

（1）上述论证看似有理有据，但稍加分析就会发现，其实存在许多逻辑问题。

（2）上述论证存在诸多逻辑问题，逃不过我们的火眼金睛。

（3）上述论证至少存在这样一些逻辑问题。

（4）上述论证漏洞百出，现择其要点分析如下。

我们建议同学们在考场上最好还是选择"万能的开篇"，因为这样不容易出问题，写起来也更快。

四、文章结尾

论证有效性分析的结尾一般可以这样写：

（1）综上所述，由于上文在推理论证过程中存在诸如此类的逻辑问题，所以，上文论证的有效性以及由此得出的结论都是值得商榷的。

（2）由于上文论证存在诸多逻辑问题，所以，其结论也是难以必然成立的。

（3）总之，上述论证难以真正令人信服。

不过需要提醒同学们的是，我们这里介绍的开篇和结尾的写法，只是一般的写法而已。如果考生觉得自己还有更好的、更有个性的写法，也完全可以，毕竟文无定法呀。

五、凑字方法

首先申明，好文章绝对不是凑字凑出来的。凑字凑出来的文章，得分肯定不高。所以，这里讲的凑字法，希望考生在考场上最好别用；即使用，也要慎用。

退一步讲，就算要凑字，也千万不可在文章开篇和本论段里凑，因为说不定写着写着，慢慢地你就写出感觉了呢？所以，我们建议，一开始的时候，最好还是要努力把它写成一篇简明扼要的好文章。写到最后，发现字数实在不够时，可以在结尾段里凑字，这完全来得及。甚至开个玩笑，按照我们下面所介绍的"凑字方法"，别说你要凑个 100~200 字，就是要凑个 500~600 字，也很容易——当然，这样的文章肯定是得不了多少分了。

下面是结尾段凑字的"三部曲"。

第一步，详细总结题干的逻辑结构。具体可以这样写：

综上所述，上文作者试图通过论据 1……、论据 2……和论据 3……来推出结论……

第二步，反复表明自己的怀疑立场。具体可以这样写：

正如上面的分析所显示的，这样的推理虽然看似有理，但实际上由于它在推理论证过程中存在诸如此类的逻辑问题，所以，题干的论证和推理是难以必然成立的，其论证的有效性是值得商榷的，由此得出的结论也未必能让人信服。

第三步，指出原文必须做出修改。具体可以这样写：

要得出更加可靠的结论，还必须进一步寻找新的科学的论据，并进行更加严密的推理和论证，否则，很可能只会对读者产生严重的误导。

六、本论框架

由于论证有效性分析的文章一般需要写 4~5 个逻辑问题，而每个逻辑问题最好单独成一段，这就意味着我们的本论要分 4~5 段。每段具体怎么写？我们的建议是，最好采取标准的"引→点→析→射"的写法：先是简单地引述题干的某一步推理过程，然后用一个"关键句"点明这一步推理所存在的逻辑问题，接着具体分析这一逻辑问题何以成为逻辑问题，最后质疑题干结论，指出这一步推理未必能得出题干所要得出的结论。

当然，为了让让文章更加简洁，"引"和"点"有时可以合并在一起（基本句式是：前提 A1 未必能推出结论 J）。因此，论证有效性分析的本论段基本上可以采用这样简洁明快的写作框架：

（1）前提 A1 未必能推出结论 J，因为（关键句＋分析）……，所以，很可能非 J。

（2）前提 B1 未必能推出结论 J，因为（关键句＋分析）……，所以，很可能非 J。

（3）前提 C1 未必能推出结论 J，因为（关键句＋分析）……，所以，很可能非 J。

（4）前提 D1 未必能推出结论 J，因为（关键句＋分析）……，所以，很可能非 J。

七、语气词汇

下面推荐使用的语气词汇，目的是适当软化自己的表达，防止自己把话说得太绝对，否则容易引起阅卷老师的反感，觉得你的分析和攻击本身在逻辑上也是成问题的，难以成立。

语气词汇具体分为两类：

（1）引入自己的经验和分析时多用这样的词：

可能	很可能	也许	或许	一般来说
通常	似乎	大部分	多数时候	多数情况下

（2）批驳原文的论证和结论时多用这样的词：

可能不成立	未必能推出	推不出	不一定	成问题
不严密	有漏洞	过于牵强	值得商榷	难以确保
并不意味着	不能说明	难以必然成立		

八、结构词汇

1. 大连接词

本论部分每段的开头建议使用这样一些词：

首先	其次	再次	另外	最后

如果本论写四段，就不用写"另外"这一段。

2. 小连接词

如果考生在本论某一个段落中想要分析题干的多个逻辑问题，或者同一个逻辑问题想从几个不同的角度来加以分析，那么，写完一个之后，接下来就可以使用这样的词来承前启后：

而且	况且	更何况	更重要的是

3. 分析引导词

论证有效性分析的核心是"分析"。如何引导自己对题干的某个逻辑问题进行"分析"？下面是一些非常实用的分析引导词：

因为	试想	假如	假设	如果
也许	比如	举例来说	一般来说	我们知道
众所周知	很可能真实情况是			

好的"分析引导词"，比如"试想""很可能真实情况是"，往往能有助于同学们迅速激活自己的一些生活经验，有效地打开具体分析的思路，找到写作的感觉，文章也能写得更加感性生动，避免从头到尾抽象地、空对空地说废话、套话。

4. 分析收尾词

"析错"结束时，需要收尾，以准备"射门"，即质疑题干的结论。怎么收尾？不妨使用这样一些"收尾词"：

所以	因此	显然	于是	可见
这样	可这样一来	果真如此的话,那么……	如果实际情况是这样	

九、逻辑词汇

"论证有效性分析"和"驳论文"虽然表面上有些相似,都是对题干的批驳,但其实二者之间有着本质的差别。论证有效性分析要求考生做的不是外在的反驳,而是对题干推理论证过程中内在的逻辑问题做出相应的分析。

如何才能避免"骂街"式的外在反驳? 我们建议,最好多用下面这些"逻辑词汇"来引导自己的思考和写作:

第一组	这样的推理(论证、推论、逻辑)是难以必然成立(有漏洞、不严密)的,因为……
第二组	推不出,不一定会导致,并不意味着,不能说明,不能因此就得出结论……
第三组	这种推理似乎没有考虑到这样一些更重要的因素……
第四组	更加科学的结论似乎应该是,上文的结论似乎应该完全颠倒过来,是不是就可以推出相反的结论……

十、禁忌词汇

为了写出更标准、更规范的论证有效性分析的文章,我们建议,下面这几类词语最好不用,或者要慎用、少用:

1. 主观性词语

论证有效性分析要求我们做客观中性的分析,所以,要尽量避免使用主观性比较强的语言:

错误的	我认为,我不这么认为,我想,我不这么想……
正确的	(删除掉以上表述,语言更加简洁,分析更显客观)

2. 驳论性词语

论证有效性分析不是驳论文,所以,要尽量避免下面这样一些驳论性的表述,多使用一些逻辑性的表述:

错误的	对此,我不敢苟同(不能同意,有不同的看法)……
正确的	这是推不出的,有漏洞的,不严密的…

3. 暴力性词语

就算题干推理存在某些逻辑问题,我们也不能因此采取粗暴的、不文明的方式来对待题干。如果批驳过程中我们的用词过于粗暴,很可能会引起阅卷老师的反感,甚至反过来同情题干作者。

错误的	这是荒谬的(幼稚的、可笑的、滑稽的、无稽之谈)……
正确的	(有理,也请你文明说理,否则容易适得其反)

4. 错误的主语

下面这些"错误的主语"都不是论证有效性分析的写法,而是驳论文的写法。它批判的不是人家推理过程中的逻辑问题,而是人家的观点。

错误的	这样的观点(想法、说法、思想)……
正确的	这样的推理(论证、推论、逻辑)……

5. 错误的谓语

下面这些"错误的谓语"也是驳论文的写法,而不是真正的论证有效性分析的写法:

错误的	这是不正确的(错误的、不对的、不合理的)……
正确的	这是推不出的(有漏洞的、不严密的)……

6. 题干的引述

在具体分析题干的某个逻辑问题之前,我们需要适当引述一下题干中某一步的推理过程,以树立我们这一段分析批驳的靶子。很显然,我们真正应该引述的是题干的推理过程,而不是其他,因为只有这样,我们接下来才能展开对这一推理过程中的逻辑问题的分析。试想,如果我们前面引的不是题干的某一步推理过程,接下来我们又如何能说它在"推理过程"中存在逻辑问题呢?

如何正确地引述题干的推理过程?最好是用"上文试图根据……推出……""上文试图以……来论证……"等引出推理或论证的句式,而不要用"上述材料说(说到,提到)……"这样的句式,因为这样的句式引出来的很可能只是题干的某一个判断或观点,而不是题干的某一步推理或论证。

错误的	上述材料说(说到、提到)……/题干作者认为……
正确的	上文根据(基于)……试图推出(得出)结论…… 上文试图以……来论证……

第二节　应试误区

初学论证有效性分析的同学,很容易出现下面这些写作方面的误区和问题。

一、写成读后感式的作文

考生只是在发表自己的读后感想,而没有指出和分析题干在推理论证过程中存在的"逻辑问题"。这样的文章根本就不是论证有效性分析,文体完全不符合论证有效性分析考试大纲的要求。

二、点评原文的写作技巧

考生只是关注题干的语法、结构、修辞、篇章等写作技巧,而没有指出和分析题干在推理论证过程中存在的"逻辑问题"。

三、采取支持性回应方式

考生对题干的观点、结论、推理论证过程采取了完全肯定和支持的态度,而不是在着重指出和分析题干推理过程中的"逻辑问题"。这是和论证有效性分析考试大纲的规定完全背道而驰的。

四、采取驳论性回应方式

考生没有进入题干的逻辑空间之内,没有进入题干的推理过程之中来寻找分析题干推理论证过程中内在的逻辑问题,而只是站在题干推理过程之外,自己找理由、自说自话地构建一个论证来反驳题干的结论,说它怎么不对,如何错了。这不是内在分析和批判的论证有效性分析,而是外在反驳的驳论文。这种驳论,实质是用自己的主观性和"偏见"来打压别人的思想,本质上无异于外在的"骂街"。

五、搞错题干的逻辑结构

考生搞错了题干的结论、前提、预设或题干推理过程中的中间性推论,导致自己所批驳的"逻辑问题"根本就不是题干推理过程中真正存在的逻辑问题。

六、只分析了一两个问题

论证有效性分析要求考生指出和分析题干推理过程中客观存在的 4~5 个逻辑问题。逻辑问题的数量不到 4 个,说明考生的视野不够开阔,寻找错误的能力不强;同时,也很可能说明考生对题干的论证过程的回应不够全面。

七、没有抓住关键性问题

考生不分主次,抓不住重点,而只是抓住题干中鸡毛蒜皮的一些逻辑问题来做一些"鸡蛋里挑骨头"的胡乱攻击。

八、罗列问题,缺乏分析

考生只是简单地指出了题干哪个地方推不出哪个地方,缺乏相应具体的分析。顾名思义,论证有效性分析重在"分析",需要考生深入浅出地阐述自己文中所指出的逻辑问题何以成为问题。没有具体的分析,只是戴一个空洞的高帽子,或者没道理地乱打棍子,这是不讲理的表现,也是写论证有效性分析时最不可取的文风。

九、逻辑学术语使用不当

论证有效性分析并不反对考生使用逻辑学术语(比如"以偏概全""偷换概念""不当类比""强拉因果""自相矛盾"等),相反,准确地指出题干在哪一步推理中犯了什么性质或什么类型的逻辑错误,既能提升文章的高度和档次,又能有助于阅卷老师一目了然地阅卷,迅速把握考生本段想要表达的主旨。

但如果"术语"使用不当,就容易弄巧成拙,出现张冠李戴、文不对题的现象。这样,反而会被阅卷老师扣分。

另外,使用逻辑学术语,也容易导致这一段的写作难度和写作时间大大增加。

所以,我们的建议是,有把握时不妨用一下术语,没把握就千万不要勉强。论证有效性分析,只要攻击的逻辑问题是题干中客观存在的,相应的分析能够充分有力,就能得高分,不是非得要用逻辑学术语。要知道,我们的论证有效性分析考的只是日常的分析能力,而非逻辑学的专业知识。

十、语言表达太主观武断

论证有效性分析是一种非常严谨缜密的思维方式,它要求我们寻找、分析题干推理论证过程中的逻辑问题。试想,如果考生的分析和攻击本身就不严密,有逻辑问题,又怎么能让阅卷老师接受你的分析和批驳呢?

由于过分武断的语言或语气很容易导致自己犯逻辑错误,也容易造成阅卷老师的反感,所以建议同学们,写作成文时多用一些"可能""很可能""也许""一般来说"之类的软化词,这样,我们的文章在逻辑上就更不容易犯错。

十一、没有对结论构成质疑

考生只是在为分析逻辑问题而分析逻辑问题,忘了结论是整个题干论证的核心。这样的写法就像踢球没有射门、下棋忘了将军一样,是批驳的方向性错误。论证有效性分析逻辑错误的分析,最好要能回到对题干结论的质疑上来。

十二、引文太长,分析太少

论证有效性分析,顾名思义,重在考生自己对题干推理问题的"分析"。所以,论证有效性分析考场作文的得分也主要看考生自己的分析有多少,分析得是否到位。反之,过多、过长地引用原文,大段地抄袭题干,是令人反感的凑字行为,是缺乏概括、分析和批驳能力的表现。

十三、开篇段过于具体冗长

论证有效性分析的篇幅是有限的,文章的得分主要看考生本论部分的分析如何。所以,不应该把大量的篇幅用在开篇上。一般来说,开篇第一段最好控制在2~3行。

为此,我们建议,开篇第一段最好不要说题干的具体论据,因为你说到第一个论据,就要说第二、第三个论据……这样你就收不住,控制不了字数。题干具体的论据以及相应的论证推理过程,完全可以放到本论段准备具体攻击的时候再去引述。

十四、不分段落或段落太少

有些同学不太会分段,这样势必会造成一段很长、很臃肿,让阅卷老师望而生畏,产生阅读的恐惧感。我们建议,除了开头和结尾两段之外,本论部分最好再分成4~5段,每段6行、120字左右。

十五、各段落长短参差不齐

如果某一段太长,阅卷老师会认为你啰唆;反之,如果某一段太短,他又会觉得这一段的内容太单薄。所以,本论各段的长度最好都差不多,比如5~7行。这样的文章也更显均衡、匀称。

第三节　模拟试题

论证有效性分析是写作考试。写作考试考的是考生的写作能力。而写作能力,只有在自己不断的写作过程中,才能慢慢提升。

但是很遗憾,很多同学在写作复习过程中,往往只喜欢听(听课),或者只喜欢看(看书,特别是看书上的分析、答案和范文),或者好一些的,只喜欢自己想(想一想这道题该怎么做,这篇文章该怎么写),而不太愿意自己动手写。以为自己想好了,写起来应该很容易。其实,真正的写作根本不是这么一回事。自以为想得好(很可能这是一种自欺),但一写就写不出来、写不好的现象多的是。所以,眼高手低,以及写作的惰性,是同学们在写作复习过程中必须克服的大忌。

为了促进同学们动手写,也为了切实地帮助同学们真正巩固前面所学过的各种技巧,最终提升自己的写作水平,下面我们提供一些模拟试题(其实历年论证有效性分析考试的真题,都可以看成练习写作的模拟试题),希望同学们针对每道模拟试题,都写出一篇合乎规范和要求的论证有效性分析的文章来。

在做论证有效性分析的模拟试题时,一开始可以不规定自己的时间,用半个小时或一个小时来写一篇文章,只要能写出自己满意的文章就行。但在基本掌握了论证有效性分析的写作规范和技巧之后,建议同学们尽量要求自己在规定的时间(管理类联考27分钟、经济类联考24

分钟)里写出一篇文章来。因为,在考场上,时间紧迫,写作速度也是平时训练的重要内容。

一、神话小说

仔细阅读下面的题干,画出它的推理图解,并找出推理过程中存在的 4~5 个逻辑问题,加以分析。在此基础上,再写成一篇 600 字左右的文章。

以下文字出自一本为热衷于创作的人撰写的指导。

新作者通常无法使著名的大型出版社相信他们的作品将畅销,因此他们必须首先找一家没有什么名气的小出版社出版他们的作品以便赢得一些销售纪录。但《神话作家》杂志的编辑们为热衷于创作的人带来了一则好消息:过去两年中,神话小说出版的数量大幅增长。此外,去年出版的神话小说中,几乎一半的作品出自首次写小说的人之手。由于神话小说的市场正在扩大,所有的出版社都会想要增加它们出版神话小说的数量。因此,新手们应该创作神话小说,以增加他们在著名的大型出版社出版第一部小说的机会。

建议同学们在写文章之前,先把题干推理的逻辑结构图解出来:

然后,再看看题干推理过程中有哪些重要的逻辑问题?

1	
2	
3	
4	
5	

最后,再试着写成一篇 600 字左右的文章。

<table>
<tr><td></td><td></td><td></td><td></td><td></td><td></td><td></td><td></td><td></td><td></td><td></td><td></td><td></td><td></td><td></td><td></td><td></td><td></td><td></td><td></td></tr>
</table>

（方格稿纸）

100 字

接下来，我们对本题做一些解析。

认真阅读本题就会发现，本题的阅读理解有一定的难度，很多考生未必能对题干的推理过程有全面准确的把握。如果题干的推理过程都把握不准确，那么，所找的逻辑问题就未必是有效的；逻辑问题的分析，也未必是到位的。

下面我们提供一篇"参考范文"。这篇我们隆重推荐给同学们的"范文"，希望大家不仅要熟读，而且最好要在多抄几遍的基础上力争能够背诵——这样，在将来自己写文章时，无意之中说不定就会受到这篇范文的影响，自己写出来的文章也因此就更像标准的论证有效性分析。

【参考范文】

"指导"还是"误导"？

这篇指导的作者热心地想帮助那些准备从事创作的新手们增加在大出版社出版自己第一部作品的机会。但是，以作者这样的思路，恐怕好心反倒办坏事，"指导"变成了"误导"。

首先，由于出版数量不等于销售数量，所以，就算过去两年神话小说出版的数量大幅增长，神话小说的市场也不一定就在扩大，因此很可能没有什么大出版社愿意出版神话小说。

其次，我们也不知道，别的文艺体裁（比如历史小说）的市场情况如何？如果历史小说的市场前景远比神话小说好得多，这时就似乎不应该建议所有的新手们都去创作神话小说。

再次，"首次写小说"并不意味着首次进行创作。或许这些人在戏剧文学等方面的名声早已如日中天。如果正是名人效应才让他们第一次创作的神话小说得以出版，那么请问，真正的新手又会有多少出版的机会呢？

另外，就算这些人都是真正的新手，但或许写神话小说的新手已经很多，且最后出版的概率却很小，倘若在这种情况下，再建议他们都去创作神话小说，就无异于把他们往火坑里推。

最后，即使假设所有热衷于创作的人都是热衷于小说创作的人，但我们担心，由于学习和创作神话小说通常需要几年的时间，而神话小说的热潮又很可能像其他时尚潮流一样来势凶猛，去势也是一日千里，这样，希望在大出版社出版作品的新手们，即使遵循这种"指导"，到时候不也是"竹篮打水一场空"吗？

所以，新手们完全可以感谢他的热心，但不一定要接受他的"指导"。

【范文点评】

范文是最好的老师。但是，这篇范文究竟好在哪里？究竟有哪些地方值得我们在将来的写作过程中学习和模仿？相信下面的这些点评会更有助于你真正理解范文，进而明白论证有效性分析的文章究竟该怎么写。

（1）整篇文章严格遵循论证有效性分析的标准写法，从头到尾都在分析题干推理论证过程中的逻辑问题，文体非常标准。

（2）语言平实流畅、干净利索，没有任何拖泥带水。

（3）整篇文章内容非常丰富，但是长度只有 580 多个字符，字数非常标准，不多不少。写在 20 个方格一行的标准答题纸上，包括标题在内一共 32 行。

（4）开篇和结尾都很简短，再加上本论部分每段字数差不多，没有哪段特别单薄，也没有哪段特别臃肿，因此，整篇文章的结构显得非常匀称。

（5）本论部分的结构按题干的推理结构展开，宏观思路非常清晰，显示出作者对题干推理过程的准确把握。

（6）分析了题干所有 3 组论证中最重要的 5 个逻辑问题，不仅逻辑问题的数量足够多，逻辑问题的分布也很均衡（2：2：1），因此，对题干逻辑问题的分析可谓系统全面、重点突出。

（7）对逻辑问题的分析准确深刻、感性具体，而且紧扣题干文本，特别是紧扣题干论证中的核心概念（比如"出版数量"不等于"销售数量"）。

（8）连接词（首先、其次、再次、另外、最后）运用非常准确，使文章显得结构严谨、层次分明。

（9）本论部分重要段落大多回到了对总推论（"新手们都应该去创作神话小说"）或总结论（"增加在大出版社出版第一部小说的机会"）的质疑上来，满足了"一肯二否三疑"的原则，实现了"射门"和"将军"。

（10）对总推论和总结论的质疑在语气、语言表达方式上灵活多变，避免了单调重复，提高了文章的可读性。

（11）一开篇就肯定上文作者的"热心"动机，使得文章增添了一些人情味。

（12）"最后，即使假设所有热衷于创作的人都是热衷于小说创作的人"一句，顺带指出了原文中的偷换概念。

（13）文章标题"指导还是误导？"具有一定的艺术性，而且文章的开篇和结尾都能准确贴切地"点题"，读后给人感觉前后呼应、一气呵成。

附：上面这道题的推理过程大体上可以图解如下,供同学们参考:

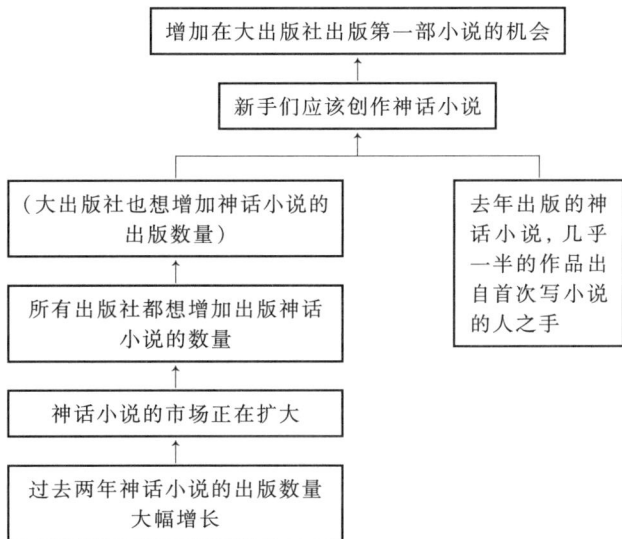

二、保健品市场

分析下面的论证在概念、论证方法、论据及结论等方面的有效性。600 字左右。

作为财务总监,我反对公司进入保健品行业。《新都报》已经报道有关专家预测,我国保健品市场的增长将放缓。前年,我国保健品市场的增长率为 23%,去年则为 20.8%,由此可见,保健品市场的规模在缩小。另根据针对京、沪两地 20~30 岁人群 500 个样本的调查显示,更多的人选择的是去健身房健身而不是买保健品。还有,地龙液公司的补血产品不过 2 年就退出了保健品市场,可见这类产品的生命周期很短,进入这个行业对企业而言发展潜力有限。再加上人们对保健品的抱怨越来越多,大家认为保健品的治疗功效十分有限,所以,我认为,进入保健品市场风险很大,不宜投资。

【参考范文】

真不该进入保健品市场吗

财务总监的反对建议看似有理有据,但在逻辑上确实有很多地方值得商榷。

首先,去年的市场增长率比前年低,但实际增长总量却很可能比前年高。而且市场增长率下降也并不等于市场规模在缩小,相反,按照财务总监提供的数据,正确的结论应是:去年相对前年的市场规模是扩大的。

其次,保健品消费者一般是中老年顾客,所以以 20~30 岁人群作为样本,这本身就说明了调查的偏颇;何况京、沪是中国最特殊的 2 个城市,500 人的样本也很可能过小,因此,这样的调查或许并不具有代表性。

再次,地龙液补血产品不过 2 年就退市,也许是由于该公司自身的经营不善,所以,我们不能因此就说这类产品乃至所有类型的保健品的生命周期都很短。另外,产品生命周期短,也并不意味着企业发展潜力有限，因为企业完全可以加快新产品开发的步伐来促进自身不断发展。

最后，保健品是用来保健而不是用来治疗的，人们抱怨治疗功效十分有限，这种误解在营销策划上是可以提前规避的。另外，对保健品的抱怨越来越多，可能是因为购买的人数远比过去多。这时，只要我们能够给广大消费者提供满意的产品和服务，也许我们很快就会占领大部分保健品市场。

综上所述，进入保健品市场的风险并不一定就像财务总监所认为的那么大。何况就算风险较大，但如果它的投资回报率很高，说不定它仍然是一种不错的投资呢？

三、单亲儿童

分析下面的论证在概念、论证方法、论据及结论等方面的有效性。600字左右。

自1940年以来，全世界的离婚率不断上升。因此，目前世界上的单亲儿童，即只与生身父母中的某一位一起生活的儿童，在整个儿童中所占的比例，一定高于1940年。

【参考范文】

离婚率与单亲儿童比例

上述论证漏洞百出，现择其要点分析如下。

首先，离婚的夫妻不一定有小孩，所以，离婚率上升未必就会导致单亲儿童比例上升。一般来说，有了孩子的维系，夫妻就不太会离婚；没有孩子，夫妻关系单薄脆弱，一气之下真就可能离婚。如果新增的离婚者大多是这样的无孩夫妻，单亲儿童的比例又怎么会随之上升？

其次，离婚时就算有小孩，但也许年轻夫妻因为工作、生活和经济的压力，任何一方都没有能力单独带小孩，所以，孩子只能完全寄养在爷爷奶奶或外公外婆家。显然，这类孩子因为不属于文中所说的单亲儿童，所以，这样的离婚率上升也不会导致单亲儿童比例上升。

再次，许多夫妻即使感情已经破裂，但考虑到孩子太小，离婚对孩子的伤害太大，所以就一直忍着没有离婚。直到孩子已经长大成人，再去办离婚——这样的离婚自然也不会产生单亲儿童。

另外，随着生活水平和医疗技术的显著提升，儿童的生育率和存活率可能也会大大提升；再加上世界各国正在大力推行鼓励生育的政策，所以，全世界的儿童总量可能要比离婚导致的单亲儿童数量增加得更多、更快。这样，现在单亲儿童的"比例"相对于1940年，说不定是不增反降的呢？

最后，再考虑到1940年战争单亲儿童的比例也许畸高，所以更加不能草率地根据离婚率上升就武断地得出结论说，现在单亲儿童的比例一定高于1940年。

由于上文存在诸如此类的逻辑问题，所以，其论证的有效性和结论都是值得商榷的。

四、巴塔亚牛奶

分析下面的论证在概念、论证方法、论据及结论等方面的有效性。600 字左右。

巴塔亚的农业部门的报告表明,全国牛奶厂的数量比 10 年前增加了 25%。而在当地一家易买得食品市场上,同期的牛奶价格却从每加仑 1 元增加到每加仑 3 元。为了防止牛奶厂主因显著增加的牛奶供应而持续获得超额利润,巴塔亚地区政府应当规范牛奶的零售价格。这一措施既有力地保证了牛奶的低价,又保证了有足够的牛奶供应给消费者。

【参考范文】

真该规范牛奶价格吗

上述论证看似严密,稍加分析就会发现,其实存在诸多逻辑问题。

首先,牛奶厂数量增加未必就等于牛奶的产量增加。也许日趋严重的极端天气导致该国近年来草原严重沙化,这样,以草为食的奶牛数量和每头奶牛的产奶量都可能大大减少,因此,巴地的牛奶总产量也许是不增反减的。

其次,就算牛奶的产量增加,但其销量也未必随之同步增加。很可能巴地最近一直深陷经济和政治的双重危机,民不聊生的居民根本就没钱去购买牛奶。如果生产出来的牛奶卖都卖不出去,牛奶厂主要不亏损已十分艰难,还奢谈什么超额利润?

再次,一家易买得代表不了整个市场。这家易买得的牛奶涨价,也许只是因为它原来地处偏僻的郊区,最近连续通了好几条地铁线而使得它的人气大增、房租大涨,于是它的牛奶售价才随之水涨船高。但如果其他市场上的牛奶并未涨价,这样,牛奶厂主也未必就能普遍获得什么超额利润。

另外,就算市场上的牛奶普遍涨价了,但如果种牛、饲料、人工、加工、运输、资金等成本增加得更多,那么,牛奶厂主的利润也许又只能是黄粱一梦了。

最后,如果牛奶厂主没有获得超额利润,政府却要强行规范牛奶价格,不准涨价,甚至要降价,这样很可能会导致一系列严重的消极后果:供应量减少,质量下降……我们相信有良知的政府,是不愿意看到这种市场乱象的。

所以,巴地政府是否应该出手规范牛奶的价格,还需三思而后行。

五、麦当劳利润

分析下面的论证在概念、论证方法、论据及结论等方面的有效性。600 字左右。

据统计,西式快餐业在我国主要大城市中的年利润,近年来稳定在 2 亿元左右。扣除物价浮动因素,估计这个数字在未来数年中不会因为新的西式快餐网点的增加而有大的改变。因此,随着美国快餐之父艾德熊的大踏步迈进中国市场,一向生意火爆的麦当劳的利润肯定会有所下降。

【参考范文】

麦当劳的利润真会下降吗

上文试图论证,随着艾德熊进入中国市场,麦当劳的利润就肯定会有所下降。这样的论证并不严密。

首先,进入中国之前,艾德熊的市场调研也许早就发现,中国主要大城市现有西餐品牌间的竞争已经十分激烈,而中小城市却有广阔的市场前景。于是,艾德熊就主动避开主要大城市,直接进入中小城市。如果现有麦当劳的利润大多集中在主要大城市,那艾德熊以这种方式进入,对麦当劳的利润就应该不会有什么影响。

其次,就算艾德熊进入中国的主要大城市,抢走了主要大城市中麦当劳的一些利润,但麦当劳完全可以在中小城市甚至农村开辟市场,获得利润的补偿。所以,整个麦当劳中国公司的利润也未必就会下降。

再次,即使艾德熊和麦当劳都只把自己的经营局限于中国的主要大城市,但也许由于初来乍到的艾德熊水土不服、管理混乱,或前期开拓市场的成本居高不下,所以,很可能一直没有利润,甚至亏损。这样,在主要大城市西餐利润总额确定不变的前提下,麦当劳的利润完全可以做到岿然不动,甚至趁势上扬。

最后,在中国的西式快餐市场上,除了麦当劳,还有肯德基、必胜客、汉堡王等诸多品牌,所以,就算艾德熊产生了利润,抢走的也未必就是麦当劳的利润,而完全有可能是别的品牌,比如肯德基的利润。因此,断定麦当劳的利润一定会下降,显然过于勉强和武断。

由于上文存在诸多逻辑问题,所以,它所得出的结论也是难以令人真正信服的。

六、限速问题

分析下面的论证在概念、论证方法、论据及结论等方面的有效性。600字左右。

3个月以前,福勒斯特地区把行驶在该地区公路上的机动车的限速每小时提高了10英里。自从这次改变之后,该地区机动车事故的数量增加了15%。而和福勒斯特地区相邻的爱摩斯地区并没有改变原有的时速限制,在过去同样的3个月里,它的交通事故却有轻微的下降。因此,如果福勒斯特地区的公民希望降低该地区公路上的交通事故的数量,他们就应该努力想办法把福勒斯特地区的速度限制降低到原来的水平。

【参考范文】

降低限速真能减少事故吗

上述推理存在诸多逻辑问题,逃不过我们的火眼金睛。

首先,交通事故不等于机动车事故,因为它还包括非机动车事故。虽然爱摩斯地区这3个月的交通事故有所下降,但也许是由它的非机动车事故大量下降所导致,而它的机动车事故却和福地一样刚好也增加了15%。如果提速的福地和没提速的爱地机动车事故都增加了15%,那就说明机动车事故的增加和提速无关。因此,降低限速未必能达到减少事故的目的。

其次,福地"公路"上的限速提高之后,其公路上的事故很可能并没有增加。该"地区"

事故所以增加,也许只是因为这段时间福地住宅小区或停车场内发生了较多事故。果真如此,降低公路上的限速又如何能有效地减少事故?

再次,这3个月里福地也许到处都在修路,导致路况大大变差;而爱地原来在修路,这3个月慢慢都已经修好了。如果实际情况是这样,或许我们就可以说导致福地事故增加的真正原因是路况的改变,而非限速的提高。因此,降低限速对于减少事故来说,就无异于缘木求鱼了。

最后,导致福地事故增加的真正原因可能还有很多,比如这3个月福地刚好举办奥运会导致其车流量猛增,以及交管的松懈、大量的新手上路、酒驾、超载……既然可能原因如此之多,那上文作者又凭什么说要减少事故就非要降低限速呢?

由于上文在推理论证过程中存在诸多逻辑问题,所以,其论证的有效性和结论都是难以成立的。

七、亚明灯泡

分析下面的论证在概念、论证方法、论据及结论等方面的有效性。600字左右。

以下文字出自天京市育才中学校长的一份备忘录。
育才中学教室的窗户很大但是采光不佳,这无疑严重影响了学生们的成绩以及教师讲课的心情。有记录显示,去年12月至次年1月间的2个月,白天时间最短,而此时出勤率下降,平均每天的听课人数减少,学生成绩下滑。教师布置的作业在这个时候也是最多的。根据一项对南湖职业学校的研究表明,这所学校整个四季的白天都很短,但当教室里安装了类似太阳光的亚明灯泡之后,学生们的平均成绩有所上升。这个研究显示,育才中学也应该在教室里安装亚明灯泡,以此来改善学生的成绩以及教师讲课的心情。

【参考范文】

亚明灯泡何以育才

学生成绩下滑,就怪教室采光不好;其他学校安装了亚明灯泡后成绩上升,自己学校也要争相效仿? 这位校长在学生成绩下滑后不去冷静寻找真正的原因,和一个灯泡较什么劲?

去年12月到1月,出勤率下降就一定是采光不好造成的吗? 冬天天气冷,学生生病多是一种可能。至于学生成绩下降,或许是因为老师出的题目比过去更难了呢? 何况学校的采光不佳,应该不是一天两天的事,以前成绩相对较好时,采光不佳的问题不也同样存在吗? 所以,育才学校的灯泡很可能是被无辜地冤枉了。

另外,稍微认真地上过几年学的人都知道,12月到1月,正是学期快要结束的时候。这个阶段教学的目的主要是巩固前面所讲过的知识,所以,自然就需要多给学生布置一些作业。这是科学的教学规律使然,怎么到了校长大人这里,就变成教师没有心情上课了呢?

况且,就算这段时间老师真是没心情上课,也不一定都是灯泡惹的祸,而很可能是您校长大人无端地克扣了人家的薪水呢?

至于南湖职校安装了亚明灯泡之后,学生们的平均成绩有所上升,这其中的原因很可能也并不像校长大人所想象的那么简单。也许他们正好在这段时间里"下课"了很不称职的老师,引进了优秀的师资。既然这些举措都可能会提高学生的成绩,校长大人又有什么理由死盯着那些灯泡不放？

所以，如果育才中学真想改变目前的状况，还请校长大人三思而后行。或许，亚明灯泡不一定就是"育才"的关键。

八、蚍蜉撼树

分析下面的论证在概念、论证方法、论据及结论等方面的有效性。600字左右。

我国古代很多智慧结晶都表现在众多成语中。"蚍蜉撼树""以卵击石"都表明实力相差悬殊的搏斗只能是以弱小的一方失败而告终。这个规律在今天的经济生活中同样适用。大企业无论在资金、人才、技术、信息等各个方面都有着小企业无法比拟的优势。所以，小企业若想生存，只能依托大企业，作为大企业的附庸而存在。那些不自量力，试图通过竞争与大企业分庭抗礼的做法，正是走上了一条自我毁灭的不归路。

【参考范文】

小企业，敢问路在何方

上文试图论证，小企业只能作为大企业的附庸存在。这样的论证漏洞百出。

首先，就算成语是古代智慧的结晶，也推不出所有的成语到现在仍然是真理。像"红颜祸水"之类，如今在多数人看来显然就是谬论。因此，"蚍蜉撼树""以卵击石"未必就能作为"规律"简单套用在今天的经济生活中。

其次，除了"蚍蜉撼树""以卵击石"，我国古代还有"以少胜多""以一当十""水滴石穿""绳锯木断"等成语，它们无不说明了弱小的一方未必总是以失败而告终。更何况，历史上像官渡之战、赤壁之战这样以弱胜强的例子也比比皆是。

再次，把小企业和大企业的竞争比作"蚍蜉撼树""以卵击石"，有不当类比的嫌疑。因为"蚍蜉"和"卵"相对于"树"和"石"来说弱势是绝对的，无法改变的，所以这样的盲动也注定是要失败的。而小企业完全可以凭借自己的智慧，找到自己独特的生路，甚至以己之长攻敌所短，最终巧胜强敌。

最后，我们不能只看到大企业的优势而无视其人浮于事、官僚气息严重、效率低下等劣势；同样，也不能无视小企业机制灵活、反应快、人力成本低等优势，所以，在现实的竞争中，大企业未必就能所向披靡，而小企业也未必就不能与大企业分庭抗礼。

因此，小企业完全不必过于自卑，非得要争做大企业的附庸。如果你有自己独特的竞争力，为什么不可以昂头挺胸做自己？！

九、奥运业余化

分析下面的论证在概念、论证方法、论据及结论等方面的有效性。600字左右。

最近几届奥运会都不断有选手因为服用兴奋剂而被取消参赛资格或成绩，为此，有人将运动员使用兴奋剂归结为奖牌竞争压力太大，应该让奥运选手业余化，给竞争减压。

我们知道，奥运精神是"更高、更快、更强"，鼓励人类挑战体能的极限。但是，由于奥运奖牌事关运动员个人的名利，一些人铤而走险，使用兴奋剂，试图通过欺骗手段获得本不属于自己的荣誉。所以，尽管奥运会有反兴奋剂机构,但在反兴奋剂问题上,永远是"道高一尺,魔高一丈"。例如,为了增强力量,最有名的药物是合成代谢类固醇。为了逃避兴奋剂检测,研究人员通过改变这类药物的分子结构,使得这类药物的品种越来越多。让选手业余化,奥运才能回归清白。

　　而且,业余原则也是可行的。在最近几届奥运会的竞技场上,事实上也仍然活跃着一些业余选手。例如里约奥运会男子多向飞碟铜牌得主爱德华·林比赛结束后,回到英国萨默塞特郡的家中,他要到家中农场帮忙,驾驶着联合收割机收割农作物。伦敦奥运会上,美国跳水选手尼克·麦克科罗伊是杜克大学医学预科学生;美国铁人三项运动员格温·佐根森是安永会计师事务所的一名会计师;南非射箭运动员凯伦·海斯勒是一位园林设计师。做好本职工作与参加奥运会两不误,岂不更好?

　　畅想一下,如果参加奥运会的运动员都有自己的本职工作和经济来源,他们纯粹出于对体育的热爱、出于挑战人类极限的兴趣而在业余时间进行训练,参加奥运会,除了追求"更高、更快、更强"之外没有别的动机,还有使用兴奋剂的必要吗? 奥运会还会这么商业化吗? 还会这么政治化吗? 因为奥运奖牌附上了那么多的名利,一些选手才会动歪心思。

【参考范文】

"业余"的论证

　　上文试图论证奥运应该业余化。但这样漏洞百出的论证本身似乎也有些"业余"。

　　首先,奖牌压力和兴奋剂之间的逻辑关系值得推敲。试想哪位选手没有竞争压力? 但他们绝大部分并没有使用兴奋剂。所以很可能是极少数人道德法律观念淡薄,于是心存侥幸地使用了兴奋剂。因此,通过业余化减压也未必能有效地减少兴奋剂的使用。

　　其次,业余化未必就能解决兴奋剂"魔高一丈"的问题。也许业余化使每个人似乎都可以参加奥运,所以每个人都有可能自己研制或请人研制兴奋剂……这样,奥运赛场上的兴奋剂品种可能会更加五花八门、防不胜防!

　　再次,前几届奥运会有一些业余选手参赛,就能以偏概全地推出选手业余化可行吗? 也许这些业余选手的参赛人数在整个奥运中占比很低很低,甚至不到1%,而且其比赛成绩、观赏性和专业选手相比也有着天壤之别呢?

　　另外,专业化也许才是时代发展的必然趋势,与此相悖的业余化可能不仅无法帮助选手职业、体育两不误,反而会让他们既无法像专业选手一样专心致志地训练,也无法像真正的职业人士一样心无旁骛地钻研自己的工作,最终,业余选手很可能一辈子都一事无成。

　　最后,业余化又如何能确保选手面对名利诱惑而不动歪心思? 又如何能防止选手出于挑战极限和"更高、更快、更强"的目的而使用兴奋剂? 究竟如何准确区分业余选手和专业选手? 业余化会不会让奥运会的观赏性、商业价值大打折扣,并最终沦为鸡肋?

　　由于上文存在诸多逻辑问题,所以,奥运选手是否要业余化,还需经过更"专业"的论证。

十、权威机构不要做预测

　　分析下面的论证在概念、论证方法、论据及结论等方面的有效性。600 字左右。

　　最近,某权威机构发布报告称,未来两三年内北京房价不会走低。这一预测结果的客观性与公正性自然毋庸置疑。

可"买涨不买跌",这是大众的消费心理。当公众获知这样一个权威预测结论后,原本不打算买的人也许想买了,原本想等着降价的人不想等了。买的人多了,房价一般就会涨,结果就势必造成事实上的房价不走低甚至上涨,至少也会造成公众住房消费心理的看涨。而这种不走低及可能的涨势,也许本不是房地产市场真正走势的结果,而恰恰是这样的预测所导致的结果。这样的预测,本意虽好,却可能造成公众利益事实上的损害。

记得京剧《祥梅寺》里说,祥梅寺内了空和尚从阴间小鬼那里得知黄巢起义时,要用他试刀,便藏于树内。黄巢进入祥梅寺后见四周无人,即以树试刀,结果了了空的性命。试想,如果了空不知这一被试刀的消息,就不会藏于树内,也许他的性命反而无忧。所以,有些预测性信息,不知道,可能什么事也没有;知道了,其行为选择被这样的信息所左右,结果倒造成了预测变成了事实。这便是预测本身的诡谬所在。

许多时候,预测有利于我们先知先觉,未雨绸缪,趋利避害。但对那些与公众利益息息相关,其走势又是由公众自身的行为选择或相互博弈所决定的预测,却未必就能起到这样的效果,反而会伤害公众利益。比如,股市走势预测,预测者越权威,其本身就越有可能影响股市的走势。某些股评家的所谓预测带来的是股民的利益受损,这样的例子比比皆是。

【参考范文】

且慢草率下结论

上文试图论证,权威机构不应该做预测。这样的论证很不严密。

首先,就算是权威机构的预测,究竟有多少人得知?得知后又有多少人会完全信以为真并付诸行动?而且房屋等商品的价格基本上是围绕其实际价值上下波动的,并最终由真实的供求关系所决定。因此,即使是权威机构的预测也只能尊重而难以改变房价的这些基本面。

其次,就算了空这个迷信故事为真,也推不出是知道预测害死了他。如果他预知可能被黄巢试刀而提前逃出寺院,就有可能逃过一死。即使因知道预测而躲在树里,逻辑上也应该比不知、不躲地等在寺院里要安全得多,被黄巢杀害的概率要低得多。因为不躲就必死无疑,躲在树里可能碰巧被杀,也有可能没这么碰巧。因此,知道预测也许还是更好一些。

再次,现在的股评专家多如牛毛,且预测也各不相同,有时甚至截然相反,所以,在浩瀚的股市里几乎是相互中和与抵消的,难以掀起股市的风浪。就算短时间里会导致一小部分股民受损,但股市是零和游戏,另一些股民同时肯定会盈利,因此也就谈不上对公众利益有多大影响。

最后,面对未来,人总是离不开预测。由于权威机构预测的客观性、公正性毋庸置疑,所以比其他人或机构的预测应该更能帮助人们未雨绸缪、趋利避害。现在如果连这样的预测都不允许,公众也许就只能听凭自己个人或二三流机构更不靠谱的预测去行动了——这样,公众的利益损失岂不更大?

所以,关于权威机构是否不宜做预测,奉劝上文作者目前还不能急于草率下结论。

十一、管理寓言

分析下面的论证在概念、论证方法、论据及结论等方面的有效性。600字左右。

以下文字出自《让你受益终生的管理寓言》一书的"序言"。

近几年,管理者通过寓言和故事来对员工进行管理和培训渐渐成为企业界的一种时尚,在去年《财商》杂志采访的 CEO 中,竟有 10 多位 CEO 都喜欢借寓言和故事来说管理。

　　阐述管理思想、实践管理理论是一件无比复杂的事情,有时会让管理者摸不着头脑,甚至感到头疼和绝望。管理理论与实际管理情境的脱节无形之中增加了管理的难度,管理者与下属之间观念的不同可能导致管理沟通的无效。这个时候,通过生动具体的寓言故事来和下属进行沟通往往是最有效的方式。不是把空洞晦涩的大道理直接灌输给下属,而是用讲寓言故事的方式来启发下属,让下属自己透过寓言故事的表象去领悟那隐藏在寓言背后的寓意和道理。由于"寓意"和"道理"是下属自己悟出来的而非上司强行灌输的,所以,也就比管理者直接灌输的思想更容易被下属接受,也因此更容易被下属执行。

　　本书收集整理了古今中外最著名的一百多则寓言,它们是管理寓言中的精华之精华,文字简单却道理深刻,内容涉及人事管理、组织成长、企业发展与决策等,并且在每个寓言故事的后面,我们对寓言故事背后蕴含的丰富寓意和深刻道理都做了简明扼要的揭示和阐述。我们有理由相信,这本书是管理者随身必备的管理秘籍,如果您能给您的下属每人都赠发一本,并督促他们仔细阅读和体会,相信您和下属之间的沟通会越来越顺畅。

【参考范文】

管理寓言真是沟通秘籍吗

　　上文有关管理寓言的论证,可谓漏洞百出。

　　首先,文中的这 10 多位 CEO 本身是成功的管理者和管理沟通的高手吗? 他们的经验有多少代表性? 而且他们喜欢的是借寓言和故事来说管理,但上文后来却只是说到了寓言故事,也许真实的历史故事和企业案例才是他们对员工进行管理和培训的主要方法呢?

　　其次,寓言和实际管理情境的脱节也许比管理理论更加严重,管理者和下属观念的不同,同样可能也会导致下属对管理者所讲寓言的误解,因此,寓言未必真能达到管理沟通的真正目的,从而成为和下属最有效的沟通方式。

　　再次,管理沟通除了讲空洞晦涩的大道理和打哑谜一样的寓言故事之外,还有其他的沟通方式,比如结合下属的切身利益做促膝谈心、讲具体实在的下属能听懂的小道理,说不准更能直接有效地达到沟通的目的。

　　另外,下属自己悟出来的"寓意"和"道理",也许是不切实际的,因此也很难得到真正的落实和执行;甚至很可能是错误的,有害于企业根本利益的。反之,管理者不讲寓言故事,而是直接把道理讲清楚,下属理解了,也许更能执行,对企业也更有利。

　　最后,上文前面说寓言故事背后的寓意和道理要让员工自己去悟,后面又说本书在每个寓言故事后对它背后蕴含的寓意和道理都做了揭示和阐述。要不要让员工自己去悟? 要不要明确地把道理讲清楚? 在这些问题上,题干作者显然犯了自相矛盾的逻辑错误。

　　由于上文存在诸多的逻辑问题,因此,这本管理寓言的书未必就是管理沟通的秘籍。

十二、污水和酒

　　分析下面的论证在概念、论证方法、论据及结论等方面的有效性。600 字左右。

　　在一次管理培训课堂上,培训师把一杯酒倒进一桶污水中,然后问大家:"这是一桶什么?"大家说:"一桶污水。"培训师又把一杯污水倒进一桶酒中,然后问:"这是一桶什么?""仍然是一桶污水。""谁还愿意喝它?"台下的学员一个个都皱着眉头,回答说:"很恶心,不愿意!""于是,我们就只能很遗憾地把它全部倒掉。"

这个故事说的就是管理学上著名的"污水与酒定律"。它之所以著名,是因为几乎在任何组织里,都存在几个难以管理的人物,他们存在的目的似乎就是为了把事情搞糟。他们到处搬弄是非,传播流言,破坏组织内部的和谐。最糟糕的是,他们像果箱里的烂苹果,如果你不及时处理,很快它会把果箱里其他苹果也弄烂,"烂苹果"的可怕之处在于它那惊人的破坏力。

一个正直能干的人进入一个混乱的部门可能会被吞没,而一个无德无才者能很快将一个高效的部门变成一盘散沙。组织系统往往是脆弱的,是建立在相互理解、妥协和容忍的基础上的,它很容易被侵害、被毒化。破坏者能力非凡的另一个重要原因在于,破坏总比建设容易。一个能工巧匠花费无数时日精心制作的陶瓷,一头驴子一秒钟就能把它毁掉。这样的话,即使拥有再多的能工巧匠,也不会有多少像样的工作成果。

管理的第一要务不是别的,而是去努力识别和清除那些破坏性的员工。污水、臭鱼、老鼠屎……这些已经定型的东西已经没有改变和改造的可能。污水不可能成为酒,老鼠屎不可能成为调料,臭鱼再怎么处理也都是臭鱼。既然如此,千万不要对这些破坏性的东西再抱有什么幻想,唯一正确的做法就是及时处置,把它们马上彻底清除掉。俗话说,一粒老鼠屎坏了一锅粥,一只苍蝇毁了一锅汤,这样的一锅被老鼠屎和苍蝇毁了的粥或汤,没人再会去吃它,于是只能全部倒掉,重新再烧一锅。

【参考范文】

且慢把污水妖魔化

上文试图论证管理的第一要务是识别清除破坏性员工。很遗憾,这样的论证漏洞百出。

首先,把组织比作一桶酒,把破坏性员工比作污水,犯了不当类比的逻辑错误。因为污水和酒是高度互溶的,但人和人之间却未必会这样毫不设防地相互渗透。组织里的大部分员工有自己的判断和自控力,因此很可能就会主动远离和拒斥这些"污人"的不良影响。

其次,就算驴子破坏陶瓷很容易,但也不能因此以偏概全地推出破坏就总是比建设容易。试想,如果让苍蝇来破坏工匠所做的陶瓷,或者让驴子来破坏铁匠锻铸的铁器,破坏就未必那么容易了。所以,我们也不能无限夸大破坏性员工的破坏力。

再次,它错误地预设了人不可能改过自新。世上没有天生的坏人,大部分人做坏事,也许只是为了眼前的一点小私利而一时糊涂,或是无意中做了坏事,这时稍加提醒或者强化组织纪律和违规后果,也许他们就会立刻改正,继续为组织做贡献了。

另外,就算饮料、食物受到了一点点污染,也未必能推出必须全都废弃倒掉,也许只要把被污染的部分清除干净就可以了,或者就算清除不掉,也可以改作其他用途,不至于完全浪费。同样,我们也不必仅仅因为某个不好的员工,从而废弃整个组织。

最后,就算破坏性员工需要识别和清除,但也推不出这就是管理的第一要务。也许管理的第一要务并不是整天拿着显微镜到处寻找微不足道的老鼠屎,而应是努力寻找和激励优秀员工,也许他们才真正决定了企业的核心竞争力。

十三、数学退出高考

分析下面的论证在概念、论证方法、论据及结论等方面的有效性。600字左右。

日前,多地密集出台高考改革方案,有不少省市拿英语开刀。但一个数万人的在线调查显示,竟然有七成网友支持"数学滚出高考",看来许多人厌恶数学甚于英语。

为什么数学应该滚出高考?因为初、高中学的那些数学几乎没什么用。大多数人工作后基本不用数学,用也不过仅限于加减乘除四则运算的范围。中学生花大量的时间学习立体几何的公理与证明,添辅助线的特殊技巧,椭圆、双曲线与抛物线的表达式,微积分……牺牲了多少脑细胞,浪费了多少青春。为什么要学这些以后根本用不上的东西?

当然有人说,学数学能够训练我们的逻辑思维呀。但不学数学难道就不能掌握逻辑思维了吗?有心掌握逻辑思维的人,学点逻辑学就够了。何况大部分工作是重复性、事务性的:第一,对数学基本没有要求;第二,对逻辑思维基本无特殊要求,能够按照上级的指示或规定的流程去做就行了。在这个意义上,让中学生普遍学那么高深的数学根本没有必要,他们完全可以学习对以后工作更有用的课程,比如礼仪、驾驶等。

其实,学数学只是考试的需要而已。但正是遴选的考虑导致了数学教育的异化。不就是要确定哪些人有资格上大学,哪些人没资格吗?为了把大家的差距拉开,就加大课程的难度。这就把所有中学生都卷进来了。须知,以后真正会走上学术道路的是少数人,大部分人是常人,从事一份普通的工作,中学课程就得为这个服务,而不是异化成为高考。

【参考范文】

数学真该滚出高考吗

上文试图论证数学应该滚出高考。但是很遗憾,这样的论证漏洞百出。

首先,这次调查是不是某个"数学讨厌者部落"之类的网站针对其网友的调查?如果被调查者大都是这样一些数学没学好、工作很失意的人,而更多未被调查的人却可能一致认为数学很有用,那就推不出数学要滚出高考。

其次,某些人不会用某些数学知识,并不意味着学数学就完全没用。也许学习一定难度的数学可以很好地训练我们不怕困难的意志品质,清晰严谨的逻辑思维,有条不紊地分析解决问题的能力……要知道,这些品质和能力很可能最终决定了我们的工作能力和效率!

再次,学习逻辑学在一定程度上可以训练逻辑思维,推不出就不要学数学。俗话说,双管齐下,并行不悖。既学逻辑,又学数学,也许对我们逻辑思维的提升能产生更好的化合和乘数效应呢?

另外,日常工作的重复性和事务性也未必能推出不要学数学。也许有了较强的数学和逻辑思维,你就能用比别人更简单有效的方法更快、更好、更多地完成工作,更准确甚至创造性地理解和执行上级的指示或流程。这难道不比某些低级的实用课程更有用?

最后,不把所有中学生都卷进来,不通过一定难度的考试,又怎么能判断哪些人适合、哪些人不适合读大学呢?何况,就算将来不读大学,学习数学,参加数学考试,以此来开发和训练自己的智力,这对任何人将来的工作都是很有帮助的啊。

由于上文推理如此漏洞百出,所以,数学是否应该"滚出"高考,有待进一步研究。

十四、吃完整的食物

分析下面的论证在概念、论证方法、论据及结论等方面的有效性。600字左右。

大自然是神奇的创造者,它为我们提供的每一样食物本来都是阴阳俱足且相互平衡的。可惜,我们往往把它们掐头去尾、抽筋剥皮来吃,不经意间就放大了食物的偏性。

食物的各个部位都有阴阳之分,像食物的皮与肉是一对阴阳,它们之间有互补的作用。所以,我们要尽量吃完整的食物,要吃,食物的各个部分都一起吃。

橘子就是一个典型的例子。实际上,橘皮对人体健康的好处远胜于橘肉,可一般人吃完橘子就把皮给扔了。很多人吃橘子喜欢把白色的筋络(橘络)剥掉。其实,吃橘子的时候,一定要连着橘络一起吃,这样才不会上火,也更有营养。

再比如大米,大米为阴,能滋补脾胃;米糠皮为阳,能散气消积食,所以吃糙米比精米更养生。生姜,姜皮为阴,性凉能止汗;姜肉为阳,性热能发汗。做菜放姜时不要去姜皮,这样做出来的菜才不会过于辛热。荔枝,果壳为阴,味苦性凉;果肉为阳,味甘性温。吃荔枝容易上火,用荔枝壳泡水喝就可以调理这种情况。鲤鱼,鱼皮和鱼鳞为阴,能收涩止血;鱼肉为阳,能利尿消肿。所以,平时吃鱼尽量不要去鳞。花生具有两对阴阳关系:花生米为阴,花生壳为阳;花生仁为阴,花生红衣为阳;花生仁补血,花生红衣止血,花生壳活血。鸡蛋,蛋清为阴,能补气、提神;蛋黄为阳,能补血、安神。所以,蛋清、蛋黄一定要一起吃才能阴阳平衡。

【参考范文】

真该尽量吃完整的食物吗

上文论证看似有理有据,但稍加分析就会发现,其实存在诸多逻辑问题。

首先,就算大自然创造的食物对其自身来说是阴阳俱足且相互平衡的,也推不出我们每次都要完整地吃掉某个食物。因为科学的食补原则应该是缺什么补什么,所以,如果我需要补阳,那我当然就要掐头去尾,去掉食物中的阴寒部分,放大它的阳热偏性再吃它。

其次,为了自身更好地生长,食物的各个部分比如皮肉之间也许是具有一定的互补性,但这并不等于它们的每个部分我们都能吃。比如牛的皮和骨头,一般人就啃不动,也很难消化和吸收。还有,河豚鱼的肝脏和血液里就含有对人体致命的剧毒,如果你完整地把这些吃进去,那可会要了你的小命。

再次,人吃东西,比如说吃橘子,不只是为了营养,口感好不好,是否能马上解渴,甚至吃起来是不是方便,也决定了人们最终选择吃还是不吃它。所以,就算橘皮、橘络有营养,但很多人也许会觉得洗起来、吃起来太麻烦,或口感不好,这样,不吃也许对他们来说仍是全面权衡之后的最佳选择。

最后,食物的阴阳究竟怎么判断?皮、肉在文中一会是阴、一会是阳,真是变幻不定乃至前后矛盾。还有,怎么吃才是吃完整的食物?吃牛肉,是不是我一个人非要把一头牛全部吃掉?另外,我们也完全可以通过不同食物的搭配,比如荔肉的阳和精米的阴、鱼肉的阳和花生米的阴来实现我们所需要的阴阳平衡。

综上所述,到底要不要吃所谓完整的食物,上述论证还难以真正令人信服。

第五章　历年真题

从 2003 年 1 月起,中国 MBA 联考开始考"论证有效性分析"这种写作试题。这种试题的题型和考试方式主要参考和借鉴的是美国的 GMAT 和 GRE 中的一种写作题型——"论证分析(analyze an argument task)"。这种题型当年首次引入中国 MBA 联考时,取名为"评论性作文",不过由于这样的叫法太容易让人觉得要求考生写的是"新闻评论""社论"之类的文章,所以,后来就正式定名为"论证有效性分析"。

下面我们依次给出了管理类联考和经济类联考所考过的所有论证有效性分析真题的题干("写作要求"和"写作提示"略),希望同学们在认真研读题干的基础上,梳理出题干最主要的逻辑结构,找到题干在推理论证过程中所存在的最主要的 4~5 个逻辑问题,并加以简洁有力的分析,然后按要求写出一篇 600 字左右的文章。

这里需要提醒同学们注意的是,真题是最好的复习资料和练习对象,可不能随便闲置、浪费!所以,请同学们务必认真研究历年真题。

另外,范文是最好的老师。所以,在一些重要的真题之后,我们给出了相应的"参考范文",供同学们学习和模仿。这里需要强调的是,这些"参考范文"的质量是非常高的,因为它们都是许多的高手、专家经过无数次讨论、修改,最终定稿而成的。这些"参考范文"都抓住了题干中最重要的 4~5 个逻辑问题,并做了简洁有力的分析和批驳,分析时也都遵循了"一肯二否三疑"的原则,所以,非常值得同学们仔细研读、学习和模仿。

最后,为了更好地发挥这些真题及其"参考范文"的价值,我们建议,对于这些有参考范文的真题,同学们在研读范文之前,自己务必要先努力针对该题写出一篇文章来,然后再对照自己的文章和范文,看看自己的文章是怎么写的,范文又是怎么写的,自己的问题在哪里,自己在找错、析错、成文等方面都有哪些需要改进的地方。相信经过这样几个回合的练习,你的论证有效性分析的写作马上就会从入门到精通!

第一节　管理类联考 1 月真题

一、2003 年真题

真 题 题 干	读 题 笔 记
把几只蜜蜂和苍蝇放进一只平放的玻璃瓶,使瓶底对着光亮处,瓶口对着暗处。结果,有目标地朝着光亮拼命扑腾的蜜蜂最终衰竭而死,而无目的地乱蹿的苍蝇竟都溜出细口瓶颈逃生。是什么葬送了蜜蜂?是它对既定方向的执著,是它对趋光习性这一规则的遵循。 　　当今企业面临的最大挑战是经营环境的模糊性与不确定性。在高科技企业,哪怕只预测几个月后的技术趋势都是件浪费时间的徒劳之举。就像蜜蜂或苍蝇一样,企业经常面临一个像玻璃瓶那样的不可思议的环境。蜜蜂实验告诉我们,在充满不确定性的经营环境中,企业需要的不是朝着既定方向的执著努力,而是在随机试错的过程中寻求生路,不是对规则的遵循,而是对规则的突破。在一个经常变化的世界里,混乱的行动比有序的衰亡好得多。	

【参考范文】

企业不要遵循任何规则吗

上文试图论证企业不应该遵循任何规则,但这样的论证漏洞百出。

首先,把人和企业简单地比作蜜蜂和苍蝇,属于典型的不当类比。因为在遇到问题时,人会根据过去的经验预设某种规则来指导行动,这显然要比苍蝇毫无头绪地随机试错有效得多。就算一时受挫,也不会像蜜蜂那样不知变通,人会及时总结教训,形成新的更有效的规则来指导下一步的行动,直到问题的解决。

其次,上文不仅没有揭示实验环境和企业环境两者之间的真正相同点,而且竟然预先规定了实验的瓶口和光亮处的位置是确定不变的,后来却又再三强调企业经营环境的变动不居——这不能不说上文的论证已经是前后自相矛盾了。

再次,根据蜜蜂某一次遵循不合适的规则而失败,就断然推出企业不应遵循任何规则,犯了以偏概全的逻辑错误。因为假设瓶口一开始就对着亮处,那么,遵循规则"对着亮处飞"的蜜蜂可能要比无规则乱飞的苍蝇更早地逃生。所以,遵循某些正确规则有时对企业可能更有利。

最后,环境变化不居是会导致某种程度的模糊性与不确定性,因此导致预测很难绝对精确和正确,但这并不意味着没法做任何预测。在这里,上述推理忽视了运动变化的规律性。显然,基于客观规律之上的大体趋势的预测,对企业经营方向是有某种指导意义的,怎能说是浪费时间的徒劳之举？

由于上述推理如此漏洞百出，所以我们担心，如果不加反思地把这种理论奉为圣典，它很可能对企业来说就是一种致命的误导。

二、2004年真题

真 题 题 干	读 题 笔 记
目前，国内约有1 000家专业公关公司。去年，规模最大的10家本土公关公司的年营业收入平均增长30%，而规模最大的10家外资公关公司的年营业收入平均增长15%；本土公关公司的利润率平均为20%，外资公司为15%。十大本土公关公司的平均雇员人数是十大外资公关公司的10%。可见，本土公关公司利润水平高，收益能力强，员工的工作效率高，具有明显的优势。 中国公关协会最近的调查显示，去年，中国公关市场营业额比前年增长25%，达到了25亿元；而日本约为5亿美元，人均公关费用是中国的10多倍。由此推算，在不远的将来，若中国的人均公关费用达到日本的水平，中国公关市场的营业额将从25亿元增长到300亿元，平均每家公关公司就有3 000万元左右的营业收入。这意味着一大批本土公关公司将胜过外资公司，成为世界级的公关公司。	

【参考范文】

美丽的空中楼阁

上文的论证推理看似有理有据，实则漏洞百出。

首先，本土公司的雇员人数少，不能真正说明员工的工作效率就高。还有，如果本土公司前年的营业收入和利润的基数很可能本来就比外资公司少很多，那么，即使去年前者增长速度高于后者，今后相当长的时间里，前者的利润水平和收益能力很可能依然远远不如后者。

其次，一个国家的人均公关费用是和该国人均国民生产总值密切相关的。由于人均国民生产总值很难在短时间里迅速增加10多倍达到日本的水平，所以，我国公关市场的营业额不太可能不久就达到300亿元，因此，也就很难拉动出一大批的本土公关公司迅速成为世界级的大公司。

再次，就算我国公关市场的营业额不久就增长到300亿元，但很可能外资公关公司占去了90%以上；或者由于很多人看到了未来市场的激增，于是大家一窝蜂地建立新的公关公司。所以，同样很难推出未来就会有一大批本土公关公司能够达到3 000万元的营业收入。

最后，仅仅基于去年一年的数据是否就能必然地得出未来如何的普遍性结论？外资公司将来的发展情况如何？"世界级的公关公司"的标准是什么？胜过外资公司，是否就意味着成了"世界级的公关公司"？……诸如此类的问题，都会严重影响原文推理和结论的成立。

总之,作者的结论只是一座悬浮于空中的美丽楼阁的幻影,既无横梁,又无支架。这种空中楼阁的幻影,只要理性的阳光一探照,立马就会消失得无影无踪!

三、2005 年真题

真 题 题 干	读 题 笔 记
没有天生的外科医生,也没有天生的会计师。它们都是专业化的工作,需要经过正规的培训,而这种培训最开始是在教室里进行的。当然,学生们必须具备使用手术刀或是操作键盘的能力,但是他们首先得接受专门的教育。领导者则不一样,天生的领导者是存在的。事实上,任何一个社会中的领导者都只能是天生的。领导和管理本身就是生活,而不是某个人能够从教室里学来的技术。教育可以帮助一个具有领导经验和生活经验的人提到较高的层次,但是即使一个人具备管理天赋和领导潜质,教育也无法将经验灌入他的头脑。换句话说,试图向某个从未从事过管理工作的人传授管理学不啻于试图向一个从未见过其他人类的人传授哲学。组织是一种复杂的有机体,对它们的管理是一种困难的、微妙的工作,需要的是各种各样只有在身临其境时才能得到的经验。总之,MBA 教育试图传授给某个毫无实际经验的人,不仅仅是浪费时间,更糟糕的是,它是对管理的一种贬低。	

【参考范文】

MBA 果真一无是处吗

相对于外科手术或会计工作来说,管理确实具有更多的艺术性,但因此就能说 MBA 教育对于管理者的培养来说一无是处吗?至少上文没有有效地论证这一结论。

首先,尽管某些天赋,比如浓眉大眼、伟岸身躯,可能有助于某些领导才能的构建和发挥,但并不能就此推出所有领导才能都只是天生的。试想一个人天赋再好,如果一点都不接受后天教育,这样野蛮的原始人又能胜任现代社会的哪个领导岗位呢?

其次,就算管理就是生活,管理的学习需要某些相应的经验;就算 MBA 学生不一定都做过企业高管,但他们都肯定有自己的时间、家务、人际关系、班组等管理经验。所以按照上文的推理,MBA 教育就可以帮助有经验的学生把自己的管理能力提高到更高层次。

再者,正是因为组织是一种复杂的有机体,对它们的管理是一项困难、微妙的工作,所以,我们就更加不能仅凭本能、感觉和经验行事,而需要对这种复杂的有机体进行科学的定性和定量分析。而这些分析的方法在某种程度上是可以从课堂里学习得到的。

最后,即使从 MBA 的教室里无法直接培养出管理者,也不能说明 MBA 教育就是一无是处的。因为如果没有学习任何相关的管理知识,那么,人们在实际的管理中很可能难以获得真正有效的、深刻的管理经验。这就是理论对实践的指导作用。

所以,学习 MBA 对于有志于成为管理者的人来说仍然是有些帮助的,而不仅仅是浪费时间,更谈不上是对管理的贬低。

四、2006 年真题

真 题 题 干	读 题 笔 记
在全球 9 家航空公司的 140 份订单得到确认后,世界最大的民用飞机制造商之一——空中客车公司 2005 年 10 月 6 日宣布将在全球正式启动其全新的 A350 远程客机项目。中国、俄罗斯等国作为合作伙伴也被邀请参与 A350 飞机的研发与生产过程。其中,中国将承担 A350 飞机 5% 的设计和制造工作。这意味着未来空中客车公司每销售 100 架 A350 飞机,就将有 5 架由中国制造。这表明中国经过多年艰苦的努力,民用飞机研发与制造能力得到了系统的提升,获得了国际同行的认可;这也标志着中国已经可以在航空器设计与制造领域参与全球竞争并占有一席之地。由此看出,在经济全球化的时代参与国际合作将带来双赢的结果,也是提高我国技术水平和产业国际竞争力的必由之路。	

【参考范文】

被无限夸大了的 5%

上文根据空客将 A350 远程飞机 5% 的设计和制造任务分包给我国这一事实前提,做了一系列成问题的推论。

首先,我国所承担的该项目的 5% 很可能不是整机,而只是不太重要的部件,所以,无法由此必然地得出结论:未来空中客车公司每销售 100 架 A350 飞机,就将有 5 架由中国制造。

其次,空客分包给我国该项目的 5%,很可能是因为考虑到中国的市场很大,并且分包的这部分任务也很简单,而该项目的核心技术却仍然掌握在空客自己手里,所以,我们也不能就简单地认为,我国的民用飞机研发与制造能力得到了系统的提升,并且获得了国际同行的认可。

再次,就算我国的民用飞机研制能力获得了国际认可,但就此武断地推出我国航空器可以参与全球竞争并占有一席之地,无疑是混淆概念。因为除民用飞机外,或许我国的其他航空器,如军用飞机、航空热气球等方面的研制能力都很差,所以怎么能大而化之地说我国的航空器具有全球竞争力呢?

最后,这次合作的结果如何,仍然不得而知,或许是中国付出了高昂的代价,但是收益却很少。如果真是这样,就难说是"双赢"。况且飞机制造只是一个领域,别的行业领域合作的结果如何?"神州"系列飞船没有国际合作,仍然获得了很好的技术水平和产业国际竞争力,所以上文中的"必由之路"这样的结论并没有真正的根据。

由于上文的推理存在诸如此类的问题,所以,它所得出的一系列的结论也大概只有 5% 成立的可能性。

真 题 题 干	读 题 笔 记
每年的诺贝尔奖,特别是诺贝尔经济学奖公布之后,都会在中国引起很大的反响。诺贝尔经济学奖的得主是当之无愧的真正的经济学家。他们的研究成果都经过了实践的检验,为人类社会的发展,特别是经济发展做出了杰出贡献。每当看到诺贝尔经济学奖被西方经济学家包揽,很多国人在羡慕之余,更期盼中国有朝一日也能得到这一奖项。 　　然而,我们不得不面对的现状却是,中国的经济学还远远没有到达经济科学的门口。中国真正意义上的经济学家,最多不超过5个。 　　真正的经济学家都要坚持理性的精神。马克思·韦伯说:"现代化的核心精神就是理性化,没有理性主义就不可能有现代化。"中国经济学要向现代科学方向发展,就必须把理性主义作为基本的框架。而中国的经济界太热闹了,什么人都可以说自己是个经济学家,什么话题他们都敢谈。有的经济学家今天评股市,明天讲汇率,争论不休,莫衷一是。有的经济学家热衷于担任一些大型公司的董事,或者在电视上频频上镜,怎么可能做好严肃的学术研究? 　　经济学同物理学、数学一样,所讨论的都是非常专业化的问题。只有远离现实的诱惑,潜心于书斋,认真钻研学问,才可能成为真正意义上的经济学家。而中国经济学家离这样的境界太远了。在中国的经济学家中,你能找到为不同产业代言的人,西方从事经济学领域研究最优秀的人不是这样的,这样的人在西方只能接受投资银行的雇佣,从事产业经济学的研究。成为真正的经济学家,首先要把经济学当成一门科学来对待,必须保持学术研究的独立性和严肃性,必须保持与"官场"和"商场"的距离,否则,不可能在经济学领域做出独立的研究成果。 　　说"中国真正意义上的经济学家,最多不超过5个",听起来刻薄,但只要看一看国际上经济学界那些最重要的学术刊物,有多少文章是来自中国国内的经济学家,就会知道,这还是比较客观和宽容的一种评价。	

【参考范文】

中国真正的经济学家真不超过5个吗

　　上文的论证看似旁征博引,实则漏洞百出。

　　首先,真正的经济学家是应该都要坚持理性的精神,但问题是宣称自己是个经济学家,为促进自己的学术研究而担任公司的董事,有理有据地谈论各种话题或在电视上发表自己的学术观点,以引发更深刻、更广泛的批判和自我批判,从而进一步完善自己的学术思想,难道这也不符合理性精神,有害于自己严肃的学术研究吗?

　　其次,经济学家为不同产业代言,这是否就意味着中国所有的经济学家都已经与官、商沆瀣一气,丧失了学术研究的独立性和严肃性?或许他们正是深切地认识到,经济学不同于数学、物理学书斋里纯理论式的专业化,所以,为了更好地寻找研究课题或收集第一手信息,才不得不走出书斋,走向现实的经济生活。试想,这岂不比书斋里的闭门造车更有助于他们做出独立的研究成果,从而成为真正的经济学家吗?

再次,以国际学术刊物上发表文章的多少作为衡量真正的经济学家的标准是否科学?或许这些刊物大都有其强烈的政治或民族倾向性,有意无意地排斥我国主流的经济学家呢?

最后,"最多不超过5个"的结论,究竟是在哪些调查研究的基础上得出的?产业经济学是不是经济学?……所有这些问题,也都是上文逻辑上客观存在的明显硬伤。

由于上文在论证推理过程中存在诸如此类的问题,因此,它所谓的"中国真正意义上的经济学家最多不超过5个"的结论也是值得商榷的。

六、2008年真题

真 题 题 干	读 题 笔 记
甲:有人以中医不能被西方人普遍接受为理由,否定中医的科学性,我不赞同。西方人不能普遍接受中医是因为他们不理解中国的传统文化。 乙:世界上有不同的文化,但科学标准是相同的。科学研究的对象是普适的自然规律,因此,科学没有国界,科学的发展不受民族或文化因素的影响。将中医的科学地位不为西方科学界认可归咎于西方人不了解中国文化,是荒唐的。 甲:"科学无国界"是一个广为流传的谬误。如果科学真的无国界,为什么外国制药公司会诉讼中国企业侵犯其知识产权? 乙:从科学角度看,现代医学以生物学为基础,而生物学又建立在物理、化学等学科的基础之上。但中医的发展不以这些学科为基础。因此,它与科学不兼容,这样的东西只能是伪科学。 甲:中医有几千年的历史了,治好了那么多人,怎么可以是伪科学呢?人们为什么崇尚科学?是因为科学对人类有用。既然中医对人类有用,凭什么说它不是科学?西医自然有长于中医的地方。但中医同样有长于西医之处。中医体现了对人体完整系统的把握,强调整体观念、系统思维,这是西医所欠缺的。 乙:我去医院看西医,人家用现代科技手段从头到脚给我检查一遍,怎么能说没有整体观念、系统思维呢?中医在中国居于主导地位的时候,中国人的平均寿命在古代和近代都只有三十岁左右。现代中国人平均寿命提高到七十岁左右,完全拜现代医学之赐。	

【参考范文】

在论辩和狡辩之间

上述甲、乙两人就"中医是不是科学"的话题展开了激烈辩论,但二者都存在一些逻辑问题。下面我们按先甲后乙的思路做一番简单分析。

首先,把西方人不接受中医简单地归因于文化的差异,未免有些强拉因果,因为很可能正是由于中医本身不科学,才导致了坚信科学思维的西方人怎么努力也不能理解中医。何况鲁迅、傅斯年都是激烈抨击中医的,难道说他们也不懂中国文化?

其次,甲根据外国公司诉讼中国企业侵犯其知识产权,推出科学标准有国界,把科学知识的所有权等同于评价标准,无疑是混淆概念。就像某块黄金,它的所有权可以是你私人的,但评价它是不是真黄金的标准却不可能是你私人的,而是公共的。

再次,甲单凭中医的历史悠久、某些"疗效"和"强调整体观念、系统思维"就断定中医是科学,理由并不充分,因为迷信、巫术也强调系统思维,而且历史更悠久,有时也能安慰我们无助的心理,但它们显然不是科学。

此外,乙根据国人的平均寿命过去短、现在长,也未必能推出西医比中医科学,因为现在国人寿命比过去长也许主要是因为过去战争频繁而现在是和平时代,过去生活水平低而现在生活水平高。

最后,乙依据西医也做全身检查,就断定西医也有系统思维,同样是混淆概念,因为系统绝不是各个部分的简单、机械相加。更何况就算西医也有系统思维,但也不能因此否定中医是科学。

综上所述,甲、乙两人在论辩过程中无论有意无意都有狡辩的嫌疑。

七、2009 年真题

真 题 题 干	读 题 笔 记
1 000 是 100 的 10 倍,但是当分母大到上百亿的时候,作为分子的这两个数的差别就失去了意义。在知识经济时代,任何人所掌握的知识,都只是沧海一粟,这使得在培养与选拔人才时,知识尺度已变得毫无意义。 　　现代网络技术可以使你在最短的时间里查询你所需要的任何知识信息,有的大学毕业生因此感叹何必要为学习各种知识数年寒窗,这并非无道理。传授知识不应当成为教育,特别是高等教育的功能。学习知识需要记忆。记忆能力,是浅层次的大脑功能。人们在思维方面的差异,不在于能记住什么,而在于能提出什么。教育的真正目标,是培养批判性思维与创造性思维能力。知识与此种能力之间并没有实质性联系,否则难以解释,与爱因斯坦具有相同知识背景的人有的是,为什么唯独他发现了相对论。硕士、博士等知识头衔的实际价值正在遭受有识之士的质疑,就是这个道理。 　　"知识就是力量"这个曾经号召了几代人的口号,正在成为空洞的历史回声,这其实是时代的进步。	

【参考范文】

草率的论证,偏颇的结论

上文通过一系列成问题的推理推出结论说,不再相信"知识就是力量"这个口号,其实是时代的进步。这样的推理是难以必然成立的。

首先,解决某个特定问题,并不需要人类浩瀚的全部知识,而只需要一定量的知识。比如治某种病,知识量 100 的张医生未必能治好,而知识量 1 000 的李医生也许就能治好。因此,怎能说知识量的差别或知识尺度在培养选拔人才时毫无意义?

其次,网络技术的发达也未必能推出我们不需花功夫去学习各种知识。因为如何进行更快速有效的查询,查询到了相应的结果之后,如何甄别和选择我们所需要的信息……这些无不要以一定的知识为前提。脑子里没有一定的知识,查到的信息也不过是一堆你不理解的乱码。

再次,就算记忆并不等于创造,但毫无记忆和知识的人显然创造不出任何有价值的新东西。爱因斯坦的例子也只能说明知识并不是批判性思维与创造能力的充分条件,而推不出它们之间并没有实质性联系。试想,如果爱因斯坦是文盲,他还能发现相对论吗?

最后,硕士、博士等知识头衔的实际价值正在遭受某些有识之士的质疑,未必是因为知识无用或贬值,而可能是因为我们的某些高校过于急功近利,让一些混文凭的人拿到了文凭,但他们实际上并没有真正掌握与这些头衔相称的专业知识。

综上所述,由于上文在推理论证过程中存在诸如此类的逻辑漏洞,所以,其论证的有效性以及由此得出的结论都是值得商榷的。

八、2010 年真题

真 题 题 干	读 题 笔 记
美国学者弗里德曼的《世界是平的》一书认为,全球化对当代人类社会的思想、经济、政治和文化等领域产生了深刻影响。全球化抹去了各国的疆界,使世界从立体变成了平面,也就是说,世界各国之间的社会发展差距正在日益缩小。 "世界是平的"这一观点,是基于近几十年信息传播技术迅猛发展的状况而提出的。互联网的普及、软件的创新使海量信息迅速扩散到世界各地。由于世界是平的,穷国可以和富国一样在同一平台上接受同样的最新信息,这样就大大促进了穷国的经济发展,从而改善了它们的国际地位。 事实也是如此,所谓"金砖四国"国际声望的上升,无不得益于它们的经济成就,无不得益于互联网技术的发展。特别是中国经济的起飞,中国在世界上的崛起,无疑也依靠了互联网技术的普及,同时也可作为"世界是平的"这一观点的有力佐证。 毋庸置疑,信息传播技术革命还远未结束,互联网技术将会有更大发展,人类社会将有更惊人的变化。可以预言,由于信息技术的迅猛发展,世界的经济格局与政治格局将会发生巨大的变化,世界最不发达的国家和最发达的国家之间再也不会让人有天壤之别的感觉,非洲大陆将会成为另一个北美。同样也可以预言,由于中国信息技术发展迅猛,中国和世界一样,也会从立体变为平面,中国东西部之间的经济鸿沟将被填平,中国西部的崛起指日可待。	

【参考范文】

且慢草率下结论

上文通过一系列成问题的推理,预言非洲大陆将会成为另一个北美,中国西部的崛起也指日可待。这样的推理和预言,逻辑上可谓漏洞百出。

首先,全球化只是突破了传统的某些国界,而并没有抹去所有国界,否则就不会有什么关贸问题了。所以,全球化未必就能让世界完全变平。而且,即使世界变成了平面,也并不意味着穷国和富国的差距就会缩小,相反,平面的世界可能更方便和加剧了富国对穷国财富的掠夺。

其次,互联网等信息技术的发展,不一定就能推出各国都将在同一平台上接受信息,因为接受信息需要一定的物质基础,穷国很多人很可能买不起电脑,付不起信息使用的费用,因此,穷国和富国之间的信息差距可能会越来越大,从而导致经济和社会的差距也越来越大。

再次,"金砖四国"的突起,也未必是由互联网技术的发展所导致。比如很可能巴西靠的是它的"世界原料基地",俄罗斯靠的是它的"世界加油站",中国和印度靠的是廉价的劳动力。一旦这些优势丧失,其发展潜力可能会大打折扣。

最后,经济的发展除受信息因素的影响外,还受资金、地理、资源、交通、教育、人口素质、文化传统等各种因素的制约。由于非洲相对于北美、中国西部相对于东南沿海,在这些方面都还存在着巨大的差异,甚至存在难以填平的鸿沟,所以,它们的崛起就未必是那么乐观的"指日可待"了。

综上所述,由于上文存在诸如此类的逻辑错误,因此,它的结论也难免有草率、轻断之嫌。

九、2011 年真题

真 题 题 干	读 题 笔 记
如果你要从股市中赚钱,就必须低价买进股票,高价卖出股票,这是人人都明白的基本道理。但是,问题的关键在于如何判断股价的高低。只有正确地判断股价的高低,上述的基本道理才有意义,否则就毫无实用价值。 　　股价的高低是一个相对的概念,只有通过比较才能显现。一般来说,要正确判断某一股票的价格高低,唯一的途径就是看它的历史表现。但是,有人在判断当前某一股价的高低时,不注重股票的历史表现,而只注重股票今后的走势,这是一种危险的行为。因为股票的历史表现是一种客观事实,客观事实具有无可争辩的确定性;股票的今后走势只是一种主观预测,主观预测具有极大的不确定性。我们怎么可以只凭主观预测而不顾客观事实呢? 　　再说,股价的未来走势充满各种变数,它的涨和跌不是必然的,而是或然的,我们只能借助概率进行预测。假如宏观经济、市场态势和个股的表现均好,它的上涨概率就大;假如宏观经济、市场态势和个股的表现均不好,它的上涨概率就小。假如宏观经济、市场态势和个股的表现不相一致,它的上涨概率就需要酌情而定。 　　由此可见,要从股市获取利益,第一是要掌握股价涨跌的概率,第二还是要掌握股价涨跌的概率,第三还是要掌握股价涨跌的概率。掌握了股价涨跌的概率,你就能赚钱;否则,你就会赔钱。	

【参考范文】

如此股经

上述所谓的"股经",在推理论证过程中存在诸多逻辑问题。

首先,"历史表现"难以成为判断股价高低的唯一途径,试想当上市公司本身、宏观大势以及股民心理都已经发生了巨大变化时,我们怎能仅仅依据该个股的历史表现来判断其股价的高低呢?

其次,我们应该关注什么时候的历史表现?几天前还是十年前的?高的还是低的?该用哪些历史表现来衡量该股票价格的高低？用平均值？但平均值是否真的就合理？上文作者没有告诉我们，我们很可能就只会迷失在这无边无际的历史丛林里。

再次，关注股票历史表现的目的还不是为了预测它今后的走势？否则就不过是故纸堆里的历史，对股市盈利毫无帮助。而且，科学的预测本就是基于历史的表现和现在的变化等客观事实之上的，因此有一定的可靠性，对股市盈利也有一定的指导意义。

另外，股价涨跌概率确实与宏观经济、市场态势、个股表现这三个因素有关，但不能因此就可以完全无视影响股价涨跌的其他因素，比如庄家的炒作。谁都知道，不管上述三个因素如何，强有力的庄家都有可能利用股民追涨杀跌的跟风心理，造成股价的跌宕起伏。

最后，上文的结论也有自相矛盾之嫌，因为只是掌握了股票涨跌的"概率"，那么它就具有或然性，因此随后又怎能得出有关赚钱、赔钱的必然性结论呢？

综上所述，上述"股经"论证的有效性以及由此得出的结论都是值得商榷的，其所谓的从股市中获利的方法很可能是无用的，甚至有害的。

十、2012年真题

真 题 题 干	读 题 笔 记
地球的气候变化已经成为当代世界关注的热点，这一问题看似复杂，其实简单。只要我们运用科学原理——如爱因斯坦的相对论——去对待，也许就会找到解决这一问题的方法。 众所周知，爱因斯坦提出的相对论颠覆了人类关于宇宙和自然的常识性观念。不管是狭义相对论还是广义相对论，都揭示了宇宙间事物运动中普遍存在的相对性。 既然宇宙间万物的运动都是相对的，那么我们观察问题时也应该采用相对的方法，如变换视角等。 假如我们变换视角去看一些问题，也许会得出和一般常识完全不同的观点，例如，我们称之为灾害的那些自然现象，包括海啸、地震、台风、暴雨等，其实也是大自然本身的一般现象而已。从大自然的视角来看，无所谓灾害不灾害，只是当它损害了人类利益，危及了人类生存的时候，从人类的视角来看，我们才称之为灾害。 假如再变换一下视角，从一个更广泛的范围来看，连我们人类自己也是大自然的一部分，既然我们的祖先是类人猿，而类人猿正像大熊猫、华南虎、藏羚羊、扬子鳄乃至银杏、水杉、五针松等一样，是整个自然生态中的有机组成部分，那为什么我们自己就不是了呢？ 由此可见，人类的问题就是大自然的问题，即使人类在某一时期部分地改变了气候，也还是整个大自然系统中的一个自然问题，自然问题自然会解决，人类不必过多干预。	

【参考范文】

揭穿诡辩

上文论证存在诸多漏洞甚至诡辩，现简单分析如下。

首先，就算相对论真的揭示了事物运动的相对性，但我们又如何能从"运动的相对性"推出"看问题视角的相对性"呢？更何况各事物运动的相对性,也推不出运动本身就没有绝对性。唯物辩证法告诉我们,运动是绝对的,任何事物都处在绝对的运动之中。所以,看问题时就不能简单套用"相对主义"。

其次,"大自然无所谓灾害"推不出自然界里就没有"自然灾害"。自然不是抽象的存在,而是由各种具体的生物构成的。当某种不正常的自然现象导致某种或多种生物濒临灭绝的绝境时,这对这些生物来说无疑就是自然灾害。如果这些自然灾害直接或间接地危及我们人类,难道我们还应该坐以待毙、不加任何干预吗？

再次,我们的祖先是类人猿并不意味着我们现在还是类人猿。现在我们掌握了类人猿所没有的各种威力巨大的科学技术,我们对环境和气候的破坏力已经越来越大。因此,我们就不能随便姑息某些人肆意破坏气候的自私行为。

另外,"人类在某一时期部分地改变了气候",这恰恰说明了气候并不完全是一个听天由命的自然问题,我们人类对此是可以有所作为的。因此,我们也就不能简单地把气候问题归之于自然问题而束之高阁。

最后,"自然问题自然会解决",也有偷换概念的嫌疑。人的衰老和死亡是自然问题,但是几百万年过去了,这个自然问题就自然解决了吗？果真如此的话,这个世界上早就不会有人死亡的现象了。

十一、2013 年真题

真 题 题 干	读 题 笔 记
一个国家的文化在国际上的影响力是该国软实力的重要组成部分。由于软实力是评判一个国家国际地位的要素之一,所以如何增强软实力就成了各国政府高度关注的重大问题。 其实,这一问题不难解决。既然一个国家的文化在国际上的影响力是该国软实力的重要组成部分,那么,要增强软实力,只需搞好本国的文化建设并向世人展示就可以了。 文化有两个特性,一个是普同性,一个是特异性。所谓普同性,是指不同背景的文化具有相似的伦理道德和价值观念,如东方文化和西方文化都肯定善行,否定恶行;所谓特异性,是指不同背景的文化具有不同的思想意识和行为方式,如西方文化崇尚个人价值,东方文化固守集体意识。正因为文化具有普同性,所以一国文化就一定会被他国所接受;正因为文化具有特异性,所以一国文化就一定会被他国所关注。无论是接受还是关注,都体现了该国文化影响力的扩大,也即表明了该国软实力的增强。 文艺作品当然也具有文化的本质属性。一篇小说、一出歌剧、一部电影等,虽然一般以故事情节、人物形象、语言特色等艺术要素取胜,但在这些作品中,也往往肯定了一种生活方式,宣扬了一种价值观念。这种生活方式和价值观念不管是普同的还是特异的,都会被他国所接受或关注,都能产生文化影响力。由此可见,只要创作更多的具有本国文化特色的文艺作品,那么文化影响力的扩大就是毫无疑义的,而国家的软实力也必将同步增强。	

【参考范文】

让"忽悠"现形

上文论证看似有理有据,但以我们逻辑的法眼看,它却有"忽悠"的嫌疑。

首先,"国家软实力"并不简单等于本国文化的影响力。文化影响力只是国家软实力的一个组成部分,所以,如果某国仅仅搞好文化建设,但倘若该国近些年在教育方向、科研投入等方面都出现了严重问题,那它的软实力总体看也许还是下滑的。

其次,从文化间的某些普同性未必能推出它们会相互接受,因为有时"同性相斥"啊,就像一个自私的人并不会喜欢和接受、而会极力排斥另一个自私的人一样。

再次,若非别国的需要和兴趣,文化的特异性也未必能赢得别国的关注。更何况"关注"它也不等于接受它或受其影响。就像我散步时,偶尔也会"关注"一下穿着前卫的小伙,但这并不意味着我就会受其影响而穿得跟他们一样。

另外,展示或被关注并不就等于影响力。真正的"影响力"是改变别人,让他跟你一样。所以,就算一国文化再被展示、被关注,但如果它丝毫没有改变和引导别国,别国一点都不受其影响,怎么能说它有影响力呢?

最后,如果某国的文艺作品宣扬的都是迷信、黄色、暴力、疯狂诋毁别国的价值观念,或是艺术性太差,那么,这样的劣质作品再多,恐怕也难以在别的国家广泛出版、传播,更谈不上本国影响力和软实力的增强了。

相信上述的逻辑分析足以使这篇"忽悠"现形,使其目的不能得逞。

十二、2014年真题

真 题 题 干	读 题 笔 记
现代企业管理制度的设计所要遵循的重要原则是权力的制衡与监督。只要有了制衡与监督,企业的成功就有了保证。 所谓制衡,指对企业的管理权进行分解,然后使被分解的权力相互制约以达到平衡,它可以使任何人不能滥用权力;至于监督,指对企业管理进行严密观察,使企业运营的各个环节处于可控范围内。既然任何人都不能滥用权力,而且所有环节都在可控范围之内,那么企业的运营就不可能产生失误。 同时,以制衡与监督为原则所设计的企业管理制度还有一个固有特点,即能保证其实施的有效性,因为环环相扣的监督机制能确保企业的内部各级管理者无法敷衍塞责。万一有人敷衍塞责,也会受这一机制的制约而得到纠正。 再者,由于制衡原则的核心是权力的平衡,而企业管理的权力又是企业运营的动力与起点,因此权力的平衡就可以使整个企业运营保持平衡。 另外,从本质上来说,权力平衡就是权力平等,因此这一制度本身蕴含着平等观念,平等观念一旦成为企业的管理理念,必将促成企业内部的和谐与稳定。	

真　题　题　干	读　题　笔　记
由此可见,如果权力的监督与制衡这一管理原则付诸实践,就可以使企业的运营避免失误,确保其管理制度的有效性、日常运营的平衡以及内部的和谐与稳定,这样的企业一定能够成功。	

【参考范文】

权力的监督制衡真的如此灵验吗

　　上文通过一系列成问题的推理得出结论说:权力的监督与制衡原则能确保企业的成功。这样的推理存在诸多逻辑问题。

　　首先,根据权力分解就断然推出所有的权力滥用将被杜绝,明显是很不严密的,因为被分解的权力还可能相互勾结,一起滥用权力。这种狼狈为奸的权力滥用又岂能被权力分解彻底根除?

　　其次,断定严密观察能确保企业运营不可能产生失误,犯了强加充分条件的错误。人非圣贤,孰能无过?观察者和控制者本身由于自身的种种局限,不可能不犯错误,当然也就不能奢望他们可以杜绝企业运营的所有失误。

　　再次,就算大家都不敷衍塞责,但就此推出权力的制衡与监督定能确保实施的有效性,也是有明显漏洞的,因为实施结果不只是取决于人的主观努力,也取决于客观条件。违背客观条件的蛮干和盲动,注定是要失败的。

　　另外,单凭企业的权力平衡就断定企业的整个运营也会平衡,未免是以偏概全。试想如果某企业所有的权力拥有者都一致同意今年企业多生产某种产品,但它在市场上却是供过于求的,这样的供需关系不平衡的企业,运营就不可能平衡。

　　最后,把权力制衡等同于权力平衡和权力平等,无疑是混淆概念。比如支点上的杠杆左右两边两个向下的拉力可以相互制衡,谁都不能再动,但杠杆两边的力的大小未必就是相等的。另外,平等也未必就能导致和谐和稳定,夫妻平等但还经常吵架甚至离婚呢。

　　综上所述,上文的推理是不严密的,结论也是很难必然成立的。

十三、2015 年真题

真　题　题　干	读　题　笔　记
有一段时期,我国部分行业出现了生产过剩现象。一些经济学家对此忧心忡忡,建议政府采取措施加以应对,以免造成经济浪费,影响国民经济正常运行。这种建议看似有理,其实未必正确。 　　首先,我国部分行业出现的生产过剩并不是真正的过剩。道理很简单,在市场经济条件下,生产过剩实际上只是一种假象。只要生产企业开拓市场、刺激需求,就能扩大销售,生产过剩马上就会	

真 题 题 干	读 题 笔 记

化解。退一步说,即使出现了真正的生产过剩,市场本身也会进行自动调节。

其次,经济运行是一种动态变化的过程,产品的供求不可能达到绝对的平衡状态,因而生产过剩是市场经济的常见现象。既然如此,那么生产过剩也就是经济运行的客观规律。因此,如果让政府采取措施进行干预,那就违背了经济运行的客观规律。

再说,生产过剩总比生产不足好,如果政府的干预使生产过剩变成了生产不足,问题就会更大。因为生产过剩未必会造成浪费,反而可以因此增加物资储备以应对不时之需。如果生产不足,就势必会造成供不应求的现象,让人们重新去过缺衣少食的日子,那就会影响社会的和谐与稳定。

总之,我们应该合理定位政府在经济运行中的作用。政府要有所为,有所不为,政府应该管好民生问题。至于生产过剩或生产不足,应该让市场自动调节,政府不必干预。

【参考范文】

政府真不该干预生产过剩吗

上文推理看似有理有据,实则漏洞百出。现择其要点分析如下。

首先,只要企业开拓市场,就能化解生产过剩,这一推理错误地预设了市场需求是无限的。试想如果华为今年生产了千亿台过时的蓝屏手机,估计这两年它再怎么开拓市场,也消化不了自己的生产过剩。

其次,单凭市场会自动调节,也推不出政府不需要干预生产过剩。因为市场的调节总有一定的滞后性,那时经济浪费说不准已经严重影响到了国民经济的正常运行。这样,政府早些干预不就能更好地避免浪费吗?

再次,把"供求关系不平衡"等同于"生产过剩",明显是混淆概念。供求关系不平衡,有可能是生产过剩,也有可能是生产不足。所以,生产过剩未必就是经济运行的必然规律,政府也因此可以进行有效的调节。

另外,仅仅根据生产过剩可能增加物资储备也推不出它就总比生产不足好,因为生产过剩"储备"的物资,也许根本就不是"不时之需"时所需的物资。还有,并非所有的生产不足(如某些奢侈品)都会导致人们缺衣少食,又怎么会必然影响到社会的和谐与稳定呢?

最后,就算政府应该合理定位自己在经济运行中的作用,也不能就此推出它不应干预生产过剩问题。如果这些过剩刚好会导致严重的民生问题,如产品卖不出去而迫使许多工人下岗,这时难道政府还应该袖手旁观、无所作为吗?

由于上文存在诸如此类的逻辑问题,所以,其论证的有效性和结论都是值得商榷的。

真 题 题 干	读 题 笔 记
现在人们常在谈论大学毕业生就业难的问题,其实大学生的就业并不难。据国家统计局数据,2012 年我国劳动年龄人口比 2011 年减少了 345 万,这说明我国劳动力的供应从过剩变成了短缺。据报道,近年长三角等地区频频出现"用工荒"现象,2015 年第二季度,我国职位空缺与求职人数的比率为 1.06,表明劳动力市场需求大于供给。因此,我国的大学生其实是供不应求的。 　　还有,一个人受教育程度越高,他的整体素质也就越高,适应能力就越强,当然也就越容易就业。大学生显然比其他社会群体更容易就业,再说大学生就业难,就没有道理了。 　　实际上,一部分大学生就业难,是因为其所学专业与市场需求不相适应,或对就业岗位的要求过高。因此,只要根据市场需求调整高校专业设置,对大学生进行就业教育以改变他们的就业观念,鼓励大学生自主创业,那么大学生的就业难问题将不复存在。 　　总之,大学生的就业并不是什么问题,我们大可不必为此顾虑重重。	

【参考范文】

大学生就业难真的不是问题吗

上文试图论证大学生就业根本不是问题,这样的论证漏洞百出。

首先,2012 年我国劳动人口比上年减少了 345 万,推不出我国劳动力供应就从过剩变成了短缺。也许原来的劳动力就过剩几千万呢? 现在即使减少了 345 万,劳动力仍可能是过剩的,因此,大学生就业也许依然非常难。

其次,长三角只是中国很小的一部分,不能因此以偏概全地推出全中国都出现了用工荒。而且长三角的用工荒"荒"的也许只是些连民工都不愿意干的苦累脏毒、薪酬却很低的苦工。如此苦工,当然更不适合大学生就业。

再次,许多大学生也许只是些会读死书、死读书的书呆子,这样的书呆子虽然受过高等教育,但整体素质、社会适应力仍可能很差,这样的人就业怎么可能不成问题呢?

另外,把大学生就业难的原因简单地归之于专业设置和就业观念,有强拉因果的嫌疑。也许真正的原因是现在大学为了多赚学费,所以毫无节制地扩招和滥发文凭,导致大量素质极差的学生也能入学、毕业,自然就会造成全社会性的大学生就业困难。

还有,如果是宏观经济不景气造成市场对大学生人才的需求总体不足,或用人单位普遍不愿意使用没有工作经验的大学生,那么,你再怎么调整专业设置,改变就业观念,也仍可能无法真正解决大学生就业难的问题。

最后,由于受限于资金、技术、经验、人脉、对市场的了解,大学生创业终究只是少数,而且成功概率也很低,所以也就很难靠它来解决大学生普遍的就业难题。

真 题 题 干	读 题 笔 记
如果我们把古代荀子、商鞅、韩非子等人的一些主张归纳起来，可以得到以下一套理论： 　　人的本性是"好荣恶辱,好利恶害"的,所以,人们都会追求奖赏,逃避刑罚。因此,拥有足够权力的国君只要利用奖罚就可以把臣民治理好。 　　既然人的本性是好利恶害的,那么在选拔官员时,既没有可能也没有必要去寻求那些不求私利的廉洁之士,因为世界上根本不存在这样的人。廉政建设的关键,其实只在于任用官员之后有效地防范他们以权谋私。 　　怎样防止官员以权谋私呢? 国君通常依靠设置监察官的方法。这种方法其实是不合理的。因为监察官也是人,也是好利恶害的,所以依靠监察官去制止其他官吏以权谋私,就是让一部分以权谋私者制止另一部分人以权谋私,结果只能使他们共谋私利。 　　既然依靠设置监察官的方法不合理,那么依靠什么呢? 可以利用赏罚的方法来促使臣民去监督。谁揭发官员的以权谋私就奖赏谁,谁不揭发官员的以权谋私就惩罚谁。臣民出于好利恶害的本性,就会揭发官员的以权谋私。这样,以权谋私的罪恶行为就无法藏身,就是最贪婪的人也不敢以权谋私了。	

【参考范文】

奖罚真能根治以权谋私吗

上文的论证漏洞百出,现简要分析如下。

首先,除了法家之外,治国的理论还有儒家、道家,以及西方各种学派理论,为什么舍弃其他千家百家而只对法家情有独钟? 更何况历史上以严刑酷法治国的秦朝和明朝,其官吏以权谋私的现象反而比以儒学治国的汉、唐、宋更严重!

其次,国君只要利用奖罚就可以把臣民治理好,犯了强加充分条件的逻辑错误。因为即使国君利用奖罚,但如果国君的奖罚明显不公,或在民族危亡时刻大批救国义士置生死于度外,矢志推翻暴政,这时,国君单纯靠奖罚又如何能把他们治理好?

再次,即使人性好利恶害,但总有一些海瑞、焦裕禄之类的相对廉洁之士。所以不仅选拔相对的廉洁之士是可能的,而且任用他们比任用私心、贪心重的人,监管防腐自然就更容易,廉政建设的成本也更低。因此,廉政建设的关键也许就不只是任用后的监管,任用前的选拔可能更重要。

另外,就算监察官和官吏一样好利恶害,但他们的利益也许并不一致,甚至是相互矛盾和冲突的。有时即使他们有一些共同利益,但也可能会忌惮别的监察官的检举和揭发。这样,他还敢随便和其他官吏共谋私利吗?

最后,臣民监督就真比监察官更有效? 试想如果没有监察官,国君又怎么确定臣民知道官员谋私而不揭发呢？臣民揭发后，又如何判断其揭发的真假？还有，如果贪婪好利的臣民和官员之间相互包庇、以权谋私，臣民监督的方法又如何能让这样的行为无法藏身？

总之，上述论证难以真正令人信服。

十六、2018 年真题

真 题 题 干	读 题 笔 记
哈佛大学教授本杰明·史华慈(Benjamin I. Schwartz)在 20 世纪末指出，开始席卷一切的物质主义潮流将极大地冲击人类社会固有的价值观念，造成人类精神世界的空虚，这一论点值得商榷。 首先，按照唯物主义物质决定精神的基本原理，精神是物质在人类头脑中的反映。因此，物质丰富只会充实精神世界，物质主义潮流不可能造成人类精神世界的空虚。 其次，后物质主义理论认为：个人基本的物质生活一旦得到满足，就会把注意点转移到非物质方面。物质生活丰裕的人，往往会更注重精神生活，追求社会公平、个人尊严，等等。 还有，最近一项对某高校大学生的抽样调查表明，有 69% 的人认为物质生活丰富可以丰富人的精神生活，有 22% 的人认为物质生活和精神生活没有什么关系，只有 9% 的人认为物质生活丰富反而会降低人的精神追求。 总之，物质决定精神，社会物质生活水平的提高会促进人类精神世界的发展。担心物质生活的丰富会冲击人类的精神世界，只是杞人忧天罢了。	

【参考范文】

真的不必担心精神空虚吗

上述论证存在诸多逻辑问题，现择其要点，分析如下。

首先，唯物主义物质决定精神的基本原理，未必能推出物质丰富只会充实精神世界。因为就算物质对精神有决定作用，但决定可能是积极正面的，也可能是消极负面的。也许对某些人，比如对某些富二代来说，物质越丰富，越有可能导致其身心意志的懒散懈怠，从而使其精神世界比寒门子弟更加空虚。

其次，上文从未认真地考察过"物质主义"这个概念，凭什么就断定物质主义潮流不会造成人类精神的空虚？顾名思义，物质主义是这样一种思潮：不注重精神生活，甚至故意贬低精神生活，而把物质追求和享受看作是人生的全部乃至最高目标。这样的人，难道还不容易掉进精神空虚的泥淖吗？

再次，常言道：得陇望蜀、欲壑难填……所以，个人基本的物质生活得到满足后，未必就会把注意点转移到精神生活、社会公平和个人尊严等非物质方面。相反，很可能只会进一步刺激他们在山珍海味、香车美女、游艇豪宅上更加贪得无厌的物欲！

最后，某高校是什么高校？是根本没有代表性的清华、北大这样的顶尖名校？还是不入流的民办野鸡大学？还有，大学生作为一个特殊的社会群体，会不会因为缺少社会人生经验,而对物质和精神关系的看法过于乐观、不切实际? 所以,怎能根据这样的调查中的部分数据就以偏概全地断定,不必担心物质生活对人类精神世界的冲击呢?

总之,上文的论证和结论的有效性都是值得商榷的。

十七、2019 年真题

真 题 题 干	读 题 笔 记
有人认为选择越多越快乐。其理由是:人的选择越多就越自由,其自主性就越高,就越感到幸福和满足,所以就越快乐。其实,选择越多可能会越痛苦。 　　常言道:"知足常乐。"一个人知足了才会感到快乐。世界上的事物是无穷的,所以选择也是无穷的。所谓"选择越多越快乐",意味着只有无穷的选择才能使人感到最快乐。而追求无穷的选择就是不知足,不知足者就不会感到快乐,那只只会感到痛苦。 　　再说,在作出每一选择时,首先需要我们对各个选项进行考察分析,然后再进行判断决策。选择越多,我们在考察分析选项时势必付出更多的精力,也就势必带来更多的烦恼和痛苦。事实也正是如此。我们在做考卷中的选择题时,选项越多选起来就越麻烦,也就感到越痛苦。 　　还有,选择越多,选择时产生失误的概率就越高,由于选择失误而产生的后悔就越多,因而产生的痛苦也就越多。有人因为飞机晚点而后悔没选坐高铁,就是可选交通工具多样而造成的。如果没有高铁可选,就不会有这种后悔和痛苦。 　　退一步说,即使其选择没有绝对的对错之分,也肯定有优劣之分。人们作出某一选择后,可能会觉得自己的选择并非最优而产生懊悔。从这种意义上说,选择越多,懊悔的概率就越大,也就越痛苦。很多股民懊悔自己没有选好股票而未赚到更多的钱,从而痛苦不已,无疑是因为可选购的股票太多而造成的。	

【参考范文】

选择越多真就越痛苦吗

上文试图论证,选择越多会越痛苦。可惜它的论证在逻辑上并不严密。

首先,知足常乐,并不意味着只有知足才会快乐。比如我对我目前的知识不知足而选择了平常多阅读,这种阅读就让我感到很快乐。另外,世上的事物比如笔虽然无穷,但具体情景中笔的选择也许是有限的。就像现在考场上我可选择的笔就这几支,并且选择起来也不觉得有多难多痛苦。

其次,选项越多未必就会让我们付出的精力越多。比如我们这张考卷,当我们的数学、逻辑水平足够高时,认真研读题干就能推出唯一的正确选项,这时其他选项再多,也都构不成干扰,又怎么会给我们带来麻烦和痛苦?

再次,选择越多,包含正确选项的概率一般就越高,所以比选择少时错选的概率以及由此产生的后悔和痛苦总体应更低。另外,也不能因为有人有时飞机晚点后悔没选高铁,就以偏概全地推出多一个高铁选项反而给人总体带来更多的痛苦。比如,京沪高铁开通后,当夏季飞机因雷暴普遍晚点时,我就可以事先优选高铁从容出行,这比之前没有高铁选项的痛苦绝望心情总体好多了。

最后,懊悔没有选择最优,真正原因未必是选项多,而可能是自己的甄别选择能力不行。比如炒股,你选股的能力差,就算股票数量少,你仍会漏选最优而后悔。相反,同等的选股能力,可选的股票多,尤其是明显的绩优股多,你选中好股票并因此而高兴的概率应该会更高。

总之,上文论证的有效性和结论都是值得商榷的。

十八、2020 年真题

真 题 题 干	读 题 笔 记
北京将联手张家口共同举办 2022 年冬季奥运会,中国南方的一家公司决定在本地投资设立一家商业性的冰雪运动中心。这家公司认为,该中心一旦投入运营,将获得可观的经济效益。这是因为: 北京与张家口共同举办冬奥会,必然会在中国掀起一股冰雪运动热潮。中国南方许多人从未有过冰雪运动的经历,会出于好奇心而投身于冰雪运动。这正是一个千载难逢的绝好商机,不能轻易错过。 而且,冰雪运动与广场舞、跑步等不一样,需要一定的运动用品,例如冰鞋、滑雪板与运动服装等。这些运动用品价格不菲而具有较高的商业利润。如果在开展商业性冰雪运动的同时也经营冬季运动用品,则公司可以获得更多的利润。 另外,目前中国网络购物已经成为人们的生活习惯,但相对于网络商业,人们更青睐直接体验式的商业模态,而商业性冰雪运动正是直接体验式的商业模态,无疑具有光明的前景。	

【参考范文】

且慢草率做决定

某南方公司决定在本地投资一家冰雪运动中心,但论证其决定的理由并不充分。

首先,北京与张家口举办冬奥会未必能推出它在全中国,尤其是在南方会掀起一股冰雪运动的热潮。因为多数南方人没有冰雪运动的经历,所以他们也许会以进馆、学习都很麻烦为由而放弃该运动。至于少数真正好奇冰雪运动的人,也许更喜欢直接到冰天雪地的北方去玩。这样,你本地冰雪运动的商机又从何谈起?

其次,正因为冰雪运动需要价格不菲的装备,所以,当地人可能就更不会去玩你的冰雪运动,而宁愿不花钱地去跳广场舞、跑步了。另外,要知道,你准备经营的冰雪或冬季运动用品,也许他们在网上以更低的价格就能买到。于是乎,你设想中的利润不就又落空了?

再次,就算现在人们更青睐体验式的商业模态,可体验式商业万万千千,你们本地人为什么非要体验你的冰雪运动呢?会不会多数人觉得麦趴、聚餐、桌游、打球、健身更好玩,也更有利于增进彼此的感情呢?果真如此,你光明的商业前景可能瞬间就变得黯淡了。

最后,你们当地的人口数量有多少?消费能力又如何?你们有没有具体调查过,该中心建成后,每年会有多少人来这里玩冰雪运动?有没有预算过建设的成本、日常的运营费用?运行后真的能实现收支平衡吗?另外,该项目现在有或将会有哪些竞争对手?……如果这些问题都不清楚,你又怎么能确保该中心运行后可观的经济效益呢?

凡事需三思而后行。是否真要在本地投资冰雪运动中心,还请不要马上草率做决定。

十九、2021年真题

真 题 题 干	读 题 笔 记
常言道:"耳听为虚,眼见为实。"其实,"眼所见者未必实"。 从哲学意义上来说,事物的表象不等于事物的真相。我们亲眼看到的,显然只是事物的表象而不是真相。只有将看到的表象加以分析,透过现象看本质,才能看到真相。换言之,我们亲眼看到的未必是真实的东西,即"眼所见者未必实"。 举例来说,人们都看到旭日东升,夕阳西下,也就是说,太阳绕着地球转。但是,这只是人们站在地球上看到的表象而已,其实这是地球自转造成的。由此可见,眼所见者未必实。 我国古代哲学家老子早就看到了这一点。他说过,人们只看到房子的"有"(有形的结构),但人们没看到的"无"(房子中无形的空间)才有实际效用。这也说明眼所见者未必实,未见者为实。 老子还说,讲究表面的礼节是"忠信之薄"的表现。韩非解释时举例说,父母和子女因为感情深厚而不讲究礼节,可见讲究礼节是感情不深的表现。现在人们把那种客气的行为称作"见外",也是这个道理。这其实也是一种"眼所见者未必实"的现象。因此,如果你看到有人对你很客气,就认为他对你好,那就错了。	

【参考范文】

眼见真的非实吗

上文试图论证眼见非实,但其论证过程很不严密。

首先,表象不等于真相,但这并不意味着表象就是和真相绝对对立的"假象"。比如我现在看到的桌椅等表象,基本上就都是真实可靠的。所以,不能因为眼见有时出错就以偏概全地完全否定眼见"表象"的真实性。而且如果彻底否定表象的真实性,那我们又如何能透过"表象"去看本质和真相呢?

其次,太阳东升西落是"眼见",但"也就是说"明显是"推理",我们不能把"推错"偷换成"看错"。何况这种眼见的表象至少也真实地揭示了地球和太阳的相对运动。另外,我们看到太阳是圆的,上面有时有黑子……这些难道不也都是"眼见"的"实"吗?

再次,老子说人们能看到房子真实的有形结构,这正好说明眼能见到"实"。另外,常人不能直接看到"无"的用处,但他们能看到房子是空的,并住了进去,这不同样说明他们看到了"空-无"的实际效用吗?当然,若由此特例推出所有未见者都为实,那就有以偏概全的嫌疑。因为圆的正方形你没有见过,但它们真就存在吗?

最后,感情深有时是可以不拘某些小节,但推不出所有礼节都是忠信之薄,都是见外和感情不深的表现。鲁迅先生只要在家,每天早晚都会恭恭敬敬地向母亲请安,你能说这是他对母亲薄情的表现?另外,公交车上有人很客气地给抱孩子的你让座,你因此认为他对你好,又何错之有?难道你非要据此推出他别有用心,逻辑上才是对的?

总之,上述论证难以令人信服。

二十、2022年真题

真 题 题 干	读 题 笔 记
默默无闻,无私奉献,虽然是人们尊崇的德行,但这种德行其实不能成为社会的道德精神。 　　一种德行必须借助大众媒体的传播,让大家受其感染,并化为自觉意识,然后才能成为社会的道德精神。但是,无私奉献的精神所赖以存在的行为特点是不显张扬、不为人知。既然如此,它就得不到传播,也就不可能成为社会的道德精神。 　　退一步讲,无私奉献的善举经媒体大力宣传后为更多的人所了解,这就从根本上使这一善举失去了默默无闻的特性。既然如此,这一命题就无从谈起了。 　　再者,默默无闻的善举一旦被媒体大力宣传,当事人必然会受到社会的肯定与赞赏,而这就是社会对他的回报,既然他从社会得到了回报,怎么还可以说是无私奉献呢? 　　由此可见,默默无闻、无私奉献的德行注定不可能成为社会的道德精神。	

【参考范文】

强词难以夺正理

上文的论证非常勉强,许多地方明显是强词夺理。

首先,网络、电视、报纸等大众媒体也许是有助于把无私奉献推广成为社会的道德精神,但不能就此推出它是必需的,没有它就不行。其实,家庭的熏陶、学校的教育、同伴的影响、图书的阅读……在很大程度上都可以激发和培养人们无私奉献的道德精神。

其次,一个人在无私奉献时就算自己再怎么小心翼翼、不张扬,他也无法完全阻止受他帮助和奉献的人知道,以及碰巧在场的旁观者知道——而这些人很有可能会把他之前无私奉献的德行张扬出去,传播开来,最终成为社会的道德精神。所以,事先不张扬的无私奉献和事后成为社会的道德精神并不矛盾。

再次,就算有些无私奉献的善举经媒体宣传后不再默默无闻,我们也不能就此以偏概全地推出所有的无私奉献行为都会被媒体大力宣传。因为媒体不会也不可能对现实生活中大大小小、数不胜数的助人为乐的奉献善举都进行大力宣传,所以,现实中绝大多数的无私奉献仍可能是默默无闻的。因此,默默无闻、无私奉献的命题,照样可以成立。

最后,且不说临终前捐献遗体或器官的人会得到什么回报,也不说许多人做善事之后拒绝了社会回报,以及表扬是不是回报……就算事后有些人接受了一定的社会回报,但只要他之前做善事时纯粹是想要帮助他人,而没有想着要回报,那他原先的善举就应该是无私的奉献。

总之,上文论证的逻辑看似很强,其实很勉强,所以,它想说明的"道理"也更像是歪理。

二十一、2023年真题

真 题 题 干	读 题 笔 记
随着人口的老龄化,大家都在议论老年人还要不要继续工作的话题。我们认为,老年人应该继续工作。 　　我国《宪法》规定:"中华人民共和国公民有劳动的权利和义务。"由此可见,老年人继续工作是法律赋予他们的权利。 　　据统计,我国2019年人均预期寿命已经达到77.3岁,这说明老年人的健康水平大大提高了,所以老年人完全有能力继续工作。 　　如果老年人不再继续工作而退出劳动力市场,就势必会打破劳动力市场的原有平衡,从而造成社会劳动力的短缺。如果老年人继续工作,就能有效地避免这一问题。 　　此外,老年人有权利追求更高质量的生活。他们想增加收入,改善生活,就应该继续工作。再说,有规律的生活方式有益于身体健康,而工作实际上是一种有规律的生活方式,所以老年人继续工作还有益于其身体健康。	

【参考范文】

老年人真该继续工作吗

上述论证看似有理有据,但稍加分析就会发现,其实存在许多逻辑问题。

首先,"工作"一般是指到单位上班,而"劳动"可以是工作,也可以是在家做家务,做手工。所以,就算公民都有劳动的权利和义务,也推不出老年人就应该继续工作。而且就算老年人继续工作是法律赋予他们的权利,但若据此推出他们"应该"继续工作,就犯了把"权利"混淆成"义务"的概念性错误。

其次,我国的人均预期寿命提高,未必就能说明老年人的健康水平大大提高。也许很多老年人病痛缠身,长期靠各种药、医疗器械勉强维持着生存。这样的老年人,体力、视力、性格、认知能力、反应速度等可能根本就不适合继续工作。

再次,在老年人退出劳动力市场的同时,我们不要忘了,新一代受过更好教育的年轻人也许已经成长起来了,这样就可以维持,甚至在更高的层次上构建劳动力市场更富有朝气与活力的新平衡。

另外,老年人高质量的生活,未必就需要高收入。种种花,钓钓鱼,散散步,这何尝不是一种省钱的高质量的生活? 再者,就算他们中有少数人想增加收入,也不能以偏概全地推出所有的老年人到退休年龄时仍不允许退休,而应该继续工作。

最后,老年人继续起早摸黑和年轻人一样上班工作,甚至三班倒,这样的"生活方式"看似有规律,但其背后的巨大压力,可能会非常不利于老年人的身体健康。

总之,老年人是否应该继续工作,还需三思而后行。

真 题 题 干	读 题 笔 记

人才是社会经济发展的重要因素,许多单位都十分注重培养自己需要的人才。其实,人才除了靠自己培养,还应该靠引进。
 	
    常言道:"十年树木,百年树人。"这说明培养人才需要相当长的时间。即使不需要一百年,现在把一个人从小学培养到大学毕业,至少也要十五六年。由此可见,靠自己单位来培养人才根本不能解决当务之急。
 	
    其次,只注重培养而不注重引进并留住人才,结果往往事与愿违。例如,企业辛辛苦苦培养的一些人才跳槽了,一些高校的优秀毕业生出国了。因此,只着眼于培养,只能是为他人作嫁衣裳。
 	
    再次,从历史上来看,秦孝公靠商鞅变法使秦国强大了,而商鞅是卫国人,是秦孝公招揽引进的。可见,招揽引进人才,就能使国家强大起来。
 	
    可喜的是,如今不少单位出台了各种措施,引进了越来越多的人才。这样,我国的人才数量必将大幅增长,国家就会更加富强了。	

【参考范文】

人才真应该靠引进吗

    上述论证看似旁征博引,实则漏洞百出,现择其要点,分析如下。

    首先,培养人才是需要相当长的时间,但一个人从小学到大学毕业,经过十五六年的培养,大多已经是具有一定的思维素养、知识水平和专业技能的初级人才了。他们入职后,单位稍加培养,也许就能顺利上岗,干吗还非要大费周折去别的单位引进呢?

    其次,有些自己培养的人才会跳槽或出国,不能就此以偏概全地推出所有自己培养的人才都会跳槽或出国——何况他们几年后可能又会学成归来呢?而且自己培养的人才,留下来的也许对原单位更忠诚,工作也更努力,因此贡献也更大。

    再次,商鞅是秦孝公从卫国引进的人才,商鞅变法后秦国强大了,推不出靠引进人才,就能使国家强大。如果没有秦孝公、秦昭王等一代代秦国国君的卓越领导,没有千千万万秦国本国农民、将士、大臣的齐心协力,光靠商鞅一个外人变法,秦国就能强大得起来吗?

    另外,某些单位出台措施,引进了越来越多的人才,也许只是抢夺了其他单位的人才,因此我国人才的总数量未必就会因此大幅增长。何况国家的富强,显然不能只靠人才的数量,人才的质量也许才更为关键。

    最后,如果大家都只想引进而不想自己培养人才,那我们要引进的人才最初又从哪里来呢?此外,会不会因为大家都只想引进而导致人才引进的成本畸高,高得我们无法负担?

    总之,人才是否应该靠引进,还需三思。

真 题 题 干	读 题 笔 记
有位西方哲学家曾经指出,一个人在已有的知识体系、价值观念、思维方式等因素的影响下,会形成特定的主观立场,即"前见"。实际上,人们在相互沟通与理解外部世界时无法摆脱这一"前见"。早在先秦时期,庄子就说过,人们认为毛嫱是美女,但鱼见到毛嫱只会惊恐游走。这些都表明,人们在相互沟通与理解的过程中,主观立场造成了很大的障碍。 　　首先,不同个体交流时无法避免偏见,偏见是每个人都可能拥有的,这一主观立场正是我们沟通与理解的障碍。我们对喜欢的人往往会宽厚包容,对不喜欢的人会吹毛求疵。科学研究表明,别人对我们的实际印象与我们自认为留给别人的印象往往存在差异。 　　其次,性别不同也会带来主观立场的不同,从而导致沟通障碍。比如,家庭中丈夫和妻子在思维方式上存在不小的差异,丈夫往往偏重理性,而妻子则偏重感性,所以当双方从各自的主观立场出发讨论问题时,就会产生分歧与争议。 　　最后,不同文化之间的交流与理解也存在同样的问题。比如不同文化在审美标准上的主观差异通常会导致误解。与中国历史上伟大诗人李白的作品相比,唐代僧人寒山的诗作更受一些美国人的喜爱,白居易的诗篇更受一些日本人的青睐。所以,不同文化背景下的读者在评判作家作品的高下时经常产生争议。 　　虽然主观立场造成了沟通与理解的障碍,但这并不意味着人们无法进行理解与沟通。千百年来,人们通过换位思考来克服障碍,摆脱个人主观立场。	

【参考范文】

如此论证,何以服人?

上述论证存在许多逻辑问题。

首先,任何人都有"前见"这一哲学理论,推不出在实际沟通时,我们摆脱不了任何具体的"前见"。同学甲趴在桌上,老师的"前见"可能让他认为甲不求上进,但当甲告诉老师,今天他是带病来坚持上课的,老师应该就会马上摆脱自己刚才的那个"前见"。

其次,鱼见到毛嫱会惊恐游走,可能和毛嫱的美丑无关,而是鱼害怕毛嫱来抓它们。何况就算鱼不认可毛嫱美,这也否定不了人对毛嫱美的普遍认可。既然大家公认毛嫱是美女,这就说明我们的主观立场看似主观,其实有时还是有些共性的。

再次,每个人都"可能"有偏见,并不等于任何具体的沟通活动都"必然"存在偏见。比如,你和我在讨论明天有哪几节课,这有什么障碍? 有什么偏见? 至于对喜欢的人宽厚包容,这恰恰是对偏见的超越。对不喜欢的人的偏见,自我和他人印象的差异,有时也是可以在交往沟通的过程中逐渐认识和克服的。

另外,性别不同,男人重理性,女人重感性,是有可能会导致沟通障碍的,但也有可能因为他们主观立场和思维方式的不同而使得彼此看问题更加全面,从而大幅提升了沟通效果。

最后,和李白相比,一些美国人更喜欢寒山,一些日本人更喜欢白居易,不能就此以偏概全地推出不同文化之间不能有共同的理解。且不说绝大多数的美国人和日本人最喜欢的可能还是李白,就算李白不是永远独霸榜首,而是屈居于他们两人之下,但这也不失为对李白"高下"的一种一致性评判。

总之,上述论证问题重重,难以令人信服。

第二节 管理类联考 10 月真题

一、2004 年真题

真 题 题 干	读 题 笔 记
有两个人在山间打猎,遇到一只凶猛的老虎。其中一个人扔下行囊,撒腿就跑,另一个人朝他喊:"跑有什么用,你跑得过老虎吗?"头一个人边跑边说:"我不需要跑赢老虎,我只要跑赢你就够了!" 这个故事告诉我们,企业经营首先要考虑的是如何战胜竞争对手,因为顾客不是选择你,就是选择你的竞争者,所以只要在满足顾客需求方面比竞争者快一点,你就能够脱颖而出,战胜对手。想要跑得比老虎快,是企业战略幼稚的表现,追求过高的竞争目标会白白浪费企业的大量资源。	

【参考范文】

似是而非的论证

上文通过一只老虎追吃两个猎人的故事,得出一系列关于企业竞争战略的结论。这种推理难以必然成立。

首先,人在山间遇到老虎,未必就要逃跑。说不准这个时候这只老虎并不饥饿,不想吃人。对应于企业经营来说,很可能就是顾客对你和你的竞争对手都不感兴趣,所以也就推不出企业要努力比竞争对手跑得快。

其次,即使老虎要吃人,一个人也不是非得要把另一个人看成竞争对手,并且只有超出"对手",才能生存。他们完全可以通过合作的方式来一起对付老虎。所以,企业经营首先要考虑的不一定是如何战胜竞争对手,而很可能是如何形成一种双赢的合作关系,一起来争取顾客。

再次,现实的商海并不是只有两个企业在展开单一的速度方面的竞争,多数时候是多个企业之间多方位的竞争。这样,如果你仅仅比最落后的企业在满足顾客需求的速度方面"快一点",而没能提供比它更价廉物美的产品和服务,那么你很可能同样无法"脱颖而出,战胜对手",而要面临被淘汰出局的命运。

最后，就算"人不可能跑得比老虎快"，也推不出企业就不可能走在顾客需求的前面。企业通过理性的预测和广告的宣教有时完全可以积极主动地创造和引导顾客的需求，所以企业的这种走在顾客需求前面的做法就不一定是幼稚的表现，甚至这种超前的战略目标，很多时候可以进一步激发企业去创造、寻找和发现更多、更新的资源和市场。

由于上文在论证过程中存在种种逻辑问题，所以，上文的结论也是难以令人信服的。

二、2005年真题

真　题　题　干	读　题　笔　记
某管理咨询公司最近公布了一份洋快餐行业发展情况分析报告，对洋快餐在中国的发展趋势给出了相当乐观的预判。 　　该报告指出，过去5年中，洋快餐在大城市中的网点数每年以40%的惊人速度增长，而在中国广大的中小城市和乡镇还有广阔的市场成长空间，照此速度发展下去，估计未来10年，洋快餐在中国饮食行业的市场占有率将超过20%，成为中国百姓饮食的重要选择。 　　饮食行业的某些人士认为，从营养角度看，长期食用洋快餐对人体健康不利，洋快餐的快速增长会因此受到制约。但该报告指出，洋快餐在中国受到广大消费者，特别是少年儿童消费群体的喜爱。显然，那些认为洋快餐不健康的观点是站不住脚的。该公司去年在100家洋快餐店内进行的大量问卷调查结果显示，超过90%的中国消费者认为食用洋快餐对于个人的营养均衡有帮助。而已经喜爱上洋快餐的未成年人在未来成为更有消费能力的成年群体之后，洋快餐的市场需求会大幅度跃升。 　　洋快餐长期稳定的产品组合以及产品和服务的标准化，迎合了消费者希望获得无差异食品和服务的需要，这也是洋快餐快速发展的重要优势。 　　该报告预测，如果中国式快餐在未来没有大幅度的发展，洋快餐一定会成为中国饮食行业的霸主。	

【参考范文】

洋快餐一定会成为霸主吗

上述某咨询公司的推理难以成立。

首先，过去5年飞速增长，并不意味着将来也会以同样的速度增长；网点数增加并不意味着市场占有率就会增加。还有，中小城市和乡镇居民和大城市的居民很可能在消费习惯、消费能力等方面存在巨大差异，所以，洋快餐未来不一定就能真的获得多少中小城市和乡镇的饮食市场。

其次，在洋快餐店内进行调查，这样的调查对象难有代表性。而且，受到少年儿童的喜爱，并不意味着洋快餐无害于健康，很可能是由于他们现在还没有判断力。而一旦他们长大成人以后就很可能会发现事实真相，改变看法，从而不吃或者少吃洋快餐；另外，就算洋快餐对健康无害甚至有利，但如果它不能满足中国大多数人的口味，也难以推出对它的市场需求会大幅跃升的结论。

再次，希望获得无差异食品和服务的需要，很可能只是某些消费者在某些特定场合的需要,在用餐时间比较充裕、比较讲究用餐气氛、情调或排场的时候,人们就不一定会选择它。

另外,洋快餐长期稳定的产品组合以及产品和服务的标准化,就算在一段时间内会吸引一部分的消费者,但时间一久这些消费者很可能就会厌烦,所以,洋快餐目前的这种优势说不定会成为它未来发展的劣势。

最后,由于上文对中式餐饮的现状和发展趋势、洋快餐现在在中国饮食业中所占的比例等问题也没有做出任何真正的考察,所以,"洋快餐一定会成为中国饮食行业的霸主"的结论未免有些草率。

三、2006年真题

真 题 题 干	读 题 笔 记
美国是世界上经济最发达的国家,曝光的企业丑闻数量却比发展中国家多得多,这充分说明经济的发展不一定带来道德的进步。企业作为社会财富最重要的创造者之一,也应该为整个社会道德水准的提升做出积极的贡献。如果因为丑闻迭出而导致社会道德风气的败坏,那么我们完全有理由怀疑企业这种组织的存在对于整个社会的意义。当公司的高管们坐着商务飞机在全球遨游时,股东们根本无从知晓管理层是否在滥用自己的权利。媒体上频频出现的企业丑闻也让我们有足够的理由怀疑是否该给大公司高管们支付那么高的报酬。企业高管拿高薪是因为他们的决策对企业的生存与发展至关重要,然而,当业绩下滑甚至亏损时,他们却不必支付罚金。正是这种无效的激励机制使得公司高管们朝着错误的方向越滑越远。因此,只有建立有效的激励体制,才能杜绝企业丑闻的发生。	

【参考范文】

都是激励机制惹的祸?

尽管企业也确实应该为社会的道德进步做贡献,但上文为此而提出的杜绝企业丑闻的解决办法及相应的论证,却实在是漏洞百出。

首先,也许美国的新闻自由比发展中国家大得多,因此它们敢于曝光发展中国家不敢曝光的企业丑闻。所以,美国比发展中国家曝光的企业丑闻多,未必就意味着其企业丑闻的实际数量真比发展中国家多,其道德水平因经济的发展真比发展中国家低。

其次,公司的高管们坐着商务飞机在全球遨游,推不出这些管理层就是在滥用自己的权利。也许他们都是在为公司的生意或业务而奔波,坐商务飞机只是为了提高工作效率,所以也未必就是什么不道德的企业丑闻。

再次,导致企业业绩下滑或亏损的真正原因未必是高管们的决策有误或经营不善,而是他们不可控的政治因素、全球经济的颓势或董事会决策的重大失误。如果这个时候要他们来支付罚金,也许只会导致他们不择手段地牟利赚钱,从而滋生更多的不道德行为。

另外,导致高管不道德行为和企业丑闻的原因究竟是什么?也许真正原因根本就不在于现有企业对高管的激励机制,而在于缺乏必要的政府监督机制。如果真实情况是这样,那再怎么去完善激励机制也难以达到减少或杜绝企业丑闻的目的。

所以，为了减少企业的不道德经营以及促进企业为社会的道德进步做出积极的贡献，究竟该怎么做，还需要三思而后行。否则，企业丑闻没减少，却可能把企业为社会创造物质财富和提供就业机会的积极性给扼杀了。

四、2007年真题

真 题 题 干	读 题 笔 记
在中国改革开放的字典里，"终身制"和"铁饭碗"作为指称弊端的概念，是贬义词。其实，这里存在误解。 在现代企业理论里有一个"期界问题"（horizon problem），是指由于雇佣关系很短而导致职工的种种短视行为，以及此类行为对企业造成的伤害。当雇员面对短期的雇佣关系时，首先他不会为提高自己的专业技能投资，因为他在甲企业中培育的专业技能对他在乙企业中的发展可能毫无意义；其次，作为一个匆匆过客，他不会关注企业的竞争力，因为这和他的长期收入没有多大关系；最后，只要有机会，他就会为了个人的短期收入最大化而损害企业利益，例如过度地使用机器设备等。 为了解决"期界问题"，日本和德国的企业对那些专业技能要求很高的岗位上的员工，一般都实行终身雇佣制；而终身雇佣制也为日本和德国企业建立与保持国际竞争力提供了保障。这证明了"终身制"和"铁饭碗"不见得不好，也说明，中国的劳动关系应该向着建立长期雇佣关系的方向发展。 在现代社会，企业和劳动者个人都面临着变化的市场环境。而变化的环境必然导致机会主义行为。在各行各业，控制机会主义行为的唯一途径，就是在企业内部培养员工对公司的忠诚感。而培养忠诚感，需要建立员工和企业之间的长期雇佣关系，要给员工提供"铁饭碗"，使员工形成长远预期。 因此，在企业管理的字典里，"终身制"和"铁饭碗"应该是褒义词。不少国家包括美国不是有终身教授吗？既然允许有捧着"铁饭碗"的教授，为什么不允许有捧着"铁饭碗"的工人呢？	

【参考范文】

且慢为"终身制"翻案

上文试图通过层层论证来为"终身制"正名翻案，但这样的论证是难以成立的。

首先，非终身制雇佣关系不一定就会导致职工伤害企业的短视行为，因为员工就算将来可能会跳离这家企业，但大多还会继续寻找同性质、所需专业技能基本相同的岗位，所以，员工仍可能有动力去投资自己的专业技能。

其次，如果公司把自己的经营状况和员工的现实利益紧密地挂钩或是加强对员工的管理，那么，短期雇用的员工，即使出于自身现实利益的考虑，也很可能会关注企业的竞争力，而不一定会损害企业利益。

再次，日本和德国对那些"专业技能要求很高"的岗位上的员工实行终身制，并不能就此推出

"终身制"适用于所有的岗位和所有的国家。美国等国虽然有终身教授，但终身教授往往是一个大学的核心竞争力，他们的重要性远非普通工人可比。而且，终身教授并不是所有教师都能得到的荣誉，而是需要经过严格评审的，既然如此，我们又怎能推出要对所有工人都实行终身制？

最后，就算市场环境在不断变化，但这并不意味着所有变化都是混乱无序的。如果变化是有规律可循的，并且我们也掌握了这些规律，那么作为理性的人，就不一定会采取"只顾眼前、牺牲长远"的机会主义行为。还有，终身制或许只会让员工形成消极的长期预期：反正我是被终身雇佣的，所以，我干吗要忠诚于你呢？

由于上文在论证过程中存在诸如此类的逻辑问题，所以，我们呼吁：且慢为"终身制"翻案！

五、2008 年真题

真 题 题 干	读 题 笔 记
有人提出，应当把"孝"作为选拔官员的一项标准，理由是，一个没有孝心、连自己父母都不孝顺的人，怎么能忠诚地为国家和社会尽职尽责呢？我不赞同这种观点。现在已经是 21 世纪了，我们的思想意识怎么能停留在封建时代呢？选拔官员要考查其"德、勤、能、绩"，我赞同应当把"德"作为首要标准。然而，对一个官员来说，最重要的是公德而不是私德。"孝"只是一种私德而已。选拔和评价官员，偏重私德而忽视公德，显然是舍本逐末。什么是公德？一言以蔽之，就是忠诚职守，在封建社会是忠于君主，现在则是忠于国家。自古道"忠孝难以两全"。岳飞抗击金兵，常年征战沙场，未能在母亲膝下尽孝，却成了千古传颂的英雄。反观《二十四孝》里的那些孝子，有哪些成就了名垂青史的功业？孔繁森撇下老母，远离家乡，公而忘私，殉职边疆，显然未尽孝道，但你能指责他是个不合格的官员吗？俗话说"人无完人"，如果在选拔官员中拘泥于小节而不注意大局，就会把许多胸怀鸿鹄之志的精英拒之门外，而让那些守望燕雀小巢的庸才占据领导岗位。	

【参考范文】

孝不应作为选官标准吗

上文试图论证"孝"不应作为选官的一项标准。这样的论证可谓漏洞百出。

首先，就像诚实守信、仁者爱人一样，"孝"确实也曾被封建社会看作是一种重要美德，但它显然不是封建时代独有的，而是具有永恒的价值的。所以，主张孝，并不意味着我们的思想意识就"停留在封建时代"。

其次，就算在战争年代等某些特殊情况下忠孝不能兼顾，但也不能因此以偏概全地推出在任何时候都是忠孝难两全的。在和平稳定、交通发达的今天，相信大部分官员完全可以既做好本职工作，又孝敬好父母。

再次，"孝"不仅指"厮守"，更重要的是"孝心"。就算岳飞、孔繁森未能终日陪伴父母，但如果他们也在时时挂念关心父母，我们难道还能说他们"不孝"吗？更何况，岳飞驰骋沙场、"精忠报国"可是岳母的最大愿望！

另外,《二十四孝》着重搜集、介绍的是那些孝子,而不是那些为国家做出巨大贡献的人。所以,以这本书为据推不出所有的孝子都不可能为国家做出巨大"功业"。也许还有很多孝子做出了功业,只是没有被收录在这本书里而已。

最后,"人无完人"并不意味着一个人要么无才,要么不孝,才与孝必定会缺少一项。历史上像远古的舜、汉文帝刘恒、现代名将许世友一样孝才兼备的官员,可谓数不胜数。所以,以孝作为选官的一项标准,未必就会拒斥精英而让庸才占据领导岗位。

总之,上文的论证是极不严谨的,结论也是值得商榷的。

六、2009年真题

真 题 题 干	读 题 笔 记
民主集中制是一种决策机制。在这种机制中,民主和集中是缺一不可的两个基本点。 　　民主不外乎就是体现多数人的意志。问题在于什么是集中。对此有两种解读:一种认为"集中"就是正确的意见;另一种认为"集中"就是集中多数人的意见。第一种解读看似有理,实际上是一种误解。 　　大家都知道,五四运动有两面旗帜,一面是科学,一面是民主。人们也许没有想到,这两面旗帜体现的是两种根本对立的原则。科学强调真理原则,谁对听谁的;民主强调多数原则,谁占多数听谁的。所谓"集中正确的意见",就是强调真理原则。这样解读"集中"就会把民主集中制置于自相矛盾的境地。让我们想象一种情景:多数人的意见是错误的,少数人的意见正确。如果将"集中"解读为"集中正确的意见",则不按多数人的意见办就不"民主",按多数人的意见办就不"集中"。 　　毛泽东有一句:"真理往往掌握在少数人手里"。把集中解释为集中正确意见,就为少数人说了算提供了依据。如果这样,民主岂不形同虚设? 　　什么是正确的,要靠实践检验,而判断一项决策是否正确,只能在决策实施之后的实践中检验,不可能在决策过程中完成。不知道什么是正确的,如何"集中正确意见"来做决策?既然在决策中集中正确的意见是不可能的,民主集中制的"集中"当然就应该是集中多数人的意见。	

【参考范文】

民主与集中真的对立吗

上文作者试图论证:集中不可能是集中正确的意见,而只能是集中多数人的意见。但这样的论证在逻辑上是有许多问题的。

首先,"民主"与"科学"未必就是相互对立的,因为科学强调的"正确"和民主强调的"多数",在逻辑上并不就是矛盾关系。比如对正常人来说吃饭就应该用嘴巴、而不是用鼻子,这是正确的观念,同时也是多数人的观念,在这里"正确"和"多数"以及"科学"和"民主"显然可以做到和谐统一。

其次,"真理"和"大众"真是水火不容吗?其实,真理一旦被发现,它就必将传播开来,被大众所理解、接受,并成为人们思想和行动的指南。哥白尼的日心说提出之后,教会虽然重重阻挠,但不久之后,日心说还是迅速广泛地深入了人心。

再次,毛泽东所说的"真理往往掌握在少数人手里",是有其特殊的时代背景的,未必适用于所有决策情景。而且,就算真理一开始只是掌握在少数人手里,但这些少数人也完全可以教育、说服大多数人,然后再由他们来集体决策。因此,民主、集中和真理三者不是绝对不相容的。

最后,实践确实是检验真理的最终标准,但这并不意味着决策时我们对决策和行动的结果毫无预知的能力。通过参照以往的实践经验和规律,我们事先大体上还是可以确定一项决策的正确与否的,比如我们知道,拿鸡蛋去碰石头,肯定是要失败的。所以,不能说决策就不能集中正确意见。

由于上文的论证过程如此漏洞百出,所以它的结论也很可能是不成立的。

七、2010 年真题

真 题 题 干	读 题 笔 记
科学家在一个孤岛上的猴群中做了一个实验。将一种新口味的糖让猴群中地位最低的猴子品尝,等它认可之后再让猴群其他成员品尝。花了大约20天左右,整个猴群才接受了这种糖。将另一种新口味的糖让猴群中地位最高的猴王品尝,等它认可后再让猴群其他成员品尝。两天之内,整个猴群就都接受了该种糖。看来,猴群中存在着权威,而权威对于新鲜事物的态度直接影响群体接受新鲜事物的进程。 　　市场营销也是如此,如果希望推动人们接受某种新商品,应当首先影响引领时尚的文化明星。如果位于时尚高端的消费者对于某种新商品不接受,该商品一定会遭遇失败。 　　这个实验对于企业组织的变革也有指导意义。如果希望变革能够迅速取得成功,应当自上而下展开,这样做遭遇的阻力较小,容易得到组织成员的支持。 　　当然,猴群乐于接受糖这种好吃的东西;如果给猴王品尝苦涩的黄连,即使猴王希望其他猴子接受,猴群也不会干。因此,如果组织变革使某些组织成员吃尽苦头,组织领导者再努力也只能以失败而告终。	

【参考范文】

猴群实验及其推论

上文作者基于某次猴群实验推出有关市场营销与组织变革的一些结论。这样的推理存在诸多逻辑问题。

首先,上文推理偷换了"地位"和"权威"这两个核心概念。猴子很可能也像人一样,由于能力、人品等方面的差异,所以有些人地位虽高但毫无权威可言,而有些人地位虽低,却在团队当中赢得了很高的权威。

其次,前后两种口味的糖,被猴群接受速度的快慢不一定和最初接受的猴子的地位或权威有关。或许真正的原因是,前一种糖原本比后一种糖更难吃,或者是第二次实验时,猴群已饿了好几天了,所以就很快接受了第二种口味的糖。

再次,就算权威对人们接受某项新东西有一定影响,但问题是,权威有很多种,所以,在市场营销当中，为什么非得首先选择文化明星而不选择学术权威呢？还有，青菜萝卜各有所爱，比如价廉物美的兰州拉面，高端的消费者不喜欢，但很多普通消费者却很喜欢呢。

另外，人是否接受组织变革和猴子是否接受一种新口味的糖，有着本质的差异。组织变革影响的可能是人的切身利益，所以，某项组织变革如果有益于权威而有损于一般成员的利益，那么，就算权威接受，一般成员也会尽可能地反对。

最后，如果某次变革伤害的只是极少数成员的利益，而且他们在组织中也没有什么权力或影响力，那么，就算他们吃尽苦头，他们又有什么样的能力让这样的组织变革以失败而告终呢？

由于上述推理存在诸如此类的逻辑问题，所以，它的结论也是值得商榷的。

第三节　经济类联考真题

一、2011 年真题

真 题 题 干	读 题 笔 记
2010 年 9 月 17 日北京发生"惊天大堵"。当日，北京下了一场细雨。长安街东西双向堵车，继而蔓延至 143 条路段严重堵车，北京市交管局路况实时显示图几乎通盘红色。央视著名主持人白岩松以"令人崩溃""惨不忍睹"的字眼来形容。全国工商联房地产商会理事陈宝存在接受媒体采访时称，北京"首堵"已成常态，不"迁都"已经很难改变城市的路况。 12 月 13 日，上海学者沈晗耀在接受媒体采访时表示：要解决北京集中爆发的城市病，迁都是最好的选择，并提出未来的新首都应选在湖南岳阳或河南信阳。有人将其表述称之为"迁都治堵"。12 月 15 日，沈晗耀告诉《郑州晚报》记者，媒体"曲解"了他迁都的本意，他的设想是在中部与西部、南方和北方连接处的枢纽地区建设"新首都"，培育符合市场经济规律的"政策拉力"，以此根本改变中国生产力分布失衡的状况。治疗北京日益严重的城市病，只是迁都后的一个"副作用"。沈晗耀说，他所认为的新都选址，不应该是一个已经成型的大中型城市，而是再造一个新城。与大多数建议者一样，沈晗耀将"新都"的选址定在了中原地区或长江流域，较好的两个迁都地址是："一个是湖南岳阳，一个是河南信阳，距离武汉二三百公里的地方都是最佳的选择。"他的理由是，这些地方水资源充沛、交通便利、地势平坦。更重要的理由是，迁都能够带动中西部的发展，有利于经济重心的转移。 其实，1980 年就有学者提出将首都迁出北京的问题。1986 年，又有学者提出北京面临迁都的威胁，一度引起极大的震动。2006 年，凶猛夹袭的沙尘暴将"迁都"的提议推向高潮。当年 3 月，参加全国人大会议的 479 名全国人大代表，联名向全国人大常委会提出议案，要求将首都迁出北京。此后，北京理工大学教授胡星斗在网上	

真　题　题　干	读　题　笔　记
发出酝酿已久的迁都建议书:"中国北方的生态环境已经濒临崩溃。我们呼吁:把政治首都迁出北京。迁到中原或南方。"并上书中央、全国人大、国务院,建议分都、迁都和修改宪法。2008 年民间学者秦法展和胡星斗合作撰写了长文《中国迁都动议》,提出"一国三都"构想,即选择佳地建立一个全新的国家行政首都,而上海作为国家经济首都,北京则只留文化职能,作为文化科技首都。 　　网络上,关于迁都引发的争议,依旧在热议,甚至已有"热心人士"开始讨论新首都如何命名。但现实是,每一次环境事件都会引发民间对于迁都的猜想和讨论,不过,也仅仅限于民间。	

(附注:本年真题的题干为 969 个字符。)

二、2012 年真题

真　题　题　干	读　题　笔　记
汉语能力测试怎么看? 　　从今年开始,教育部、国家语委将在某些城市试点推出一项针对国人的汉语水平考试——"汉语能力测试(HNC)"。该测试主要考母语为汉语的人的听、说、读、写四方面的综合能力,并将按照难度分为各个等级,其中最低等级相当于小学四年级水平(扫盲水平),最高等级相当于大学中文专业毕业水平。考生不设职业、学历、年龄限制,可直接报考。公众对于这项新事物,支持和反对的意见都有。 　　支持者认为,在世界各地掀起学习汉语热潮的今天,孔子学院遍地开花,俨然一个"全世界都在说中国话"的时代就要来临。但是国人的汉语能力,如提笔忘字、中英文混杂、网络用语不规范等现象普遍存在。目前大家都感到母语水平下降,但是对差到何种程度,差在哪里,怎么入手解决无人能言。而汉语能力测试有一个科学的评测标准,可以帮助应试者了解其汉语水平在特定人群、地域中的位置。这样的测试一定会唤起大家对母语文化的重视。 　　以下几种是反对观点。观点一,汉语学习更多的是培养一种读书氛围,养成良好的阅读习惯,不能太功利;汉语要保存,要维系,需要培养的是修养而不是一种应试能力;在当前汉语衰退的环境下,要让汉语重新"热"起来,应从维系汉语文化的长远发展着手,营造一种大众的、自由的、向上的母语学习环境。观点二,中国的孩子在中国的土地上学习母语有完整的教育体系,在这种情况下,这项测试的诞生不仅是一种浪费,还严重干扰了当前的汉语教学;汉语的综合水平量化,就是使得原来丰富生动的语言扭曲化、简陋化。观点三,对于把汉语作为母语的中国人来说,汉语会用会说就可以了,不是人人都要成为作家,汉语类的能力测试更适合外国人来考。 　　(摘编自《汉语考试族群添新成员。汉语能力测试你怎么看?》《人民日报》海外版,2011 年 8 月 8 日:《国家汉语能力测试 10 月份在江苏等地试点》,《中国日报》,2011 年 8 月 14 日。)	

(附注:本年真题的题干为 764 个字符。)

真 题 题 干	读 题 笔 记
1999 年 10 月开始实行的"黄金周"休假制度,在拉动经济、为国人带来休闲度假新概念的同时,也暴露出很多问题。因此,于 2006 年起陆续有人提出取消"黄金周"的建议。2008 年"五一黄金周"取消,代之以清明、端午、中秋等传统节日的"小长假"。2012 年"国庆黄金周"后彻底取消"黄金周"的声音再次引起公众的注意。 　　支持取消者认为:第一,"黄金周"造成了景区混乱和资源调配不合理,浪费社会资源,打乱正常生活秩序,不利于经济的长期可持续发展。第二,"黄金周"人为地将双休日挪在一起,使大家不得不连续休假七天,同时要连续工作七天。这在很大程度上是一种"被放假"的安排,体现了一种群众运动式的思维,是计划经济的产物,不符合自主取消的原则。第三,当初实行"黄金周"是一种阶段性的考虑,随着带薪休假制度的落实,应该彻底取消"黄金周"。 　　反对取消者则认为:第一,"黄金周"对旅游业的成熟和发展起了极大的促进作用,对经济的拉动也功不可没。任何事物都有利有弊,不能看到弊端就彻底取消。第二,随着消费者出游经验的不断丰富,旅游消费必将更加理性。错峰出游、路线选择避热趋冷等新的消费习惯会使一些现有问题得到解决。第三,目前我国可享受带薪休假的职工仅有三成,年假制度不能落实,"被放假"毕竟比"被全勤"好,实在的"黄金周"毕竟要比虚无缥缈的带薪休假更加现实。 　　(改编自《旅游界反对取消十一黄金周,新假期改革效果尚不明确》,《南方日报》2008 年 9 月 9 日;《黄金周假期惹争议,最终取消是必然》,凤凰网资讯 2012 年 10 月 8 日;《彻底取消黄金周高估了带薪休假环境》,东方网 2012 年 10 月 5 日等。)	

(附注:本年真题的题干为 681 个字符。)

四、2014 年真题

真 题 题 干	读 题 笔 记
如何看待英语高考改革 　　2013 年 10 月,北京市教育委员会公布的《2014—2016 年高考高招改革框架方案》(征求意见稿)显示,从 2016 年起该市高考语文由 150 分增至 180 分,数学仍为 150 分;英语由 150 分减为 100 分,其中听力占 30 分,阅读写作等占 70 分。这一举措引发了各方对高考改革的热烈讨论。 　　支持者的理由如下。第一,语文高出英语分值 80 分,有助于强化母语教育,因为不少学生对外语所投入的时间、精力和金钱远远超过语文。第二,母语是学习的基础,只有学好母语才能学好包括英语在内的其他科目。第三,很多中国人从幼儿园就开始学习英语,但除	

真　题　题　干	读　题　笔　记
了升学、求职、升职经常需要考英语,普通人在工作、生活中很少用到外语。第四,此举可以改变现有的"哑巴式英语"教学的状况,突出英语作为语言的实际应用作用。 　　反对者的理由如下。第一,没必要那么重视语文,因为我们就生活在汉语环境中,平时说的、看的都是汉语,喊着"救救汉语"的人实在是杞人忧天。第二,普通人学习英语时不可能像学习母语时那样"耳濡目染",若还要在学校里弱化英语教学,那么英语就更难学好了。第三,中学生学习负担沉重并不全是因为英语,英语改革需要有周密的调研,高考改革也应从全局考虑。第四,这一举措把中小学英语教学负担推给了大学,并没有考虑到学生今后的发展,因为学生读大学时还得参加四六级英语考试,而检验教育成果的一个重要方面就是学生以后的就业情况。	

(附注:本年真题的题干为 591 个字符。)

五、2015 年真题

真　题　题　干	读　题　笔　记
如何解决网络假货问题? 　　2014 年 11 月,中国互联网大会,阿里巴巴集团董事局主席马云和京东集团创始人刘强东,围绕网络假货问题各自发表了看法。刘强东已多次指责淘宝"假货"和"逃税问题",大会开幕前在接受媒体采访时,也直言不讳:中国互联网假货流行已严重影响消费者网购信心,这是整个电子商务行业最重要的"瓶颈"。目前,网络售卖假货、水货的大多是大型的有组织化的,动辄千万、几个亿规模的公司。 　　马云说:"你想想,25 块钱买一个劳力士表,这是不可能的,原因是你自己太贪。"他指出:卖假货的商家害怕在淘宝上卖假货,阿里巴巴很容易就可以查出谁在卖。近一两年中国电商发展迅猛,若靠假货,每天的交易额不可能达到六七十亿元。阿里巴巴每年支出逾 1 610 万美元用来打击假货,打假行动也获得了国际上的认可,所以,美国贸易代表将淘宝从 2012 年恶名市场名单中移除。 　　刘强东指出,解决网络假货问题要依靠行业合作,政府监管。他建议一方面要在整个电子商务行业推广使用电子发票,另一方面,推进卖家进行电子工商注册。政府各部门联合起来加强跨平台联合监管共同打击有组织、有规模的假货公司。此外,他认为要解决互联网假货问题要从征税根源问题上进行,一方面要提高电商营业额起征点到 100 万元,另一方面,日常营运人数达百人以上的大商家要注册电子工商营业执照,并规定使用电子发票。 　　马云认为,解决网络假货问题要依靠生态系统和大数据。互联网技术为知识产权保护和打击制售假冒伪劣商品提供了便利条件。生态系统建设和大数据技术能够快速找出假货问题,在信用体系中弘扬正能量,从而有效地解决假货问题。马云还补充说,阿里巴巴集	

真 题 题 干	读 题 笔 记
团正在建设一个互联网生态系统,该系统对知识产权保护和解决假货问题最有效。 　　(该篇改自《火药味! 两个大佬互联网大会上互掐》《广州日报》2014 年 11 月 21 日)	

(附注:本年真题的题干为 760 个字符。)

六、2016 年真题

真 题 题 干	读 题 笔 记
结婚证应当设立有效期 　　在我们国家,大多数证书都是有有效期的。不要说驾照、营业执照等年年要年审的证书了,连身份证也有 10 年或 20 年期更换的规定。然而,我们的结婚证书,都是不需要年审、不需要换证的。 　　我认为结婚证书也应有有效期。新领的,有效期 7 年;到期后,需重新到民政部门去办理续存手续,续存 10 年。10 年过后,就可不用办续存手续了。为什么呢? 　　首先,让男女双方能定期审视自己的婚姻生活,通过办理证书续存手续,男女双方能够有机会好好审视一下双方结合以来的得与失,从而问一下自己:我还爱他吗? 他还爱我吗? 自己的婚姻有没有必要再延续呢? 通过审视,就能很好地发现自己在上个婚期内有没有亏待过对方,这对今后的婚姻无疑大有益处。 　　其次,让双方再说一遍"我愿意",提高夫妻各自的责任感。从热恋的激情甜蜜到婚姻中的熟悉平淡,这似乎是大多数情感的必经过程。然而疲惫的情感却容易使婚姻进入"瓶颈"。经过一段时期的婚期考验后,在办理婚姻二次手续时再向对方说一声"我愿意",无疑更显真诚,更显实在,更显理性,更能感动对方。即使以前共同生活中有很多磕磕绊绊,但一句"我愿意"相信可以消除许多误会和猜疑;新婚时说的"我愿意",有太多的理想成分,而一段婚姻后再说的"我愿意",不光更具真情实意,更重要的还具有更强的责任感:你不对我负责,我到期就跟你说再见。 　　第三,让一些垂死的婚姻自然死亡,减少许多名存实亡的婚姻的存在,降低离婚成本。现在很多家庭,即使双方感情已经彻底破裂,却因多种原因而维系着,维系的最主要的原因就是不愿去法院打官司。而通过这种婚姻到期续存,就没必要一定要通过办理离婚手续才可离婚,只要有一方说"我不愿意",就没有婚姻关系了,这样将有更多对婚姻抱着"好死不如赖活着"想法的人,能够轻松获得解脱。 　　(选自《发展外语》(第二版),北京语言大学出版社,2011 年)	

(附注:本年真题的题干为 763 个字符。)

七、2017 年真题

真 题 题 干	读 题 笔 记
我们知道,如果市场规模大,最终产品的需求将是巨大的,采用先进技术进行生产的企业,因为产品是高附加值的,所以投资回报率高,工人的工资报酬也高。如果工人预见到工资报酬高,那么所有的工人都会争先恐后选择在采用先进技术生产的企业工作,这样一来,低技术、低附加值、低工资的劳动密集型企业就自动淘汰出局了,市场上最终生存下来的都是采用先进技术的高新技术企业。 　　相反地,如果市场规模狭小,最终产品的需求非常小,而且采用先进技术的成本很高,生产出来的高科技产品根本无人问津。企业无利可图,因此没有一家企业愿意采用先进技术进行生产。这时工人即使拥有高技术,也会发现英雄无用武之地。最终,市场上剩下的都是低技术、低附加值、低工资的劳动密集型企业了。 　　由此可见,市场规模决定了先进技术的采用与否,没有大的市场规模,就别指望能涌现高新技术企业。中国不仅拥有庞大的国内市场,而且拥有更庞大的国际市场,所以大可不必为中国低技术、低附加值、低工资的劳动密集型企业担心,更不要大动干戈搞什么产业结构升级,政府应该采取"无为而治"的方针,让市场去进行"自然选择",决定什么样的企业最终存活下来。所以,政府要做的唯一事情就是做大市场,只要政府把市场做大了,就什么都不用发愁了。	

(附注:本年真题的题干为 518 个字符。)

八、2018 年真题

真 题 题 干	读 题 笔 记
市场竞争有利于谁? 有些人认为有利于消费者,在市场中不同的商家为了各自的利益相互斗争,从客观上为第三方——消费者带来了好处。因为他们在争斗中互相压价,使消费者占得便宜。 　　非常肯定地说,这种在把生产者与消费者相互割裂基础上的观点是极其错误的。消费者是谁? 在现代社会,消费者不是什么第三者,他们之所以有消费能力,是因为他们作为公司的员工获得报酬。市场的主导消费是谁? 也是在单位默默工作以获得收入的劳动雇佣人。消费者即生产者。在市场竞争中,还会是与消费者毫无切身利益关系吗? 还会是消费者占得便宜吗? 　　两家电器公司价格大战,我作为 IT 公司的员工,感到占便宜,因为电器价格下降了,但是对于电器公司呢? 价格战使利润率降低,使电器公司的员工丧失了提高工资的可能。利润是公司再投资的来源,也是工资的来源,这损害了相关竞争公司的员工利益。我在为电器公司竞争感到占便宜的同时,IT 公司之间也在竞争,我如同那个电器公司的员工一样恨自己的公司因许多竞争对手无法独占或大部分占领市场。所以谁也没有占便宜,因为市场竞争是普遍的。总的	

真　题　题　干	读　题　笔　记
来说,"市场竞争受益者是消费者"是个伪命题。 　　那么市场竞争真正的受益者是谁? 是那些能在市场竞争中取得优势的社会集团,而其中大部分是处于劣势的,总是大多数,他们只食较小的利润份额。那么,他们的员工就要承担竞争不力的威胁——降低薪水。他们的境遇越是恶化,那么他们的员工的购买力就越低。但是,处于竞争劣势中的总是大多数公司的员工,他们是消费者中的主力军。总之,市场竞争有利于占据竞争优势的行业的员工——当他们作为消费者的时候,购买力会加强;不利于竞争劣势中的行业的员工——他们同样作为消费者存在的时候,购买力就弱。市场竞争只是私有制条件下各市场主体利益相互对抗的产物,本身便是内耗,将一种混乱和内耗罩上有利于消费者的光环,根本是靠不住的。	

(附注:本年真题的题干为 762 个字符。)

九、2019 年真题

真　题　题　干	读　题　笔　记
AlphaGo(阿尔法狗)是谷歌旗下的 DeepMind 公司开发的智能机器人,其主要工作原理是深度学习。2016 年 3 月,它和世界围棋冠军职业九段选手李世石人机大战,以 4 比 1 的总比分获胜。2017 年 5 月,在中国乌镇围棋峰会上,它又与排名世界第一的世界围棋冠军柯洁对战,以 3 比 0 的总比分获胜。围棋界公认 AlphaGo 的棋力已经超过人类排名第一的棋手柯洁,赛后柯洁也坦言:"在我看来,它(A)就是围棋上帝,能打败一切……对于 AlphaGo 的自我进步来讲,人类太多余了。" 　　的确,在具有强大自我学习能力的 AlphaGo 面前,人类已黯然失色,显得十分多余了。未来机器人将变得越来越聪明。什么是聪明? 聪明就是记性比你好,算得比你快,体力比你强。这三样东西,人类没有一样可跟机器人相提并论。因此,毫无疑问,AlphaGo 宣告人类一个新时代的到来。现在一些饭店、商店已经有机器人迎宾小姐,上海的一些高档写字楼已经由机器人送餐,日本已诞生了全自动化的宾馆,由清一色的机器人充当服务生。除了上天入地,还干许多人类干不了的话,机器人还可以进行难度更大、精确度更高的手术。它们还会书法、绘画,创作诗歌、小说等,轻而易举进入这些原本人类专属的领域。迈入人工智能化时代,不只是快递小哥,连教师、医生甚至是艺术家都要被智能机器人取代了! 　　现在,我们正处在信息呈几何级数增长的大数据包围中,个人的知识量如沧海一粟,显得无足轻重。过去重视学习基础知识的算法,如让小孩学习加减乘除,背诵默写古诗词等,已经变得毫无意义。你面对的是海量数据,关键不是生产而是使用它们,只要掌握如何搜索就行,网络世界没有你问不到的问题,搜索不到的信息和数据,一个	

真 题 题 干	读 题 笔 记
鼠标在手,你就可以畅行天下、尽享天下了。可以说,在这样的时代,人的唯一价值在于创新,所以教育的改革在于培养具有独立思考能力,具有批判性思维、创新性思维的人。注重创新、创造、创意,这是人唯一能超越机器人的地方了。 AlphaGo 战胜围棋高手,只是掀开了冰山一角。可以断言的是,随着人工智能时代的到来,人类即将进入一个由机器人统治的时代,人不如狗,绝非危言耸听。如果我们不愿冒被机器人统治的风险,最好的办法是把已有的人工智能全部毁掉,同时颁布法律明令禁止,就像禁止多利羊的克隆技术应用在人类身上一样。	

(附注:本年真题的题干为 944 个字符。)

十、2020 年真题

真 题 题 干	读 题 笔 记
在漫长的发展过程中,金融机构和金融功能逐步形成和完善。但相比金融机构的发展演化,金融功能作为金融业的核心和基础则表现得更为稳定,其主要表现为提供支付、资产转化、风险管理、信息处理和监督借款人等方面。近些年来,金融科技的发展突飞猛进,金融业也产生了革命性的变化。 数百年来,金融业有了很大变化,但金融功能比金融机构更加具有稳定性。在金融需求的推动下,如今的金融规模总量更大、结构更复杂。金融科技的发展所带来的开放、高效、关联、互通,使金融风险更隐蔽,传递更迅速。互联网的普及为场景金融带来了庞大的用户基础,移动支付的发展为各式线上、线下金融场景的联动提供了更多的可能;风控技术的进步使得金融的安全得以保障;大数据技术则为整个场景金融生态的良性运转提供着关键性的技术支持。场景金融成为金融功能融合的加速器。通过场景平台将金融的四项功能融为一体,或集成于一个手机。人与商业的关系迈入了"场景革命",供给、需求方便地通过"场景"建立连接,新场景正层出不穷地被定义,新平台正不断地被新需求创造,新模式正不断地升级重塑。 当前金融机构对金融服务的供给力度仍然不足,特别是长尾客户的金融需求一直以来未被有效满足,巨大的服务真空为金融科技带来了机会。通过对金融科技的运用,打破传统金融的边界和竞争格局,创造出新的业务产品、渠道和流程,改变金融服务方式及社会公众的生活方式,解决传统金融的痛点:提高在传统业务模式下容易被忽视的微型企业客户的供给水平,将会掀开金融竞争和金融科技发展的新的一幕,对于发展中小企业业务、消费金融和普惠金融意义重大。所以金融科技发展与支持实体经济发展要结合起来,金融支持经济薄弱环节的同时要注意"普"和"惠"的兼顾。	

(附注:本年真题的题干为 709 个字符。)

十一、2021 年真题

真 题 题 干	读 题 笔 记
人们受骗上当的事时有发生,乃至有人认为如今的骗术太高明而无法根治。其实,如今要根治诈骗并不难。 　　首先,从道理上讲,正义终将战胜邪恶,这是历史已证明的规律。诈骗是一种邪恶的行为,最终必将被正义的力量彻底消灭。既然如此,诈骗怎么不能根治呢? 　　其次,很多诈骗犯虽然骗术高明,但都被绳之以法,这说明在法治社会中,诈骗犯根本无处藏身。这样,谁还敢继续行骗呢?没有人敢继续行骗,诈骗不是被根治了么? 　　再次,还可以通过全社会的防范来防止诈骗的发生。诈骗的目的,无非是想骗取钱财。凡是要你花钱的事情,你都要慎重考虑。例如,有些投资公司建议你向他们投资,有些机构推荐你参加高收费的培训,有些婚恋对象向你借巨款。诸如此类,其实都不靠谱。所有的人如果都不相信这些话,诈骗就无法得逞。诈骗无法得逞,不就是被根治了么?如果建立更加有效的防范机制,根治诈骗就更容易了。 　　总之,无论从道理上讲,还是从行骗者或被骗者的角度来看,如今要根治诈骗根本不是难事。	

(附注:本年真题的题干为 408 个字符。另外需要提醒同学们注意的是,从 2021 年起,经济联考综合能力的命题有了重大改变。体现在论证有效性分析上的是:第一,题次从原来的第 41 题变成了第 56 题;第二,题干的字符数较过去大大减少。这两项最明显的改变,都表明经济联考的写作考试已经越来越向管理联考的写作考试靠近。)

十二、2022 年真题

真 题 题 干	读 题 笔 记
国内公布的一项国民阅读调查分析报告显示,大城市的数字阅读率正以较快的速度增长,这说明数字阅读正在改变人们传统的阅读习惯,即将成为国人主要的阅读方式。 　　数字阅读和传统的纸质阅读相比较具有绝对的优势。各种电子阅读器在实体商店和网上商店比比皆是,人们可以十分方便地买到和使用;互联网时代全球信息一体化,国人可以方便地使用这些丰富的资源,这无疑会加速数字阅读的发展。 　　另外,为满足受众的需求,电子类的报纸、杂志、书籍等出版物迅猛增加,而原有的纸质媒体如古籍等也正在加速实现数字化。这些不争的事实也在佐证传统的纸质阅读方式将很快被人们舍弃而寿终正寝。	

(附注:本年真题的题干为 266 个字符。)

十三、2023 年真题

真 题 题 干	读 题 笔 记
要减轻中小学生过重的学习负担,还必须加强引导和管理。 　　首先,我们应引导家长破除"望子成龙"的传统观念,因为这一观念是加重中小学生学习负担的重要原因之一。千百年来有多少家长都望子成龙,但大部分的孩子还是成了普通人。如果家长都能正视这一事实,破除"望子成龙"的传统观念,把期望值降低一些,过重的学习负担马上就减轻了。 　　其次,我们应该改变"不能输在起跑线上"的观念。众所周知,不输在起跑线上未必能赢在终点线上,既然如此,我们又何必纠结于"起跑线"呢? 学习就像马拉松,是长期的过程。马拉松的冠军就不一定是赢在起跑线上的人,如果家长都明白了这个道理,也就不会给子女加压,孩子们就不会存在过重的学习负担了。 　　再次,我们应该实施素质教育,废除应试教育。应试教育所带来的课业,无疑加重了中小学生的学习任务,如果我们全面地实施素质教育就能有效地减轻学生的负担。 　　最后,如果有关部门再进一步出台更为严格的减轻中小学生学习负担的法规,减负就能获得成功。	

（附注:本年真题的题干为 412 个字符。）

十四、2024 年真题

真 题 题 干	读 题 笔 记
常言道:"好马不吃回头草",人们说这句话的时候往往不是指马而言,而是用来比喻人事。在我们看来,好马完全可以吃回头草。例如,一般人认为夫妻离异了就应该分道扬镳,但分手的他或她根本没有想到,言归于好、破镜重圆也可能是一个不错的选择,那么为什么要纠结于"好马不吃回头草"而义无反顾地背道而驰呢? 　　又如,现在跳槽已是司空见惯的事,但跳槽者往往会发现,外面的世界很精彩,但外面的世界又很无奈。跳槽者大可不必再纠结于"好马不吃回头草",完全可以回原单位工作,因为回到原单位工作,比到其他单位工作更加熟悉,更容易获得成功。说穿了,如今不愿吃回头草的人,不过是因为觉得面子上过不去。其实,为了成就自己的事业,根本不应该碍于面子而不吃回头草。 　　出国留学的学生很多,他们更应该打破"好马不吃回头草"的观念,学成后回国为祖国的建设贡献力量。因为国内的"草"很有营养,吃回头草不但有利于国家的事业,也有利于自己的发展,能使自己成为新时代的千里马。	

（附注:本年真题的题干为 409 个字符。）

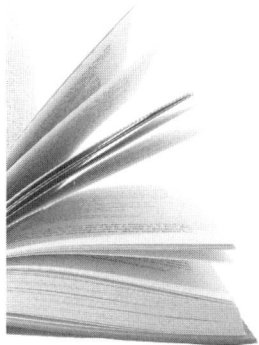

下编
论说文

※　复习建议

对于论说文的复习,建议同学们:

(1) 用 10~15 小时认真通读本书下编论说文部分。

(2) 牢记论说文的文体性质是"论证说理",是回答"为什么"。如果文体不对,那是最严重的跑题。

(3) 掌握审题立意的基本原则和方法,努力提升自己审题立意的能力,否则一旦被判为跑题,文章很可能就会归入最差的五类卷。

(4) 多进行列提纲、搭框架的练习,努力提升自己寻找具体有力的三个理由来论证自己的立意的能力。这是在短时间里写好考场论说文的关键。

(5) 克服写作惰性,自己多动动笔,多针对历年真题或本书提供的一些模拟试题写成正式的文章。光看不练,光想不写,写作水平很难真正提高。

(6) 大声朗诵、认真抄读论说文范文。这样一方面可以品味和学习范文的说理论证、行文展开的技巧,另一方面也能激发自己论说文写作的感觉和激情。只要写作的激情被激发出来了,论说文的写作就很容易做到居高临下、挥洒自如。

(7) 养成阅读的习惯,尤其是要多读名人的传记(比如刘邦、任正非、乔布斯等人的传记),为自己的文章做好论据和素材的准备。

第六章　应试基础

联考作文第二篇考的是"论说文"。论说文,在中小学里,很多老师和教材把它称为"议论文";甚至在 2001 年之前的管理联考真题中,也把它称为"议论文"。其实,论说文就是议论文,议论文就是论说文,称呼虽然不同,指的却是同一种文体。本书按照现行联考大纲,把它称为"论说文"。

论说文该怎么复习? 考场上该怎么快速准确地审题、立意、列提纲,写出一篇比较优秀的论说文? 这是本书下编"论说文"要帮助同学们解决的问题。

第一节　考试大纲

论说文的复习同样也要从"考试大纲"出发,并时刻紧扣"考试大纲"。

现行管理类联考和经济类联考论说文考试大纲分别是:

管 理 类 联 考	经 济 类 联 考
论说文的考试形式有两种:命题作文、基于文字材料的自由命题作文。每次考试为其中一种形式。 要求考生在准确、全面地理解题意的基础上,对命题或材料所给观点进行分析,表明自己的观点并加以论证。 文章要求思想健康、观点明确、论据充足、论证严密、结构合理、语言流畅。	论说文的考试形式有两种:命题作文、基于文字材料的自由命题作文。每次考试为其中一种形式。 要求考生在准确、全面地理解题意的基础上,对题目所给观点或命题进行分析,表明自己的态度、观点并加以论证。 文章要求思想健康、观点明确、材料充实、结构严谨完整、条理清楚、语言流畅。

由于这两份大纲没有什么实质性的区别,所以,接下来我们就以管理类联考的大纲为底本,来对我们的论说文考试大纲做一番解析。

一、考试题型

联考论说文考试大纲一共有三段文字。第一段文字说的是可能考试的题型。按照大纲的规定,联考论说文可能考两种题型:一种是命题作文,一种是材料作文——即大纲所说的"基于文字材料的自由命题作文"。

由于命题作文,比如《论理想》,因为比较简单,题目、观点和立场都已经给定了,考生只需要找理由来论证这个给定的观点就行,没有什么太大的审题立意的难题。也正因为命题作文比较简单,所以,我们的联考很多年都没有考这种题型了。最近几年考的都是材料作文,而且历年论说义的真题中,90%以上的题目都是材料作文。所以,材料作文才是我们考试和复习的重点。

材料作文比命题作文难,难就难在它比命题作文多了一个考点,那就是审题立意。由于材料作文题给出的只是一则材料(一个故事、一番言论或一种现象等),没有直接给出考生需要论证的立场和观点,所以考生要自己通过研读题目材料来确定需要论证的立场和观点。这就要求考生有较强的审题立意的能力。如果审题立意跑偏了,那文章很可能就会被判为最低档的五类卷。

二、文体性质

接下来,我们来解读大纲的第二段话:

要求考生在准确、全面地理解题意的基础上,对命题或材料所给观点进行分析,表明自己的观点并加以**论证**。

这一段话非常重要,因为它规定了论说文这种文体的思维方式以及审题立意的具体要求。

论说文是怎样一种文体?怎样一种思维方式?这个问题没搞清楚或者把握不准确、理解出现偏差,写出来的很可能就不是真正的论说文。文体不对,这是最严重的跑题。好些考生考完后还以为自己的文章写得不错,但最后的得分却很低,其中的一个重要原因也许就是他写的根本就不是论说文。

那么,什么样的文章才是标准的论说文?我们怎样才能写出真正的论说文来?要回答这个问题,首先就必须搞清楚最常见也最容易混淆的三种文体。

中小学里我们就学过,三种最常见的文体分别是:记叙文、说明文、论说文。这三种文体有什么区别?用三个不太准确的英语单词来回答就是:记叙文主要回答"what?"("什么人做了什么事?")这样的问题,说明文主要回答"how?"("怎么样?怎么做?")这样的问题,论说文主要回答"why?"("为什么")这样的问题。

既然联考第二篇文章要求我们写的是论说文,那么我们的这篇文章最好从头到尾都用"why(为什么)"来引导自己的构思和写作。具体来说,我们在写作过程中应该不断地问自己:

我为什么这么想?

我为什么这么说?

我为什么要主张这样的观点?

我为什么要反对这样的做法?

……

只要我们的文章通篇都是在回答"为什么"这个问题,那我们写的就是标准的论说文,因为回答"为什么"就是在"说理",就是大纲第二句话最后所说的"论证"。

其实,论说文的本质就是"论证"。具体来说,就是要求我们在审完题、立完意、确定好自己的文章写什么核心观点之后,寻找充分有力的理由(事实的或理论的理由),来论证自己的核心观点,打消读者的疑问,劝说读者接受我们的思想和观点。

正因为论说文的本质就在于"论证",所以,考生的文章中论证占了多少比例,有多少有效论证,论证的力度、深度、广度如何,在很大程度上就决定了这篇论说文得分的高低。但是很遗憾,往往有很多考生,整篇文章要么根本不是在论证说理,要么论证说理苍白无力,这样的文章自然也就得不了高分。

尤其严重的是,有些考生写的根本就不是论说文,而是别的文体。比如,这样一道试题:
"请以'全球化'为话题,围绕企业管理,自拟题目写一篇700字左右的论说文。"

这道题目明明要求考生写论说文,但很多考生却可能会这样写:"全球化对我们的中国企业来说是一种巨大的挑战,我们中国的企业究竟该如何应对这场全球化的挑战呢?应对的方法有一、二、三、四、五……"——如果我们的文章真的这样写,问题就大了,因为这样写,写出来的只是说明文,只是在回答"怎么做",而不是在回答"为什么",所以,写的就不是论说文。

那么,这道题如果写论说文,究竟该怎么写?正确的写法应该是:"全球化对我们的中国的企业来说是一种巨大的挑战。为什么说是一种巨大的挑战呢?主要的理由有一、二、三、四、五……"这样写,就是在回答"为什么",就是在"论证",就是在"讲道理",当然就是标准的论说文。

除了把论说文写成说明文之外,还有一些考生一不小心把论说文写成了记叙文。

为什么会犯这个错误?我们知道,写论说文主要是进行论证说理。但怎么进行论证说理?主要的方法无非有两种:一种是理论论证,一种是事实论证。由于很多考生理论素养不太高,所以就喜欢事实论证。要事实论证,就要讲故事、举例子。但是很遗憾,好些考生写论说文的时候,讲完故事、举完例子之后,这一段或这一篇文章就结束了。如果这样写,因为你只是写了什么人做了什么事,所以,写出来很可能就是记人或记事的记叙文,而不是真正的论证说理的论说文。

真正的论说文可以讲故事、举例子,但是讲完故事、举完例子之后,我们必须要分析和阐述,我为什么要讲这个故事?为什么要举这个例子?这个故事和例子为什么对我要论证的观点有逻辑上的支持作用?……总之,我们只有进行了这样的分析,回答了"为什么"这个问题之后,我们的文章才是真正的论说文。

三、审题立意

大纲的第二段话"要求考生在准确、全面地理解题意的基础上,对命题或材料所给观点进行分析,表明自己的观点并加以论证",这段话之所以重要,除了它明确规定了论说文的文体和思维方式是"论证"之外,还对"审题立意"做出了明确的规定。

按照大纲的规定,考生的文章必须"在准确、全面地理解题意的基础上",失去了这个基础,文章写得再好,也和考场给定的题目无关。所以,审题立意就是考场论说文写作的第一关。正是在这个意义上,可以说,考生的论说文究竟得多少分,大体是由两个方面决定的:一是考生审题立意的能力,二是考生论证自己观点的能力。这两个方面的能力的乘积共同决定了考生文章的得分,任何一个方面出问题,都会严重影响得分。

但其实,相对于"论证说理"来说,考场上考生的审题立意往往更为重要,因为:

(1)在考场上,审题立意是第一步,是基础,而论证说理则是第二步,是其次的;第一步成问题,后面步步都无效。

(2)考生的文章只要审题立意没有多大问题,并且把文章写完,字数差不多,得三类卷、中档的分数,还是比较容易的。

(3)好的立意往往不仅是扣题的,而且有着很大的写作空间。所以,好的立意出来之后,考生很可能就有了良好的写作感觉和状态——接下来写文章自然就是水到渠成的轻松事。所以,审题立意在考场上真是太重要了。

那么,考试大纲对审题立意究竟有什么具体的要求?大纲的回答是四个字:

准确、全面。

何谓"准确"?所谓"准确"就是指,题干从头到尾只是在强调意思 A,没有在强调甚至根本没有说到意思 B,那么,考生的文章通篇就只能写 A,而不能写 B。相反,如果考生的文章从头到尾都在论证意思 B,而不是在论证意思 A,那么,这样的文章的立意就是非常不准确的,甚至是严重跑题的。

何谓"全面"?所谓"全面"就是指,题干既在强调意思 A,又在强调意思 B,那么,考生的文章必须既强调 A,又强调 B。如果考生的文章只说到了 A,没有说到 B,那这样顾此失彼的文章立意就是不全面的。这样审题不全面的文章也是要严重扣分的。

考场上审题立意要做到"准确""全面",是非常难的。但正因为难,所以就容易分出考生水平的高低。所以,平常复习的时候,同学们务必多做审题立意的练习;考场上,务必静下心来,多花一些时间,认真读题。

四、写作要求

最后看大纲的第三段话:

"文章要求思想健康,观点明确,论据充足,论证严密,结构合理,语言流畅。"

这实际上就是论说文写作的一些基本要求和大体的评分标准。具体来说,就是这几个方面:

首先,"思想健康"。这一点非常重要。这一点要求考生所写的文章必须和出题者的价值褒贬取向保持一致,出题者要求考生褒的,考生就要跟着褒;出题者要求考生贬的,考生就要跟着贬。另外,"思想健康"也意味着考生文章的核心观点要和主流意识形态、社会公德相吻合,要和社会上那些似是而非甚至明显错误荒谬的思想观点划清界限。

其次,"观点明确"。"观点明确"是指什么?"观点明确"首先是指,在落笔写作之前,考生先要明确整篇文章要说些什么,最好能用简短的一句话来概括,比如"坚持就是胜利",这样的观点就很明确。相反,如果落笔之前不知道自己究竟要论证什么观点,整篇文章就不可能聚焦,不可能写得深刻有力,相反,很容易写得肤浅、散乱。另外,"观点明确"也是指,对某一个观点、某一种现象和行为,考生是褒还是贬,是赞成还是反对,必须有个明确的态度,而不能含含糊糊、模棱两可,一会儿支持,一会儿反对。

再次,"论据充足,论证严密"。这是再次强调论说文的本质在于"论证"。一篇好的论说文必须有充分有力的事实的和理论的论据,来论证自己的立意和观点,同时论证要做到严密,做到逻辑上无懈可击。只有这样,我们才能打消别人的疑问,劝说别人接受我们的思想和观点。

最后,"结构合理,语言流畅"。这是任何作文都必须做到的,论说文自然也不例外。反之,如果结构混乱、语句不通,阅卷老师在很短的阅卷时间里,就不一定能迅速准确地理解你要表达的意思,这样不知所云的文章自然就不可能成为一篇得高分的好文章。

五、样题解析

为了帮助同学们对我们的联考论说文有个初步的感性认识,接下来我们看一道样题。

【2004 年管理类联考真题】

根据以下材料,自拟题目写一篇 700 字左右的论说文。

一位旅行者在途中看到一群人在干活,他问其中一位在做什么,这个人不高兴地回答:"你没有看到我在敲打石头吗?若不是为了养家糊口,我才不会在这里做这些无聊的事。"旅行者又问另外一位,他严肃地回答:"我正在做工头分配给我的工作,在今天收工前我可以砌完这面墙。"旅行者问第三位,他喜悦地回答:"我正在盖一座大厦。"他为旅行者描绘大厦的形状、位置和结构,最后说:"再过不久,这里就会出现一座宏伟的大厦,我们这个城市的居民就可以在这里聚会、购物和娱乐了。"

这道题目,你认为最好的立意是什么?

_____

我的立意是:

_____

这道题的审题立意有一定的难度。

按照大纲规定的"准确、全面"的要求,我们认为,这道题目,最好的立意是:为理想而奋斗的人是快乐的。

当然,也可以有其他的立意,比如"换个角度看问题,说不准会更加快乐",或者"看问题越系统全面,工作的意义感和心情就会越好"。但相对来说,还是"为理想而奋斗的人是快乐的"这个立意,更加准确、全面一些。

下面是一篇写得十分精彩、非常值得同学们一字一句地研读、学习,甚至背诵、模仿的"参考范文"。这样的文章就是考试大纲所谓的审题立意全面准确,整篇文章紧扣题目材料,思想健康、观点明确、论据充足、论证严密、结构合理、语言流畅的经典论说文。

为理想而奋斗的人是快乐的

大家干的是同样的活,可心情为什么如此不同?就因为前两个人没有真正的追求,而第三个人则满怀着一颗火热的为理想而奋斗的心,因此,他工作起来是那样的快乐!

是啊,为理想而奋斗的人是快乐的。理想是人生的点睛之笔,它能化腐朽为神奇,把原本灰暗的世界浓浓地抹上快乐的亮色。

贝多芬中年失聪,没有退缩,没有悲观,音乐的理想激发了他奋发自强的意志。结果,他以超人的毅力在生命中最艰难的时间里谱成了千古绝唱《欢乐颂》。海伦·凯勒又聋又瞎,却由衷地赞叹"生命是这样美好"!身处困境,为何还如此真诚地赞叹生活的美好?理想,正是理想这盏明灯,照亮了他们原本黑暗的生活,并让它显得如此熠熠生辉!

或许有人说,理想就如希望,实现时是一种快乐;失败时,何尝不是一种自惹的痛苦?这样想的人,其实并不了解理想以及为理想而奋斗的真实含义。陈胜最后是起义失败了,但相比于他年轻时佣耕垄上的同伴,那些可怜得连好梦都不敢做一个、反而嘲讽他的鸿鹄之志的"燕雀"们,他难道不更加快乐千万倍?!

所以,追求理想本身就是一种无上的快乐。当你全身心地投入为理想而奋斗的事业之中时,你就会体会到孔子"发愤忘食,乐以忘忧,不知老之将至"的忘我快乐;当你和杜甫一样追求"安得广厦千万间,大庇天下寒士俱欢颜"的理想时,你就会油然而生一种"吾庐独破受冻死亦足"的满足与宽慰;当你深刻理解了谭嗣同追求变法强国的大同社会的理想时,你也会和他一样虽将身死敌手,却仍有"快哉快哉"的坦然与豪壮。

每个人都在建筑自己的人生,没有追求的人只能过着敲打石头和砌墙般刻板无聊的生活,而心中满怀着崇高理想的人,每天都能欣然地看到成功的大厦慢慢地拔地而起!

【范文点评】

上面这篇范文何以称为经典范文?它究竟有哪些值得同学们学习的地方?下面是我们的一些点评,希望能帮助同学们对作文的欣赏实现从"外行看热闹"到"内行看门道"的提升。

标题:"点题法"取题,开门见山地告诉阅卷老师,我整篇文章所要论证的核心观点是什么。并且,这个标题所显示出来的这篇文章的立意"为理想而奋斗的人是快乐的",是紧扣题目材料的。

第一段,开篇,简单引述题目材料,引出自己的立意和观点,从题目材料到观点立意的过渡圆融自然。这是标准的给材料作文的开篇写法,完全符合"根据以下材料"写文章的写作要求。

第二段,开始进入本论部分,开始文章最关键的论证说理。怎么开始论证说理?怎么从第一段过渡到本论段?这段的第一句话"是啊,为理想而奋斗的人是快乐的"非常巧妙、自然地实现了这种过渡——不仅顺当地实现了从开篇到本论的过渡,这样的自言自语般的自我肯定,也进一步强化了自己所要论证的核心观点。

本论的主要任务是论证。但是,怎么论证?"理想是人生的点睛之笔,它能化腐朽为神奇,把原本灰暗的世界浓浓地抹上快乐的亮色",这里首先采用比喻论证的方法。这样精彩的比喻论证能够让说理化抽象为形象,变呆板为生动。

第三段,在上一段的那个精彩的比喻论证之后,接下来改变方式,做的是事实论证。俗话说,事实胜于雄辩,典型有力的例子能让原本抽象的论证显得更加感性具体。而且,这两个例子,一个是贝多芬的例子,一个是海伦·凯勒的例子,既具有代表性,同时又非常贴切、自然——这也大大增强了这一段的论证力度。另外,这两个例子的叙述也都很简洁明了,这样就可以在短短的一段当中举两个例子,使得本段的例证更加丰富多彩。

通过第二、第三段的论证,应该说,文章已经基本成功地论证了核心观点——"为理想而奋斗的人是快乐的"。理已经说清,话已经说完,接下来文章该怎么写?"或许有人说,理想就如希望,实现时是一种快乐,失败时何尝不是一种自惹的痛苦?"这第四段的第一句话,石破天惊,引出了一种全新的论证说理的角度:批驳某些人的误解和怀疑,以驳论的方式来进一步论证自己观点的正确性!试想,如果能把错误的观点驳倒,打消论敌的疑问,自己的观点岂不是更加巩固了吗?劝说力度不就更强了吗?

但是,这一段具体怎么批驳别人的误解、打消论敌的疑问?同样不是空对空地说些空洞的大道理,而是采取"以例说理"的论证方式。于是,接下来举了陈胜的例子。这个例子也很贴切,很具有反驳的力度。并且,在前一段两个外国例证之后,这一段呈现的是中国古代的例证,因此使文章显得视野开阔,才思奔涌。这样两个本论段读下来,不得不让人惊叹它的时空切换自如,内容精彩纷呈。

更为奇妙的是,在第四段"驳论"的过程中,作者又巧妙地采用了正反对比的方式来说理:陈胜因为有理想,所以他的人生是充实快乐的;他的同伴因为没有理想,所以相对于陈胜的人生是苍白无聊的——这样强烈的反差,更衬托出理想的风采,彰显着人生的真谛。

在第二、第三段的正面论证以及第四段的反面论证之后,第五段一开始适当地做个总结,暂时巩固一下前面的论证成果:"所以,追求理想本身就是一种无上的快乐。"这也是在进一步渲染和强化文章所要论证的核心观点。但是,随后一连串的排比马上又使文章奇峰突起,并进一步绵延不绝,让人读来顿觉:气势随排比决堤而出,名人和警句比翼齐飞,整篇文章因此更显得大气磅礴、高潮迭起、熠熠生辉。

最后一段结尾,再次回应材料,并能化实为虚,有画龙点睛之妙。

总之,这篇文章思想积极深邃,语言雄辩犀利,感情磅礴汹涌,时而慷慨激昂,时而婉转低沉,宛如一曲交响诗,值得同学们不断地深情诵读,不断地揣摩学习!

第二节　评分标准

论说文是怎么评分的?毫无疑问,大家都觉得好的论说文,自然就能得好的分数。

但是,什么样的论说文是好的论说文?概括起来,考场上的优秀论说文,往往具有这样一些基本特征:

（1）审题准确、全面。

（2）标题贴切、醒目。

（3）观点正确、鲜明。

（4）论据典型、鲜活。

（5）论证严密、深刻。

（6）结构完整、匀称。

（7）语言明快、犀利。

（8）卷面整洁、美观。

为了更感性、直观地理解和把握优秀论说文的这些"基本特征"，我们建议同学们，不妨回过头去看看我们前面所推荐的那篇经典的考场论说文范文《为理想而奋斗的人是快乐的》。可以说，那篇文章就完全符合优秀论说文的所有"基本特征"！

当然，具体的评分是有相应的评分标准的。管理联考的"考试大纲"在"题型示例及参考答案"中对论说文的评分给出了这样一套标准：

1	按照内容、结构、语言三项综合评分
	一类卷（30～35分）：立意深刻，中心突出，结构完整，行文流畅
	二类卷（24～29分）：中心明确，结构较完整，层次较清楚，语句通顺
	三类卷（18～23分）：中心基本明确，结构尚完整，语句较通顺，有少量语病
	四类卷（11～17分）：中心不太明确，结构不够完整，语句不通顺，语病较多
	五类卷（10分以下）：偏离题意，结构残缺，层次混乱，语句不通
2	漏拟题目，扣2分
3	每3个错别字扣1分，重复的不计，至多扣2分
4	书面不整洁，标点不正确，酌情扣1～2分

下面我们来解读上述"评分标准"。

根据上述"评分标准"，一篇论说文的得分取决于这样几个方面：

一、审题立意

按照五类卷的评分标准，只要考生的文章被阅卷老师认为是"偏离题意"，很可能直接就被判为"五类卷"，10分以下；按照一类卷的评分标准，只有"立意深刻"的文章，才有可能成为30分以上的"一类卷"。所以，在考场上，认真仔细地读懂题目，做到审题立意全面、准确，这是联考论说文得分的基础。

甚至可以说，考场上的论说文，只要考生的审题立意准确，说理论证基本还可以，评到三类卷（18～23分）还是比较容易的。反之，如果考生审题立意的问题比较严重，那文章论证的就是一个跑题的观点——对这样跑题的论证，阅卷老师是没有兴趣阅读的。

正因为审题立意对于我们的联考论说文来说如此重要,所以,本书后面将开辟专门的章节来给同学们介绍审题立意的原则、套路和诀窍。当然,掌握一些基本的方法之后,平时的练习也很重要。因为坦率地说,考场上时间紧迫、心理紧张,考生未必还能明确地想到用什么具体的方法、套路去审题立意;相反,考生更多的是靠临场的"感觉"来审题立意的。当然,这临场的"感觉"虽然有一些偶然性,但如果平时多做一些审题立意的练习,临场的这种"感觉"就会好很多、准确很多。

二、中心观点

好的论说文必须观点鲜明、中心突出,这样才能让阅卷老师清楚准确地了解考生的文章总体在论证什么核心观点;同时,也才能使得自己的文章论证做到集中有力,结构做到清晰严谨。反之,如果考生的论说文没有任何中心观点,或者有但很不明确,这样的论说文肯定很散乱。

正是在这个意义上,"评分标准"规定,"中心不太明确",就可以判为"四类卷(11~17分)";而要被判为"三类卷(18~23分)",就必须做到"中心基本明确";要被判为"二类卷(24~29分)"就必须做到"中心明确";要被判为"一类卷(30~35分)",要求就更高,必须做到"中心突出"。

三、层次结构

没有层次、结构的文章,就像说话颠三倒四一样,连意思都难以表达清楚,就更谈不上有多少说服力了。所以,第一段写什么,接下来各段怎么写,它们之间遵循怎样的逻辑关系;以及每段的几个语群之间,先写什么,后写什么,怎么从前面过渡到后面,后面又怎么和前面呼应……这对说理性的论说文来说,是很重要的。

基于此,"评分标准"规定,只有"结构完整""层次清楚"的文章才能成为好文章。反之,最严重的是,结构不完整,甚至有残缺,比如缺少本论部分,或缺少结尾段,都是要严重扣分的。

为了帮助同学们在较短的时间里能写出"层次清晰、结构完整"的文章,本书在后面相应的章节里会给大家推荐一些简单实用的"写作模块"或"写作套路"。按照这样一些"套路""模块"写下去,不仅可以节省很多谋篇布局的时间,而且写出来的文章一般也会更有章法。

四、行文语句

毫无疑问,文章写得简洁明快、流畅优美,谁都喜欢。反之,文章错别字连篇、语病层出不穷、行文啰唆凌乱,读起来谁都不爽。所以,考场上考生要想办法尽量避免这些毛病。当然,关键恐怕还是在考前,在复习的过程中,自己要多动手写写文章。只要平时把自己的手写熟了,考场上做到"我手写我心",写文章就像平常说话一样,写出来的文章就应该是明快流畅的。

读到这里,有些同学可能会问,我们的文章要不要写得漂亮、华丽? 当然,如果你能很自然地写出漂亮华丽的文章来,肯定是好事,谁都喜欢读。但问题是,考场上时间那么紧张,你能有那么多时间字斟句酌、修辞润色吗?

对于这个问题,有同学可能会说,我可以事先准备一些"金句"呀,到时候在考场上直接背抄上去,不就行了? 对这样想的同学,我要说:背抄上去的"金句"能否做到自然贴切? 如果能,那当然是好事;如果不能,反而会弄巧成拙,得不偿失。因为不贴切的"金句",阅卷老师一读就能读得出来,读到这样做作、别扭的句子,不会觉得你多有才华,反而只会觉得你没有才华,却爱肉麻地卖弄。

所以,我们建议,考场上的论说文,大体来说,平实一些,是比较稳妥的写作策略。这就像平常管理者沟通一样,意思说清楚了,道理讲透彻了,文采是其次的,可以有,但不是必需的。

五、文章标题

一篇完整的文章,要有正文,也要有标题。缺少标题的文章,结构就是残缺的。所以,"评分标准"规定,漏拟题目,就要扣 2 分。而且,更重要的是,正如俗话所说的,"花香蜂自来,题好文一半",好的标题就等于半篇好的文章。

这一点,可以从"写"和"读"两个角度来加以分析。从写作的角度看,好的标题可以很好地激活自己的写作灵感,清晰地指明自己的写作方向,正确地规范自己的写作空间;从阅读的角度看,文章的标题就像人的前额和眼睛一样重要,它是考生给阅卷老师的第一印象。这个第一印象的好坏,在很大程度上直接决定了阅卷老师的阅卷心理。所以,拟好标题,是文章写作的一个重要环节。

考场上,具体怎么写好论说文的标题? 下面我归纳总结出了一些基本的原则和要求:

1. 名副其实,统领全文

文章的标题不能和文章脱节,要能体现文章的内容,最好能统帅全文内容,方便读者在阅读之前大体上预先知道、读完之后能牢牢记住文章所要表达的基本思想和观点。为此,我们建议同学们,考场上最好的论说文的取题方法就是"点题法"——直接把自己这篇文章所要论证的核心观点取成文章的标题。比如,《要做就做第一》《为理想而奋斗的人是快乐的》……就是用"点题法"所取的、很好的考场论说文的标题。

2. 突出醒目,简洁有力

题目不仅要与内容相符,而且要能更好地表达内容,要有画龙点睛之妙,短短一句话提升文章高度,点亮文章意境,激发阅卷老师的阅读兴趣和好感。如《敢为天下先》《学会合作,共对强敌》《直面风险,活出丰采》……这些标题,就都是画龙点睛的好标题。

3. 明确具体,一目了然

标题不能太大太空,也不能含糊不清、模棱两可……这样的标题,不仅难以激发阅卷老师的阅读兴趣,而且只会让他觉得你的立意不清,观点不鲜明。为了避免这些问题,我们在前面就建议大家,在考场上,最好用"点题法"取题。比如,《坚持就是胜利》《做人要适当低调一些》《学术跟风,危害无穷》等标题,就很值得大家学习和模仿。

由于文章标题非常重要,所以,考场上有些考生在写正文之前,往往不敢直接下笔写标题,寄希望于自己在写作过程中能够灵感乍现,拟出好的标题来。但是这样做,也有相应的风险:考场上时间、心理都很紧张,聚精会神,写啊写啊,文章写完了,交卷的时间也差不多到了,一急,就忘了补写标题。于是,2分就这样硬生生地被扣掉了。这2分,就是一道逻辑题的分数,甚至很可能就是最后录取或落榜的分水岭!

所以,我们建议,一开始写文章,就必须把标题写好。这样做,既避免了莫名其妙地被扣2分,又有助于逼着自己写文章之前明确自己所要论证的核心观点。当然,如果考生对自己的标题一时不太满意,可以先用可擦写的笔在答题纸的标题位置上暂时写一个标题。这样,到时候修改起来也方便;实在忘记了修改,也不至于因为没有标题而被扣2分。

六、书写卷面

按照现有的评分标准,"书面不整洁"的,要"酌情扣1~2分"。但事实上,字迹和卷面影响的绝不只是这1~2分。爱美之心,人皆有之。阅卷老师看到你的卷面很整洁美观,他心理上就已经倾向于接受和欣赏你了。带着这种欣赏的心理定势来阅读你的文章,当然,就容易看到你文章好的地方,就容易对你的文章做出一个较高的总体评价,因而给你一个好分数。

相反,如果你的字迹和卷面很差,阅卷老师阅读起来都有严重的阅读障碍,许多字怎么看都辨认不出来,阅读支离破碎,自然就很难知道你的文章在写些什么。这样的话,对你的文章又怎么可能有好感呢?

问题是,怎样才能写出好的卷面? 当然,最重要的是考生平时要养成动笔写字、写文章的习惯。有些考生,尤其是有些 MBA、MPA 的考生,毕业很多年了,一直很少用笔写字、写文章。试想,如果就这样上考场,在时间、心理都极度紧张的情况下,你能写出卷面好的文章吗? 所以,在复习迎考的过程中,务必要适当地抄抄范文,自己写写文章,把写字的感觉(尤其是连续写字成文的感觉)练出来。

在考场上,如果时间实在紧张,也要把标题和正文中的关键句或关键词尽量工工整整、一笔一画地写好——阅卷老师读懂了你的关键词和关键句,接下来连蒙带猜,也能大体读懂你整篇文章的基本意思。

第三节 常考主题

一、联考论说文常考主题

联考论说文有没有一些常考的主题? 如果有,最常考的主题又有哪些?

毫无疑问,这是同学们非常关心的问题。对于这个问题,我首先要警告大家,复习的时候千万不要带着侥幸的心理去猜题。因为论说文出题非常灵活,猜题太难了。考生如果总是想猜题,万一猜得不准,就会严重误导自己的复习和考试。所以,复习的时候还是要以不变应万变,打好基础,提升自己审题立意、列提纲、搭框架以及行文写作的能力,这样考场上不管面对什么题目,基本上就都能从容应对。

当然,要说我们联考论说文考试的主题一点规律、一点范围也没有,似乎也不完全对,因为管理联考的论说文真题,顾名思义更倾向于管理类的话题;而经济联考的论说文真题,似乎更倾向于社会性的话题。

下面是我们对历年管理联考论说文考试主题的一些简单总结——

试 题 年 月	考 试 主 题	试 题 年 月	考 试 主 题
1997 年 1 月	品牌建设	1997 年 10 月	格言:各主题
1998 年 1 月	儿童高消费	1998 年 10 月	过程的重要性
1999 年 1 月	厚积薄发	1999 年 10 月	领导素质:各主题
2000 年 1 月	居安思危	2000 年 10 月	从小养成好习惯
2001 年 1 月	恒心、毅力	2001 年 10 月	竞争
2002 年 1 月	压力、心态	2002 年 10 月	变通
2003 年 1 月	(未考论说文)	2003 年 10 月	普遍理论与历史经验
2004 年 1 月	理想、心态	2004 年 10 月	沟通与有效沟通
2005 年 1 月	整体与局部	2005 年 10 月	做自己能做的
2006 年 1 月	投资长远、制度等	2006 年 10 月	变通、创新、眼光等
2007 年 1 月	争先、理想、探险	2007 年 10 月	眼高手低
2008 年 1 月	原则性与灵活性	2008 年 10 月	锲而不舍、专注、扎根
2009 年 1 月	企业管理:各主题	2009 年 10 月	团结、合作
2010 年 1 月	学者的使命、功利化批判	2010 年 10 月	企业的社会责任
2011 年 1 月	人才的拔尖和冒尖	2011 年 10 月	无私奉献
2012 年 1 月	跟风、个性、专注	2012 年 10 月	自主创新
2013 年	合作对话	2014 年	慎重选择
2015 年	为富为仁	2016 年	多样性和一致性
2017 年	扩大生产和研发新产品	2018 年	人工智能
2019 年	论辩与真理	2020 年	听取专家的反对意见
2021 年	实业家与教育	2022 年	全面优化自身结构
2023 年	领导艺术	2024 年	发散性思维
2025 年	社会承认		

当然,一道具体的材料作文题,立意往往有多种,所以,上面我们所罗列出来的所谓历年真题的"考试主题",也仅仅是一些比较明显、比较好写的立意罢了,并不是全部或唯一的立意。

仔细研究上述历年真题所对应的"考试主题",我们发现,管理联考论说文在考试主题上没有明确的范围,但大多和管理有关。所以,我们建议考生,在复习论说文的过程中,可以适当地关注下面这些可能考到的管理主题(共30个):

管理联考论说文常考主题	
第一组	决策、执行、领导、竞争、合作
第二组	团队、制度、授权、沟通、人才
第三组	敬业、诚信、道德、胸怀、担当
第四组	激励、心态、忧患、信念、勇气
第五组	远见、取舍、专业、变通、学习
第六组	创新、品牌、质量、细节、自立

了解了常考主题,联考论说文的复习方向也就更加明确了。为此,建议同学们,最好按照下列程序来有针对性地展开自己的论说文各主题的复习:

(1)查找名言警句。

(2)搜寻典型事例。

(3)展开论证分析。

(4)拟出写作提纲。

(5)写成正式文章。

(6)精心修改定稿。

(7)熟练背诵全文。

这里需要强调的是,在上述七步当中,最重要的是第四步"拟出写作提纲",因为写作提纲有了之后,文章的基本框架也就随之确定了,接下来只要按部就班地把它扩充成文了。其实,成文写作对于绝大多数考生来说,是比较简单的事情,真正难的是写作思路的形成。所以,在论说文复习迎考的过程中,同学们务必要针对上述每个主题,拟好一份简洁的提纲。这样,一方面,列提纲、搭框架的能力就会在考前得到一定的锻炼和提升;另一方面,万一今年的作文可以在立意上比较贴切自然地往自己预先准备好的某一份提纲上靠呢? 只要能这样靠成功,你的论说文要不得高分,也是很困难的。

考场论说文,究竟该怎么列提纲、搭框架? 下面我们以"企业领导人需要有高素质"为例,给出一份提纲的范本,供大家学习和模仿:

《企业领导人需要有高素质》

为什么企业领导人需要有高素质?

这是因为企业领导人的素质高低在很大程度上决定了：

（1）企业资源的利用效率。

（2）下属员工的生存状态。

（3）领导者威信和领导力。

另外，为了帮助同学们更好地应对这些"常考主题"，接下来本书为大家提供了应对这些"常考主题"的详尽的"写作提纲"，供大家学习和参考。这样，同学们论说文的复习，也许真就能做到"有备无患"了。

不过，需要提醒同学们注意的是，虽然在考前研读这样的提纲，会迅速提升考生的理论素养和构建"三点式"提纲的能力，但在考场上，切记不能去死套——把自己预先准备好的某一份提纲死套在今年的题目上。这样，很可能会导致自己的某个或某些分论点跟考场上的题目材料无关，而跟题目材料无关的分论点和段落是得不了多少分数的。所以，就算今年的考题刚好就是本书所列出的主题中的某一个，考生也只能参考本书的提纲，具体的三个理由和分论点最好还是要从考场上的题目材料之中去挖掘、去寻找。只有三个分论点都是紧扣题干材料的，都是从题目材料中析取出来的，这样的文章才是真正的材料作文——我们最近几年考的论说文绝大多数都是这样的材料作文，目的就是为了防止考生"套作"。

另外，还要提醒同学们的是，我们的这些提纲也并不是十全十美，其中的某些主题的一些理由也许并不完全对你的胃口，所以你也可以对它们进行修改，修改得更好一些，更适合你一些。

二、常考管理主题提纲荟萃

1.《道德经营》

企业为什么需要道德经营？

这是因为道德经营：

（1）能降低交易成本，特别是降低沟通成本。

（2）能树立良好品牌，更好地吸纳各种资源。

（3）合乎社会道德，这是企业存在的使命。

2.《论制度》

为什么要重视制度的建设？

这是因为：

（1）把不同的员工意志统一成合乎企业目标的合力需要制度。

（2）弥补领导人时间、精力、能力和主观性的不足需要制度。

（3）明确工作标准、指明努力方向、提高员工素质需要制度。

3.《论原则》

为什么要坚持原则？

这是因为：

（1）原则是行动的指南。

（2）原则是效率的保证。

（3）原则是智慧的结晶。

4.《论创新》

为什么创新很重要？

这是因为：

（1）只有不断创新，才能跟上企业内外环境的变化。

（2）只有不断创新，才能适应愈演愈烈的市场竞争。

（3）只有不断创新，才能继续维持自己的领先优势。

（4）只有不断创新，才能发现新的盈利和增长机遇。

5.《论制度创新》

为什么要重视制度创新？

这是因为：

（1）任何制度不可避免的局限性要求制度不断创新。

（2）企业内部要素的不断变化要求制度不断创新。

（3）企业外部环境的不断变化要求制度不断创新。

6.《领导人素质》

为什么企业领导人需要高素质？

这是因为领导人的素质高低在很大程度上决定了：

（1）企业资源的利用效率。

（2）下属员工的生存状态。

（3）领导者威信和领导力。

7.《论授权》

为什么要重视授权？

这是因为：

（1）授权是超越领导自身局限性的需要。

（2）授权是管理者抓大事、管全局的需要。

（3）授权是激励培养团队和下属的需要。

8.《论沟通》

企业管理为什么需要沟通？

这是因为：

（1）沟通有利于决策更科学。

（2）沟通有利于执行更有效。

（3）沟通有利于成长更迅速。

9.《论用人/人才》

为什么要重视用人？

这是因为：

（1）用人是提高企业整体生产力的需要。

（2）用人是激励培养团队和下属的需要。

（3）用人是贯彻分层级领导原则的需要。

10.《论员工培训》

为什么要重视员工培训?

这是因为:

(1)通过员工培训,可以提高员工的工作技能。

(2)通过员工培训,可以激发员工的工作热情。

(3)通过员工培训,可以稳定企业的人才队伍。

11.《用人当用强》

为什么用人要用贤强?

这是因为:

(1)任用贤强可以完成自己原先完成不了的事业。

(2)任用贤强能够有效激发团队的积极性和战斗力。

(3)任用贤强是最经济、最划算的雇用员工的方法。

12.《论品牌》

为什么要重视品牌的建设?

这是因为:

(1)品牌是企业的独占性资产。

(2)品牌有利于促进产品的销售。

(3)品牌有利于提升产品的价值。

13.《论居安思危》

为什么要居安思危?

这是因为:

(1)环境的时刻变化要求我们居安思危。

(2)时代的迅猛发展要求我们居安思危。

(3)竞争的日趋激烈要求我们居安思危。

14.《论远见》

为什么要有远见?

这是因为:

(1)只有有了远见,才能正确选择前进的方向。

(2)只有有了远见,才能识别当前的陷阱诱惑。

(3)只有有了远见,才能发现和坚守长远利益。

15.《论长远利益》

为什么要重视长远利益?

这是因为:

(1)只有关注长远利益,才能激发当下前进的动力。

(2)只有关注长远利益,才能识别当下的陷阱诱惑。

(3)只有关注长远利益,才能实现未来的持续发展。

16.《论合作》

为什么要重视合作?

这是因为：

（1）现代社会越来越细的社会化大分工要求合作。

（2）个人和组织能力资源方面的有限性要求合作。

（3）个人组织间相互学习和成长的动机要求合作。

17.《论自己培养接班人》

为什么企业需要注意自己培养接班人？

这是因为：

（1）内生的接班人对企业的忠诚度一般比较高。

（2）内生的接班人对行业和企业有深刻的理解。

（3）内生的接班人能够保持企业战略的连续性。

（4）内生的接班人更容易在企业内部开展工作。

（5）内生的接班人制度更能激发员工的积极性。

18.《论引进接班人》

为什么企业有时需要引进接班人？

这是因为引进的接班人：

（1）掌控和运作企业的综合能力、经验可能更强。企业有了更多的人才选择余地。

（2）可能会带来全新的思路和企业亟需的新资源。内生的接班人就很难做到这点。

（3）作为外人可能会更有力度地改组与再造企业。没有原先复杂的人际关系的纠缠，自身没有既得利益的障碍。

19.《论专注/专业化》

为什么要专注？

这是因为：

（1）精力的有限性要求专注。

（2）资源的有限性要求专注。

（3）竞争的专业化要求专注。

20.《论多元化》

为什么要重视多元化？

这是因为多元化有利于：

（1）降低企业经营风险。

（2）多种业务相互促进。

（3）开拓新的市场空间。

（4）拓展辐射品牌价值。

21.《论全球化》

为什么要重视全球化？

这是因为全球化有利于企业：

（1）实现规模经济。

（2）接近生产要素。

（3）提升学习曲线。

22.《网络化经营》

为什么要重视网络化经营?

这是因为网络化经营有助于企业:

(1) 低成本运营。

(2) 规模化运营。

(3) 品牌化运营。

23.《论竞争》

提纲一:

为什么要重视竞争?

这是因为:

(1) 资源的有限性和需求的无限性之间的矛盾决定了必然有竞争(原因的分析)。

(2) 优胜劣汰,进步与进化(结果的推导)。

(3) 大锅饭——干好干坏一个样;鹿和狼的故事(反面的论证)。

提纲二:

为什么要提倡竞争?

因为竞争有利于:

(1) 判断优劣,识别好坏。联考/人才/企业;赛马相马……

(2) 奖压并用,催人奋进。反之,就会懒惰、懈怠……

(3) 淘汰落后,鼓励创新。产品/技术创新;QQ/微博/微信……

24.《论共赢》

为什么需要树立起共赢的经营理念?

这是因为:

(1) 共赢是彼此合作的前提条件。

(2) 共赢是共同发展的良性循环。

(3) 共赢是推动我们进步的动力。

25.《论争先》

为什么要争先?

这是因为领先意味着:

(1) 没有或少有竞争者。

(2) 行业标准的制定者。

(3) 无形的广告和品牌。

(4) 该行业的第一桶金。

26.《论先机》

企业为什么要抢占先机呢?

这是因为:

(1)"先"就是品牌形象。

(2)"先"就是竞争优势。

(3)"先"就是行业标准。

27.《论质量》

为什么要重视质量？

这是因为：

（1）优胜劣汰的市场竞争原则要求产品有过硬的质量。

（2）功能需求的顾客购买原则要求产品有过硬的质量。

（3）避免浪费的资源使用原则要求产品有过硬的质量。

28.《论激励》

为什么需要自我激励或激励他人？

这是因为：

（1）开始行动之前需要激励自己或他人热情投入。

（2）遭受挫折之时需要激励自己或他人渡过难关。

（3）取得成功之后需要激励自己或他人再接再厉。

29.《论控制》

控制就是为了保证实际作业动态和企业计划适应的管理职能。

控制之所以是必要的，主要是因为：

（1）企业内外环境每时每刻都在发生变化。

（2）员工的能力、动机、态度等都存在差异。

（3）权力利益的分散可能会造成推诿内斗。

30.《论效益》

企业之所以要努力追求效益（利润），主要是因为：

（1）只有有较好的效益，企业才能赢得更多股东和资金的支持。

（2）只有有较好的效益，企业才能赢得更多优秀人才为自己服务。

（3）只有有较好的效益，企业才能在竞争中胜出并获得持续发展。

（4）只有有较好的效益，企业才能更好地回报这生我养我的社会。

31.《论敬业》

为什么要有敬业的精神？

这是因为：

（1）敬业才能按期、按量、按质地完成本职工作。

（2）敬业才能认真钻研本职工作，做出改进创新。

（3）敬业才能对同事、组织、消费者和社会负责。

32.《论借脑》

为什么需要适当地借助于外脑的帮助？

这是因为：

（1）好的外脑可能会给我们提供全新的视野和思路。企业管理团队自身的知识和经验总是有限的。外脑或许能提供全新的看问题的视角和解决问题的方法。当局者迷，旁观者清。

（2）有些稀缺的外脑，不能为我所有但能为我所用。我们企业不一定能占有他们，但是可以暂时租借他们。

（3）从经济上看，借助外脑的成本低，但是收益大。用时请来，不用时不用我来养他。

除此之外,考生还可以动脑筋想一想,自己觉得还有哪些主题比较重要,考到的概率比较高? 自己能不能为它们列出写作的提纲?

主题:

提纲:

主题:

提纲:

主题:

提纲:

第七章 题型分析

关于论说文考试的题型,现行大纲说:"论说文的考试形式有两种:命题作文、基于文字材料的自由命题作文。每次考试为其中一种形式。"

从"考试大纲"看,联考论说文考试的题型主要有两种:一种是"命题作文",另一种我们把它简称为"材料作文"。但是这样的说法实际上是非常笼统的,对考生论说文的复习也缺少具体明确的指导意义。考察历年的真题,我们发现,其实联考论说文的题型进一步可以细分为:① 命题作文;② 话题作文;③ 立论作文;④ 评论作文;⑤ 观点分析;⑥ 案例分析。

为什么要进一步区分这几种题型?这是因为不同的题型对应着不同的写作要求以及不同的应对规则。所以,如果题型搞错,写出来的文章很可能就不符合写作要求。

下面我们将结合一些历年真题,来具体介绍这几种题型该如何识别,如何应对。

第一节 命题作文

"命题作文"是一种最古老的作文考试形式,也是同学们最熟悉的。凡是像《论理想》《论恒心》《论乐观的心态》,或《以××为题》之类的作文题,都可以看作是命题作文。

在历年真题当中,1999 年 10 月的联考试题就是这样一道命题作文:

以"小议企业领导者的素质"为题,写一篇 500 字左右的议论文。

另外,2009 年 1 月的联考试题也可以看作是命题作文:

以"由三鹿奶粉事件所想到的"为题,写一篇 700 字左右的论说文。

命题作文该如何应对?我们的建议是:

(1) 如果试题中已经明确给出了观点,比如《论坚持就是胜利》《论用人的重要性》《论诚信是经营之本》,那么考生就必须紧紧抓住给定的观点,然后努力去寻找理由和论据,来论证这个观点的合理性。

(2) 如果试题没有给出明确的立场和观点,而只是大体给出了一个话题作为写作范围,那就需要考生进一步在这个话题范围内确定自己的立场和观点,然后加以论述。否则,接下来的论说文就没法写,因为论说文就是要选择一个鲜明的立场来论证一个观点。比如"以'论理想'为题……"这样的题目,就没有直接给出一个明确的观点,因此考生也就没法直接进行论证,而只能自己先在试题给定的范围内立出一个观点来。

那么,究竟该怎样立自己的观点,才是最好的呢?由于论说文的文体性质主要是回答"为什么"这个问题,所以,对于命题作文中的《论××》,我们建议,考生最稳妥的立意的方法就是:为什么××很重要?

按此原则,对于《论理想》这样的命题作文,考生最好应该立意为"论理想的重要性",以此来回答这个问题:为什么理想对每个人来说很重要?当然,考生也可以进一步立一个更加具体的观点"理想激发人生丰采",然后在正文里进一步论证:为什么理想能激发我们人生的丰采?

同样,上面我们列出的 1999 年 10 月的联考试题"小议企业领导者的素质",它也似乎没有明确给出考生所要论证的观点,所以,考生也就需要进一步确立自己的观点。为此,考生可以把自己的观点确立为:企业领导者必须具备高素质。为什么要具备高素质?这就是自己的这篇文章要回答的问题。

另外,2009 年 1 月的联考试题"以'由三鹿奶粉事件所想到的'为题",它也没有明确给出考生所要论证的观点,所以考生同样需要进一步确立自己的观点。当然,由于这道题目非常开放,所以,每个考生完全可以从不同的角度、以不同的形式来确立自己的观点。比如,考生可以把自己的观点确立为:为防止这样恶性的食品安全事故再次出现,政府必须加强对食品安全的管理。另外,考生也完全可以从企业自身的角度出发,把自己的观点确立为:企业对顾客负责就是对自身负责,论企业道德经营的重要性,等等。

(3)关于命题作文的文章标题。命题作文的命题形式一般是"以××为题"。"以××为题"中的"题"字,有两种理解。一种理解是"主题"和"观点",所以,命题作文也就可以理解成要求考生"以××为主题",因此,考生作文的主题和观点就必须在试题所给定的范围内,否则就是跑题;"题"字的第二种理解是"标题",所以,命题作文也可以理解成要求考生"以××为标题"来写一篇文章。既然如此,我们建议,凡是命题作文,为了保险起见,自己文章的标题(主标题或副标题)中最好要出现题目中所给定的"××"这样的词。

第二节　话题作文

论说文常考的第二种题型是"话题作文"。所谓"话题作文",主要是指出题者并没有明确给出考生需要论证的观点,而只是给出一个话题作为考生写作的范围,考生只要在这个给定的话题范围内确立自己的文章所要论证的观点并加以论证就可以了。相对于标准的命题作文,话题作文的写作自由度更大,它更鼓励考生的个性和创新。

联考历史上,最典型的话题作文是 2001 年 10 月的管理联考试题:

近些年来,新闻媒体经常报道公开招考公务员,乃至招考厅局级干部的消息,这同我国传统习惯中的"伯乐相马"似乎有了不同。请以"相马""赛马"为话题,写一篇600字左右的议论文,题目自拟。

本题因为明确规定了"以'相马''赛马'为话题",所以,它是标准的"话题作文"。

由于题目给出的"相马""赛马"的话题太大太空,因此,在考场上,考生还必须进一步明确题目暗示自己的以及自己具体想要讨论的问题。仔细研读这道题目,我们发现,它其实是在要求考生具体地讨论这样一个问题:相马和赛马,对于人才的选拔来说,哪个更好? 当然,对于这个问题,考生可以回答说"相马更好";但是我们认为,选择"赛马更好"这样一个立场和观点,似乎更符合出题者的原意以及时代的趋势。所以,本题最好的立意是:人才选拔,赛马优于相马。

反之,如果考生不在给定的"话题"("'相马''赛马'对人才选拔来说,哪个更好?")范围之内写文章,反而过度引申,引申出去写"人才选拔方式也要有创新",就有可能被判跑题。

同属于"话题作文"的,在历年真题中还有很多,比如:

【2002 年 1 月管理类联考试题】

阅读下面一段材料,按要求作文。

在这次激烈的招聘考试中,有些志在必得的应聘者未能通过,有些未抱希望的应聘者却取得了好成绩。前者说,压力大,影响了发挥;后者说,没有压力,发挥了高水平。看来,压力确实能破坏人的情绪。但是,人们又常说,没有压力就没有动力,这说明压力又不可缺少。

究竟应当如何认识和对待压力呢? 请以"压力"为话题,写一篇文章,可以发表议论,可以记叙经历,也可以抒发情感。所写内容必须在"压力"的范围内。文体自选,题目自拟,不少于700字。

【2002 年 10 月管理类联考试题】

阅读下面的材料,根据要求作文。

中国古代的《易经》中说:"穷则变,变则通。"这就是说,当我们要解决一个问题而遇到困难无路可走时,就应该变换一下方式方法,这样往往可以提出连自己也感到意外的解决办法,从而收到显著的效果。

请以"穷则变,变则通"为话题写一篇作文。可以写你自己的经历、体验或看法;也可以联系生活实际展开议论。文体自选,题目自拟,不少于700字。

【2008 年 1 月管理类联考试题】

"原则"就是规矩,就是准绳。而在日常生活和工作中,常见的表达方式是:"原则上……,但是……"。请以"原则"与"原则上"为议题写一篇论说文,题目自拟,700字左右。

另外,1997年10月的联考试题也可以看作是一种话题作文:

以你最喜欢的一句格言,写一篇500字左右的议论文。

这道题目规定的话题是"你最喜欢的一句格言",至于究竟选择什么格言、什么观点,你有你的自由。

最后,需要提醒同学们的是,如果试题既给出了明确的话题,又给出了相应的背景或材料,那么我们就既要紧扣给定的话题,又要适当结合题目给定的背景或材料来展开写作——这样写,扣题才更紧、更全面。

第三节 立论作文

"立论作文"是指这样一种论说文考试题型:试题本身并没有明确给出考生要分析和论证的观点,甚至也没有给出考生需要讨论的话题,给出的只是一个故事或一种现象,要求考生读出给定的故事或现象背后蕴含的"寓意",然后以这个寓意为主题写一篇论说文。

在历年真题中,比较典型的立论性作文题有以下这些。

【1999 年 1 月管理类联考试题】

根据所给材料写一篇 500 字左右的议论文。题目自拟。

一位画家在拜访德国著名画家门采尔时诉苦说:"为什么我画一张画只要一天的时间,而卖掉一张画却要等上整整一年?"门采尔严肃认真地回答说:"倒过来试试吧,如果你用一年的时间去画它,那么只需要一天的时间就能够把它卖掉。"

很显然,本题并没有直接而明确地为考生给出需要他们论证的"观点"和"主题"——如果给出,那很可能就是"命题作文";甚至也没有给出他们应该讨论的"话题"——如果给出,那很可能就是"话题作文"。题目材料本身给出的只是一个故事、一份"素"材。虽然这是一个真实的故事,但是,这个故事究竟想说明什么道理?或者说它背后蕴含着什么深刻的寓意?……这是需要考生自己透过材料中的故事去琢磨、去领会的。所以,我们把这样的论说文试题称为"立论作文":考生在写文章之前需要自己透过题目材料去挖掘和确立自己所要论证的核心观点。

那这道题该怎么立论?也即这个故事背后蕴含的寓意究竟是什么?……坦率地说,这道题的审题立意有一定的难度。但如果真正读懂了题目,考生还是可以立出比较扣题的立意的。比如"欲速则不达""磨刀不误砍柴工""厚积而薄发"等立意,就很扣题,而且这样的立意写作空间也比较大。

【2000 年 1 月管理类联考试题】

根据所给材料写一篇 500 字左右的议论文,题目自拟。

解放初期,有一次毛泽东和周谷城谈话。毛泽东说:"失败是成功之母。"周谷城回答说:"成功也是失败之母。"毛泽东思索了一下,说:"你讲得好。"

这道题也是一道立论性的作文题,需要考生在认真读题的基础上,综合题干故事中的各种重要信息,然后糅合成一个最好能统帅整个故事方方面面的"寓意",并以此作为自己文章的"立意"。

这道题最好的"立意"是什么？我们认为是：打江山难,坐江山更难。

【2000 年 10 月管理类联考试题】

根据下面一则材料,写一篇不少于 500 字的议论文,题目自拟。

有人问一位诺贝尔奖获得者:"您在哪所大学学到了您认为最主要的一些东西?"出人意料,这位学者回答说是在幼儿园,他说:"把自己的东西分一半给小伙伴们,不是自己的东西不要拿,东西要放整齐,做错了事情要表示歉意,要仔细观察大自然。从根本上说,我学到的全部东西就是这些。"

这是一道非常典型的立论性的作文题。对这道立论性的作文题,你认为,最好的"立意"是什么？请你写下来,也算是一次审题立意的训练。

本题最好的立意是……

(参考答案见本节最后的附录。)

【2001 年 1 月管理类联考试题】

根据所给材料写一篇 600 字左右的议论文,题目自拟。

1831 年瑞典化学家萨弗斯特朗发现了元素钒。对这一重大发现,后来他在给他朋友化学家维勒的信中这样写道:在宇宙的极光角,住着一位漂亮可爱的女神。一天,有人敲响了她的门。女神懒得动,再等第二次敲门。谁知这位来宾敲过后就走了。她急忙起身打开窗户张望:"是哪个冒失鬼? 啊,一定是维勒!"如果维勒再敲一下,不就会见到女神了吗? 过了几天又有人来敲门,一次敲不开,继续敲。女神开了门,是萨弗斯特朗。他们相晤了,钒便应运而生!

这是一道非常典型的立论性的作文题。对这道立论性的作文题,你认为,最好的"立意"是什么？请你写下来,也算是一次审题立意的训练。

本题最好的立意是……

(参考答案见本节最后的附录。)

【2004 年 1 月管理类联考试题】

根据以下材料,自拟题目撰写一篇 600 字左右的议论文。

一位旅行者在途中看到一群人在干活,他问其中一位在做什么,这个人不高兴地回答:"你没有看到我在敲打石头吗?若不是为了养家糊口,我才不会在这里做这些无聊的事。"旅行者又问另外一位,他严肃地回答:"我正在做工头分配给我的工作,在今天收工前我可以砌完这面墙。"旅行者问第三位,他喜悦地回答:"我正在盖一座大厦。"他为旅行者描绘大厦的形状、位置和结构,最后说:"再过不久,这里就会出现一座宏伟的大厦,我们这个城市的居民就可以在这里聚会、购物和娱乐了。"

这是一道非常典型的立论性的作文题。对这道立论性的作文题,你认为,最好的"立意"是什么? 请你写下来,也算是一次审题立意的训练。

本题最好的立意是……

(参考答案见本节最后的附录。)

【2013 年 1 月管理类联考试题】

根据下述材料,写一篇 700 字左右的论说文,题目自拟。

20 世纪中叶,美国的波音和麦道两家公司几乎垄断了世界民用飞机的市场,欧洲的制造商深感忧虑。虽然欧洲各国之间的竞争也相当激烈,但还是采取了合作的途径,法国、德国、英国和西班牙等决定共同研制大型宽体飞机,于是"空中客车"便应运而生。面对新的市场竞争态势,波音公司和麦道公司于 1977 年一致决定组成新的波音公司,以此抗衡来自欧洲的挑战。

这是一道非常典型的立论性的作文题。对这道立论性的作文题,你认为,最好的"立意"是什么? 请你写下来,也算是一次审题立意的训练。

本题最好的立意是……

(参考答案见本节最后的附录。)

【2014 年 1 月管理类联考试题】

根据下述材料,写一篇 700 字左右的论说文,题目自拟。

生物学家发现,雌孔雀往往选择尾巴大而艳丽的雄孔雀作为配偶,因为雄孔雀尾巴越大越艳丽,表明它越有生命活力,其后代的健康越能得到保证。但是,这种选择也产生了问题:孔雀尾巴越大越艳丽,越容易被天敌发现和猎获,其生存反而会受到威胁。

这是一道非常典型的立论性的作文题。对这道立论性的作文题,你认为,最好的"立意"是什么? 请你写下来,也算是一次审题立意的训练。

本题最好的立意是……

(参考答案见本节最后的附录。)

通过上面几道立论性作文题,我们可以看出,相对于命题作文或话题作文来说,立论性作文新增了一种难度,而且是相当大的难度,那就是审题立意的难度。命题作文和话题作文的审题立意都比较简单,但立论性作文的审题立意一般都比较难。在审题立意时,考生一不小心就会顾此失彼,就会抓不住重点,就会主观任意地添加题干没有的意思……所有这些,都很可能会导致某种程度的偏题或跑题,从而导致严重失分。

正因为立论性作文比命题作文和话题作文难,所以,它考试的概率也远远高于命题作文和话题作文。仔细分析管理联考的历年论说文真题,我们就会发现,在历年真题当中,立论性作文题大约占了总题数的 50%!

所以,在复习迎考的过程中,同学们务必重视立论性作文这种题型。当然,如前所述,这种题型的关键和难点,就在于它的审题立意。所以,同学们复习时务必多做审题立意的训练。

当然,对论说文应试的这一关键环节,本书也会非常重视,并将在后面开辟专门的章节,来讲解立论性论说文审题立意的基本原则和常用套路。并且附有相应的习题,供同学们练习。

【附录:审题立意的参考答案】

2000 年 10 月:从小养成良好习惯,是成功的关键。

2001 年 1 月:坚持就是胜利;机会总是给有耐心、不放弃的人;锲而不舍,金石可镂。

2004 年 1 月:为理想而奋斗的人是快乐的。

2013 年 1 月:学会合作,共对强敌。

2014 年 1 月:要注意重大风险的防范;全面分析利弊,慎重做出选择。

第四节　评论作文

在历年真题中,评论性作文和立论性作文一样,考过的次数也非常多。所以,同学们必须认真对待这种常考题型的复习。

何谓评论性作文?首先,评论性作文是相对于立论性作文来说的。所谓立论性作文,如前所述,主要是要求考生发散开去写,联想、对应、引申到题目材料之外去,而不能过于死扣题目,因为题目本身很可能只是一个寓言一样的故事或现象,没有直接给出可以供考生死扣的观点——考生作文的观点是需要自己根据题目材料"立"出来的。当然,考生在确立自己文章的核心观点时,也不能完全脱离故事材料,否则,就会被判跑题。

相对于立论性作文的"引申"和"发散"来说,评论性作文的试题则要求考生只能围绕着题目给出的观点或现象展开就事论事的分析和评论,考生文章的写作空间已经被题干预先限定好了。如果是要求评论性写作的试题,考生写成了立论,那就有可能因为引申、发散得太多太远,而被判为偏题、跑题。

由于这个问题事关重大,所以,下面我们结合一些历年真题,来帮助同学们准确把握"评论性作文"这种题型。

【1997 年 1 月管理类联考试题】

根据所给材料写一篇 500 字左右的议论文。题目自拟。

时下,商店、企业取洋名似乎成了一种时尚,许多店铺、厂家竞相挂起了洋招牌,什么爱格尔、欧兰特、哈勃尔、爱丽芬、奥兰多等触目皆是。翻开新编印的黄页电话号码簿,各种冠了洋名的企业也明显增多。甚至国货产品广告,也以取洋名为荣。

上面这道题,最好是写立论还是写评论?如果写立论,最好的立意是什么?如果写评论,需要我们评论的又是什么?请你写下来。

本题最好的写法是……

这道题给出的是一种社会现象,所以,本题最好写"评论":对"以取洋名为荣"这种现象展开就事论事的评论——当然,评论的立场最好是批评的,因为这是一种不好的社会现象。

相反,如果考生脱离题干,发散、引申出去写"论品牌的重要性""论质量是根本""论民族自尊",扣题就不太紧,离题就比较远,就有被判跑题的危险。

【1998 年 1 月管理类联考试题】

根据所给材料写一篇 500 字左右的议论文。题目自拟。

当前,儿童高消费已经越来越严重,许多家长甚至让孩子吃名牌、穿名牌、用名牌、玩名牌,而自己却心甘情愿地过着节俭的日子。

上面这道题,最好是写立论还是写评论?如果写立论,最好的立意是什么?如果写评论,需要我们评论的又是什么?请你写下来。

本题最好的写法是……

这道题目最稳妥的写法是对"儿童高消费"这种现象展开就事论事的评论——当然,评论的立场也最好是批评的,因为它是一种不好的社会现象。

相反,如果考生脱离题干发散开去,去写"孩子教育的重要性""论艰苦朴素的美德",扣题就不太紧,离题就比较远,就有被判跑题的危险。

【2007 年 10 月管理类联考试题】

阅读以下材料,写一篇 700 字左右的议论文,题目自拟。

著名作家曹禺先生说过这样一段话:我看,应该给"眼高手低"正名。它是褒义词,而不是贬义词。我们认真想一想,一个人做事眼高手低是正常的,只有眼高起来,手才能跟着高起来。一个人不应该怕眼高手低,怕的倒是眼也低手也低。我们经常是眼不高,手才低的。

上面这道题,最好是写立论还是写评论?如果写立论,最好的立意是什么?如果写评论,需要我们评论的又是什么?请你写下来。

本题最好的写法是……

这道题目最稳妥的写法是评论——最好是对题干给定的观点"给'眼高手低'正名"展开评论,具体地分析这个观点有没有道理。

当然,由于这个观点是著名作家曹禺提出的,而且事实上也有一定的合理性,所以,考生所应选择的立场就最好是支持,然后进一步找理由论证为什么要给"眼高手低"正名。

相反,如果考生不写评论,而写成了立论,引申发散成写"人要有远大的目标",就有可能被判跑题。

【2010 年 1 月管理类联考试题】

根据下述材料,写一篇 700 字左右的论说文,题目自拟。

一个真正的学者,其崇高使命是追求真理。学者个人的名利乃至生命与之相比都微不足道,但因为其献身于真理就会变得无限伟大。一些著名大学的校训中都含有追求真理的内容。然而,近年学术界的一些状况与追求真理这一使命相去甚远,部分学者的功利化倾向越来越严重,抄袭剽窃、学术造假、自我炒作、沽名钓誉等现象时有所闻。

上面这道题,最好是写立论还是写评论?如果写立论,最好的立意是什么?如果写评论,需要我们评论的又是什么?请你写下来。

本题最好的写法是……

这道题目最稳妥的写法是评论——最好是对题干给定的社会现象"部分学者的功利化倾向越来越严重"展开就事论事的评论。当然,由于这种社会现象很明显是不好的,所以,考生所应选择的立场就最好是批判,然后进一步找理由来论证为什么要批判这种社会现象,它具体有哪些危害性。

相反,如果考生不写评论,却写成了立论,引申、发散出去写"真理的价值""学者的使命",就有被判跑题的危险。

【2004 年 10 月管理类联考试题】

根据以下材料,自拟题目撰写一篇 700 字左右的论说文。

在滑铁卢战役的第一阶段,拿破仑的部队兵分两路。右翼由拿破仑亲自率领,在利尼迎战布鲁查尔;左翼由奈伊将军率领,在卡特勒布拉斯迎战威灵顿。拿破仑和奈伊都打算进攻,而且,两个人都精心制定了对各自战事而言均为相当优秀的作战计划。但不幸的是,这两个计划均打算用格鲁希指挥的后备部队,从侧翼给敌人以致命一击,但他们事前并没有就各自的计划交换意见。当天的战斗中,拿破仑和奈伊所发布的命令又含糊不清,致使格鲁希的部队要么踌躇不前,要么在两个战场之间疲于奔命,一天之中没有投入任何一方的作战行动,最终导致拿破仑惨败。

上面这道题,最好是写立论还是写评论?如果写立论,最好的立意是什么?如果写评论,需要我们评论的又是什么?请你写下来:

这道题目,既可以写评论,又可以写立论,没有高下之分。具体来说,考生可以就事论事地评论拿破仑的这种做法好不好——当然,由于拿破仑是失败的,所以,考生应该选择批判的立场来具体分析他失败的原因;此外,考生也可以进行立论,在题干给出的拿破仑滑铁卢失败的故事上进一步引申、发散开去,写"沟通和有效沟通的重要性"。

当然在考场上,同学们究竟是选择写评论还是选择写立论,需要进一步考虑自己对拿破仑滑铁卢之败这件事有没有较多的了解。如果你很熟悉这个历史事件,相信你的评论就很容易写得精彩;相反,如果你对这个历史事件所知甚少,那我们建议你不妨写立论,引申、发散出去写"沟通和有效沟通"对于我们的组织管理乃至日常生活来说是多么重要。

最后,总结一下:假设试题本身既可以写立论,又可以写评论,那这两种写法各有什么利弊?

	利	弊
评论性写作	扣题比较紧,可以比较有效地约束自己的胡思乱想,防止跑题	写作的空间和自由度都比较小,一般只能在题干规定的写作空间里做文章,不能有太多的发散和联想
立论性写作	写作的空间和自由度都比较大,可以选择往自己原先熟悉,甚至有所准备的方向上靠,同时也可以比较多地引用题目材料之外的事实论据	在立意的过程中,引申和发散得可能太多太远,最后导致自己跑题

第五节　观点分析

一、题型简介

在迄今为止的联考论说文试题中,最典型的"观点分析"题是2003年10月管理联考的试题:"读经不如读史。"

对上述观点进行分析,论述你支持或反对这一观点的理由。你可以运用取自你的经验、观察或阅读的实例或理论作为论据。

之所以说它是最典型的"观点分析"题,是因为首先它给出了一个明确的观点——"读经不如读史",然后又进一步给出了这样的一个写作要求:"对上述观点进行分析,论述你支持或反对这一观点的理由。你可以运用取自你的经验、观察或阅读的实例或理论作为论据。"

可见,"观点分析"题就是这样一种题型:出题者给出一个观点,要求考生明确自己对这个观点的支持或反对的立场,然后寻找相应的理由来论证自己的立场选择是有道理的。

仔细对比"观点分析"和"评论作文",也许你会发现,"观点分析"题其实就是"评论作文"中的一种特殊形式:它要求你评论的不是某一种现象,而是某一种观点。

二、应对技巧

观点分析题型该怎么应对?我们的建议是,应遵循这样一个基本思路:

(1)确认好题干给出的真正需要考生回应的核心观点。

(2)选择好自己对上述观点的支持或反对的基本立场。

(3)寻找几个理由来论证自己立场的选择是有道理的。

比如对上述那道"读经不如读史"的观点分析题,我们就可以按照下面的思路写文章:

《读史不如读经重要》

释题:一般地,"经"可以理解成"普遍理论","史"可以理解成"历史经验"。

论证:我们之所以认为掌握普遍理论比学习掌握历史经验更加重要,乃是因为——

(1)经是对史的概括和总结。普遍理论是在无数历史经验的基础上总结升华出来的,普遍理论包含了历史经验。

(2)经对我们的指导更系统。普遍理论是一种更高的、更系统的理论,它能更系统、更高瞻远瞩地指导我们的思考。

(3)史的应用范围相对较窄。天底下没有相同的两片树叶,历史经验的适用范围有限,普遍理论的适用范围更广。

不过,需要提醒同学们的是,有的时候,观点分析题给出的观点非常明确;但有的时候,给出的观点却比较隐晦,甚至暗藏着陷阱,这就需要考生在审题和选择回应立场的时候要小心。比如下面这道题:

人大部分时候都是按照习惯行事的,所以,对我们当代年轻人来说,养成良好的习惯远比获取什么新知识更为重要。

对上述观点进行分析,论述你支持或反对这一观点的理由。你可以运用取自你的经验、观察或阅读的实例或理论作为论据。700字左右。

对上面这道题,请同学们想一想:此题需要我们分析的观点究竟是什么?我自己将选择何种立场?或者具体地说,我的文章将要正面论证一个什么观点?

本题需要我们分析的观点是……

我想要正面论证的观点是……

下面是一些同学的回应方式,你认为,这样的回应方式好还是不好？为什么？

【回应方式 1】

是的,人大部分时候都是按照习惯行事的,所以,对我们当代年轻人来说,养成良好的习惯很重要。接下来,进一步论证好习惯的重要性……

【回应方式 2】

不对,这是一个知识经济的时代,所以,对我们当代年轻人来说,获取新知识很重要。接下来,进一步论证获取新知识的重要性……

【回应方式 3】

不对,这是一个知识经济的时代,所以,对我们当代年轻人来说,获取新知识比养成好习惯更重要,因为坏习惯的危害性如何大……

【回应方式 4】

对我们当代年轻人来说,养成良好的习惯和获取新知识同样重要,因为……

【回应方式 5】

对我们当代年轻人来说,养成良好的习惯和获取新知识都不很重要,更重要的是活得快乐(或"实现自己的理想",或"为人民服务"……)

如果同学们的读题审题能力足够强的话,就能发现,严格来说,上面 5 种回应方式都可以看作是某种程度的跑题。因为这道题目真正问考生的不是"养成好习惯重不重要？""获取新知识重不重要？"之类的问题,它问的是:对当代年轻人来说,养成好习惯和获取新知识,究竟哪个"更加"重要？注意,问题的关键的是"更加"。因此,考生必须论证一个比另一个"更加"重要。说两个都重要或两个都不重要,以及撇开一个而只说另一个多么重要,都可以看作是跑题。

那这道观点分析的题目究竟该怎么写？请看下面两篇立场和观点完全相反的"参考范文"。

【参考范文 1】

养成良好习惯远比获取新知识更重要

既然人大部分时候都是按照习惯行事的,并且良好的习惯也包括了良好的学习习惯,所以,我认为,对我们当代年轻人来说,养成良好的习惯要比获取新知识更为重要。

首先,这是由"习惯"的内在本性所决定的。我们知道,习惯是一个人长期形成的、比较固定的思维和行为模式。很多思想家都说,习惯是人的第二天性,是个人生活最重要的向导,它对个人的影响力要远远大于所谓的知识和理性。既然习惯对人来说是决定性的,那么很显然,好习惯和坏习惯就将是决定一个人能否取得成功的首要因素。打个比喻来说,良好的习惯乃是个人存放在潜意识的巨额资本,而人在其整个一生中就享受着它的利息。相反,坏习惯就是一个人永远难以偿清的债务。

其次，习惯的范围和形式很广。良好的习惯包括了良好的生活和工作习惯以及待人接物的习惯。"千里之堤，溃于蚁穴"，这方面的习惯的重要性，对任何受过教育的人来说都是不言而喻的。试想，一个博士有小偷小摸、一个科学家有实验作假、一个政治家有意气行事的不良习惯，这样的人再有什么知识，估计也难以真正取得事业、人生的成功！

最后，良好的习惯同时还包括了良好的学习习惯。良好的学习习惯又可以进一步分为浓郁的求知欲和科学的学习方法。在知识经济时代，确实获取新知识很重要，新知识的获取能力甚至可以说直接决定了你的竞争能力。但是，获取新知识的能力从何而来？没有对新知识时刻关注和学习的习惯，没有科学的学习方法，在这个信息爆炸的时代，你能获取更多、更有效的新知识吗？所以说，良好的学习习惯是我们获取新知识的前提和保障。

因此，越是在知识日新月异的时代，对我们年轻人来说，养成良好的习惯越是要比获取新知识更加重要。

【参考范文 2】
获取新知识远比养成良好习惯更重要

许多人认为，人大部分时候都是按照习惯行事的，所以养成良好的习惯远比获取新知识更重要。这种观点或许在知识更新非常缓慢的古代农业社会是成立的，但对我们当代年轻人来说，就未免有些落后，甚至误人子弟了。

首先，谁都知道，我们正处在一个知识爆炸的时代。我们要赶上时代的步伐，不被时代所抛弃，就必须不断地获取新知识。知识就是力量，没有新的知识，在现今时代，就无异于一个既瞎又瘫的人。试想，对一个年轻人来说，如果你现在还觉得电脑是一个令人恐惧的怪物，你的工作效率会有多高，你在这个世界上又会有多少竞争力呢？

其次，"知识是灵魂的粮食"，一个人要真正养成良好的习惯，就必须以获取新知识为前提。出生在偏远农村同一个家庭的两个兄弟，一个上了名牌大学，做了大学教授；另一个则没有读完小学，就出去打工，做了民工。一般来说，前者要比后者具有更多良好和文明的习惯。这正好印证了高尔基的话：人的知识愈广，人本身也愈臻于完善。

最后，评价一种习惯到底是好是坏，也必须依赖于新知识的获得。一种习惯可能以现在有限的知识看是好的，但新的科学知识也许不久就会发现它其实并不科学，甚至是潜在有害的。比如，过去人们认为坚持晨跑是好习惯，而现在科学的新知识则告诉我们，其实晨跑对身体健康来说是弊多利少的。当然，也许将来科学发达了，对于晨跑到底是不是好习惯，新知识很可能又会得出另一个不同的结论！

苏格拉底曾说："世上只有一种东西是宝贵的，那就是知识；世上只有一种东西是罪恶的，那就是无知。"这句话虽然有些绝对，但对我们当代年轻人来说，它无疑是道出了这样一个真理：获取新知识远比养成好习惯更重要。

第六节　案例分析

一、题型简介

"案例分析"是这样一种论说文考试题型：出题者给出一个真实的情景（案例），要求考生深入案例情景之中，在厘清局中人所面对的问题、限制条件和决策资源的基础上做出合乎情理的决策，或者对局中人的决策进行就事论事的评价。

案例分析题一般会明确规定案例分析的角度和需要讨论的问题，考生的作文主要是就事论事地回答题目写作要求所给定的问题。

在历年真题中，2005年1月管理类联考试题就是一道标准的案例分析题：

根据下述内容，自拟题目，写一篇短文，评价丘吉尔的决策，说明如果你是决策者，在当时情况下你会做出何种选择，并解释决策依据。700字左右。

二战时期，英国首相丘吉尔曾做出一个令他五脏俱焚的决定。当时盟军已经破译了德军的绝密通信密码，并由此得知下一个空袭目标是英国的一个城市考文垂。但是一旦通知这个城市做出任何非正常的疏散和防备，都将引起德军警惕，使破译密码之事暴露，从而丧失进一步了解德军重大秘密的机会。所以丘吉尔反复权衡，最终下令不对这个城市做任何非正常的提醒。结果考文垂在这次空袭中一半被焚毁，上千人丧生。然而，通过这个密码，盟军了解到了德军在几次重大战役中的兵力部署情况，制定了正确的应对策略，取得了重大的军事胜利。

二、真题解析

案例分析题究竟该怎么应对？要回答这个问题，最好的方法还是要结合一道具体的试题（2005年1月管理类联考试题，试题见上）来加以讲解。

对于2005年1月的这道试题，有同学是这样写的：

小议"舍"与"得"

二战期间，丘吉尔通过破译的德军密码得知考文垂即将被轰炸，但为大局着眼，牺牲了考文垂，却保护了密码，为最终战胜纳粹打下了坚实的基础。这个故事有力地说明了取舍在决策中的重要性。

是啊，明取舍，知取舍，在我们的现实生活确实是太重要了。佛教中的"舍得"就再三告诉我们这样一个明显的道理：有舍才有得，不舍不得。

记得有一个寓言故事说，一只老鼠掉进了一个盛得半满的米缸里，一顿饱餐之后，便倒头大睡。不知不觉中这样心满意足地过了一段时间。有时，它也想跳出来，但一想到这一缸白花花的大米，嘴里便直发痒痒，于是又恋恋不舍地留了下来。直到有一天，它发现米缸见了底，才真的准备要跳出来。可是，这时缸底离缸口的高度实在是太高了……最后，这只老鼠只能活活饿死在缸中。

还有一个有关"舍得"的故事,说的是有一个小孩,大家都说他傻,因为他永远只要5角,而不要1元。有人不相信,就拿出两个硬币,一个1元,一个5角,问他要哪一个硬币?结果他真的要了5角的。围观的人看得哈哈大笑。那人觉得非常奇怪,便问这孩子:"难道你真的不知道1元比5角多吗?"孩子小声地说:"1元真的比5角多吗?你想,如果我这次要了1元,还有人会跟我玩这种游戏吗?要知道,我可不想断了我的这条财路!"

当然,理论上空谈什么"要舍得",这个谁都会。但一旦涉及具体的情景和既得的利益,要真正做到"舍",就需要智慧和勇气来辨小利、识大局了。二战时期,丘吉尔的这种"舍车保帅"的做法不正好体现了他的这种"舍得"的智慧和勇气吗?

所以,当我们沉湎于眼前的既得利益,什么都舍不得的时候,我们是不是应该多想想"舍与得"的道理,多想想丘吉尔舍弃考文垂而保全整个英国的故事呢?

【点评】

(1)试题给出的"写作要求"非常明确,就是要求考生:"评价丘吉尔的决策,说明如果你是决策者,在当时情况下你会做出何种选择,并解释决策依据。"显然,我们的作文就应该从头到尾、每一个字、每一句话都要紧紧围绕这个"写作要求"来展开写作,老老实实正面回答"写作要求"给出的问题:丘吉尔牺牲考文垂的这个决策本身好还是不好?为什么?只有这样写,才是符合写作要求的,也才是扣题的。但是,很遗憾,上面这篇作文的绝大部分文字都偏离甚至脱离了这个"写作要求",因此可以看作是严重的跑题。

(2)这篇学员作文混淆了"案例分析"和"立论作文"这两种题型,把题目材料仅仅看作是"跳板",然后在此基础上发表自己的感想,也即整篇文章离开题目材料的发散和引申太多了。它不是针对丘吉尔的决策在做实实在在的、就事论事的案例分析。

(3)在论证的过程中,这篇作文主要使用了"老鼠掉进米缸"和"只要5角而不要1元"这样两个题干材料之外的事实论据,而不是深入题干材料之中去挖掘寻找相应的理由和根据。这也不是案例分析所要求的标准写法。真正的案例分析,其理由和论据最好要从给定的案例本身分析得来。

(4)如果这道题目的写作要求不是"根据下述内容,自拟题目,写一篇短文,评价丘吉尔的决策,说明如果你是决策者,在当时情况下你会做出何种选择,并解释决策依据……",而是改成"根据下述材料,自拟题目写一篇论说文……",那么,这道题目就不再是"案例分析",而变成了"立论作文"。如果这道题是立论作文,那这篇作文就应该是一篇高分作文。但是很遗憾,这道题不是立论作文,而是案例分析,所以,它按照"立论作文"的方式来写,就完全不对。要注意,"案例分析"其实是"评论作文"中的一种,万不可把"案例分析"写成"这个故事给了我们什么启发……""这个故事说明了什么道理……"之类的"立论作文"。

案例分析性的作文,究竟该怎么写?案例分析性作文的正确写法,简单来说就是:题目问你什么,你便就事论事地回答什么;在回答的过程中,理由最好是从给定的案例中分析得来的。

当然,这样说,未免过于抽象。以本题为例,我们建议同学们最好遵循这样的基本思路:

(1)审题。明确本题的两个写作要求:① 你认为,丘吉尔不通知考文垂的决策好不好?为什么?② 如果是你,你会通知考文垂吗?为什么?(具体写作时要把这两个写作要求合二为一成为这样一个问题：要不要通知考文垂？为什么？)

（2）开篇。确定自己对上述写作要求的回应立场：支持还是反对丘吉尔的决策？通知或不通知考文垂？

（3）本论。深入本题给定的案例之中去分析挖掘出三个左右的理由来论证自己立场的选择是有道理的。（注意：我们考的案例分析仍然是论述"为什么"的论说文。）

（4）结尾。总结全文，再次表明自己的立场和评价。

另外，在做这道案例分析题时，同学们还应该注意：

（1）角色的扮演。本题的写作要求明确规定"说明如果你是决策者，在当时情况下你会做出何种选择……"，这就意味着，考生在写作过程只能扮演丘吉尔的角色，因为毫无疑问，丘吉尔就是案例中的决策者。相反，如果考生扮演的不是丘吉尔，而是别的角色，比如考文垂市长或市民的角色、后世学者的角色，就是不合要求的。

（2）写作的时间点。本题的写作要求明确规定"……在当时情况下你会做出何种选择……"。注意"在当时情况下"这个词。显然，它是在要求考生必须把自己的写作时间点设置为当年丘吉尔做这个决策的时候，而不能放在考生考场上的那个时间点上。所以，严格来说，考生在进行分析、论证、说理时，是不知道这一决策的时间点之后所发生的任何历史事件的——考生要写，也只能把它作为可能的推测，而不能直接作为既定的事实。

具体来说，对题目材料所给出的这两组信息：①"结果考文垂在这次空袭中一半被焚毁，上千人丧生"；②"通过这个密码，盟军了解到了德军在几次重大战役中的兵力部署情况，制定了正确的应对策略，取得了重大的军事胜利"——对这两组信息，考生都不能直接用作论据，因为这些"事实"当时还没有成为事实，所以，当时的决策者也不可能知道这样的"事实"。当然，这两组信息，考场上的考生在稍作修改，修改成对未来的预测"很可能会……"之后，就可以放心使用了。

（3）文体的性质。考生需要牢牢记住，现行写作考试大纲明确规定第二篇文章考的是论说文。案例分析作为第二篇文章可能考的具体题型，当然也属于论说文。所以，考生必须把自己的案例分析写成论说文，也即自己的文章主要应该是在论证说理，是在回答"为什么"。虽然，"怎么做"可以写，但不宜写得太多，否则就错把论说文写成了说明文，文体就完全不对了。

范文是最好的老师。下面，先请大家看一篇选择反对立场的参考范文。

【参考范文】

拯救考文垂

丘吉尔的做法并不明智，如果我是决策者的话，我会决定提醒考文垂的居民疏散并加强防备。

首先，根据近代西方法哲学理论，人之所以会让出一定的权力（比如说自由）而组成一个国家，为的就是使自己不被比自己强大的敌人所伤害，而丘吉尔所做出的决定很明显违背了人民建设国家的目的。他的决定注定会造成无数人丧生和城市的毁灭。如果这种事情被广大群众知道真相的话，人民又怎么会相信这个国家，相信这个政府？最严重的后果就是这个国家被自己的人民所推翻，而不需要任何外来敌人的侵略。

其次,或许有人说,丘吉尔这样做,虽然牺牲了考文垂,但他是为了顾全大局,是为了更多的人更好地生活。对此,我要问,凭什么要牺牲这些人呢?人人都是平等的,每个人都拥有生存在这个世界上的权利,而不为别人去牺牲,当然,除非他们自愿。可是,丘吉尔滥用了人民赋予他的权力,剥夺了考文垂人民的最基本的人权——生存权和知情权,让那个城市的人民一夜之间成了莫名其妙的替死鬼!明知即将被轰炸,政府不去主动保护也就罢了,但仅仅把他们当作一种工具而任由敌人肆虐的做法,这无异于对自己人民的屠杀!

再次,丘吉尔并不能预知未来,又凭什么认为人民暗暗地做出了疏散和防备就会引起德军的怀疑呢?德军轰炸考文垂发生在1940年11月。据我们所知,至少在3个月以前,丘吉尔就已经利用了这个绝密密码所破译出来的情报预先进行了有针对性的布防,结果不仅成功地粉碎了德军的"海狮计划",而且并没有因此就使得这个密码暴露!

所以,无论从哪个角度看,我都不会赞同丘吉尔的做法。如果我是决策者,我会毫不犹豫地把真实情况告诉考文垂,提醒当地的居民疏散并加强防备——当然,也尽量不要引起敌人的注意和怀疑。

【范文点评】

这篇参考范文,有许多地方值得同学们和模仿:

(1)真正严格地根据写作要求展开写作,文章没有任何一个字脱离了写作要求。

(2)没有发表离题的感想,而是紧扣案例情景、就事论事地展开分析和论证。

(3)论据都是由"内挖"而非"外索"得来的。

(4)角色扮演和写作的时间点把握,也非常准确。

(5)感情丰富,正义凛然,充分彰显了道德情理优势。

(6)理论功底深厚,历史知识丰富。

(7)语言流畅犀利,极富论辩色彩。

总之,这是一篇非常优秀的案例分析的考场论说文。

上面给出的是一篇对丘吉尔的决策持反对立场的"参考范文"。当然,持反对立场也完全是可以的,只要做到言之成理就行。但坦率地说,丘吉尔终究是伟大的军事家和政治家,而且他是局中人,很可能掌握着我们考生所不知道的许多情报和信息,所以,作为考生,轻易地说丘吉尔的决策不科学,可能会让人感觉你太幼稚、太狂妄。因此,如果真要做个严格的区分,我们认为,选择支持的立场要比选择反对的立场,可能更加稳妥。

所以,接下来我们就着重分析,如果选择支持,我们的文章该怎么写。

毫无疑问,寻找支持的理由,是我们文章写作的关键。

但怎么才能快速地找到更多的、有力的支持理由呢?为此,我们建议,在寻找理由之前,不妨思考一下,为了做好这个决策,我们首先应该考虑哪些决策因素?如果能找到很多决策因素,就可以基于这些决策因素,寻找和开发我们所需要的理由。

显然,本题给出的决策问题是:要不要通知考文垂?怎样才能更好地做出决策?为此,我们需要尽量系统全面、重点突出地分析这次决策需要考虑的一些决策因素:

(1)考文垂居民的生命安全问题。

(2)英国整个国家军民的生命安全问题。

（3）盟国军民的生命安全问题。

（4）英国和盟国的关系问题。

（5）密码的使用价值以及应该在什么时候使用的问题。

（6）密码在这次使用中被暴露的可能性大小的问题。

（7）再次破译德军绝密通信密码的概率问题。

如果在做决策时，能想到这么多的决策因素，相应的决策质量也应该是比较高的。如果在考场上，同学们能想到这么多的决策因素，那你的这篇作为决策分析的案例分析的文章，也就有了很多可写的点。

当然，我们的文章不需要面面俱到，写这么多的点。我们一般只需要写3~4个重要的点，就可以了。

下面是供大家参考的支持丘吉尔决策的写作提纲。

为什么说丘吉尔的决策是英明的？

主要是因为它：

1. 符合"利益最大化"这一基本的决策原则

长远利益和整体利益要比眼前利益和局部利益更加重要。（抓住"考文垂"和"英国""二战"和"空袭"这两组信息做文章。）

2.看到了这种绝密密码的潜在的巨大价值

绝密通信密码，不是一次性的信息。如果只是一次性的信息，应该马上用，否则过期作废。这种信息渠道不被暴露，通过它就可以连续准确、及时、完整地获得很多敌军的重大信息。（抓住"绝密通信密码"这个信息做文章。）

3. 把握了"消灭敌军有生力量"的战争本质

自卫战争中保护人民的性命诚然重要，但歼灭敌军的战斗力才是最关键的。这次德军是空袭，未必会派出多少有战斗力的部队。（抓住"空袭"中的"袭"这个信息做文章。）

4. 告诉考文垂真相可能导致更严重的后果

比如城市的混乱，人员的践踏。损失可能比不通知的还要大。（从另一个角度对"空袭"这个信息做分析。）

最后请看一篇选择支持立场的"参考范文"。

【参考范文】

道是无情胜有情

人非草木，孰能无情？如果不通知考文垂，这确实足以让和我丘吉尔一样"五脏俱焚"。但当理智战胜了情感，在当时情况下，我也会毅然决然地做出同丘吉尔一样的决策。

首先，为了更好地做出科学的决策，我们必须仔细研究这次决策的利益相关者。显然，是否通知考文垂，不仅关系到考文垂，同时还关系到整个英国乃至所有同盟国军民的利益。孰重孰轻，无须我多言。所以，如果通知了考文垂而导致破译密码之事暴露，那么下次英国乃至盟国别的军用或民用基地就很可能在毫不知情的情况下成为德军轰炸机的炮灰。"二弊相权取其轻"，这是任何理性的决策者必须遵循的简单真理！

或许有人说，通知考文垂不一定就会使得破译密码之事暴露呀，几个月前丘吉尔不就利用破译的密码成功地阻击了德军的"海狮计划"吗？对此，我想提醒的是，偷袭不是双方交战。交战时可以随时做出某些调整，所以，阻击"海狮计划"没有使破译密码之事暴露是正常的；但如果这次在德军偷袭之前就提醒考文垂事先做好防备，那就等于明确地告诉了敌方：你们的密码被破译！

"就算暴露，但也可以再次破译呀。"这种想法同样是肤浅而幼稚的。我本科是学信息安全的。确实，从理论上说，任何密码都有可能被破译。但对于绝密通信密码，破译的概率非常小，而且需要大量的时间、人力和物力的投入。如果这次破译密码之事暴露而再次组织人力破译德军重新设置的密码，那将是何等艰难漫长的事情！说不准到时新的密码还没有破译出来，英国在希特勒闪电战的攻击下早就已经不复存在了！

所以，尽管我也不愿意看到考文垂无数无辜的市民被生灵涂炭，但是，在"五脏俱焚"之后，我还是不得不做出这样一个"道是无情胜有情"的理性决策！

第八章　审题立意

根据现行论说文大纲的评分标准,审题立意是非常重要的。如果一篇考场作文立意不准确,甚至根本就是跑题的,那么,即使文章本身写得再好,也是跑题的文章,得不了几分。所以,在下笔写作之前,考生必须特别注意审题和立意。

如何进行审题立意? 有哪些必须注意的地方? 平时怎么训练自己审题立意的能力? ……本章试图回答这些重要问题。

第一节　基本原则

一、审题立意的概念

顾名思义,"审题立意"包括两个方面:一个是"审题",一个是"立意"。

所谓"审题",就是要"审清题意",力求客观、准确、全面地审清、理解题目的真实意思,特别是试题给出的"写作要求"以及命题者的"命题意图"。审题出现偏差,没有真正读懂题目的意思,那么,接下来的立意乃至整篇文章自然就很容易出现偏题、跑题的现象。

所谓"立意",就是在审清题意的基础上,确立自己的文章所要论证的核心观点。论说文就是要通过举例子、讲道理来论证一个核心观点。如果自己想要论证什么核心观点都不明确,接下来论说文的构思和写作,就没法正常地展开。当然,考场上论说文不仅要求要有"立意"和"观点",同时也要求这个"立意"和"观点"要跟给定的题目有关,否则,写出来的文章还是跑题的。

由于审题立意是联考论说文写作的基础,所以,在考场上,就算时间再紧张,我们建议同学们也不能没看完、没看懂题目,就急吼吼地下笔写文章,这样的文章看似下笔千言,实则离题万里,写了也是白写,纯粹浪费时间。相反,必须强迫自己静下心来,什么都别想,认认真真地至少读三遍题目,而且最好是用笔点着读、微微地出声读。相信经过这样认真的"眼到、心到、手到"的三遍阅读,我们基本就能比较全面、准确地把握试题的意思,接下来所写的文章也不至于出现严重的偏题、跑题。

此外,读完题目、读懂题目之后,还应要求自己拿起笔来,把自己接下来的文章想要论证的核心观点,用简短、明确的一句话写下来。写下来之后,再看看,它和试题的关系怎么样,有没有跑题? 在确保自己的立意不跑题之后,再问问自己,这个立意好写吗? 它的写作空间有多大? 在它的背后,有没有很多的话(道理、理论、例子……)在等着我去说? 要注意,好的立意不仅是扣题的,而且对考生来说必须是好写的,面对它,有一种比较强烈的写作欲望和冲动。

当然,如果你读完题之后不能明确地形成自己的"立意",或者对自己的"立意"很不满意,那我们建议,接下来还必须继续静下心来,读题、审题、立意……直到形成满意的"立意"为止。一旦有了好的立意,文章的写作就会水到渠成。

二、审清写作要求

一道标准的论说文试题,一般包括两个部分:一个是"写作要求",一个是"题目材料"(简称"题干")。所以,在考场上,"审题"又进一步包括了"纵""横"两个方面:"纵向审题"和"横向审题"。

所谓"横向审题",就是指考生要全面了解"写作要求",如文体、范围、写作方式、字数、需要回答的问题等。

所谓"纵向审题",就是要求考生读懂"题目材料",准确理解命题意图,正确把握题目材料的主要意思,以确定自己的文章究竟要"写什么"。

我们先看"横向审题"。

横向审题的关键是:根据题目给定的"写作要求"进行写作。

联考论说文最常见的"写作要求"有以下 5 种:

(1) 以"××"为题,写一篇 700 字左右的论说文。

(2) 以"××"为话题,自拟题目写一篇 700 字左右的论说文。

(3) 根据以下材料,自拟题目写一篇 700 字左右的论说文。

(4) 对上述观点进行分析,论述你支持或反对这一观点的理由。你可以运用取自你的经验、观察或阅读的实例或理论作为论据。700 字左右。

(5) 根据下述内容,自拟题目,写一篇短文,评价××的决策,说明如果你是决策者,在当时情况下你会做出何种选择,并解释决策依据。700 字左右。

显然,考生的作文必须符合相应的"写作要求",也即要根据题目给定的"写作要求"来进行写作。上面 5 种常见的"写作要求",虽有区别,但也有一些共同点:

1. 字数

目前论说文的字数要求都是 700 字左右。在 20 个方格一行的答题纸上,具体是指:不能少于 35 行,但是篇幅也不能超过太多(论说文近年的答题纸每年都是 40 行),最好是 35~37 行。

2. 文体

考试大纲明确规定,联考的第二篇作文就是论说文。每道试题在具体的"写作要求"当中,也明确规定了考生要写的文体是"论说文"。论说文是什么性质的文体? 我们前面已经分析过：它是通过回答"为什么"来进行论证说理的一种文体。

3. 标题

大部分的"写作要求"都明确规定,考生要"自拟题目";或者"写作要求"直接指出要"以××为题"。"评分标准"甚至规定,论说文没有标题,就要扣 2 分。另外,就算"写作要求"没有明确写出这个规定,我们的文章也应该有一个标题,否则就不是完整的文章。何况,文章有了标题,也方便读者阅读和把握你想表达的主要意思。

除了前面我们所分析的"共同点",上述 5 种常见的"写作要求"之间,也有一些不同点:

如果"写作要求"是"评价××的决策,说明如果你是决策者,在当时情况下你会做出何种选择,并解释决策依据",很显然,这个"写作要求"就是一个非常具体的问题,考生的文章就必须从头到尾紧扣这个问题,回答这个问题,否则就是跑题——文章具体怎么写,请回看论说文"常见题型"中的"案例分析"。

如果"写作要求"是"根据以下材料,自拟题目写一篇 700 字左右的论说文",显然,它就要比前一个写作要求宽泛、自由很多。由于它不是一个具体的问题,所以,考生的作文就没法写成简答题来回答它的问题,而只能"根据题目材料",自行确定自己的文章需要讨论的问题和论证的观点。

三、审题立意的标准

我们知道,论说文就是要论证一个观点。当然,要论证一个观点,就需要有论据和论证过程。所以,从逻辑上看,论说文至少由三个要素构成:论点、论据和论证过程。

在上述三个要素中,"论点"是整篇论说文的核心和灵魂,其他两个要素都围绕论点而展开,都是为了证明论点的成立的,都是为论点服务的。"论据"则是论说文逻辑上的起点和基础,"论证过程"是从论据到论点的过渡。如果把论点比作我们所要到达的"彼岸"(目的地),那么,论据就是我们现在立足的"此岸",而论证过程则是帮助我们从"此岸"到达"彼岸"的桥梁。

由于论点是整个论说文的目的和核心,所以,在横向审题审清了"写作要求"之后,考生接下来就要纵向审题,要审清"题目材料"主要想表达的思想内容,以便接下来确定自己的文章主要写什么核心观点——我们的论说文所要论证的"论点"。显然,论点没有确立,论说文就不知道围绕什么展开写作;论点确立得不好,比如跑题,比如写作空间太小,比如太低俗,接下来的文章也都不可能写好。所以,确立自己的论点,也即立意,对论说文写作来说,是非常关键的。

要确定好自己文章的论点或立意,首先要了解论说文立意的一般标准。

一般来说,论说文的"好立意"要满足两个标准:一个是"逻辑性标准",一个是"修辞性标准"。

所谓"逻辑性标准",就是必须做到的标准,没有达到这个标准,则是审题立意的巨大缺憾,因此也就要严重扣分。

所谓"修辞性标准",就是最好要达到的标准,没有达到不算错,能达到最好。

具体来说,这两个标准进一步包括了以下一些内容:

立意的标准	具 体 内 容
逻辑性标准	准确性、全面性、正确性、现实性、可写性
修辞性标准	鲜明性、新颖性、深刻性、简洁性、严密性、集中性

四、逻辑性标准

审题立意的"逻辑性标准"是考生必须要做到的"硬性标准",具体又包括:

1. 准确性

审题立意的"准确性"是指,考生文章的立意必须是题目材料中本来就有的意思,而不能任由考生无中生有,主观强加,胡乱引申和联想,歪曲篡改题干原意……总之,只有题目真正客观具有的意思,才能成为考生文章的立意。

为此,"考试大纲"也明确规定,考生必须"在准确……理解题意的基础上……"写文章。显然,作为论说文最核心的"立意"一旦失去了"准确性",很可能就是跟题目材料无关的,就是跑题的。

另外,立意的"准确性"除了指立意的"客观性"之外,也指立意的"重要性"。有时候,给定的题目材料表面上看很可能有好些信息、好些意思,不过有些信息和意思也许并不重要,有些却非常重要,考生在审题立意时最好就要抓住题目中那个或那些最为关键、最为核心的信息和意思,而不能随便抓住某个或某些不重要的、可有可无的信息或意思,否则,这样"抓了芝麻、丢了西瓜"的立意,也会导致立意不准确,导致不同程度的偏题、跑题。

2. 全面性

审题立意的"全面性"是指,考生的文章最好要把给定题目材料中所有的重要信息都涵盖进去。相反,如果在审题的过程中顾此失彼,漏掉了某些重要信息,那么,立意很可能就是片面的。

为此,"考试大纲"也明确规定,"要求考生在准确、全面地理解题意的基础上……",显然,"全面"理解题意,和"准确"理解题意一样,都是考场论说文写作的"基础"。

3. 正确性

写论说文的目的是宣传真理、明辨是非、分清正误,所以,思想观点正确是首要的。这就要求考生的立意,也即文章的核心观点必须和社会的主流意识形态相吻合,和当今的社会公德相一致,否则就有可能被判为思想不健康、观点错误。

另外,立意的"正确性"也是指,考生的立意必须符合出题者通过给定题目材料而表现出来的或隐含的褒贬价值取向。如果出题者对某一现象或思想是褒的、肯定的,考生最好就要顺着出题者的意思去褒它、肯定它;如果是贬的、否定的,考生最好也跟着贬它、否定它。否则,如果要求你褒,你却贬;或者要求你贬,你却褒,都可能会被阅卷老师判为观点错误。

怎么确定出题者的褒贬态度?最主要的是要特别注意题干中的贬义词和贬义词,以及出题者故意设置的某些价值观的陷阱(此时判断的标准主要是主流的价值观)。

4. 现实性

一般来说,论说文不是为论证而论证的空洞说理,真正的论说文总是要试图解决人们现实生活中的某些思想、认识中的问题或困惑。所以,如果我们的文章跟现实、跟时代没有任何关系,那么,这样的论说文是没有存在的价值和意义的,也是难以激起阅卷老师的阅读兴趣的。

另外,如果我们的立意不能很好地跟现实联系起来,文章也很容易脱离现实、空对空,这样的话,三五句话之后也许就没有什么话可写了,更别谈写得精彩了。

为了更好地跟现实结合,我们建议同学们,自己的立意和写作可以尽量往这三个方面靠:首先是往"企业管理"方面靠,其次是往"国家社会"方面靠,再次是往"人生感悟"方面靠。

当然,我们的立意和文章要不要跟现实结合,以及跟哪部分现实结合,主要还是看题目要求本身。如果题目材料给出的是一个企业管理的故事,那最好就要往企业管理方面靠;如果题目规定要写"案例分析",那就只能就事论事,最好不要随便往现实方面联想和引申。

5. 可写性

考场作文的审题立意不是为了审题立意而审题立意,不是审题立意之后就万事大吉了。相反,接下来考生还要根据这个立意来在规定的时间内写成一篇文章。很可能,我们的立意和给定的题目材料很切合,以及我们的立意很客观、很准确、很全面,但是如果我们对这个立意没有感觉,没有什么话可说,同样,我们的文章也是难以写好的。所以,在审题立意时,我们还要根据自己的把握程度来适当地修改自己的立意,追求文章的可写性。

当然在立意的"准确性"和"可写性"之间的这个度,要把握好。我们不能一味地为了追求"可写性"而丧失了立意的"准确性",从而导致自己跑题。最好的立意应该是"准确性"和"可写性"的完美兼备。

五、修辞性标准

审题立意的修辞性标准,不是必须做到的,但最好要做到。如果能做到,就将为我们的立意和文章增光添彩。

审题立意的修辞性标准,进一步包括:

1. 鲜明性

考场论说文的立意最好要做到观点鲜明,支持什么,反对什么,最好不要含糊其词。比如"人工智能,人类福音"(2018 年真题范文),这样的立意就很鲜明。反之,"小议人工智能",这样的立意就比较含混,不够清晰明确。

2. 新颖性

阅卷老师一天要看很多作文,很容易出现阅读疲劳。如果你的立意没有新颖性或新鲜感,不能让他眼前一亮,你就很难吸引他仔细地欣赏你的文章,他也许只会给你一个中下的分数。反之,如果你的立意是"道是无情胜有情"(2005 年真题范文),也许瞬间就能刺激他的好奇心,抓住他的眼球,于是兴致勃勃地看你文章的正文。

不过要注意的是,立意的时候还是要把握好"翻新求异"和"准确正确"之间的关系。在没有足够把握的情况下,建议考生审题立意要坚持"安全第一"的原则,切不可为刻意求新而导致自己的立意因被阅卷老师觉得"奇怪"而被判跑题。

3. 深刻性

文章的立意,应该是考生对于给定题目材料和现实世界的新鲜、独到的见解,能够深入地揭示事物的本质,而不是一般化的老生常谈。显然,只有具有一定深度的立意,才能给人以深刻的启迪。

比如"为理想而奋斗的人是快乐的"(2004年真题范文),这样的立意就比较深刻;反之,"换个角度看问题",这样的立意就有些浮于表面,泛泛而谈了。

4. 简洁性

最好能用简单的几个字或简短的一句话来概括自己的论点,这样一方面可以引导自己的文章写得更加聚焦,另一方面也方便阅卷老师准确、快速地把握你的核心思想。

比如"为富为仁,未必矛盾"(2015年真题范文),这样的立意就很简洁。反之,"对孟子关于为富为仁的态度和关系的反思",这样的立意就不够简洁明了。

5. 严密性

立意和论点的表达必须周密严谨,无懈可击,不给持有异议的人以可乘之机。否则,如果你的论点只是你个人的私见或偏见,甚至是明显的谬论,那它就难以让阅卷者心平气和地接受你的整篇文章。

6. 集中性

由于考场上时间和篇幅的限制,由于阅卷老师阅卷往往是一目十行地快读,所以,一篇考场论说文一般只能有一个立意,也即只能提出一个中心论点,全篇文章始终围绕这个立意和论点展开论述,把道理说深说透,这样才能给阅卷老师留下比较深刻的印象。反之,如果有多个核心论点,就很容易在考场上造成什么论点都没说清楚、都没论证透彻的结果。

六、审题立意的程序

要做好考场论说文的审题立意,不仅要了解并遵循一定的标准,还要了解并遵循一定的程序或套路。

在给出审题立意的程序或套路之前,首先申明,接下来给出的审题立意的程序和套路主要是针对"立论作文"这种论说文题型来说的。其他的题型,比如命题作文、话题作文、评论作文、观点分析、案例分析,审题立意相对比较简单,而且我们在前面的"题型分析"一章中都已经给出具体可行的建议。所以,我们这里主要研究的是"立论作文"这种最常考的、同时又很容易出现偏题、跑题现象的题型,究竟该如何审题立意。

立论作文的审题立意,我们建议,最好能达到我们前面所提出的审题立意的五项逻辑标准。为了达到这些标准,我们进一步总结出了这样一套审题立意的"五部曲":

审题立意五部曲		
步　骤	目　的	操　作
1	全面性	找出材料中所有的主要信息
2	准确性	分析这些主要信息之间的逻辑关系,确定材料中的关键信息

审题立意五部曲		
步　骤	目　的	操　　　作
3	正确性	确定出题者的褒贬价值取向
4	现实性	对应迁移,联系实际进行立意
5	可写性	根据自己的把握程度,调整立意

　　在掌握了"审题立意五部曲"之后,希望同学们将来在审题立意的过程中,务必自觉地运用这"五部曲"来指导自己的审题立意。虽然,按照这"五部曲",未必所有的考生都能立出最准确的立意来,因为每位考生阅读理解和逻辑分析的能力确实不一样;但可以肯定的是,一步一步地严格地遵循这"五部曲",每位考生所立出的立意,自然要比自己原先胡思乱想、瞎碰瞎撞得到的立意要好得多。

七、审题立意的总结

　　在同学们做了一定题量的审题立意的练习、对论说文的审题立意有了一定的感觉之后,我们接下来为大家比较详细地归纳和总结审题立意的经验和技巧。这些归纳和总结非常重要,希望大家多读几遍,甚至在整个论说文复习过程中,直到走入考场之前,都需要不断地温习:

　　(1)根据写作要求写作。如果题目有具体的问题或要求,那么,题目问你什么,你就回答什么;题目要求你写什么,你就写什么。

　　(2)要准确识别题目规定的逻辑空间,要在题目规定的逻辑空间之内展开写作,不要去做太多太远的引申和联想,否则就有可能被判跑题。

　　(3)为了准确把握题干规定的逻辑空间,我们要注意区分评论性作文和立论性作文,评论性作文最好少做脱离题干的引申和发挥,题干让你评论什么,你就评论什么。

　　(4)立论性作文,审题立意时要注意:审题立意主要是睁大眼睛看题面怎么说,尽量少做主观的联想和添加。要知道,任何主观的联想和添加都有可能导致我们远离题干,导致我们跑题。

　　(5)立论性题目,立意之前最好先把题干缩写成短短的一句话,用这一句话来全面准确但又重点突出地概括整个题干的主题。缩写做好了,立意往往也就随之蕴含在其中了。

　　(6)立论性题目,立意前先问问自己:题干最主要在讨论什么问题?对这个问题的回答的关键信息,一般就是我们的立意点。

　　(7)当题干存在多个重要信息时,我们不能随便找个信息就立意,而就要分析它们之间的逻辑关系,找到那个能摆平和领导其他主要信息的关键信息,然后在这个关键信息上立意,这样的立意才是最准确的。

　　(8)如何去寻找关键信息?一般来说,关键信息具有以下特征:在题干中出现次数比较多;能统帅和摆平题干中其他所有信息;是整个题干的聚合、归结或落脚点;导致题中所述现象或结果的最重要的原因或手段……这样的信息很可能就是题干的关键信息,就是我们的立意点。

（9）立意最好要立在题干现有的关键词上，而尽量不要立在题干没有的、自己编造出来的词语上。只要是自己编造的，就有可能是主观的、想当然的，因此也是容易跑题的。

（10）立意不要太大、太空、太抽象，要尽量直接立在能显示题干具体特征的那个信息之上。太大、太空洞的立意，一则容易让人觉得我们的立意不准确，二则我们写作过程中容易出现跑题而不自知。

（11）题目中的"但""但是""可是""然而""却"等这样的转折词，要特别重视。一般来说，这些词前面的内容不太重要，后面的内容特别重要，很可能就是我们立意的关键。

（12）要注意题干中的褒义词和贬义词，准确把握出题者的褒贬价值取向，出题者要求我们褒的，我们就要褒；要求我们贬的，我们就要贬。我们的立意要力求做到褒贬恰当、思想健康、观点正确。

（13）有了一个初步的立意后，最好还要想想，除了这个立意之外，还能有其他立意吗？要多个立意进行比较，再选择那个最好的立意。

（14）立意初步确定之后，要拿着立意返回题干，和题干进行比照，看看能不能直接从题干中找到明显、客观、有力的根据。如果不能，这样的立意也许就是主观的、跑题的，我们就需要考虑要不要重新审题立意。

（15）检查自己的立意和题干的关系时，还要看看自己的立意有没有遗漏题干中的关键信息，如何才能把遗漏的这些信息融进自己的立意。这样才能确保我们立意的全面性。

（16）立意要尽量避免过于绝对和极端，否则容易出现观点性错误。比如一般不要立意为"凡事要学会变通"，而要立意为"有时要学会变通"。

（17）为了确保立意做到观点明确，建议尽量用清晰的语言、明确的概念来表达你的立意。立意的表达可以适当美化修辞，但不要过度，否则就容易掩盖或歪曲我们原本想要表达的意思，从而导致我们的立意跑题。

（18）论说文要有自己明确的立场和态度，建议立意最好表述成为"要/不要……"。注意，"小议……"这样的立意表达太大太空；"如何……"则很可能是说明文的立意，因为它在说"怎么做"，而不是在说"为什么"。

（19）落笔写作之前，要预估立意的写作空间。静静地问自己：这个立意，我有没有写作的感觉或冲动？我有没有很多的话可写？我能在道理上把它说清楚、说透彻吗？我有相应的例子来进行论证吗？……如果回答是肯定的，接下来的文章就很好写；反之，就需要考虑重新进行立意，以确保立意的"可写性"。

（20）如果题目明确要求你"结合企业管理"，你就必须往企业管理上靠；如果题目没有明确要求你"结合企业管理"，你就不一定硬要往企业管理上套。也许，往人生感悟、国家社会、职场、学校等方面靠，只要自然贴切，也能得高分。

（21）碰到熟悉的试题时，千万要小心，由于题目很可能已经被修改，所以必须当作陌生的题目来读题审题。

（22）不要套题套作，要根据现有的试题来现场审题立意和构思自己的文章。套作写出来的文章，明眼人一眼就能看出来，因为它跟题目材料很难有自然、贴切的关系。一旦被判套作，就是五类卷。要相信自己现场"现炒现卖"的文章也许更自然、更鲜活。

第二节 经典示例

审题立意能力的提升,是一个艰难而漫长的过程。在此过程中,不仅要自己多练,也要多看看水平高的人是怎么进行审题立意的。边看边学,潜移默化之中,你的水平也许就提高了。

为此,下面我们就给同学们提供一些审题立意的"经典示例"。针对"经典示例"中的试题,请同学们务必先按照"审题立意五部曲"来认真完成自己的审题立意,之后,再研读本书对该题审题立意的解析。也许,这样一对照,考生就会发现自身审题立意的问题,并从"经典示例"之中获得一些审题立意的启发。

一、雕塑家戴造

根据以下材料,自拟题目写一篇700字左右的论说文。

晋代有一位雕塑家戴造,他雕了一个寿佛像,高一丈多,精致魁伟。一时称誉之声贯耳。但他自感不足,为了广泛听取真实意见,他大开庙门,让人参观品评,自己则躲在佛像锦帐后暗听意见。据此,又花了三年时间进行修改,使这尊佛像成了传世之作。

先请同学们不要急着立意,而是要求自己认真读完三遍题目(最好是点着读、出声读!)之后,再根据"审题立意五部曲"来进行审题立意。对自己的立意比较有把握之后,再把自己的立意,用简短精练的一句话写在下面:

我认为此题最好的立意是……

下面是可能出现的最常见的一些立意。请大家想一想,这些立意好吗? 为什么?

第一组:

A1——博采百家之长。

A2——兼听则明。

A3——做人要谦虚。

A4——要严于律己。

A5——人要有自知之明。

第二组:

B1——虚心使人进步。

B2——集思广益。

B3——要善于倾听别人的意见。

B4——听取真实意见的重要性。

B5——好作品是修改出来的。

上面这些立意好不好、准确不准确呢？要回答这个问题，还必须重新认真阅读题干。

先看看题干主要包含了哪些"重要信息"？分析下来，我们认为，题干包含了这样一些重要信息：

① 精致魁伟——② 称誉之声贯耳——③ 自感不足——④ 为广泛听取真实意见——⑤ 让人参观品评——⑥ 暗听意见——⑦ 三年修改——⑧ 传世之作。

毫无疑问，上面这些信息都比较重要。如果在最初读题时，我们就漏掉了其中的某个或某些重要信息，很可能就会导致我们的审题立意不全面；甚至因为我们忽视了这个或这些信息，而导致我们对题干其他信息之间的逻辑关系的理解出现重大偏差，进一步导致我们彻底跑题！所以，审题立意的第一步对"全面性"的追求，是后面几步审题立意的基础。

但是，另一方面，题干有这么多重要信息，所以我们也不能随便抓住其中的某一个信息来进行立意。因此，接下来，我们就要问：在上面这些重要信息中，哪个信息最重要？也就是说，哪个信息才是题干的关键信息？

假设题干包含了多个信息 A、B、C、D……，如果你只是随便抓住了信息 C 来立意，阅卷老师可能就会反问你："你凭什么只管信息 C，而不管其他的信息 A、B、D？"显然，如果你无法回答这样的质疑，那你的立意很可能就是偏题的，是难以让阅卷老师心服口服的。因此，要想合理地平息诸如此类的质疑和反问，让任何阅卷老师都能心服口服地接受我们的立意（当然，这只是理念而已），我们的立意就必须立在所有重要信息当中最重要的、众望所归的信息（关键信息）上，因为只有这样的"关键信息"才能统帅和"摆平"所有其他重要信息。

上述题干的关键信息是什么？我们认为是："自感不足"。

为什么"自感不足"是统帅全文的关键信息？为什么其他信息不是关键信息？

首先，我们来看题干中一个非常重要的字："但"。"……但他自感不足……"中的"但"，说明前后之间存在着一种转折关系。也就是说，"但"前面的文字内容不过是出题者的一种铺垫或引言，"但"后面的内容才是出题者所要表达的重点。在日常生活中如果说"这个女孩长得很漂亮，但……"，显然说话人说这番话的重点就不是表扬她的漂亮，而是要对她进行某种批评。同样，在上面这道题目中，"但"字后面内容才是短文的重点所在。

其次，再来分析"但"之后的那么多信息，究竟哪个信息更重要？很显然，"自感不足"是后面一切信息——比如"听取真实意见""大开庙门，让人参观品评""自己则躲在佛像锦帐后暗听意见""又花了三年时间进行修改"——的发动者，没有"自感不足"，就没有后面这一切。同时，有了"自感不足"，他自然就会想出这些办法或者别的办法来进一步完善自己的作品。所以，就算是对后面这些信息来说，"自感不足"也是最重要的，因为只有它才能很好地统率、摆平题目中的其他信息。

因此，"自感不足"是整个题干短文的核心信息或关键信息："自感不足"前面的信息是为了引出"自感不足"的，"自感不足"后面的所有信息都是由"自感不足"引发出来的，是对"自感不足"的补充和说明。

既然"自感不足"是最能统帅其他所有信息的关键信息，那么，立意立在这一点上就应该是最准确的,能够让别的信息"心悦诚服"的。反之,题干中的所有其他信息,都不能像"自感不足"一样能摆平和统帅题干的其他信息,所以,它们都没有资格成为题干的"关键信息"。如果立意立在这些信息上,多少也是有些不准确,甚至有些偏离题意的!

找到了关键信息,接下来还需要对出题者的价值褒贬倾向做一番审查。这就是说,我们需要确定:出题者或者题干本身对戴嵩的这种行为是肯定的还是否定的,是褒的还是贬的?显然,应该是褒的,因为题干中的"传世之作",很明显就是褒义词。所以,考生的立意也应该对"自感不足"要肯定,而不能否定。所以,比如立意为"人啊,你要学会知足",相对于题干自身隐含的价值倾向来说,观点是错误的。

确定了褒贬倾向之后,可以确定立意了。我们认为,这个题干最好的立意是:

永不满足,不断进取。

知道了最好的立意之后,接下来,我们再对前面列出的"常见立意"进行一番点评,目的是提高同学们识别立意高低好坏的能力,以便能发现自己立意的问题,从而立出更好、更准确的"立意"来。

第一组立意:① 博采百家之长;② 兼听则明;③ 做人要谦虚;④ 要严于律己;⑤ 人要有自知之明。我们认为这些都是主观想当然的立意,都有严重的跑题倾向。因为仔细阅读题目,就会发现,在题干当中,它们其实找不到任何客观可靠的根据!

第二组立意:① 虚心使人进步;② 集思广益;③ 要善于倾听别人的意见;④ 听取真实意见的重要性;⑤ 好作品是修改出来的。坦率地说,这些立意比第一组立意要好很多,因为至少它们在题干中都能找到相应的客观根据。所以,这些立意一般不会被判跑题。但这些立意都有一个共同的问题,那就是它们所立足于题干的信息,都不是题干的关键信息,因此,这样的立意不是最准确的,也因此是有些偏差的。

最后,提醒同学们,在考场上进行审题立意的时候,一方面应该要求自己尽量要像做数学题、逻辑题一样,追求那个唯一正确的答案,这样自己的立意才不至于过于草率;另一方面,我们也应该知道,论说文的审题立意是开放的,从来不会有所谓唯一的正确答案,所以,只要自己的立意能做到"全面、准确、正确、现实、可写",就可以了。

具体到这道题目来说,也是这样。当然,如前所述,"永不满足,不断进取"毫无疑问是很好的立意。但除此之外,我们也不能说,所有其他的立意都不行。比如,对于这道题目来说,"精益求精"就同样也是很好的立意,因为它也能全面、准确地概括、总结和统帅题目材料的所有重要信息。

二、撞钟的小和尚

根据以下材料,自拟题目写一篇700字左右的论说文。

有一个小和尚担任撞钟一职,半年下来觉得无聊至极。有一天,老主持宣布调他到后院劈柴挑水,原因是他不能胜任撞钟一职。小和尚很不服气地问:"我撞的钟难道不准时、不响亮?""你撞的钟虽然很准时,很响亮,但钟声空乏、疲软,没有感召力。钟声不只是为了报时,更是要唤醒沉迷的众生,因此,撞出的钟声不仅要洪亮,而且要圆润、深沉、悠远。"老主持的解释虽然让小和尚心服口服,但他自己却始终不明白为什么小和尚撞的钟没有感召力。

请同学们认真读题,然后根据"审题立意五部曲"来进行立意。对自己的立意比较有把握后,再把自己的立意用简短精练的一句话写在下面:

我认为此题最好的立意是……

为了帮助同学们真正读懂这个故事以及背后的寓意,我们建议大家带着下面这样几个问题,重新回到题干,然后在这些问题的引导下,再认真研读题干。也许,弄清这些问题之后,你就会有一种恍然大悟的感觉:原来题干是这个意思! 我们的立意应该这样立!

下面是我们在对此题进行审题立意时,最好要认真思考并明确做出回答的几个重要问题:

(1)最后一句"他自己"是谁?

(2)谁是故事的主角?

(3)"很不服气"说明什么问题?

(4)"心服口服"说明什么问题?

(5)谁该为小和尚撞钟的不称职负主责?

(6)老主持身上最大的问题是什么?

(7)故事最想要说明一个什么道理?

不得不承认,这道题看似简单,其实要真正读懂它,有相当的难度。下面,我们来对这道题目材料做进一步的分析。

1. 题干最后的"他自己"是谁?

题　干　原　文

……老主持的解释虽然让小和尚心服口服,但他自己却始终不明白为什么小和尚撞的钟没有感召力。

分析:

(1)这个"他自己"是指谁? 是老主持,还是小和尚? 有些考生可能认为是指小和尚,那就很难真正读懂这道题了。我们认为,应该是老主持,因为从语法的角度看,这句话的前半句的主语是"老主持的解释",所以,这后半句的主语"他自己"也应该是"老主持"。

(2)如果这个"他自己"是指小和尚,那么这句话应该这样写才通顺:老主持的解释虽然让小和尚心服口服,但小和尚却始终不明白为什么自己撞的钟没有感召力。而且,把"他自己"理解成"小和尚",也是行不通的,因为这样的理解和前面矛盾:既然前面已经说小和尚已经"心服口服",那就表明小和尚已经明白自己的钟声为什么没有感召力了,所以,怎么能在故事的最后又说他不明白呢?

2. 谁是故事的主角?

谁是故事的主角? 是小和尚还是老主持?

故事的主角应该是老主持,小和尚只是为了衬托老主持而已,所以只是配角。理由何在? 其他的理由接下来的分析会涉及,现在我们暂且列出这样一条理由:

故事最后一句话往往是故事的题眼和重点,而这句话的重点显然是落在了老主持身上:"……但他自己却始终不明白为什么小和尚撞的钟没有感召力。"

3. "很不服气"

题　干　原　文

……小和尚很不服气地问:"我撞的钟难道不准时、不响亮?"……

分析:

(1)"很不服气"说明了什么? 说明了小和尚干活是认真的、尽职尽责的。如果小和尚只是在吊儿郎当混日子,逻辑上说,他就没有资格"很不服气",同时也不会有"很不服气"的情绪表现。

(2) 为什么"很不服气"? 除了跟老主持在撞钟的目的和标准上的认识差异之外(这点接下来会详细分析),还可能是因为小和尚对老主持的工作方法有所不满。根据题目可以推出,原来在分配撞钟工作时以及撞钟的半年里,老和尚从来没有和小和尚正式沟通过,从来没有给小和尚指出过他工作中存在的问题——否则就不会有小和尚现在的"很不服气"和后面的"心服口服"。

4. "难道不准时、不响亮?"

题　干　原　文

……小和尚很不服气地问:"我撞的钟难道不准时、不响亮?"……

分析:

题干中的这句话充分地说明了,小和尚打心底里就认为撞钟的目的和意义无非就是响亮、准确地报时,而没有别的目的和意义。既然撞钟的目的和意义无非就是响亮、准确地报时,而自己又完全做到了响亮、准确地报时,所以,自己应该说是完全胜任目前这份工作的,当然也就不应该把自己撤职、降职,不应该再换别的人来撞钟,因为别的人在响亮、准确地报时上最多也不过做得和他一样好而已。

5. "更是要唤醒沉迷的众生"

题　干　原　文

……"你撞的钟虽然很准时,很响亮,但钟声空乏、疲软,没有感召力。钟声不只是为了报时,更是要唤醒沉迷的众生,因此,撞出的钟声不仅要洪亮,而且要圆润、深沉、悠远。"老主持的解释……

分析:

(1)"报时"和"唤醒沉迷的众生"是撞钟的什么? 应该是撞钟的目的或意义。

（2）对撞钟的目的或意义的理解,谁的理解更好? 谁的境界更高? 小和尚的,还是老主持的? 显然,老主持对撞钟的理解要远远高于小和尚。后来,小和尚心服口服也说明了这一点。

6. 准时、响亮、圆润、深沉、悠远

题 干 原 文

……"你撞的钟虽然很准时,很响亮,但钟声空乏、疲软,没有感召力。钟声不只是为了报时,更是要唤醒沉迷的众生,因此,撞出的钟声不仅要洪亮,而且要圆润、深沉、悠远。"老主持的解释……

分析:

（1）"准时、响亮"和"圆润、深沉、悠远"对于撞钟来说,是什么? 应该是评价撞钟好坏的"标准"。

（2）前面说的是工作的目的或意义,而现在说的是工作的评价标准。显然,前者要比后者更关键,因为工作的评价标准是由工作的目的和意义来决定的。

7. 空乏、疲软

题 干 原 文

……"你撞的钟虽然很准时,很响亮,但钟声空乏、疲软,没有感召力……"

分析:

（1）现在再回过头来研究:小和尚对自己撞出来的钟声空乏、疲软,没有感召力,原来对此有没有自知?

（2）应该没有,否则就不会有前面的那种振振有词的"很不服气"和后来的"心服口服"了。

（3）为什么小和尚撞出来的钟声空乏、疲软,没有感召力? 原因应该就在故事前面所说的"无聊至极"上。为什么会"无聊至极"? 因为他只知道撞钟是为了报时,而不知道撞钟"唤醒沉迷众生"这一神圣的救赎意义。

8. "心服口服"

题 干 原 文

……老主持的解释虽然让小和尚心服口服,但他自己却始终不明白为什么小和尚撞的钟没有感召力……

分析:

（1）小和尚听了老主持的高论之后的表现是"心服口服",说明小和尚马上认识到了自己原来对撞钟意义的理解确实太肤浅了,现在应该是理解了撞钟的神圣意义了;同时也说明了小和尚的悟性是高的,是可教的,只要老主持稍微点拨一下,就能认识和接受真理。

（2）由原来的"不服气"到现在的"心服口服"说明了小和尚原来并不知道老主持有关

撞钟的那个更高的意义和标准。如果小和尚早就知道了撞钟不仅仅是为了报时,同时更重要的是为了唤醒沉迷的众生,那么,他就不会因为自己撞钟撞得很响亮、很准时而对老主持的工作调动"很不服气"了。"不服气",就意味着认为自己做得很对,但是却遭到了不公正的待遇。

（3）所以,我们认为,在这回老主持给他解释了撞钟的更深层的意义和更高的标准之前,小和尚肯定没有从任何人那里听说过这更深、更高的撞钟的意义和标准。也就是说,老主持过去也肯定没有给他讲过这些更深、更高的撞钟的意义和标准,而是在小和尚出了问题之后,再用批评的方式提出来的。

9. 谁该为此事负主责?

谁该对小和尚过去的不好表现负主要责任呢? 是小和尚自己还是老主持?

应该由老主持来负主要责任,因为:

（1）小和尚之所以不能胜任撞钟一职,不是因为他不尽职尽责,而是因为他没有深刻理解撞钟的神圣意义——这种神圣的意义不是一般人,也即不是小和尚自己就能悟出来的。或者反过来说,如果他仅靠自己的智力就能悟到这点,那他就不是小和尚,而是高僧或神童了。但是,他自己悟不到这点,并不意味着他的悟性低,达到"竖子不可教也"的愚顽地步。题干故事清楚地告诉我们,一旦老主持点拨之后,他马上就心服口服了。所以,责备这样的小和尚,有点勉强。

（2）我们还应该注意到,他不过是一个小和尚。既然是小和尚,那他来到这个寺院,就是为了修炼的,自然有很多的道理还不懂,这是需要老主持来开导和教育的。所以,从这个角度看,我们也不能批评小和尚,而只能批评老主持,至少他要负领导和教化之责。

（3）老主持领导和教育小和尚的意识和方式确实存在较大的问题。最初,安排小和尚去撞钟时没有向他解释清楚工作真正的意义和标准,半年之间似乎也没有跟小和尚就工作中出现的问题进行过任何正式的沟通——这是直接导致小和尚半年来"无聊至极"以及撞钟"不称职"的根本原因。

（4）对于小和尚即将上任的新岗位——"劈柴挑水",老主持也没有向小和尚解释相关的工作意义和标准。这种"调职"方式很可能还会再次导致小和尚日后的"无聊至极",因为小和尚根本就不知道"劈柴挑水"的神圣意义何在,而误以为不过是一种降职、一种惩罚。带着这样的想法,小和尚又怎么可能对日后的工作产生意义感和积极性呢?

10. 故事最想要说明的道理

整个故事想要说明一个什么道理? 这个问题很重要,因为回答了这个问题,就等于理解了故事真正想表达的寓意,于是,这道题的立意也就可以随之确定下来了。

我们还是回到题干故事本身。故事最后说,老主持仍然"始终不明白为什么小和尚的钟没有感召力"。为什么他始终不明白? 原因在于他想当然地觉得撞钟的目的和意义对于每个人来说都应该是很清楚的,是不言而喻的,所以不需要教也应该会明白。小和尚明白这个道理,但又不去做——这就是老主持的困惑。其实,你明白的,别人不一定明白,更何况你是老主持,人家只不过是小和尚呢? 在这里,老主持犯了主观主义的"想当然"的错误。这就是故事中所有问题的真正症结。

所以,通过上面一步一步的分析,我们认为,这个故事很可能主要是想说明这样的道理:

让下属事先充分理解工作的意义。具体来说就是,在分配工作任务之前,应该事先把工作的目的和意义(以及由此引申出来的工作标准)给下属阐述清楚,而不能想当然地预设下属和自己一样对该工作的目的和意义同样清楚明了,否则,下属干起活来就会没有意义感而觉得无聊至极。

这就是我们认为本题最好的立意:让下属事先充分理解工作的意义。

同学们,你认为你之前的立意好吗? 你的问题又出在哪一步呢?

三、两根树桩

根据以下材料,写一篇700左右的论说文,题目自拟。

湖畔有两棵树:一棵粗如熊腰,一棵细若手臂。人们给湖底清理淤泥时,把它们锯掉了。人马离去,岸上就多了两根树桩。

一天,一个散步的老人在看了看这两根树桩之后,自言自语地说:大的不敢保证,小的一定会活。

一年过去了,小树桩上的嫩芽长成了手指粗的枝条,大树桩上的嫩芽长成了一丛灌木。

三年后,这根拱过多次芽的大树桩在最后一根枝条枯萎后,悄无声息地死了。而那根小树桩却又重新长成了一棵大树。

请同学们认真读题,然后根据"审题立意五部曲"来进行立意。对自己的立意比较有把握后,再把自己的立意,用简短精练的一句话写在下面:

我认为此题最好的立意是……

接下来,我们对这道题的审题立意做一些解析。

下面是一些同学的立意,请同学们自己先琢磨琢磨,这些立意好不好? 如果好,为什么好? 如果不好,为什么不好? 不好在哪里?

【立意1】一心一意,才能成功。

立意理由:小树桩上的嫩芽长成手指粗的枝条,大树桩上的嫩芽长成一丛灌木,而前者活了下来,后者死了。所以,立意为:做事情的目标要专一,不要三心二意,只有这样才能取得成功。

【立意2】企业经营必须集中优势资源。

立意的基本理由同上。在此基础上,进一步引申到企业经营上,所以,就立意为:企业经营时,必须集中自己的优势资源,不要四面出击,多元化经营是危险的。

【立意3】专一,才能脱困。

立意理由:前面两种立意的缺陷在于,它们都没有把题干故事最前面的信息考虑进去,而只是抓住了题干故事后面的信息。题干故事前面说的是,它们被锯掉成了树桩。这个信息必须放进立意当中。于是,有些同学就把上面的立意修正成为:

(1)在面对逆境和困难的时候,我们应该目标专一,只有这样才能摆脱逆境。

(2)在面对逆境和困难的时候,企业应该集中所有优势资源来摆脱逆境。

即使是在经过修正之后,"立意3"还有问题。最大的问题就是没有把题干故事中的那个"散步的老人"这个信息考虑进去。所以,我们认为,这样的审题和立意仍然是不全面的。

应该怎样考虑这个"散步的老人"呢?也就是说,这个"散步的老人"在故事中究竟有什么用处呢?

试想一下,题干作者故意把这个老人设计成为一个神奇的老人,他不仅有丰富的人生阅历,而且可以说是料事如神。题干作者把他放在这里,并且说了一句神奇的话"大的不敢保证,小的一定会活",而后面的事实也证明了这位老人所说的话是料事如神。题干作者这样设计的用意究竟何在?

虽然我们现在还不能确定出题者究竟是什么用意,但可以确定的是,立意应该放在这位老人的这句话上,因为在题干故事中,前面的文字不过是铺垫,是为了引出老人所说的这句话,而后面的文字不过是印证,是为了说明老人所说的话是对的。在整个题干故事中,老人的话可以说是处在核心位置上,这是本题立意的关键点。

为什么说本题立意的关键点是老人所说的话,而不是很多同学所认为的"手指粗的枝条"和"一丛灌木"呢?为此,我们来分析两种情况:一种情况就是把"一天"后面的内容放到"一年过去了"之后,这样,就得到了一个全新的题干:

湖畔有两棵树:一棵粗如熊腰,一棵细若手臂。人们给湖底清理淤泥时,把它们锯掉了。人马离去,岸上就多了两根树桩。

一年过去了,小树桩上的嫩芽长成了手指粗的枝条,大树桩上的嫩芽长成了一丛灌木。

一个散步的老人在看了看这两根树桩之后,自言自语地说:大的不敢保证,小的一定会活。

三年后,这根拱过多次芽的大树桩在最后一根枝条枯萎后,悄无声息地死了。而那根小树桩却又重新长成了一棵大树。

还有一种情况,那就是维持原文的语句段落顺序不变,即:

湖畔有两棵树:一棵粗如熊腰,一棵细若手臂。人们给湖底清理淤泥时,把它们锯掉了。人马离去,岸上就多了两根树桩。

一个散步的老人在看了看这两根树桩之后,自言自语地说:大的不敢保证,小的一定会活。

一年过去了,小树桩上的嫩芽长成了手指粗的枝条,大树桩上的嫩芽长成了一丛灌木。

三年后,这根拱过多次芽的大树桩在最后一根枝条枯萎后,悄无声息地死了。而那根小树桩却又重新长成了一棵大树。

大家想想,这样两种次序的安排对立意来说究竟有什么不同？如果老人出现在两根树桩发芽之后,并且在看到"小树桩上的嫩芽长成了手指粗的枝条,大树桩上的嫩芽长成了一丛灌木"后,说"大的不敢保证,小的一定会活",显然在这个时候,就应该立意为"逆境中要专注目标"。

但是很遗憾,原文材料不是这种次序,老人出现在树桩发芽之前,他没有看到"小树桩上的嫩芽长成了手指粗的枝条,大树桩上的嫩芽长成了一丛灌木",就已经说了"大的不敢保证,小的一定会活"。所以,我们就不能把立意的重心放在"小树桩上的嫩芽长成了手指粗的枝条,大树桩上的嫩芽长成了一丛灌木"这个信息上。这就是说,"小树桩上的嫩芽长成了手指粗的枝条,大树桩上的嫩芽长成了一丛灌木"这个信息在原材料中不过是无关痛痒的信息,有它没它,对整个题干来说都无所谓,因为整个后面文字的用意无非是要证明老人说得对。这样,上述题干的要点实际上就可以浓缩成为:

一大一小的树被砍成树桩。老人看到树桩后说:大的不敢保证,小的一定会活。结果,三年后,大树桩悄无声息地死了,而那根小树桩却又重新长成了一棵大树。

在这个经过梳理和浓缩的材料要点的基础上,我们应该怎样立意呢？首先,正如前面说过"一大一小的树被砍成树桩"这个信息,完全可以很自然地对应、迁移到我们现实生活中的"挫折""逆境"上去。

其次,主要考虑"大""小"这两个关键概念。我们注意到,题干说的是两棵树。"树"在这里可以看成生命的象征。另外,树的发芽,以后两棵树,一棵死了,而另一棵却活了下来,并长成了大树。这些意象无不在暗示我们,最好要紧紧结合生命现象来进行立意。

在人生中,"大"可以象征什么？"小"又可以象征什么？当然,这样两种象征还必须符合这样一个题干材料蕴含原则:"大最终没有生命力"以及"小有很大的生命力"。

很简单,我们可以把"大"转换成"年龄大",而"小"可以转换成"年龄小"。再结合上面所谓"挫折"这个基本意思,于是,我们就可以最终确定自己的立意了:年龄大时遭遇不起挫折,而年龄小时由于具有很强的生命力,经得起挫折,完全可以获得东山再起的机会。

上面这个立意,由于比较复杂、比较绕,所以,我们觉得它还是不太好写成一篇精彩的论说文。为了实现立意的可写性,我们有必要再对这个立意做一些简单的转化。显然,转化是为了给自己更大的写作空间。怎样才能转化出比较大的写作空间？

我们认为,比较好的转化就是:年轻人,不要害怕失败和挫折。

四、大豆和豆腐

根据以下材料,自拟题目写一篇700字左右的论说文。

大豆是蛋白质含量极其丰富而又十分廉价的食物。可它的境遇曾一度尴尬:煮熟的大豆难以引起人们的食欲,并且会使肠胃胀气。人们需要更好的大豆食用方式,后来,有人用盐卤点制豆浆而发明了豆腐。

豆腐的诞生彻底改变了大豆的命运。豆腐让人体对大豆蛋白的吸收和利用变得更加容易;豆腐柔软变通的个性给擅长烹饪的中国人留有极大的创造空间,豆腐也因此被制作出品类繁多的菜肴,以适应不同地区人们的口味和喜好。所有这些,让普通的大豆得到了升华。

我认为此题最好的立意是……

【解析】

有些同学根据"盐卤点制豆浆"来进行立意:"磨难是成功的前提""要善于借助外力来成就自己"。

有些同学根据"豆腐柔软变通的个性"来进行立意:"因变通而升华""以柔克刚很重要"。

有些同学根据"制作出品类繁多的菜肴,以适应不同地区人们的口味"来进行立意:"多才多艺,更能适应这个社会"。

所有上面这些立意都有一定的道理,但也都有一些问题。

先看"磨难"这样的立意。把用大豆制作成豆腐的过程看成"磨难",未免有些牵强。在此之前,把大豆"煮熟"的过程,难道不同样是"磨难"吗?而且,题干中根本就没有任何有关"磨难"的词,所以,立意在"磨难"上,可能会被阅卷老师认为是考生主观、想当然的表现。

"要善于借助外力来成就自己"显然比"磨难"这样的立意扣题多了。但是,这个立意也有问题。难道大豆自己能主动地借助外力把自己变成豆腐吗?不可能。在整个过程中,大豆的价值是得到了升华,大豆也走出了尴尬的境遇,但这不是大豆自己的努力;相反,大豆是被动的。所以,本题不能过于突出大豆的主动性或积极性。

同样的道理,"改变自我""自我的突破和超越""变通很重要""以柔克刚很重要""多才多艺,更能适应这个社会"等立意,也都有问题,因为它们无一例外地给被动的大豆强加了所谓的"自我""主动性"。

那么,这道题我们究竟该怎么来审题立意?

乍一看,这道题很浅白,至少文字的表面意思很容易就能看懂。但往往就是在这样的简单当中,题目真正精妙的意思,被我们不经意间忽视了。因此,我们需要重新认真读题。

为此,先请同学们想想,能否把题干缩写成 40 字之内的一句话?

本题的概括与缩写:

我们认为,这道题目主要在说的意思是:

做豆腐的方法彻底改变了大豆的命运,让它告别了尴尬的境遇,价值得到了升华。

——这就是我们对题干的概括和缩写。

请同学们看看,你的缩写和我们这里提供的缩写的参考答案,有什么不一样的地方? 你漏掉了哪些重要的信息? 同时把哪些不重要的信息混了进来?

读懂了题干的主要意思,接下来就是对应迁移了,因为很显然,我们的论说文不能仅仅死扣大豆来写文章,就大豆来写大豆,有什么现实意义呢? 所以,肯定要对应迁移到我们的现实生活中来。

怎么对应迁移? 这也是很有讲究,很见水平的。好些同学在审题立意的时候,前几步都做得不错,但就是卡在了"对应迁移"这一步上。

这道题该怎么对应迁移? 我们认为,可以把"大豆"对应迁移到"人才"这个主题上。当然,正如前面的分析所显示的,这道题中,大豆是比较被动的,所以,我们的对应迁移,也不能过分突显人才的主动性,而只能把人才摆在比较被动的位置上。人才在比较被动的位置上,这意味着什么? 这意味着:我们本题所说的人才,应该是被使用的人才。

所以,我们最后的立意是:"人才的价值在妙用中升华"。

这个立意也很好写。考生完全可以结合题干的意思说,有些人才,如果得不到好的使用,价值就有可能发挥不出来,反而他们身上的某些缺点会被激活。相反,如果得到巧妙的使用,把他们做成"豆腐",用处可就大了……

五、朱元璋路遇彭友信

根据下述材料,联系生活实际,写一篇700字左右的议论文。题目自拟。

据说朱元璋有一次微服私访,路遇乡间书生彭友信。当时,正好雨过天晴,万里长空出现了一道彩虹。朱元璋兴之所至,信口吟了两句:"谁把青红线两条,和风和雨系天腰?"彭友信灵机一动,马上应声吟了两句:"玉皇昨夜銮舆出,万里长空架彩桥。"朱元璋听后,龙颜大悦,吟诗的第二天早晨,彭友信就被封为布政使(省级行政长官)。

我认为此题最好的立意是……

【解析】

有些同学可能认为,本题最好的立意是:"领导人要当心拍马屁的小人"。

可问题是,题干说到彭友信是"小人"吗? 没有。所以,把彭友信直接看作是小人,然后以此来立意、来写文章,很可能只是考生主观的想象和添加,一不小心,就会被判跑题。

那是不是可以立意为"是金子,就总会发光"?

我认为,这个立意确实比较好地扣住了彭友信的相关信息。他没有拍马屁的动机,因为他事先并不知道眼前的这个人就是皇帝朱元璋(题干说了,朱元璋这次是微服私访);他很有才华,因为他的两句诗确实写得很好,所以,他得到提拔和任命是很自然的"选贤"的结果。

"是金子,就总会发光"这个立意,看起来不错。

但仔细分析下来就会发现,这个立意也有问题:

第一,故事的主角究竟是谁?虽然在这个故事中,彭友信和朱元璋似乎都很重要,出现的次数都很多,但我们还是感觉朱元璋在故事中的分量("权力系数")要略重一些。所以,把彭友信当作故事的主角和文章的立意点,可能不是最好。

第二,这个立意是着重褒彭友信,顺带肯定朱元璋的,这样的褒和肯定,可能会有价值观的风险。毫无疑问,此次彭友信之所以被突击提拔,不只是因为朱元璋看到了彭友信的才华,在一定程度上,也是因为(更是因为!)朱元璋在感觉到被舒舒服服地吹捧过之后的"龙颜大悦"!所以,仅从题干故事本身看,彭友信还难说就是"金子",因此褒他、马上任命他做大官,就没有客观、充分的根据。

说到这里,我们要顺带提醒一下同学们,一般来说,当题干中的某种现象可褒可贬时,我们建议,除非你有足够充分的理由,否则就不能褒。因为你要说它好,理论上就意味着它没有缺点;但如果你去贬它,你只要抓住它某一个客观存在的缺点来说,就行了。所以,可褒可贬时,贬一般要比褒更加安全、稳妥一些。对应到这道题目,我们仔细思考下来,还是觉得褒的风险太大,很可能会错误地肯定和支持了某种不正之风。所以,宁可让人觉得我是在曲高和寡,也不能让人误以为我是在同流合污!

但是,贬也不能贬彭友信。为什么?同学们,你能不能再次回读题干,很好地回答这个问题?

根据题干,之所以不能贬彭友信,那是因为他在这整件事中,没有任何过错。

也许,有些同学认为,彭友信明明是在拍朱元璋的马屁呀!对于这样想的同学,我们建议,你再认真读读题目,再认真想想:在他吟出"玉皇昨夜銮舆出,万里长空架彩桥"这两句诗的时候,他知道眼前的这个人是当时的皇帝朱元璋吗?不知道!因为题目前面说得很清楚,朱元璋这次是"微服私访"。

当然,你也可以说,彭友信很可能是隐隐地觉察到了眼前的这个人就是皇帝朱元璋,所以,他的诗还是在拍马屁。对此,我们的看法是,这未必是题干的意思,而只是你的"自说自话",因为题目说得很清楚,这是"微服私访"。同学们千万要注意,审题立意要尽量做到客观!什么是客观?题干有的意思,我们以此来立意,就是客观。否则,一不小心,就有可能被判为胡思乱想。

那么,这道题究竟该怎么立意?结合前面的分析,我们认为可以确定的是:第一,最好立在朱元璋身上,因为他更像是故事的主角;第二,似乎不能褒,而必须贬。所以,这两点结合起来,就意味着:我们应该贬朱元璋。

贬朱元璋什么?

只能贬他接受了下属(所有的臣民都是他的下属)拍的马屁,接受了下属的"精神贿赂"或"语言贿赂"!

看到这里,有些同学可能就想不通了,心里也许就会这样嘀咕起来:老师,你这不是前后自相矛盾吗?你前面说彭友信不是在拍马屁,现在又说朱元璋接受了下属拍马屁⋯⋯这不把人搞糊涂了吗?

对此,我的回答是:我这样说,没有自相矛盾!请注意,彭友信事先不知道眼前的这个人是谁,所以,不能说他的诗是在故意拍马屁。但是,你朱元璋知道自己是皇帝,因此,彭友信的两句诗"玉皇昨夜銮舆出,万里长空架彩桥"对你来说,就很可能有拍马屁的嫌疑。如果你是一个不喜欢拍马屁的人,你又怎么会听了这两句诗之后"龙颜大悦"呢? 你又怎么会接下来没有做任何认真的考察,第二天就直接任命他做大官呢?

所以,分析下来,问题不在彭友信,而在于朱元璋是一个喜欢被人吹捧的人。

于是,我们认为,本题比较好的立意是:领导人要当心"精神贿赂"。

同学们,对这个立意,你满意吗? 如果不是很满意,那么,你还有更好的立意吗?

六、队长掉落悬崖

根据以下材料,自拟题目写一篇700字左右的论说文。

一支世界上最优秀的登山队,正在攀登一座雪山。这座雪山分外险峻,稍有不慎,人就会摔落悬崖,粉身碎骨。

突然,队长一脚踩空,向下坠落。他想发出一声临死前的悲呼,但只要他一出声,准会有人受到惊吓,攀爬不稳,再掉下去! 于是,他咬紧牙关,硬忍着不发出一点声音来。就这样,他无声无息地落在了万丈冰谷里。

亲眼目睹这一惨烈场面的只有一个队员。本来,他差一点也发出了惊叫,但多年的经验使他明白,惊叫一声不仅不能救回队长,而且还会惊吓其他队员,给全队带来灾难。于是,他强忍着眼泪,像没事人一样一步一步向上攀登……

登顶后大家发觉队长不在了,他才把事情的真相说了出来。

请同学们认真读题,然后根据"审题立意五部曲"来进行立意。对自己的立意比较有把握后,再把自己的立意,用简短精练的一句话写在下面:

我认为此题最好的立意是……

在确定自己的立意之前,我们建议同学们不妨想想,这道题主要在说什么? 怎么用一句话来进行概括和缩写? 我们之所以建议大家这样来概括和缩写题干,是因为这也是审题立意的一种重要方法,这样就会逼着我们认真阅读题干,然后分析题干中的信息哪些重要,哪些不重要,最后把不重要的信息剔除,只留下最重要的信息,于是,我们的概括就完成了。与此同时,我们的立意也就自然地蕴含在我们的概括和缩写之中了。

所以请同学们再认真研读一遍题干,然后用一句话来概括和缩写题干故事:

题干故事的缩写(30字之内)……

同学们,你对你的概括和缩写满意吗?第一,字数是不是超过了 30 字?超过的话说明你还没有真正读懂题干故事,还不能准确地区分故事中哪些信息重要,哪些信息不重要,所以,你不知道究竟该怎么取舍。第二,是不是觉得还有重要的信息没有放进自己的概括和缩写之中?如果是这样,接下来你的立意很可能就不准确、不全面。

我们认为,这道题比较好的概括和缩写是:"世上最优秀登山队的队长和队员,为了别人/团队而隐忍不出声。"

概括、缩写好了,题干最重要的一些意思抓住了,接下来我们的立意自然也就蕴含在其中了。我们认为,本题比较好的立意有这样一些:

(1)克己奉公的团队精神。

(2)一心想着别人/要多为别人着想。

(3)凡事要顾全大局/以团队利益为重。

(4)为了别人/团队而"隐忍"。

除此之外,还可以的立意有:

(1)别影响别人。

(2)沉着冷静应对危机。

注意,下面这样一些立意是片面的:

(1)顾全大局的献身精神

(2)生的伟大,死的光荣

(3)生命的最后一刹那

(4)队长,您走好

(5)做像队长这样的管理者

(6)领导力的全局观

(7)死前的坚持

点评:立意在队长身上,严格来说,这样的审题立意是不够全面的。虽然队长在题干中很重要,但不是唯一的。题干前面说的是队长,后面很长一段文字说的是那位队员是如何自我克制的。所以,我们在立意时就不能只顾队长,而不顾后面的这位队员。最好,我们要找到他们二人之间的共同点,立意时把他们二人都融合进去,这样的立意算是比较全面的。

下面这些成问题的立意,问题就更大了:

1. 坦然面对

点评:这个立意的问题是,队长并不坦然,而是咬紧牙关、硬忍着的;第二个队员也并不坦然,而是伤着心、流着泪的。

2. 论奉献/牺牲精神

点评:队长奉献了什么?奉献了自己的生命?不是,他不是为了救队员而掉下去的,所以谈不上奉献。那位队员奉献了什么?似乎什么也没有奉献。所以,立意在"奉献"上是成问题的。

3. 责任决定态度

点评:"责任"勉强可以从题干中推出来,因为队长和那位队员可以说是出于对团队负责的"责任"。但是,从题干中很难直接看出什么"态度"来。

4. 团队的成功来自每位成员

点评:题干有"团队的成功来自队长和那位自我克制的队员"的意思,但是,没有"来自每位成员"的意思,其他成员对于这次攀登的贡献,题干根本没说。

5. 个人利益服从整体利益

点评:题干中有"服从整体利益"的意思,但是似乎没有涉及个人"利益"。大家想一想,题干当中的队长的个人利益是什么? 那位自我克制的队员的个人利益是什么? 我们看不出来,因为题干根本就没说。

6. "坚强"迈向成功

点评:"克制"似乎比"坚强"更切合题意。

7. 团队管理中的目标把握

点评:确实,你可以说队长和那位队员都是因为牢记了登顶的目标,所以才那样自我克制的。但是,这无疑是你自己的推理,而不是题面本身就写着的。题干中只写着"只要他一出声,准会有人受到惊吓,攀爬不稳,再掉下去",显然是为了防止大家掉下去,而不是在强调为了顺利登顶。因此,这样的立意仍然有跑题的危险。

8. "忍住不说"也是英雄

点评:这样的立意太小气了,没有高度。由于立意的高度决定了文章的高度,所以,我们也担心,这样的立意写作空间很小,难以写出大气精彩的文章来。

9. 小不忍则乱大谋

点评:题干中有防止"乱大谋"的意思,但是似乎没有"小不忍"的意思——队长掉落悬崖,也是"小"事吗? 阅卷老师会怀疑,你也太"大气"、太没人性了吧。

10. 专业的力量

点评:那位队员是"多年的经验使他明白",所以你推出这是因为他的专业素养。但是,题干中没有说到队长也是出于经验,所以,这样的立意也是勉强的。

11. 论团队精神

点评:题干的第一句话说的是"团队",所以立意在团队精神上,基本方向上是没错的。但是仅仅立意在"团队精神"上是不够的,因为这样的立意太大、太抽象,题干后面的这些话没有具体用上去,所以审题不够全面、具体。如果进一步具体化为"克己奉公的团队精神",就更好了。

12. 优秀的团队

点评:这样的立意太大、太抽象,也太浮于表面了。我们的立意应该立在"为什么这个团队是最优秀的团队"之上。是什么精神或品质让这个团队变得如此优秀,也即"原因"才是我们的立意点。

13. 面对危机

点评:同样是太大、太空洞、太抽象。

11～13 这 3 个立意太抽象,这些太抽象的立意写作空间太大,很不确定,所以,一不小心,考生的文章有可能写着写着就跑题了。

最后,请同学们欣赏一篇范文。

【参考范文】

凡事要顾全大局

无论是悄无声息地坠落悬崖的队长,还是那个强忍着眼泪默默继续攀登的队员,他们的隐忍都是为了顾全大局。因为有了他们的顾全大局,整个登山队才能最终胜利登顶。这个故事告诉我们:作为团队中优秀的一员,凡事要顾全大局。

首先,顾全大局才能正确决策取舍。大局是判断团队中的每一个个体该不该做某事的核心标准。没有大局这条标准,团队就会分崩离析。故事中的队长和队员,之所以做出强烈的自我克制的行为来,乃是因为他们有大局意识——为了不影响整个团队的登顶。反之,关羽之所以愚蠢地用"虎女安肯嫁犬子"来羞辱孙权的政治联姻,并最终导致蜀国失去荆州这一战略要地,根本原因还是因为在这件事情上关羽没有大局观。

其次,顾全大局才能让人尊重敬佩。为了顾全大局而牺牲自己的利益乃至献出宝贵生命的人,是让人肃然起敬的。故事中的队长硬忍着一声不发地坠落山谷,赢得了整个登山团队所有队员的崇高敬意。同样,面对廉颇的多次挑衅和侮辱,蔺相如为了顾全大局而选择了隐忍,最终感动了廉颇,传下了"将相和"的千古美谈。反之,像范跑跑之类的损人利己、无视团队利益的小人,最终只会遭到大家的唾弃和声讨。

最后,顾全大局才能实现团队目标。试想一下,在那样一座分外险峻的山峰,那位队长的"悲呼"和队员的"惊叫"会导致其他队员怎样的危险后果,很可能整个团队的这次登顶的目标也会随之泡汤。可以说,正是他们两位顾全大局的隐忍才赢得了团队最后的胜利。同样,在遵义会议上,正是周恩来顾全大局,率先做出自我检讨,才有后来的"拯救了党、拯救了红军"的遵义会议。

总之,我们应该向故事中的那位队长和队员学习,学习他们作为团队中的一员顾全大局的精神。

第三节 强化训练

请对下面的每则材料进行审题立意的练习,要求不仅立意要准确,而且要有较大的写作空间。

虽然本节中的每道题后面,本书都给出了相应的解析,但我们还是希望同学们务必先自己思考,把自己的立意写下来之后,才能去看后面的解析。否则,自己没有冥思苦想过,就很难达到练习和提升的目的。

其次,需要提醒的是,"解析"中的"参考答案"只是一种参考,而不是"标准答案",你也很可能会有比"参考答案"更好的立意。不过,话又说回来,在研读参考答案时,还是要认真思考和分析它的合理性,因为这些参考答案终究是由许多专家、高手经过认真思考、讨论、修改而成的。

另外,还要提醒同学们,不仅读题时要不断地动笔写写画画,而且更重要的是,必须动笔把自己的立意白纸黑字地写下来。有些同学想当然地认为,审题立意的练习,我只要看过题目,想过立意就可以了,何必非要死板地把自己的立意写下来呢?这样想的人不知道,很多时候,你认为立意已经想好了,但真的动起笔来,你很可能就是找不到合适的词来表达自己心目中原先模糊的意思。立意不知道怎么表达,卡在这里半天,接下来就没法构思文章,也没法写文章,考场上原本非常有限的时间就这样耗掉了。

当然,一开始写出来的立意,你也未必满意。但没关系,把初步的立意写下来,然后再去推敲、比较和修改——也许,最后就得到了满意的立意。

一、燕子是一种候鸟

根据下述材料,写一篇700字左右的论说文,题目自拟。

燕子是一种候鸟,起初人们并不是这么认为的。"冬季燕子在池塘的冰下越冬",这是古希腊伟人亚里士多德得出的结论。天经地义,人们尊奉了2 400多年。

18世纪,瑞士巴塞尔城的一位修鞋匠,看到棚下筑巢的燕子,好奇心驱使他写了一张纸条:"燕子,你在何处越冬?"并将它绑在燕子的腿上。第二年春天,当这只燕子翩然而归时,鞋匠意外地发现了一张新的纸条:"雅典,在安托万家越冬。"一个被信奉了2 400多年的谬误终于得以澄清。

本题最好的立意是:

【解析】

本题的关键词是哪一个? 应该是"好奇心"。

基于这个关键词,再结合题干其他一些重要信息,我们认为,本题比较好的立意是:好奇心是发现的原动力。

二、表演大师和鞋带

根据下述材料,写一篇700字左右的论说文,题目自拟。

有一位表演大师上场前,他的弟子告诉他鞋带松了。大师点头致谢,蹲下来仔细系好。等到弟子转身后,又蹲下来将鞋带解松。有个旁观者看到了这一切,不解地问:"大师,您为什么又要将鞋带解松呢?"大师回答道:"因为我饰演的是一位劳累的旅者,长途跋涉让他的鞋带松开,可以通过这个细节表现他的劳累憔悴。""那你为什么不直接告诉你的弟子呢?""他能细心地发现我的鞋带松了,并且热心地告诉我,我一定要保护他这种热情,及时地给他鼓励。至于为什么要将鞋带解开,将来会有更多的机会教他表演,可以下一次再说啊。"

本题最好的立意是：

【解析】

本题的关键词是哪一个？应该是"热情"。

基于这个关键词，再结合题干其他一些重要信息，我们认为，本题比较好的立意是：要保护好下属员工的热情。

三、四位女士聚在一起

根据下述材料，写一篇700字左右的论说文，题目自拟。

四个女士聚在一起抱怨自己的生活。

中年女士：我活得很不快乐，因为先生常常出差不在家。

妈妈：我的孩子不听话，叫我很生气！

老太太：我的媳妇不孝顺，我真命苦！

职业女性：我的上司是个不知好歹的家伙，在我们公司里，我是最有能力的一个，但是他偏偏不赏识我，这真让我永远也想不通。

本题最好的立意是：

【解析】

题目的第一句话就亮出了关键词——"抱怨"，所以，我们的立意也就应该包含"抱怨"这个关键词。

但如果你仅仅立意为"不要抱怨生活"，那么，你的审题立意就不够全面，因为你没有很好地把后面她们四个人具体所说的话放进去。

分析下来，这四位女士都在抱怨自己的生活，但她们又不只是在抽象地抱怨自己的生活，而是在具体地抱怨别人——具体来说，中年女士是在抱怨先生，妈妈在抱怨孩子，老太太在抱怨媳妇，职业女性在抱怨上司。所以，我们在立意时，不能不把"别人"这个意思放进去。

由于"抱怨"是贬义词，抱怨别人是推卸责任、缺乏自省的表现，所以，我们对这种现象不能褒,只能贬。因此,本题比较好的立意是:不要抱怨别人。

或者稍微引申一下,本题也可以立意为:不要把幸福完全寄托在别人身上;幸福也要自立。

最后,也许有人会问:要不要把"女士"放进我们的立意中去? 对此,我的建议是,可以不放。为什么? 因为这道题是在说抱怨,我们是需要贬的,如果把"女士"放进去,就有可能要贬女性。如果你贬女性,万一你的阅卷老师是女老师,那就可能引发她的反感啦。比如,很可能有些男同学立意为抱怨是女人是本性,这样的立意就"思想不健康"了。而且,题目当中也没有说到"本性"这个意思,所以,不能任意添加。

四、青少年阅读面

根据下述材料,写一篇 700 字左右的论说文,题目自拟。

材料一:据调查,目前在"考分"的压力下,不少青少年阅读面狭窄单一,无法有效地提高自己的文化修养。

材料二:在一项"您最希望孩子买的书"的调查中,90%的家长都选择了"辅导读物"。

材料三:许多青少年在有限的课余时间里,读得最多的是漫画卡通、言情武侠等"休闲"作品。这类作品位于青少年图书消费量的榜首。

本题最好的立意是:

【解析】

本题一共提供了三则材料,我们的审题立意自然就要分析、梳理清楚这三则材料之间的关系。

认真读题,我们就会发现,题目在说"不少青少年阅读面狭窄单一"这种不好的社会现象。造成这种现象的原因有二:一是家长希望孩子读"辅导读物",二是孩子自己更多地选读"休闲"作品。

分析到此,问题就来了:这里有两个原因,我们的文章难道要有两个立意? 这样的话,文章不就散了?

所以,我们需要继续分析下去。

上面的分析,我们忽略或漏掉了题干当中的哪一个关键词?

我们漏掉了第一句话中非常重要的一个词:考分压力。正是考分压力,才是导致青少年阅读面狭窄单一的根本原因。所以,我们的立意不能不管"考分压力"。

读到这里,也许有同学会问:考分压力可以很好地涵盖和解释"材料二"中的家长为什么让孩子买"辅导读物",因为可以直接提高考分。但是,"考分压力"又怎么能涵盖和解释"材料三"中的"休闲"作品呢? 其实,也很好解释,因为考分压力太大,所以,青少年在有限的课余时间里,最需要的是休闲与放松,以缓解压力,所以,他们更多地选择读休闲作品。

综上所述,本题比较好的立意是:别让考分压力影响了青少年的阅读面。

五、领头羊

根据下述材料,写一篇700字左右的论说文,题目自拟。

要把买来的羊装进船、运往屠宰地点的时候,群羊往往不肯上船。这样,每个羊行就都需要这样一只"领头羊"。商人赶着这只领头羊,这只领头羊向群羊叫几声,"奋勇地"走到河岸上,蹲身一跳,率先跳入船中。群羊看见领头羊上船了,便跟上来,争先恐后地跳进船里去。等到这群羊全部上船之后,商人便把这只领头羊牵上岸来,仍旧送回棚里,以供下次之用。

这只领头羊不仅因此保全了自己的性命,而且也因此享受着种种特殊的待遇,比如吃最好的草或睡最好的羊圈。

本题最好的立意是:

【解析】

这道题说到了三个角色:商人、群羊和领头羊。

相应地,同学们的立意也就主要有三种:

(1)立在商人身上,比如"管理要注重方法""要重视关键人才""执行力要抓住关键人物""要学会激励下属"等。

(2)立在群羊身上,比如"不能盲从""不能迷信权威"等。

(3)立在头羊身上,比如"适者生存""要做就做第一""勇做出头鸟""要敢冒风险""要掌握先机""识时务者为俊杰""能忍者胜""走自己的路,让别人去说吧""CEO最主要的是维护股东的利益"等。

对于上述三种立意,我们首先需要分析,谁是故事的主角?显然,只有立在主角上的立意,才是准确的;否则,立在配角上,立意就肯定存在偏差。

毫无疑问,在这道题里,群羊虽然可怜,但它们在故事里,确实只是配角,只是群众演员。所以,立在群羊上的立意,得不了高分。

那商人和领头羊,谁才是主角?

有人说,商人是主角,因为故事里所说的一切都是一个局,这个局是商人设计的,领头羊只是这个局中的一个棋子而已,所以,商人比领头羊更加重要——当然,他就是主角。

上面的分析有道理。我们不得不承认,商人在故事中很重要,所以,也完全可以把他看成故事的主角,立意立在他身上。也就是说,"管理要注重方法""要重视关键人才""执行力要抓住关键人物"这些立意,也都是扣题的。

但问题是,从出现次数的角度看,领头羊出现的次数明显比商人多;而且,题目作者花了很多的笔墨在着重描绘领头羊的行为和结果。所以,我们认为,领头羊更像是故事的主角,我们的立意最好要立在领头羊身上。

如果立在领头羊身上,我们对它应该褒还是贬?

不能褒,只能贬。

为什么不能褒,只能贬?因为领头羊身上有一个道德上的硬伤:它出卖了同胞。所以,如果你褒它,阅卷老师很可能会认为你这个人道德有问题,思想不健康。

那这道题到底该怎么立意?我们可以把领头羊看作是领导人或 CEO,并且贬它,于是就得到了这样的立意:"领导人不能损人利己""CEO 要有职业道德"。

同学们是不是觉得这样的立意很扣题,也很好写,并且思想健康上也很安全呀?

六、被炒鱿鱼之后

根据下述材料,写一篇 700 字左右的论说文,题目自拟。

一个女孩子莫名其妙地被老板炒了鱿鱼。老板吩咐她下午去财务室结算工资。

中午,她坐在公园的长椅上黯然伤神。这时,她看见一个小孩子站在她身边一直不走,便奇怪地问:"你站在这里干什么?""这条长椅背刚刚被刷过油漆,我想看看你站起来背上是什么样子。"小家伙说。女孩子怔了怔,然后,她笑了。

下午,她带着灿烂的笑容来到公司,愉快地办理了清结手续。

本题最好的立意是:

【解析】

"被炒鱿鱼",可以看作是"遭遇挫折"。

遭遇挫折之后,该怎么办呢?一开始,她是"黯然伤神"。但"黯然伤神"有什么用?根本改变不了现实——被炒鱿鱼就是被炒鱿鱼了。

故事的转折出现在后面,出现在她和小孩子的一番对话。

小孩子说:"这条长椅背刚刚被刷过油漆,我想看看你站起来背上是什么样子。"小孩子说这句话是什么意思?或者说,这个女孩是怎么理解小孩子的这句话的?

结合上下文,这个女孩的理解应该是:小孩想看她站起来的笑话,想看她站起来狼狈的样子。

女孩子理解到这层意思之后,"怔了怔,然后,她笑了"。为什么怔了怔?因为她忽然悟到了,这个小孩子想看她的背上被油漆粘过后的笑话和狼狈的样子,同样的道理,她现在被炒鱿鱼了,很可能有很多同事也想看她的笑话和狼狈的样子。人性"险恶"啊,所以,她怔了怔。

随后,她为什么笑了? 一方面很可能是因为顿悟到了人性,为自己对这种人性的顿悟而会心一笑。另一方面,很可能是她悟到了:既然大家想看我笑话和狼狈的样子(不管别人是出于恶意,还是像故事中的小孩子一样纯粹出于好奇),为了我的自尊,我也不能让他们看到我遭遇挫折后的笑话和狼狈,所以,我要笑着面对他们:就算我离去,我也不能留给他们狼狈的背影。

果然,下午的时候,她带着"灿烂的笑容"来到公司,并"愉快地"办理了清结手续。她就是以这样的方式来面对这次挫折的。

所以,本题比较好的立意是:笑对挫折。

七、居里夫人死于镭

根据下述材料,写一篇 700 字左右的论说文,题目自拟。

居里夫人成年累月在实验室里与镭、钍、铀等放射性元素打交道。由于长期受到放射性物质的照射,居里夫人后来患了恶性贫血而死。她所发现的放射性元素镭,曾被用来治疗癌症,医好了许多病人,而她自己却死在镭的手中。

本题最好的立意是:

【解析】

这道题的基本意思是:居里夫人发现的镭治好了许多人,但自己却死于镭的放射性。所以,比较好的立意是:牺牲我一个,造福千万人。

可能有些同学立意为"敢于为真理牺牲自己""敢于为理想付出代价",这样的立意基本上也可以,但由于引申得有些多(题干没有直接说到"真理"或"理想"),所以,它们跟题干的关系就不是那么一目了然,扣题也就不如"牺牲我一个,造福千万人"那么紧。而且,它们也没有把题干中的"用来治疗癌症,医好了许多病人"这样的重要信息放进去,所以,这样的立意也不够全面。

至于立意"执着忘我的可贵精神",主观的引申、想象和添加就更多了,和题干的关系就更远了。

八、曹植和郭沫若的七步诗

根据以下材料,自拟题目写一篇 700 字左右的论说文。

(一) 曹植曾经写过一首广为传播的《七步诗》:煮豆持作羹,漉豉以为汁。萁在釜下燃,豆在釜中泣。本自同根生,相煎何太急!

(二) 郭沫若曾仿拟曹诗写成一首《反七步诗》:煮豆燃豆萁,豆熟萁成灰。熟者席上珍,灰作田中肥。不为同根生,缘何甘自毁。

本题最好的立意是：

【解析】

关于煮豆和豆萁的这首诗，我们不能说哪首诗对，哪首诗不对。两首诗是从不同的角度来观察和思考"煮豆燃豆萁"这件事的。所以，本题比较好的立意是：对待同一事物，不同的人可有不同的看法；看问题的角度不同，答案也会不同。

当然，我们也可以说，在曹植写过了相关的诗之后，郭沫若的《反七步诗》运用了逆向思维，写出了新意，给我们提供了一种新的理解"煮豆燃豆萁"的角度。所以，也可以立意为：不能只用传统的眼光看待问题。

九、钥匙与锁

根据下述材料，写一篇700字左右的论说文，题目自拟。

一把坚实的大锁挂在大门上，一根铁杆费了九牛二虎之力，还是无法将它撬开。

钥匙来了，它瘦小的身子钻进锁孔，只轻轻一转，大锁就"啪"的一声打开了。

铁杆奇怪地问："为什么我费了那么大力气也打不开，而你却轻而易举地就把它打开了呢？"

钥匙说："因为我……"

本题最好的立意是：

【解析】

本题的关键词和立意点应该在钥匙最后的那个回答中。但是，很遗憾，题目并没有直接给出这个回答。这就需要我们去推理。

钥匙合理的回答似乎应该是："因为我深入了它的内心深处。"

基于这个关键句，再结合题干其他一些信息，我们认为，本题比较好的立意是：深入其心，才能解其心结。

十、大鼻子、小眼睛的佛像

根据下述材料,写一篇700字左右的论说文,题目自拟。

一个雕刻工人正在雕刻一尊佛像,引来一大群人围观。

"你为什么要把佛像雕成大鼻子、小眼睛?"很多围观者不解地问。

"因为……"雕刻工人笑着回答说。

本题最好的立意是:

【解析】

雕刻工人最后会怎么回答呢?

毫无疑问,他的回答必须能合理地解释"为什么要把佛像雕成大鼻子、小眼睛?"这个问题。当然,同学们对此完全可以仁者见仁,做出自己的猜测。但无论如何,你得让阅卷老师觉得你的回答是贴切、自然的。

我觉得,雕刻工人很可能会回答:"为自己的工作留些余地。开始的时候,把佛像的眼睛雕得小一些,这样即使万一雕得不好,还可以很方便地把眼睛改得大一点;反之,如果一开始把眼睛雕得太大,到时候要把它改小,就很难了。同样的道理,一开始鼻子要雕得大一些,也是为了方便后来的修改。"

基于此,我们认为,本题比较好的一个立意是:凡事都要留些余地。

十一、罗丹砍手

根据下述材料,写一篇700字左右的论说文,题目自拟。

大雕塑家罗丹晚年精心创作了一尊巴尔克的塑像,很多人看后,都赞不绝口,特别是巴尔克塑像上的那双叠合在胸前的手,简直是惟妙惟肖,非常传神。

"这手真是太完美了!我从来没有见过这么一双奇妙而完美的手!"人们纷纷赞叹道。

罗丹听后,怔住了。但随后,只见罗丹猛然操起一把斧子,朝那双完美的手砍去。

本题最好的立意是:

【解析】

本题立意的关键是要搞清楚：罗丹为什么要砍手？根据题干，原因应该是：这双手太完美了。

但问题接着就出来了：罗丹为什么要去砍一双完美的手？应该说，只要是合情合理的回答，都是可以的——以此为基础的立意，也都是可以的。

我们认为，本题的一个自然、合理回答是：因为这双手太完美了，以至于喧宾夺主，影响了人们对整个塑像所要表达的精神、气质、主题的关注和理解，所以，要纠正这种状况，只能把它砍去。

基于此，我们认为，本题比较好的立意是："局部不能超越于整体之上""不能喧宾夺主"。

十二、把椅子靠背锯掉

根据下述材料，写一篇 700 字左右的论说文，题目自拟。

麦当劳公司曾有一段时间面临严重亏损的危机，创始人克罗克想出了一个"奇招"，立即命令将所有经理的椅子靠背锯掉。结果不久，公司终于实现了扭亏为盈。

本题最好的立意是：

【解析】

本题的关键是需要我们考生想清楚，"锯掉所有的经理的椅子靠背"和"公司终于实现了扭亏为盈"这两件事之间的逻辑关系究竟是什么。

合理的解释是：经理们的椅子有靠背，很可能就会靠得很舒服，于是，就不愿意离开自己的办公室，不愿意下基层，因此，对自己所管辖的事情和下属缺乏最真实的了解，也很难有效地激发下属工作的积极性……

基于此，我们认为，本题比较好的一种立意是：锯掉椅子靠背，克服官僚惰性。

能不能把椅子"靠背"引申成"靠山"？本题是不是可以立意为"要清除所有经理人的靠山"？有些同学可能会这样问。

对此，我的回答是：这样的引申比较勉强。如果题目中说的公司是中国的老国有企业，也许靠山现象比较普遍。但题目说的是麦当劳，认为麦当劳公司内部的经理层的靠山现象很普遍，似乎不太合情理。

那能不能抓住题干中的"奇招"一词来立意？立意为"扭亏为盈需奇招"？

对此，我的回答是：基本可以，但不是最好，因为这样的立意只是抓住了题干中的表面信息"奇招"，没有抓住题干真正的关键信息"锯掉椅子靠背"，所以，立意不够精准，浮于表面。

十三、志愿军英雄马玉祥

根据下述材料,写一篇700字左右的论说文,题目自拟。

(一)志愿军英雄马玉祥曾说:"我不是什么英雄,当年在朝鲜战场上我是个兵,后来转业到地方,我也是个'兵',现在离休了,我还愿当个老'兵'。这辈子我掂量自己,只要够个兵的分量,就心满意足了。"

(二)拿破仑说:"不想当元帅的兵不是一个好士兵。"

本题最好的立意是:

【解析】

题干中涉及两个人的话,而且从表面上看,他们两个人的话是矛盾的、针锋相对的。这样的题目,我们该怎么立意?

当然,如果不是矛盾的,那我们就应该想办法寻找它们的共同点来进行立意,我们的立意最好能做到把它们都概括进去。

但如果它们真是矛盾的,那么,很可能就要逼着我们去看哪个更加重要,哪个不太重要,然后在文章里稍微点一下不重要的,接下来主要去写那个重要的;或者,还可以琢磨,哪个是必须要接受的,哪个是可以批判的——这样,也许就可以避免我们的立意自相矛盾了。

回到这道题上来。我们觉得,在题目给出的两句话中,第一句话应该是重点。首先,它的字数比第二句话多得多,所以,我们就可以理解为它的分量比较重,出题者比较强调它。其次,马玉祥是"志愿军英雄",所以,我们只能肯定和接受他的话,这是政治上要求我们必须做到的;而后面一句话是拿破仑所说的,拿破仑是历史人物,而且是外国的历史人物,所以,我们对他当然既可以褒,也可以贬。更何况,出题者也没有给"拿破仑"戴上一个正面的帽子。如果出题者在"拿破仑"前面加上这样肯定性的修饰语:"人类历史上最伟大的军事家、政治家拿破仑说……"那我们考生就只能跟着出题者的意思褒,而不能贬了。当然,我们这样说,并不就意味着鼓励考生去批评、否定拿破仑的这句话。我们的意思是,可以把拿破仑的这句话的分量放轻一些,以免它和"志愿军英雄马玉祥"的话发生直接的冲突。

综上所述,我们认为,这道题我们可以立意为:人要志存高远,但更要脚踏实地。

十四、千里马和老黄牛

根据下述材料,写一篇700字左右的论说文,题目自拟。

人们总佩服"千里马"一日千里、勇往直前的气概,人们也崇尚"老黄牛"生命不息、犁耕不止的精神。然而,有的人总感到不如意,总想让"千里马"与"老黄牛"搞优势互补,从而派生出"千里马"式的"老黄牛"或"老黄牛"式的"千里马"。

本题最好的立意是:

【解析】

这道题的关键是,我们对题干中的"总感到不如意"的那些人,应该持一种怎样的态度?褒的还是贬的?

我们认为,应该贬。因为"千里马"和"老黄牛"至少迄今为止还没法杂交,或者杂交了也未必真能实现"优势互补"也许,杂交的结果是"优势俱失",也完全可能。

而且,仔细品味题干中作者的语气,"然而,有些人总感到不如意,总想让……",明显是批判的口吻,所以,题干作者也应该是觉得,所谓的"优势互补"是不可能的。因此,我们最好是要贬这些人,贬他们对人才过于挑剔,过于求全责备。

所以,本题比较好的立意是:当心不伦不类的"优势互补"。

十五、山羊过独木桥

根据下述材料,写一篇700字左右的论说文,题目自拟。

"山羊过独木桥"是为民学校传统的团体比赛项目。规则是:双方队员两两对决,同时相向而行,走上仅容一人通行的低矮独木桥,能突破对方阻拦成功过桥者获胜,最后以全队通过人数的多少决定胜负。因此,习惯上,双方相遇时,会像山羊抵角一样,尽力使对方落下桥,自己通过。不过,今年预赛中出现了新情况:有一组比赛,双方选手相遇时,互相抱住,转身换位,全都顺利地过了桥。这种做法当场引发了观众、运动员和裁判员的激烈争论。事后,相关的争论还在继续。

本题最好的立意是:

【解析】

这道题目审题立意的关键在于:对这两位选手的做法,我们究竟应该褒还是应该贬?

对此,我们的回答是:应该贬。

为什么要贬、要批评这两位选手?

因为他们的做法本质上有悖于这项比赛的规则和目的。

你看,规则明确说"能突破对方阻拦成功过桥者获胜",所以必须有阻拦,没有阻拦就是违规;另外,过去的习惯也是尽力使对方落下桥,自己通过。而且更重要的是,这项传统赛事的目的应该是为了培养选手的对抗能力,以便更好地适应将来充满竞争和对抗的社会。现在他们放弃了对抗,这就背离了这项传统赛事的初衷,选手也就根本达不到锻炼对抗性的目的。

所以,他们的这种做法是违规的投机取巧,是有悖于这项比赛的体育精神和体育道德的。

或许有人说,这两位选手的做法不是很有新意吗?社会不是需要创新吗?但我认为,对于这个比赛项目来说,只有让比赛更激烈、更精彩的创新才是真正有价值的创新。让游戏玩不下去、大家得不到锻炼和提高的,根本不是创新,而不过是胡闹!

所以,不能肯定和鼓励这样的违规,而应该分析指出他们的错误所在。

确定好了褒贬价值倾向,接下来的立意就比较容易确立。比如,我们可以立意为:别把犯规当创新。

十六、扁鹊三兄弟

根据下述材料,写一篇700字左右的论说文,题目自拟。

有一次,魏文王问名医扁鹊:"你们家兄弟三人,都精于医术,到底哪一位最好呢?"扁鹊回答说:"长兄最好,二兄次之,我最差。""那为什么你最出名呢?"

"我长兄治病,是治病于病情发作之前。由于一般人不知道他事先能铲除病因,所以他的名气无法传出去,只有我们家的人才知道。我二兄治病,是治病于病情初起之时。一般人以为他只能治轻微的小病,所以他的名气只及于本乡里。而我扁鹊治病,是治病于病情严重之时。一般人都看到我在经脉上穿针管来放血、在皮肤上敷药等大手术,所以以为我的医术高明,名气因此响遍全国。"

本题最好的立意是:

【解析】

本题中真正最厉害的人是长兄。他厉害在哪里?就在于"治病于病情发作之前"。所以,本题比较好的立意是:"防患于未然""防火胜于救火"等。

有些考生可能会把扁鹊当作故事中的主人翁和立意点,然后褒他,认为他才是真正的成功者,所以我们要向他学习,学习他怎么在人才竞争中脱颖而出。这样的审题立意,在价值取向上比较危险,阅卷老师很可能会觉得你思想不健康,观点错误。

十七、死海

根据下述材料,写一篇700字左右的论说文,题目自拟。

约旦的死海是一个内陆海,有好几条大河的水都流入死海,但由于它没有出口,所以它仍然是死水一潭,成为所谓的"死"海。

本题最好的立意是:

【解析】

本题的逻辑结构是:死海有水流入,但没有流出,所以,死水一潭,成为"死海"。

显然,我们不能就死海写死海,把自己的文章写成水文地质科学方面的论文。我们要写的是论说文,必须跟我们一般人的现实生活有关。所以,接下来关键是怎么对应迁移到我们的现实生活中来。

对应迁移,最常规的方法是对应迁移到人身上。于是,我们就可以试着把"死海"对应成某些人。这些人只向世界索取,却不向世界输出,所以,这样的人在精神上就是"死人"。于是,我们就可以比较顺当地得到这样一个立意:奉献,才有精神的活力。

十八、会说鼠语的猫

根据下述材料,写一篇700字左右的论说文,题目自拟。

有人非常讨厌老鼠,想尽了各种办法灭鼠,也因此灭了很多老鼠,可总是没法彻底消灭老鼠。于是,他向人家借了一只神奇的猫。果然,这只猫一到,就灭掉了很多老鼠。

终于,只剩下最后两只相依为命的老鼠。两只老鼠商量着出去觅食果腹,一只先出去一探究竟,等确认安全了再通知第二只跟上。

商量好之后,第一只老鼠蹑手蹑脚地溜了出去,第二只老鼠心惊胆战地竖着耳朵,屏息凝神地等待外面的动静。

不久,听到声音说:"出来!出来!外面没猫。"它立即溜了出来。

它的头刚刚伸出洞口,就被一只毛茸茸的大掌捉住——张开眼睛一看,居然是一只猫!

老鼠直打哆嗦,根本不相信这个事实,于是就怯怯地问猫:"我的同伴不是说您不在吗?"

谁知猫奸笑着、用老鼠的语言说:"您的同伴早已被我生吞活剥,那声音是我发出的!"

本题最好的立意是:

【解析】

本题的基本意思似乎很简单:猫学会了老鼠的语言,所以,骗过并制服了所有的老鼠。

显然,我们的论说文不能就猫和老鼠写猫和老鼠,而必须对应迁移到人身上来。怎么对应迁移?最简单的对应迁移就是:学好一门外语很重要。

虽然上面这样的对应迁移也很准确自然,但我们总觉得这样的立意显得有些小气。所以,同学们,能否再想想,有没有更好的对应迁移和立意?

可供参考的比较好的立意是:师夷长技以制夷。

十九、雄鹰在天上飞

根据下述材料,写一篇 700 字左右的论说文,题目自拟。

"雄鹰在天上飞得再高,影子还是要落在大地上……"

本题最好的立意是:

【解析】

本题的题面提供的信息非常少。对这样的题目进行审题立意,往往具有相当大的难度,因为很可能你一点思路都没有,脑子里一片空白,根本不知道往哪里去想。

不过,对这样信息贫瘠的题目进行审题立意,也有一个好处,那就是约束比较少,只要对应迁移合情合理,就都可以。当然,在对应迁移的过程中,题干已经提供的几个有限的信息,就都要想办法融进自己的立意当中。

对于这道题,我们认为,比较合理的对应迁移是:把"雄鹰"对应到"企业",把"飞得高"对应到"成功",把"大地"对应到"社会",把"影子落在大地上"对应到"回报社会"。于是,我们就得到了这样一个立意:企业获得成功之后,要努力回报社会。

可能有些同学会把题干对应迁移成"企业要想成功,就必须立足于……"。这样的对应有些问题,因为题干当中根本没有"立足"的意思。

二十、沙子与珍珠

根据以下材料,自拟题目写一篇 700 字左右的论说文。

一位年轻人在海边徘徊,闷闷不乐。"有什么事想不开?"一位老者问。年轻人说,他做人做事尽心尽力,但依然得不到承认和尊重。

"看好了,"老者弯腰捡起一粒沙子,随手一丢,"能找到它吗?"年轻人苦笑,摇摇头。

"再看好了,"老者从口袋里掏出一颗珍珠,掂量一下,然后随手一丢,"不难找到吧?变成了珍珠,就没人忽视你了。"有道理啊,年轻人点点头。

"不过,沙子一定得变成珍珠,才能被人承认和尊重吗?"年轻人沉思了一会儿以后问。

本题最好的立意是:

【解析】

也许大多数同学认为,本题的关键句是老者所说的那句话:"变成了珍珠,就没人忽视你了。"基于此,大家就立意为:把自己从沙子变成珍珠,才能得到别人的承认与尊重。

可是,这样的立意是有严重问题的。如果故事以老者的这句话以及"年轻人点点头"结束,毫无疑问,上面的这个立意是再好不过的。可是,出题的人非常刁钻,随后,他又写下了年轻人的"疑问",并以此结束全文:"不过,沙子一定得变成珍珠,才能被人承认和尊重吗?"这就说明,老者并没有真正解决年轻人的问题,老者的那句话对这个年轻人来说,其实并没有什么真正的价值。因此,我们也就不能立意在老者的这句话上。

由于作为全文"收结"的最后一句话,一般来说才是题干的落脚点和关键,所以,除非有其他足够充分有力的理由来否定它的重要性,否则我们就不得不特别重视它。

但问题是,本题的最后一话不是陈述句,而是疑问句,它并没有清楚地给出任何观点,而只是提出了一个问题。可是,我们的论说文非得要论证一个观点——这时,我们考生该怎么办? 当然,只能想办法去推测题干作者对这个问题最可能的回答。

对于年轻人的这个问题,题干作者最可能的回答是什么? 要回答这个问题,我们只能重新回到题干去寻找隐秘的线索。

按照题干,年轻人过去一直"做人做事尽心尽力",以此想要获得别人的承认和尊重,但最终还是失败了,"依然得不到承认和尊重",所以,他"想不开";所以,他"闷闷不乐"。

后来,老者教育他,要把自己变成"珍珠",自然就没人忽视你,也即就能得到别人的承认和尊重了。这当然是获得承认和尊重的好方法,所以,年轻人马上觉得"很有道理",并"点头"表示同意。

可问题是,年轻人点头之后,马上陷入了"沉思",并产生了疑问:"不过,沙子一定得变成珍珠,才能被人承认和尊重吗?"这说明了什么?

这只能说明,年轻人"沉思"之后,觉得自己没法变成珍珠,自己确确实实只是而且只能是一粒沙子! 或许这不是因为自己不努力,而是因为每个人的天赋不一样。我之前已经很努力了,我一直"做人做事尽心尽力",想把自己这粒"沙子"变成"珍珠",希望以此来博得别人的承认和尊重。但最终我还是失败了,因为我的能力不行——我真的没有能力让自己从"沙子"变成"珍珠"。

而且,自己原本只是一粒沙子,却不想做"沙子",而要努力做"珍珠"。可是,珍珠又没有做成,最后,导致的结局只能是邯郸学步,变成了"四不像"的怪物:既不像沙子,又不像珍珠! 这样的"四不像"的怪物,又如何能获得别人的承认和尊重呢?

所以,如果我们不想把年轻人残酷地推向绝望的"死路",而要给他一条出路、一条"活路"的话,对年轻人最后的那个疑问,合理的回答就只能是:沙子坦然地做沙子,把真正的自己做好,也能获得别人的承认和尊重!

因此,本题比较好的立意是:沙子认真做好自己,也许更能被人承认和尊重。

第九章　成文写作

审完题、立好意之后，接下来就要考虑成文写作了。但是，怎样才能写出好的、标准的论说文？

首先，要知道，论说文是怎样一种性质的文体？论证说理主要有哪些方法？论证说理过程中的论据该如何使用？标准的论证段究竟该怎么写？

其次，要掌握，考场论说文最常见的写作模块有哪几种？否则，考场上想到哪里写到哪里，写到哪里想到哪里，速度反而会慢，质量也很难保证，甚至一不小心就会出现写作过程中的跑题，这就非常危险了。

俗话说，考场作文，框架制胜。考生在落笔写文章之前，无论如何要先构思一下，要为自己的文章列个提纲，搭个框架，而不能一边写一边想，一边想一边写。花个几分钟，构思好，把提纲、框架搭建好之后，再下笔成文，质量就有了基本的保证，写作的速度说不定也会更快。

第一节　文体简介

要写好论说文，就必须准确地认识和把握论说文这种文体。

什么是论说文？具体来说，论说文就是通过"摆事实、讲道理"的"论证说理"的方式，来阐述自己的观点，表明自己赞成什么、反对什么以及"为什么"要赞成或反对该观点的相应理由，从而说服读者接受自己的观点。

简言之，论说文就是通过回答"为什么"来展开论证说理的文体。所以，我们考生在写论说文的时候，务必要用"为什么"来引导自己的思考和写作，要不断地问自己并回答这样的问题：

我为什么要主张或反对这个观点？

我为什么要这样说，这样写？

我为什么要讲这个故事，举这个例子？

它们为什么对我要论证的观点有逻辑上的支持作用？……

只要从头到尾都是在回答这样的"为什么"的问题，文章就应该是标准的论说文。反之，如果有很大篇幅不是在写"为什么",那么,很可能我们就不是在论证说理,文章也就难说是标准的论说文。

这里需要特别提醒同学们的是,要注意我们联考的论说文和高考作文之间的区别,不能简单地把自己高中时代写文章的方法机械地套用在联考论说文的写作上。我们知道,绝大部分高考作文只是要求大家写一篇文章,并没有明确规定考生必须写论说文(或议论文),所以,考生写"X是什么"(X在这里表示文章的主题)、"X意味着什么""怎么做到X""要做到X,就需要什么"……都是完全可以的,因为这样写就是在写文章呀。但是,对于我们的联考论说文来说,这样写是比较危险的,至少不是标准的,因为严格来说这样写不是在说理,不是在论证,所以,不是标准的论说文。

为了帮助同学们更加清晰地认识论说文这种文体的特征,防止自己一不小心把所要求的论说文写成了别的文体,下面我们再把它和别的文体进行一番比较。

我们知道,人类借用语言来表达思想情感的方式主要有叙述、描写、说明、议论、抒情等,对应的主要文体也可以分为记叙文、散文、论说文等。它们之间具体的对应关系,可以粗略地用下表来表示:

表达方式	表现技法	主要对应文体
叙述	顺叙、倒叙、插叙	记叙文
描写	烘托、对比、白描	写景散文
说明	定义、解释、分类	说明文
议论	例证、引证、反证、喻证	论说文
抒情	直抒胸臆、借景抒情、借物抒情、借史抒情等	抒情诗、抒情散文

根据上表,论说文主要的表达方式是"议论"(论证),更加具体的表现技法是例证、引证、反证、喻证等。但是,这并不意味着论说文就完全不可以采用别的表达方式,比如叙述、描写、说明和抒情等这样的表达方式。其实,只要文章是以议论、讲道理为主的,其他表达方式在文章里对议论而言没有喧宾夺主,并且有助于议论说理,那么,这些表达方式的使用就会让论说文锦上添花。比如,在论证说理过程中,苏轼的《留侯论》就多次使用了叙述,韩愈的《马说》就综合运用了对比、白描、抒情等多种写作技巧。

第二节 论据运用

论说文的主要任务是论证。要论证,首先必须有论据,要有好的论据。

所以,要写好一篇论说文,就必须知道,好的论据有什么特点?我们应该用什么标准来评价论据质量的好坏高低,从而选择更好的论据?另外,论说文写作过程中究竟该怎么叙述论据?多个论据之间的组合该遵循一些什么原则,从而真正发挥出"论据链"的威力?

一、论据的评价

如何评价论据质量的好坏,从而选择合适的论据来展开论证?

我们认为,论据评价的标准主要有以下这些,或者换句话说,好的论据应该具有下面这些特点:

1. 针对性

论据必须和所要论证的论点有关,并且要能支持论点。因为选择论据,其最终的目的就是为了证明论点。如果论据和论点无关,对论点就起不到任何论证的作用。只有和论点有关,并能有效地支持、说明、烘托、突出论点的,才是我们需要的论据;否则,就应该毫不犹豫地删除。

2. 确凿性

论据必须是确实可靠的。试想,如果在读者看来,论据本身就是虚假的、不可信的,那么,以此为基础的论证,自然也是难以让人信服和接受的。所以,用作论说文的论据,如果是事实论据,就必须是真实的;如果是理论论据,就必须是经过前人证明的,经得起读者的质疑。

3. 典型性

所谓典型,就是用以证明论点的论据,要具有广泛的代表性,代表所论述的事物的普遍特点和一般性质,并且能揭示事物的本质特征。

为什么论据必须有代表性?因为我们用作论据的往往是个别的例子,但我们所要证明的观点,又往往是一个普遍的命题,比如"坚持就是胜利",比如"为理想而奋斗的人是快乐的"。个别的例子如何论证这样一个普遍的命题?唯一的办法就是例子要有"一以代十"甚至"代百"的典型性和代表性。也就是说,例子要能起到"以点带面"的逻辑功效。

4. 新颖性

不少同学写论说文时总是用一些陈旧的事例:一写无私奉献,就是雷锋、李素丽、徐虎;一写逆境成才,就是海伦·凯勒、张海迪。类似的例子不是说不可以用,而是说你用、他用、大家都用,就变得千篇一律。阅卷老师读多了,自然就容易出现审美疲劳。所以,我们最好要用那些一般人不太用的例子,或者就算是大家都用的例子,我们也要尽量在叙述和分析上呈现出我们独到的新意来,尽量做到"人无我有,人有我新"。

当然,要做到论据的新颖性,最好的办法就是多看书,多关心时事。最鲜活的时事,自然也是最新颖的论据。

下面我们请大家看两个论证段落。这两个段落,在论据的选择上,都比较好地做到了好论据应该具备的"针对性""确凿性""典型性"等标准:

首先,多样性是世界存在的基本特征。莱布尼兹曾经说过,凡物莫不相异,天底下甚至找不到完全相同的两片树叶。同样,就算是同一城邦的任何两个公民,同一班级的任何两个学生,甚至同一家庭的任何两个孪生兄弟,初看可能很相似,细看却总能找到各种各样的差异……总之,我们所生活于其中的就是这样一个由差异性和多样性编织而成的世界。(2016年管理联考论说文范文《多样性与一致性的统一》)

再次,为仁未必就会导致不富。诚信经营,努力为客户创造更多的价值,这是仁,而这样的仁也是最容易获得高额回报的。马云最初的动机是"让天下没有难做的生意",这是仁啊。正是这种仁,成就了他日后的富。袁隆平研究出杂交水稻,让中国十几亿人吃饱了饭,可谓当今中国最大的仁者。但这样的仁者贫穷了吗? 要知道他也是中国最富有的人之一啊。

(2015年管理联考论说文范文《为富为仁,未必矛盾》)

二、论据的组合

上面所说的论据的标准,只是单个论据的评判标准。但光有这个标准是不够的,因为一般来说,整篇论说文不可能只有一个论据——当然这一点也不是那么绝对,如果这个论据非常鲜活典型,含意非常丰富,当然考生也完全可以只叙述、分析这一个论据,只要道理说清楚了,说理论证到位了,就可以了。

不过,考场论说文一般来说是由多个论据构成的。这就涉及不同的论据如何选择和组合的问题了。有时候,或许每个论据都是好论据,但是放在一起,不一定就能构成一篇好文章。

那么,不同的论据究竟怎样才能进行有效的配置和组合? 我们建议最好要做到下面的五个"结合":

1. 理论与事实论据相结合

我们的论说文之所以要尽量做到"事实论据"和"理论论据"的有机结合,这是因为单纯的"事实论据"一般都只是个别的现象,而我们要论证的观点一般又都是普遍的命题,所以,在使用事实论据进行论证时,最好就要适当地配合一些理论的论证,这样的论证说理才有深度和广度。否则,就容易犯"以偏概全"的逻辑错误。

同样,我们在做"理论论证"的时候,也要适当地辅以事实论据,因为单纯的理论论证很容易显得过于空洞抽象,乃至干瘪晦涩,而事实论据则更容易使文章显得感性、具体、生动、形象。所以,在做完理论的论证后,再举一个自然贴切的例子;或者在做理论论证的同时能结合一个例子一起说,这样,道理也许就变得更加生动、更加落地了。

2. 古今中外的论据相结合

单用一时一地的论据,缺乏代表性,说服力不强,而且容易造成读者的阅读疲劳,甚至让他觉得你的论证很牵强,有严重的以偏概全的嫌疑。

反之,如果考生能灵活自如、变化多端地运用现代、古代、中国、外国、各行各业的论据,就会让阅卷老师觉得你的知识面非常广,你所要论证的观点确实是能够得到许多方面的论据的支持的,你的论证自然也就显得更充分、更有力。

3. 各学科领域的论据相结合

论说文的论据如果只是限于某一个学科,那么,读者就会觉得这样的论据过于单调偏狭。所以,论据最好能分布在各个学科,比如政治、经济、文学、科学、医学和体育等各个领域。

4. 正面与反面论据相结合

不怕不识货,就怕货比货。对立的两方面的论据放在一块儿,对比鲜明,一目了然,就更能帮助人们加深印象,接受正确的认识,否定错误的思想。比如,《论自信》这样的文章,你可以举毛遂自荐的正面例子,也可以举一个人因为不自信而错失绝好机会的反面例子。

5. 点上和面上论据相结合

点,指的是有名有姓的个别的论据;面,指的是概述的论据。点、面论据结合运用,有互补作用,既全面,又具体。

下面请看一个说理性的语段。这个语段,因为有理论的论据,所以,论证充分有力;也有事实的论据,所以,论证平实具体;而且,两种论据不是毫无关系的两张皮,而是有机地结合在一起的,所以这段话读起来就浑然天成:

> 首先,人工智能将会替人完成许多低端工作。因为受限于科技发展的水平,现在还有很多人在做那些低端的工作:扫地洗碗、流水线上的机械操作、危险性很高的消防救援……相信在不久的将来,这些工作必将完全可以由人工智能来完成。这样,也许成本更低,效率更高,同时也把人解放出来,让人类重获自由去从事更有价值的工作。(2018年管理联考论说文范文《人工智能,人类福音》)

下面请看一个语段。这个语段,论据的结合做得也非常好。它不仅有理论的论据,也有事实的论据;不仅有中国的论据,而且有外国的论据;不仅有历史的论据,也有现实的论据:

> 再次,多样性是组织进化的积极动力。组织中不同个体间往往可以相互切磋学习,相互鞭策竞争,从而促使不同个体乃至整个组织的进步和进化。我国先秦、古希腊思想的繁荣,无不得益于当时各种思想流派的争鸣。同样,不同学生、不同企业的存在,就像一只无形的手,都会有力地推进教育和市场的发展。(2016年管理联考论说文范文《多样性与一致性的统一》)

三、论据的叙述

要利用论据进行论证,作者首先要向读者介绍自己即将使用的论据——这就涉及论据的"叙述"问题。怎么介绍、叙述论据? 介绍和叙述的详略该如何把握?

在叙述论据的时候,可以考虑适当的情景和细节的描述,这样可以使文章显得更加生动丰满。

下面举一个例子来说明这个抽象的道理。比如,有人写一篇《论理想》的论说文,其中引述了少年周恩来的故事。他是这样写的:

> 周恩来从小就树立了"为中华之崛起而读书"的理想,最终成为一代伟人。

上面这个论据的叙述总共只有33个字,非常简洁。但是有些同学可能会想,我们要写的是一篇700字的论说文,如果每个论据都这么简短,一篇文章下来,我们得有多少个这样的论据呀? 所以,在使用同样的论据时,有些同学就加上了一些情景和细节的描述,这样不仅可以方便地"凑字",而且文章也更容易写得生动形象。

请看,同样的论据,另一种叙述方式:

> 读小学的时候,沈阳东关模范学校的魏校长为了了解学生们的学习目的,在课堂上向他们提出了一个严肃的问题:"你们为什么要读书?"
>
> "为了娶漂亮老婆!"第一个同学抢先回答。"为了做官发财!"第二个同学的嗓门似乎更响。"为了光宗耀祖!"第三个同学也同样振振有词地说。
>
> 这时,少年周恩来霍地从座位中站起来,大声回答道:"为中华之崛起而读书!"一边说,

一边挥挥他那有力的小拳头。

他,这个年仅12岁的周恩来,正是因为从小树立了"为中华之崛起而读书"的伟大理想,最后才终成一代伟人。

这样的一个论据现在已经扩充到了230个字!这样的话,一篇700字的论说文,只要3个这样的论据,至少文章的字数、篇幅,就基本不成问题了。

不过,需要提醒的是,论说文论据的叙述不可以过度。如果仅仅是为了叙述而叙述,为了凑字而叙述,这样的叙述就很容易冲淡议论说理,甚至产生喧宾夺主的感觉,自然就会影响论说文的得分。而且,针对上面这个具体的论据来说,我们认为,它的叙述确实有严重凑字的嫌疑,因为绝大多数国人,尤其是阅读面非常广的语文老师(我们的阅卷老师大都是语文老师),都非常熟悉这个故事。大家都很熟悉这个故事,你再把故事的背景、细节从头到尾详述一遍,难免会让人感到啰嗦!

所以,我们建议同学们,由于论说文重在论证说理,因此,如果你有足够多的论据,如果你根本不需要考虑凑字的问题,在介绍、叙述论据时,越概括越好,越简洁越好。相反,接下来对论据的分析,从论据到论点的推导过程,倒是我们论说文写作的重点,在这上面,也即在论证说理上面,应该花费更多的笔墨!回顾经典范文《为理想而奋斗的人是快乐的》时,我们发现,它的每个例子的叙述都非常简短,在简短的叙述之后,重点都放在了论证说理上。唯其如此,它的论证说理才会显得那样清楚透彻、充分有力、精彩纷呈!

当然,对那些阅卷老师不太知道的、很精彩、很吸引人的例子的过程或细节,考生是可以适当详述的。但是,这个度,必须考生自己现场去把握。既要写得生动具体,又不至于让阅卷老师觉得你是在凑字,是在写记叙文,而不是在写论说文——这是有相当难度的。为此,就需要同学们一边写,一边想:我写的这些过程和细节,能突出我要突出的主题吗?对我所要论证的观点,真有逻辑上的支持和帮助吗?如果有,稍微多写一些,问题也不大。但是,如果没有,这就是为叙述而叙述了,就不是在做纯正的说理,就不是标准的论说文了。

还有,如果某件事情比较复杂,而且其丰富的过程和细节,对于我们所要论证的观点确实有逻辑支持作用,那么,我们也建议同学们,最好不要采用"先叙后议"的方式,因为这样写,很容易让阅卷老师觉得你跑题了,离开了议论——要知道,论说文的阅卷,老师主要关心的,不是你的故事讲得如何精彩,而是你的道理讲得是否清楚透彻,论证得是否充分有力。

相反,如果你采用的不是"先叙后议"(注意,更不能"有叙无议"!),而是"夹叙夹议"的方式来写,这些问题也许就能得到有效的避免。试想,一边叙事,一边针对前面所叙的事展开分析和议论,来说明道理,论证观点,这样,有"叙"有"议",边"叙"边"议",写出来的文章毫无疑问是论说文——甚至,读者读起来也许还更有兴致呢。

下面我们提供一个范段,供同学们学习和模仿:

也许正是由于浙江人深谙这个道理,一个又一个"浙商"才闯出了一片又一片新天地。就以王均瑶为例。1991年,王均瑶和一些温州老乡一起从湖南包大巴回家过年。在翻山越岭的1 200公里的漫长路程中,王均瑶抱怨说"汽车太慢了"。结果,就是身边老乡的一句讥讽"那你包飞机回去好了",激起了王均瑶第一个吃螃蟹的野心。当年7月,年仅25岁的他就真的承包了长沙至温州的航线。这是国内第一条私人承包的包机航线,他也因此被誉为"胆大包天"第一人。但正是他的这种敢为天下先的精神和勇气,让他赚到了人生的第一桶金!(2007 年管理联考论说文范文《敢为天下先》)

上面这个语段因为它所叙述的例子未必是所有人都很熟悉的,所以,它做了适当的过程和细节描写。这样的描写不仅大大增强了例证的真实性和对论点的论证力量,而且我们读起来丝毫都不觉得作者是在凑字,相反,会觉得它写得很生动,让人读起来饶有兴致。

下面两个语段对例子的叙述更加简洁,但是我们读下来仍然觉得它是具体的,对论点的论证力度仍然是很强的,因为论据论证时所需要的信息,它们全部提供了:

其次,科学教育是实业家之实业能力养成的前提。历史进入近代,科学技术一跃成为第一生产力。这时,实业家实业报国的理想就只能靠科学才能实现。1915 年,范旭东痛感传统土法制盐的纯度只有 50%,更不忍国人被西方人讥笑为"食土民族",毅然在天津塘沽的渔村创办久大精盐公司,并很快把盐的纯度提高到 90% 以上!为什么范旭东能做出这样的大实业?那是因为他是日本京都帝国大学化学系的高才生,受过严格的科学教育!(2021 年管理联考论说文范文《实业家必受德科两教育》)

最后,谁来提拔也依赖冒尖人才。韩信原是项羽手下的一个小小执戟郎,后来被刘邦突击提拔为大将军,并最终成为中国历史上的千古名将。这个例子确实很好地说明了伯乐、拔尖对于人才的重要性。但我们有没有进一步想过,如果所有人都等待被提拔,那最终谁来提拔那个处在人才金字塔最顶端的刘邦呢?显然,像刘邦、朱元璋、任正非、盖茨这样的领导者,是不可能由别人提拔起来的,而只能靠自己冒尖冒出来。(2011 年管理联考论说文范文《呼唤更多的人才冒尖》)

四、论据的准备

由于管理联考大多数时候是围绕着一个优秀的领导人应该具有的重要素质这个基本主题来展开考试的,所以,考生在考前准备论据的时候,最好是多读一些领导人的传记。只要这个领导人历经坎坷,最后又取得了成功,那么,成功领导人必备的大部分优秀素质(也即联考的常考主题),他肯定是都具备的,因为如果某一种重要的素质不具备的话,他又怎么可能历经坎坷,最终取得成功呢?

所以,与其漫无目的地背诵各种各样的名人小故事,还不如专注地看几个历经坎坷、最终取得成功的领导人的传记,熟悉他们的生平事迹,然后在考场上定向地往他们身上去搜寻论据,也许更容易想得起来。这就是所谓的"论据定位法"。

管理联考论说文论据具体可以定位在哪些人身上?我们认为,下面这些人比较重要,可以定位在他们身上:

企业家	乔布斯、比尔·盖茨、任正非、马云、马化腾、俞敏洪、史玉柱、李嘉诚……
政治家	毛泽东、邓小平、刘邦、刘秀、刘备、诸葛亮、曹操、李世民、朱元璋……
其他人物	司马迁、钱学森、袁隆平、郎平……

当然,由于是管理联考,而且很多年的试题都跟企业有关,所以,熟悉几家企业也是必要的。在企业论据中,我们着重推荐的正面例子有苹果、微软、谷歌、特斯拉、华为、阿里巴巴、腾讯等,反面例子有诺基亚、柯达、王安等公司。

第三节　论证说理

我们知道,论说文的逻辑本质就是论证。而一个完整的论证至少由三个要素构成:结论、论据和论证过程。

虽然,在这三要素中,"结论"或曰"论点",是整个论证的目的和核心,"论据"则是论证的前提和基础,但如果只有"论据"和"结论",而没有"论证过程",那么,"论据"和"结论"有没有关系? 它是不是真的能支持结论? 它又是如何支持结论的?"结论"真的能从"论据"当中推出吗? ……如果这些问题得不到满意的回答,那么,这样的论证就是难以让读者信服并接受的,因此也不能称之为成功的论证。

到底该如何做好论说文的论证呢? 这就需要了解论说文论证说理的基本方法。

总结起来,论说文写作过程中,最常用的一些论证方法有:

	论证方法	要点简释	引　导　词
1	分析论证法	用逻辑分析和推理的方式来论证	"因为""如果"……
2	事例论证法	用名人故事、生活例子等事实来论证	"事实上""比如""举例来说"……
3	理论论证法	用管理学、哲学等科学理论来论证	"××理论表明""哲学的原理告诉我们"……
4	引述论证法	引用名人名言、格言俗语来论证	"俗话说""××说"……
5	对比论证法	通过两种事物或思想的对比来论证	"而""相比于"……
6	反面论证法	从反面来展开论证	"反之""相反"……
7	反驳论证法	通过批驳错误的观点和疑问来论证	"或许有人说"……
8	比喻论证法	通过比喻的方式来论证	"就像""好像"……

显然,多掌握几种论证方法,我们的论证就多一些选择和变化。当然,这些方法在考场上具体运用时,往往又是你中有我、我中有你的。比如,在运用理论论证法、对比论证法、反驳论证法进行论证时,也都同时可以采用事例论证法适当举例;在进行举例论证时,针对所举的事实和例子,也需要加以适当的逻辑分析和理论阐述。

下面,我们具体地介绍这几种论证方法。

一、分析论证法

1. 分析论证法的概念

"分析论证法"是论说文最常用也是最重要的论证方法,它主要是指用分析演绎和逻辑推理的方式来论证自己所要论证的观点。例如:

"是人就应该讲公德,你是人,当然也要讲点公德!"

"是人就享有相应的人权,女人是人,所以,女人当然应该享有她们作为人的人权。简而言之,女人就应该有女权!"

《史记·陈涉世家》中陈胜起义前的演讲,堪称中国历史上乃至世界历史上最简洁有力、最精彩成功的演讲之一:

召令徒属曰:"公等遇雨,皆已失期,失期当斩。借第令毋斩,而戍死者固十六七。且壮士不死即已,死即举大名耳,王侯将相宁有种乎!"

陈胜这里采用的就是"分析论证法"。虽然他没有读过什么书,也讲不出什么高深的哲学的、政治学的理论,但他以强大的分析演绎和逻辑推理的能力,仅仅用几句朴素的语言,就已经把"为什么要起义"的大道理讲得非常清楚、非常透彻了:反正横竖都是死,还不如造反起义,举大名而死! 话不多,但是逻辑的力量非常强大,听众不得不信服。所以,根据《史记》的记载,陈胜演讲完,徒属皆曰:"敬受命!"轰轰烈烈的秦末农民起义运动,就这样在这次简短的演讲之后,如火如荼地展开了!

再看韩愈《师说》中的一段论证。这里,韩愈采用的也是"分析论证法",通过逻辑分析的方法把"学者必有师"的道理讲得非常透彻:

古之学者必有师。师者,所以传道、授业、解惑也。人非生而知之者,孰能无惑? 惑而不从师,其为惑也,终不解矣。生乎吾前,其闻道也固先乎吾,吾从而师之;生乎吾后,其闻道也亦先乎吾,吾从而师之。吾师道也,夫庸知其年之先后生于吾乎? 是故无贵无贱,无长无少,道之所存,师之所存也。

还有《列子·汤问》中的那位"北山愚公"并不愚,反而同样是熟练地运用"分析论证法"来讲道理的高手。面对河曲智叟的劝阻和嘲笑("甚矣,汝之不惠。以残年余力,曾不能毁山之一毛,其如土石何?"),北山愚公在一阵"长息"之后,回敬他说:

汝心之固,固不可彻,曾不若孀妻弱子。虽我之死,有子存焉;子又生孙,孙又生子;子又有子,子又有孙;子子孙孙无穷匮也,而山不加增,何苦而不平?

愚公的分析推理,似乎具有一种无可辩驳的逻辑力量,因此,说得河曲智叟无言以对。

下面我们摘录了一些历年联考论说文范文当中成功运用"分析论证法"的经典语段,希望同学们认真研读,慢慢从中体会"分析论证法"究竟该怎么写。

【分析论证法：范段 1】

一致性也是组织所不可或缺的,没有一致性的多样性只是一盘散沙。试想各部分、各成员之间如果没有任何一致性,现在的家庭、学校、城邦、乃至整个社会以及我们的身体,就都会分崩离析。(2016 年管理联考论说文范文《多样性与一致性的统一》)

【分析论证法：范段 2】

其次,单个企业资源的有限性要求我们学会合作对敌。任何特定企业的人力、财力、物力等资源都是有限的。所以,聪明的企业家在利用好自身资源的同时,还必须学会通过合作来借助别人的力量……(2013 年管理联考论说文范文《学会合作,共对强敌》)

【分析论证法：范段 3】

首先,学术跟风严重危及学者的学术研究。学海无边而精力有限,只有数十年如一日地学术有专攻,才可能成为相应方面的专家,并有所创新和突破……相反,如果你一味地追逐时代"潮流",什么热门就"跟风"研究什么,那你就只能沦为"无牢固与永久不改之业"的轻浮浅薄的二流学者或人云亦云的学术贩子!(2012 年管理联考论说文范文《学术跟风,危害无穷》)

【分析论证法：范段 4】

其实,手本来就长在眼的下面,眼是手的领导。如果眼代表着目标,那么,手对应的就是实现目标的手段。由于手段原本就是隶属于目标的,所以,目标在价值上就要高于手段,在逻辑上也要先于手段。因此,"眼高手低"原本就是确然、当然之理!(2007 年 10 月管理联考论说文范文《为"眼高手低"正名》)

2. 常见的分析论证法：因果分析

"分析论证法"的核心是"通过逻辑分析推理的方式来讲道理"。当然,逻辑分析的方式、方法多种多样,但最常用的有两种：① 原因分析法;② 结果分析法。

1) 原因分析法

何谓"原因分析法"？假设我们要论证的观点是 X,我们通过寻找和分析导致 X 的一些主要原因来论证持有 X 这种观点是很合理的。

比如,假设我们要论证"合作对敌"的合理性,我们就可以通过这样的"原因分析"来展开论证："任何特定企业的人力、财力、物力等资源都是有限的。所以,聪明的企业家在利用好自身资源的同时,还必须学会通过合作来借助别人的力量。"

再如,假设我们要论证"人要想得开一些",我们也可以通过这样的"原因分析"来展开论证："我们的生活并不是一无是处,还是可以'过得去'的。所以'想得开是天堂,想不开是地狱'这句话不无道理。"

同样,下面这个节选自王安石的《答段缝书》的语段,它在论证过程中主要采用的也是"原因分析法"。王安石通过隐秘而深刻的原因分析,鞭辟入里地论证了"贤者常多谤"这个观点。

原　文	今　译
天下愚者众而贤者希,愚者固忌贤者,贤者又自守,不与愚者合,愚者加怨焉。挟忌怨之心,则无之焉而不谤。君子之过于听者,又传而广之,故贤者常多谤。其困于下者尤甚,势不足以动俗,名实未加于民,愚者易以谤,谤易以传也。	世界上本来就是愚者多而贤者少,愚者本来就嫉妒贤者,而贤者又坚持自己的操守,不喜欢和愚者同流合污,于是愚者就更加怨恨贤者。既然怀着一颗嫉恨埋怨的心,他们就没有什么不可以诽谤的。再加上有些所谓的君子听信这样的话,又主动传播扩散,所以,贤者就经常遭受世人的诽谤。尤其是那些身处下层的贤者,遭受的诽谤就更多了,因为他们没有权势来改变世俗,名望和才华又还没有建立起民间的影响力,所以,愚者就很容易诽谤他们,诽谤也很容易传播扩散。

2）结果分析法

何谓"结果分析法"？假设我们要论证的观点是 X,我们通过逻辑推理的方式推出,持有 X 这种观点,或者采取 X 的这种做法,很可能会产生或导致什么样的好的或不好的后果,以此来论证应该还是不应该持有 X 这种观点。

比如,假设我们要论证"做学问不能盲目跟风",用"结果分析法"就可以这样写：

如果你一味地追逐时代"潮流",什么热门就"跟风"研究什么,那你就只能沦为"无牢固与永久不改之业"的轻浮浅薄的二流学者或人云亦云的学术贩子！

再比如,假设我们要论证"多样性的重要性",用"结果分析法"就可以这样写：

组织中不同个体间往往可以相互切磋学习,相互鞭策竞争,从而促使各个体乃至整个组织的进步和进化……

"结果分析法"是一种运用非常广泛也非常容易学会的讲道理的论证方法,所以,同学们平时务必强化这种论证方法的写作训练,考试时最好也要能自觉地运用这种论证方法来写作。

为了强化大家"结果分析法"的写作感觉,我们接下来提供一些历年真题范文中的经典语段。

【结果分析法：范段 1】

相反,如果顽固地坚持为富为仁是矛盾的,这种错误思想就很容易一方面导致某些人不去为仁,因为为仁就会沦为贫穷；另一方面又会导致某些人仇视财富,排挤和打压富人——最后的结果是全社会的普遍贫困。仓廪实而知礼节,在一个普遍贫困的社会里,谁相信它会有多少仁义道德？（2015 年管理联考论说文范文《为富为仁,未必矛盾》）

【结果分析法：范段 2】

其次,学术跟风严重损害国家的自主创新。急功近利的学术跟风势必会浪费原本有限的科研资源,导致许多基础性、风险性的学术领域"无人过问",从而严重影响我国的自主创新能力。在科学技术是第一生产力、全球化竞争日趋激烈的今天,自主创新能力的缺乏,按熊先生的说法,可是国家民族危亡的征象啊。所以,每一个有爱国心的学者都应该努力以自身的自主创新来推动国家的自主创新,而不能一味地跟风！（2012 年管理联考论说文范文

《学术跟风，危害无穷》)

【结果分析法：范段3】

第一个吃螃蟹的人是可敬的，多少年前，鲁迅先生就这样称赞道。但面对新兴市场，大部分人总是畏首畏尾，因为风险太大了！可风险与机遇并存，你规避了做第一的高风险，也就等于放弃了做第一的高收益。这样的人自然就只能步人后尘，永远吃人家的残羹冷炙了。(2007年管理联考论说文范文《敢为天下先》)

【结果分析法：范段4】

……丘吉尔所做出的决定很明显违背了人民建设国家的目的。他的决定注定会造成无数人丧生和城市的毁灭。如果这种事情被广大群众知道真相的话，人民又怎么会相信这个国家，相信政府？最严重的后果就是这个国家被自己的人民推翻，而不需要外来敌人的侵略。(2005年管理联考论说文范文《拯救考文垂》)

二、事例论证法

1. 事例论证法的概念

事例论证法，又可以简称为"例证法"，简单来说就是指通过举例子、摆事实的方式来论证自己所要论证的观点。

"事例论证法"是日常生活中的讲理劝说以及论说文写作中的论证说理最常用的方法之一。下面是最经典的一些"例证"语段：

舜发于畎亩之中，傅说举于版筑之中，胶鬲举于鱼盐之中，管夷吾举于士，孙叔敖举于海，百里奚举于市。故天将降大任于是人也，必先苦其心志，劳其筋骨，饿其体肤，空乏其身，行拂乱其所为，所以动心忍性，曾益其所不能。(《孟子·告子下》)

吾尝终日而思矣，不如须臾之所学也；吾尝跂而望矣，不如登高之博见也。登高而招，臂非加长也，而见者远。顺风而呼，声非加疾也，而闻者彰。假舆马者，非利足也，而致千里；假舟楫者，非能水也，而绝江河。君子生非异也，善假于物也。(《荀子·劝学》)

常言道，"事实胜于雄辩"。典型的事实往往比空洞抽象、枯燥干瘪的说理更加具有感性的说服力。有时候，你说来说去，长篇大论，听众未必满意，很可能他们会觉得你是为说理而说理，是虚浮的狡辩，是空洞的言辞游戏。这时，若能举出一些贴切自然的例子来，你原先空洞的说理也许马上就会让人觉得"落到了实处"。所以，恰到好处的一个事例，胜过许多空洞的废话。

而且，好的事例还会进一步引发写作者的感情、联想、分析和议论。这样，以一个典型、精彩的例证为核心，再加上一些适当的分析评议，一个论证性的段落也许就很容易写完、写好。比如，鲁迅先生的名篇《拿来主义》就是围绕"继承祖宅"的那个例子展开写成的。

2. 例证的多样性

"事例论证法"所举的例子可以是人的例子，也可以是人类社会之外的自然界的例子，只要能把道理说清楚，能把自己所要论证的观点论证好，就行。比如：

积土成山，风雨兴焉；积水成渊，蛟龙生焉；积善成德，而神明自得，圣心备焉。故不积跬步,无以至千里;不积小流,无以成江海。骐骥一跃,不能十步;驽马十驾,功在不舍。锲而舍之,朽木不折;锲而不舍,金石可镂。蚓无爪牙之利,筋骨之强,上食埃土,下饮黄泉,用心一也。蟹六跪而二螯,非蛇鳝之穴无可寄托者,用心躁也。(《荀子·劝学》)

当然,"事例论证法"中的例子可以是一个例子。一个例子,如果自然贴切,再加上适当的分析,也可以达到很好的论证效果。比如:

麦哲伦是同哥伦布齐名的大航海家。他率船队战胜了风浪、冰冻和疾病来到菲律宾群岛。菲律宾群岛的丰富物产使他垂涎三尺,为此他挑起了当地土著部落的矛盾纠纷,企图从中渔利。结果在混战中麦哲伦前额中了标枪,客死在菲律宾马克坦岛。真是大风大浪都闯过来了,最后却因为一时的"贪念"而在一个小岛翻了船。(《心平好过海》)

更何况,"眼高手低"的人也并非注定会失败。历史上,眼高手低但最终取得辉煌胜利的,也大有人在。汉末群雄纷争,刘备最初不过是个小商贩。但他在目睹了"汉室倾颓,奸臣窃命"之后,确定并一直坚守"欲伸大义于天下"的理想和目标。最终,眼高手低的刘备就是凭着他的"眼高"在赢得了诸葛亮这样的"高手"鼎力相助之后,还是三分天下有其一。(2007年10月管理联考论说文范文《为"眼高手低"正名》)

就拿VCD机来说吧。刚问世时,售价高达2 000多元。许多本来生产热水器、电饭煲的厂家发现有利可图,便争相改为生产VCD机。但不出几年,价格直线下跌到200元! 后加入的许多厂家倒闭了,而最早生产VCD机的那几家企业早就捞了一大笔,转行做新的产业了! 所以,"第一桶"是金,第二桶、第三桶——很可能就不再是金,而是陷阱!(2007年管理联考论说文范文《敢为天下先》)

也许玛丽莲·梦露有很高的智商,但她给后人留下的印象无疑首先是性感;也许后来有无数的年轻女孩比她性感,但只有她才永远是"性感"的代名词——因为正是她在展现女性性感的"探险道路"上,勇敢地踩出了"第一个脚印"!(2007年管理联考论说文范文《敢为天下先》)

"事例论证法"中的例子也可以是多个例子、一系列例子。有时候,多个例子排列起来,也许更显论证的气势和力度。比如:

昔伊挚、傅说出于贱人;管仲,桓公贼也,皆用之以兴。萧何、曹参,县吏也,韩信、陈平负污辱之名,有见笑之耻,卒能成就王业,声著千载。吴起贪将,杀妻自信,散金求官,母死不归,然在魏,秦人不敢东向,在楚则三晋不敢南谋。今天下得无有至德之人放在民间,及果勇不顾,临敌力战,若文俗之吏,高才异质,或堪为将守;负污辱之名,见笑之行,或不仁不孝而有治国用兵之术:其各举所知,勿有所遗。(曹操《举贤勿拘品行论》)

商朝兴盛的时候,有仲虺、伊尹;等它衰败的时候,也有微子、箕子、比干三位仁者。周朝兴盛的时候,有十个与武王同心同德的贤臣;等它衰败的时候,也出现了祭公谋父、内史过这样的人才。两汉兴盛的时候,有萧何、曹参、寇恂、邓禹这些能人;等它衰败时,也出现了王嘉、傅喜、陈蕃、李固等不可小觑的人物。魏、晋以下,一直到李唐一代,这样的例子举不胜举,而其间无论是哪个兴盛或衰败的时代,情形也都一样,从来不乏贤能之士。(王安石《兴贤》语段今译)

追求理想本身就是一种无上的快乐。当你全身心地投入为理想而奋斗的事业之中时,你就会体会到孔子"发愤忘食,乐以忘忧,不知老之将至"的忘我快乐;当你和杜甫一样追求

"安得广厦千万间,大庇天下寒士俱欢颜"的理想时,你就会油然而生一种"吾庐独破受冻死亦足"的满足与宽慰;当你深刻理解了谭嗣同追求变法强国的大同社会的理想时,你也会和他一样虽将身死敌手,却仍有"快哉快哉"的坦然与豪壮。(2004年管理联考论说文范文《为理想而奋斗的人是快乐的》)

3. 例证必须典型

由于论说文所要论证的观点一般都是一个普遍性的观点,而我们所举的例子又都是个别和特殊的,个别和特殊的例子如何能论证一个普遍性的观点? 这就需要我们注意所选的例子要有代表性,要有典型意义,最好要能达到"一叶知秋""一斑窥豹"的效果。比如:

多样性是世界存在的基本特征。……就算是同一城邦的任何两个公民,同一班级的任何两个学生,甚至同一家庭的任何两个孪生兄弟,初看可能很相似,细看却总能找到各种各样的差异……总之,我们所生活于其中的就是这样一个由差异性和多样性编织而成的世界。(《多样性与一致性的统一》)

上述语段所举的例子主要是"两个孪生兄弟也有差异",这个例子就很有代表性,所以能非常充分有力地说明它所要论证的分论点——"多样性是世界存在的基本特征"。

再比如,下面这样几个语段,它们的选例也非常富有代表性和典型性,所以,它们的论证也都很有说服力:

首先,为富未必就要去为不仁。君子爱财,取之有道。一个人未必要通过不道德的手段,才能获得财富。靠自己的勤劳、胆识、能力、技术等,也完全可以获得应有的回报和财富。"富而行其德"的范蠡,"儒商代表"子贡,"爱国侨商"陈嘉庚,"红色资本家"荣毅仁,荣获"改革开放四十年百名杰出民营企业家"称号的曹德旺……就是"既富且仁"的最好例证。

……

再次,为仁未必就会导致不富。诚信经营,努力为客户创造更多的价值,这是仁,而这样的仁也是最容易获得高额回报的。马云最初的动机是"让天下没有难做的生意",这是仁啊。正是这种仁,成就了他日后的富。袁隆平研究出杂交水稻,让中国十几亿人吃饱了饭,可谓当今中国最大的仁者。但这样的仁者贫穷了吗? 要知道他也是中国最富有的人之一啊。(2015年管理联考论说文范文《为富为仁,未必矛盾》)

另外,要克服"特殊的例子"和"普遍的观点"之间的逻辑鸿沟,除了例子需要典型、有代表性之外,考生在论证的时候,最好还要做到"例子"和"分析"以及"例子"和"理论"的紧密结合。比如,上面我们列举的这两个语段,其实就很好地做到了这一点——这两段的开始都是"理论论证",紧接着都是"事实论证"。正因为这两段都很好地做到了"理论"和"例证"、"例证"和"理论"的有机结合,所以,它们的论证就不仅有了理论的"深度",而且也都落到了感性的"实处"。

4. 例证段的结构

运用事例论证法来写论证段落,在语言表达上,最好既要有承上启下的部分,与前文贯通一气,又要有扎结收束的部分,以使事例不至于散乱自流,最终实现论证的目的。所以,一般来说,完整的例证段的语言结构,最好应该包括这样几个部分或要素:

① 观点句→② 阐释句→③ 过渡句→④ 事例句→⑤ 分析句→⑥ 结论句(观点句)

下面对上述结构及要素进行一些简单的解释。

（1）"观点句"，指的是我们借以表达自己文章的核心观点或一个重要分论点的句子。观点句是我们本段论证的目标。

（2）"阐释句"，指的是如果我们准备要论证的观点不是很明显，需要进行适当的解释以便读者更加清楚准确地理解我们的观点。

（3）"过渡句"，指的是从观点过渡到即将引用的事例的句子。显然，没有这样的过渡句，事例就引不出来。或者就算强行推出事例，这样的事例也显得很突兀，很难真正体现它和所要论证的观点之间的逻辑关系。

（4）"事例句"，指的是我们对即将引述并用作论据的事实或例子的叙述或介绍。显然，"事例句"是"例证段"的真正基础。对于例证段来说，事例本身的内容是否贴切精彩，叙述是否简洁干练，在很大程度上决定了整个例证段的质量。

（5）"分析句"，指的是对所引事例的分析，目的是要揭示所引事例和待证观点之间的内在的逻辑关系。显然，如果没有分析句，那么，这样的论证段就不是真正的论证段，而沦为了"观点+材料"的简单拼凑。这样拼凑的结果是，读者无法理解事例是如何支持观点的。

（6）"结论句"，指的是在对所引的事例和待证的观点之间的逻辑关系进行分析之后，所自然引出来的结论。一般来说，"结论"也就是我们所要论证的观点。"结论句"可以看作是本例证段的总结，也可以看作是对文章观点的强调。

需要特别提醒同学们注意的是，在上面6个要素中，除了简明扼要地写好"事例句"之外，关键是写好"过渡句"和"分析句"。正如上面的分析所指出的，"过渡"就是要在观点和事例之间，用适当的词句来勾连，以接通文气，使观点和事例在语言形式上畅通无阻。所谓"分析"，就是在叙述完事例后，还必须对事例进行适当的分析评论，指出其本质特点，使事例和论点在内容上连接在一起。总之，只有"过渡句"和"分析句"才能让整个论证段真正有机地连贯起来。

下面看一些例证段的范例以及我们的分析点评，也许更加直观感性一些。不过，提醒同学们，在阅读范段的时候，要仔细琢磨品味范段中的"过渡句"和"分析句"是怎么写的，为什么要这么写，这么写好在哪里……只有边读边分析，才能更好地理解"例证段"写作的技法和诀窍。

【例证段范段 1】

原　　文	分　析
我们要重视"专才"。	观点句
我们不能奢求每个人都成为全才，我们应重视那些在某一领域或某一方面有独特建树的专才。	过渡句
被称为"文化昆仑"的钱钟书先生当年数学不及格，却被清华大学录取，后来成为一代国学大师。	事例句
这铁一般的事实证明了：	分析句
专才不仅是人才，而且可能成为大有用处的人才。	观点句

这段议论文范文中共四句话：第一句话是论点，第三句话是事例，第二句和第四句分别是"过渡"和"分析"。正是因为有了这两句，观点和事例就粘连起来了。

【例证段范段 2】

原　文	分　析
"疑"是思之始、学之端。	观点句
科学上的重大突破，理论上的重大创造，往往是从"疑"开始的。	过渡句
"苹果为什么落在地上？"这个"疑"对于探索"万有引力"的牛顿曾有极大的启示；"挂灯摇摆幅度不论大小，为什么时间都是一个样？"这个"疑"使伽利略发现了等时性的原理。	事例句
这些自然现象，皆是人们生活中惯常所见，然而，一般人习以为常，熟视无睹，所以，就难以有新的发现。	分析句
唯有富含探究精神的人对此产生了"疑"，才会继续努力探索，最终发现常人发现不了的新大陆。	结论句

【例证段范段 3】

再看《吕氏春秋·察今》中的一个例证段落。这个语段有对例子的叙述，也有对例子的分析，这样就很好地建立起了例子和观点之间的逻辑关系，充分地实现了"例证"的论证作用：

原　文		今　译
荆人欲袭宋，使人先表澭水。澭水暴益，荆人弗知，循表而夜涉，溺死者千有余人，军惊而坏都舍。	1	有一次，楚国人想攻打宋国，派人先在澭水中设置了渡河的标志。澭水突然上涨，楚国人不知道，依然按照标志在黑夜里渡河，结果被淹死的有一千多人，军队惊乱的惨状就像城市里的房屋倒塌一样。
向其先表之时可导也，今水已变而益多矣，荆人尚犹循而导之，此其所以败也。	2	当初他们事先设置标志的时候，是可以顺着标志渡河的，可是现在河水已经发生变化上涨了，楚国人还按照标志渡河，这就是他们所以失败的原因。
今世之主法先王之法也，有似于此。	3	现在的君主如果要效法先王的法度，就与这种情况差不多。
其时已与先王之法亏矣，而曰此先王之法也，而法。以此为治，岂不悲哉！	4	他所处的时代已经与先王的法度不适应了，却还说：这是先王的法度，应该效法它。用这种办法治理国家，难道不是很可悲吗？

为了方便分析，我们把上述语段分成了 4 个小节。很显然，它的第 1 小节是在"概述事例"，也即所谓的"事例句"；第 2 小节是在"分析事例"，也即所谓的"分析句"；第 3 小节试图

实现由"事例"向"观点"的过渡,也即所谓的"过渡句";第 4 小节则是继续在用例子中的道理来论证自己所要论证的观点,也即所谓的"观点句"。

这里要特别提醒同学们,很多考生在写论说文的时候,也喜欢用"事例论证法",但是很遗憾,由于对"事例论证法"掌握和运用得不够精准、娴熟,所以,一不小心就把自己的某个例证段写成了某种不伦不类的"夹生"段落:先是讲一个故事,什么人做了什么事,接下来直接抛出自己文章的观点,但是,由于中间缺少对"事例"的分析以及利用相应的分析来论证自己观点这一关键过程,所以,读者看完之后就是不明白,这个"事例"和"观点"究竟有什么逻辑上的关系。

要知道,所谓的"事例论证法",必须有"例",同时更重要的,还必须有"证"。只有单纯的"事例",而没有"证",没有对事例的分析、评论,那不过是素材的堆砌,根本就没有逻辑上的论证力量,这样的写法是不符合论说文的文体性质的。

三、理论论证法

理论论证法,就是通过运用科学理论作论据来进行论证的论证方法。

一般来说,我们的论说文所要论证的观点是一个普遍的全称命题,比如"坚持就是胜利""为理想而奋斗的人是快乐的""己所不欲,勿施于人",所以,仅仅依靠单个事例是不能直接证明这样普遍的观点的。要能真正充分全面地论证这样的观点,最好的办法就是用同样普遍的理论来做论据。可见,理论论证对论说文的写作来说是多么重要。

理论论证可以运用的理论有很多,常见的有管理学、经济学、哲学、社会学、心理学、政治学等人文社会科学的理论,以及物理学、生物学等自然科学的理论。对于我们的管理联考来说,管理学、哲学、心理学理论相对用得较多。所以,如果有可能的话,考生在备考的过程中可以适当地看看《管理学概论》《心理学概论》《唯物辩证法》之类的书,提升一下自己的理论素养,这对自己的论说文写作无疑是有巨大帮助的。

下面,我们就来看几个"理论论证法"的范段。

【理论论证法范段 1】

首先,根据近代西方法哲学理论,人之所以会让出一定的权力(比如说自由)而组成一个国家,为的就是使自己不被比自己强大的敌人所伤害,而丘吉尔所做出的决定很明显违背了人民建设国家的目的。他的决定注定会造成无数人丧生和城市的毁灭。如果这种事情被广大群众知道真相的话,人民又怎么会相信这个国家,相信政府? 最严重的后果就是这个国家被自己的人民推翻,而不需要外来敌人的侵略。(2005 年管理联考论说文范文《拯救考文垂》)

【理论论证法范段 2】

其次,人人都有认识的局限,论辩会充分暴露出各自的错误,从而有助于发现真理。表象不是真理,真理往往隐蔽而艰深。同时,任何个人的理性和认识能力又都是有限的,因此,我们的思想总是充斥着各种错误而不自知。这时,论辩就可以帮助我们彼此认识和走出误区。科学史上的生物进化论、波粒二象性……就都是在长期持续的论辩过程中不断地发现

自身存在的问题,并逐步完善发展起来的。(2019年管理联考论说文范文《论辩:人类求真的利器》)

四、引述论证法

1. 引述论证法的概念

引述论证法,就是通过引述名言警句、经典著作、历史文献、谚语、成语、俗语、古今诗文等,以此作为论据,来论证自己所要论证的观点的合理性。

比如,韩愈《师说》中的一个语段就引用了孔子的话"三人行,则必有我师",很好地论证了自己所要论证的"古之学者必有师"的观点。

同样,下面的语段也是典型的引述论证语段:

"人固有一死,或重于泰山,或轻于鸿毛。"这是司马迁的谆谆教诲。"生当作人杰,死亦为鬼雄。"这是李清照的豪迈宣言。让我们向司各特学习,勇于为理想而赴死,最终因理想而永生!(2007年管理联考论说文范文《为理想而赴死,因理想而永生》)

这些学者何以堕落至此?最根本的在于他们的名利之心。或许名利本身并不坏,因此我也并不赞同中国古代"名利者,凶器也""莫言名与利,名利是身仇"的观点。但是,当学者出于名利之心来做学问时,"名为锢身锁,利是焚身火",就在所难免了,因为"贪"乃是名利之心必然的嘴脸。

《菜根谭》告诫我们,"人只一念私贪,便销刚为柔、塞智为昏、染洁为污"。所以,最后我还是以我自己的一句格言来奉劝我们的学者:"名利可以不去,但名利之心不可不去。"(2010年1月管理联考论说文范文《名利之心,不可不去》)

2. 引述论证法的优点

引述论证法的优点,首先在于它较有权威性。其次,引述论证法所引用的语言往往是经过千锤百炼的,所以,它也可以给我们论说文的语言增色不少,让我们的文章陡然"亮丽"起来。比如下面这个语段:

"谁是我们的敌人?谁是我们的朋友?这个问题是革命的首要问题。"毛泽东一直在告诫我们:团结可以团结的力量,联合可以联合的朋友,才能让我们真正有力量去对付那些真正的敌人。(2013年管理联考论说文范文《学会合作,共对强敌》)

这里引用的毛泽东的话对于作者所要论证的观点来说,非常贴切自然,再加上它出于权威人士之口,所以,论证的力度就显得不同凡响。另外,毛泽东的这句话本身也非常简洁干练、铿锵有力,所以,它画龙点睛地把整个这一段的文采也都拉上去了。

再比如这样一个语段:

追求理想本身就是一种无上的快乐。当你全身心地投入为理想而奋斗的事业之中去时,你就会体会到孔子"发愤忘食,乐以忘忧,不知老之将至"的忘我快乐;当你和杜甫一样追求"安得广厦千万间,大庇天下寒士俱欢颜"的理想时,你就会油然而生一种"吾庐独破受冻死亦足"的满足与宽慰;当你深刻理解了谭嗣同追求变法强国的大同社会的理想时,你也会和他一样虽将身死敌手,却仍有"快哉快哉"的坦然与豪壮。(2004年管理联考论说文范文《为理想而奋斗的人是快乐的》)

连续的精彩绝伦的名言警句、古代诗文的引用,不仅大大增强了论证的逻辑力量,而且也让整个这一段的语言陡然亮丽起来,读来让人觉得赏心悦目,美不胜收。

最后请看:

"夫夷以近,则游者众;险以远,则至者少。而世之奇伟瑰怪非常之观,常在于险远。"但愿我们的学者戒除跟风的陋习,在冷僻险远的自主创新的学术道路上,有"当今之世,舍我其谁"的英雄气概,并最终领略到学术和人生的"奇伟瑰怪非常之观"!(2012年管理联考论说文范文《学术跟风,危害无穷》)

上面这个语段之所以是比较好的引述论证语段,主要是因为它所引用的王安石的《游褒禅山记》是大家耳熟能详的古代名篇,而且直接引用的这几句话简洁优美、富有诗意,在内容和逻辑上也和自己所要论证的观点非常契合。

3. 引述论证法的要点

用引述论证法来论证观点的时候,应该注意以下几个方面:

(1)引语必须确凿、恰当。切不可不管名言警句的背景、内涵而断章取义,或生拉硬扯、牵强附会,甚至曲解原意。

(2)引语必须自然。该用时信手拈来,不该用时也不要拿大棒子打人,以高帽子压人。切忌拉大旗作虎皮,虚张声势,重要的是引语本身在内容上、逻辑上是否真的能有力地支持我们所要论证的观点。

(3)引语必须精要。引证不是名句摘抄,引用以"有用"为标准,不可贪多,大段大段地背诵抄袭,必须控制"比重"。

(4)引用不是摆设。引述论证法不能仅仅停留在"观点+引语"、有"引"无"证"的这种肤浅形式上,一定要有"引"、有"析"、有"证",一定要将引用的内容融入我们文章的分析论证中去。一般来说,只有对引语加以必要的分析和阐述,才能使读者知道引用这句话的目的,才能更好地论证自己所要论证的观点。这就是说,引语前后需要交代语、解释语、概括语、推导语、分析语等来进行引申发挥。那种明摆浮搁、前后脱节的现象,一定要想办法避免。

4. 引述论证法的范段

下面这几个语段,都是引语精当、有引有析的引述论证法的典范。希望同学们认真品味。

【引述论证法:范段 1】

人总是要死的,但死的意义有不同。中国古时候有个叫司马迁的文学家说过:"人固有一死,或重于泰山,或轻于鸿毛。"为人民利益而死,就比泰山还重;替法西斯卖力,替剥削人民和压迫人民的人去死,就比鸿毛还轻。张思德同志是为人民利益而死的,他的死是比泰山还要重的。(毛泽东《为人民服务》)

【引述论证法:范段 2】

毛泽东同志自己多次说过,他有些话讲错了。他说,一个人只要做工作,没有不犯错误的。又说,马恩列斯都犯过错误,如果不犯错误,为什么他们的手稿常常改了又改呢?改了又改就是因为原来有些观点不完全正确,不那么完备、准确嘛。毛泽东同志说,他自己也犯过错误。一个人讲的每句话都对,一个人绝对正确,没有这回事情。他说:一个人能够"三七开"就很好了,很不错了,我死了,如果后人能够给我以"三七开"的估计,我就很高兴、很

满意了。(邓小平《"两个凡是"不符合马克思主义》)

五、对比论证法

1. 对比论证法的概念

对比论证法是一种求异的思维方式,它侧重于从事物的相反或相异的属性的比较中来揭示所需论证观点的合理性。

对比论证方式的运用范围很广,因为可以进行比较的事物很多,中与外、古与今、成与败、大与小、强与弱、美与丑、正与反等,都适合进行比较,在比较中分析和阐明了两者的差异或对立之后,是非昭然,自然就能够较好地完成自己的论证,确立自己的观点。

对比可以是两个对象之间的比较,也可以是同一对象自身前后不同阶段之间的比较。据此,我们可以把对比论证法进一步划分为:横向比较法和纵向比较法。

2. 横向比较法

横向比较是两个不同对象之间的比较。"横向比较法"的例子很多。比如,韩愈《师说》中的这一段:

嗟乎!师道之不传也久矣!欲人之无惑也难矣!故之圣人,其出人也远矣,犹且从师而问焉;今之众人,其下圣人也亦远矣,而耻学于师。是故圣益圣,愚益愚。圣人之所以为圣,愚人之所以为愚,其皆出于此乎?

这一段采用的就是"横向比较法",通过对"圣人"和"众人"是否"从师"及其相应后果的横向比较,很鲜明地论证了"师道"的必要性。

接下来,韩愈继续使用"横向比较"的论证方法来展开论证说理:

爱其子,择师而教之;于其身也,则耻师焉,惑矣。彼童子之师,授之书而习其句读者也,非吾所谓传其道、解其惑者也。句读之不知,惑之不解,或师焉,或不焉,小学而大遗,吾未见其明也。

巫医、乐师、百工之人,不耻相师。士大夫之族,曰"师"、曰"弟子"云者,则群聚而笑之。问之,则曰:"彼与彼年相若也,道相似也。"位卑则足羞,官盛则近谀。

呜呼!师道之不复可知矣!巫医、乐师、百工之人,君子不齿,今其智乃反不能及,其可怪也欤!

小孩子学习那么简单的东西,都需要有老师,为什么大人学习更高深的道理学问,就不需要老师呢?一般的匠人、艺人都需要有老师,为什么士大夫就不需要老师呢?……通过这一系列的比较,韩愈有力地论证了"学者必有师"的观点。

还有,据《新唐书·则天皇后》记载,武则天在平定了徐敬业反对自己称帝的"叛乱"之后,曾经有一次训斥群臣,也很好地应用了"横向比较"的论证方法:

原　　文	今　　译
朕辅先帝逾三十年,忧劳天下。爵位富贵,朕所与也;天下安佚,朕所养也。先帝弃群臣,以社稷为托,朕不敢	我曾经辅佐先帝三十多年,为天下操碎了心。你们大臣的爵位富贵,都是我赐予的;整个天下的安逸舒适,也都是我治理出来的。先帝抛下你们去世前,把社稷委托给我,我不

原　文	今　译
爱身,而知爱人。今为戎首者皆将相,何见负之遽?且受遗老臣忧虑难制有若裴炎乎?世将能合亡命若徐敬业乎?宿将善战若程务挺乎?彼皆人豪,不利于朕,朕能戮之。公等才有过彼,盍为之。不然,谨以事朕,无诒天下笑!	只爱惜自己的身子,一心想着关爱全天下的人。可是,今天起来造反的首领都是我们原先的将相,为什么忘恩负义得这么快?而且,你们真要想想,你们有谁比裴炎更难制服的?有谁比徐敬业、程务挺更能带兵打仗的?他们都是人中豪杰,对我不利,我都能杀了他们。你们这些人的才能如果自以为超过他们的,就请早些动手。否则,就好好听我的话,不要让天下人笑话!

　　武则天让大臣们自己扪心自问,比较一下,自己的能力真能和裴炎、徐敬业、程务挺他们比吗?不能比的话,还是乖乖地听话,否则,和我对抗的下场很可能就是被我杀,被天下人笑话不自量力!

　　武则天不愧是女中豪杰,训斥群臣的话刚健有力、掷地有声。从逻辑的角度看,"横向比较"的论证方法,也运用得鞭辟入里、炉火纯青。结果,据记载,群臣顿首,不敢仰视,曰:"惟陛下命。"

　　另外,王安石的《伤仲永》一文最后的一个论证段,也采用了"横向比较"这种论证说理方式:

　　仲永之通悟,受之天也。其受之天也,贤于材人远矣。卒之为众人,则其受于人者不至也。彼其受之天也,如此其贤也,不受之人,且为众人。今夫不受之天,固众,又不受之人,得为众人而已邪!

　　方仲永天赋那么好,因为后来不坚持学习,最终也是沦为"众人"。因此,一般的、没有什么天赋的"众人",如果再不坚持学习,那将会沦为什么样的人呢?这里,王安石通过把没天赋的"众人"和有天赋的方仲永进行横向比较,有力地论证了自己所要论证的观点:一般的人更需要注意学习,坚持学习!

　　下面再看两个"横向比较法"的范段。

【横向比较法:范段1】

　　首先,管理岗位更需要冒尖人才。俗话说,兵熊熊一个,将熊熊一窝,可见管理者对整个团队的重要性。很显然,拔尖有很大的主观性,拔错用错的概率很高。相反,如果新上任的管理者是通过自己的努力在该团队中自然地冒尖出来的,由于其经验、能力、品质、威信上都已经得到了事实的证明和团队其他成员的公认,这样众望所归的冒尖者对该团队的管理应该要远胜于被硬生生地提拔上来的人。(2011年管理联考论说文范文《呼唤更多的人才冒尖》)

【横向比较法:范段2】

　　或许有人说,理想就如希望,实现时是一种快乐;失败时,何尝不是一种自惹的痛苦?这样想的人,其实并不了解理想以及为理想而奋斗的真实含义。陈胜起义最后是失败了,但相比于他年轻时佣耕垄上的同伴,那些可怜得连好梦都不敢做一个、反而嘲讽他的鸿鹄之志的

"燕雀"们,难道不更加快乐千万倍?!（2004年管理联考论说文范文《为理想而奋斗的人是快乐的》）

3. 纵向比较法

纵向比较就是对同一事物的前后状态进行比较。

在刚才所举的《伤仲永》的最后一段里,王安石除做了"横向比较"之外,同时也做了"纵向比较":方仲永原来很有天赋,但是后来没有坚持学习,所以,最终沦为了"众人"。这一前一后的"纵向比较",也很有力地论证了"学习的重要性"。

当然,在中国论说文历史上,最著名的"纵向比较法",莫过于贾谊的《过秦论》。整篇《过秦论》,就是通过秦统一中国前后的治国政策的比较,最后得出了秦亡于"仁义不施"以及不知道"攻守之势异也"的结论。

此外,《韩非子·五蠹》在论述"人口增长导致民争"这一观点时,也因为非常恰当地运用了"纵向对比"的方法,通过古代和现代一前一后的比较,更加鲜明有力地论证了自己所要论证的观点:人口增长必然会导致百姓纷争。整个论证非常有说服力,让人不得不信服:

原　　文	今　　译
古者丈夫不耕,草木之实足食也;妇人不织,禽兽之皮足衣也。不事力而养足,人民少而财有余,故民不争。是以厚赏不行,重罚不用,而民自治。今人有五子不为多,子又有五子,大父未死而有二十五孙。是以人民众而货财寡,事力劳而供养薄,故民争,虽倍赏累罚而不免于乱。	古时候壮年男子不耕种,因为草木的果实足够吃了;妇女不纺织,因为禽兽的皮革足够穿了。不从事耕织而衣食充足,所以人民之间没有争夺。因此用不着厚赏,也用不着重罚,人民自然地得到治理。现在一个人有五个儿子不算多,每个儿子又有五个儿子,那么祖父还没有死就已经有了二十五个孙子了。因此人民众多而财物缺少,用力辛劳而衣食不足,所以人民之间就要彼此争夺,即使加倍奖赏和加重处罚,还是免不了天下纷乱。

再比如下面这几段也是成功运用"纵向比较法"的典范:

其实,任何事情都有很多面,我们可能无法改变事物本身,但如果换个角度看就能让我们更快乐,我们又何乐而不为呢?

曾经听过这样一个故事。一个老太太有两个女儿,大女儿嫁给一个卖雨伞的,二女婿则是一位盐商,靠晒盐为生。一到晴天,老太太就唉声叹气,说:"大女婿的雨伞不好卖,大女儿的日子不好过了。"可一到雨天,她又想起了二女儿:"他们家里没有办法晒盐了,他们靠什么去赚钱呢?"所以,无论晴天还是雨天,老太太总是很不开心。这样一来,老太太日渐憔悴,痛苦不堪,陷于抑郁之中,两个女儿不知如何是好。

后来,一个智者对老太太说:"雨天过了是晴天,晴天过了是雨天。天晴好晒盐,您该为二女儿高兴;雨天好卖伞,您该为大女儿高兴。"老太太听后恍然大悟,不再抑郁。

在心情不好时,如果有意无意地换一种思维的角度思考,寻找事物的积极意义,也许就会像老太太一样,走出心理困境,我们的心情就会好起来。人要有个好心情,就得想开一些,我们的生活并不是一无是处,还是可以"过得去"的。所以"想得开是天堂,想不开是地狱"这句话不无道理。（2004年管理联考论说文范文《转个身,你便是智者》）

六、反面论证法

1. 反面论证法的概念

反面论证法,顾名思义,就是从反面来展开论证。它与正面论证相对,一般用"反之""相反""如果""试想"等标志词来引导。

比如,论"自信",我们可以从正面来展开论证:自信有多么重要,它能给我们带来哪些好处;我们也可以从反面来展开论证。比如:

反之,如果一个人没有自信,甚至自卑、自惭形秽,那么,他的能力就很难正常发挥出来,心情也是压抑的。

其实,严格来说,前面我们所介绍的"对比论证法",已经多多少少包含了"反面论证法",因为当我们采取正反对比的方式来进行论证时,实际上就已经是在运用反面论证法了。

但是,由于反面论证法是很重要、很常用的一种论说文的论证方法,所以,我们这里把它单列出来,做专门的介绍。

2. 反面论证法的意义

反面论证法为什么很重要? 大体上,我们可以从下面 3 个角度来加以分析。

1）从应试的角度看

对于考场作文来说,有了反面论证法,考生就至少在"正面论证"之外又多了一个分析、写作的角度。试想,如果是一篇 700 字左右的论说文,本论部分分为 3 段,每段都论证一个分论点,而每个分论点在论证的过程中又都采取正反论证的方式……这样,一篇 700 字的文章无论是在结构上还是在字数上,都很容易按部就班地编织、填充完成。

2）从论证的角度看

"反面论证法"的基本思路和写法是:"正面说了反面说"或"反面说了正面说"。这种正反两个方面的对比,有利于论证的深入、论点的突出和说服力的增强,容易给读者留下全面深刻的印象,产生强烈的震撼效果。

打个比喻来说,做论证就像画画一样,有明有暗,明暗对比,才能画出一个立体的图形。论证的时候,正面论了,再反过来论,这样正反对比的论证才更加立体,给人的印象也更加鲜明、更加深刻。

另一方面,从逻辑学的角度看,"正面论证"是充分性论证——如果 A,那会有多好;反面论证是必要性论证——如果非 A,那会有多坏。显然,正面论证加上反面论证,就等于充要性论证。因此,对 A 的论证毫无疑问就更加全面、更加有力。

比如,苏洵在千古名篇《六国论》中的下面这一段中,就因为同时做了正、反两方面的论证,才更加充分有力地论证了自己所要论证的观点:"六国破灭,非兵不利,战不善,弊在赂秦。"试想,如果删掉任何一方面的论证,其论证的效果就肯定不如苏洵的原文。

原　　文	今　　译
呜呼! 以赂秦之地,封天下之谋臣,以事秦之心,礼天下之奇才,并力西	唉! 如果六国把贿赂秦国的土地封赏给天下的谋臣,用侍奉秦国的心意礼遇天下非凡的人才,齐心协力向西对付秦

原　　文	今　　译
向,则吾恐秦人食之不得下咽也。悲夫! 有如此之势,而为秦人积威之所劫,日削月割,以趋于亡。为国者无使为积威之所劫哉!	国,那么我担心秦国人可能连饭也咽不下喉呢。可悲啊! 有这样的形势,却被秦国积久的威势所挟制,土地天天削减,月月割让,以至于走向灭亡。治理国家的人切不要让自己被敌人积久的威势所挟制啊!

正因为"反面论证"在逻辑上是非常重要的论证方法之一,所以,古代的论说文大家也大都非常喜欢使用这种方法来展开论证说理。比如,李斯在《谏逐客书》一文的前面做了正面论证,用秦穆公重用百里奚、秦孝公重用商鞅使落后的秦国慢慢崛起、强大的例子,正面论证了"应该广泛吸纳各国人才";接下来,他又做了这样一段反面论证:

原　　文	今　　译
今乃弃黔首以资敌国,却宾客以业诸侯,使天下之士退而不敢西向,裹足不入秦,此所谓"藉寇兵而赍盗粮"者也。	如今却不顾老百姓的利益,让人才去辅助敌国,拒绝客卿,让他们去帮别国立功业,使得天下的能人好手往后退却,不敢倾向西方,停住脚步不来进入秦国。这种做法就是"借给敌人武器,送给敌人粮草"呀。

可以想见,这段"反面论证"当年的"棒喝"效果! 它对当年的读者秦王来说,无疑就像一剂清醒剂、一根强心针,以心理上极端恐怖、逻辑上又极端严谨的方式论证了"万万不能逐客"的观点。

同样,欧阳修的《朋党论》想要论证的观点是:只有真正的君子才会结成朋党。当然,在这篇著名的论说文里,欧阳修也确实非常成功地从正面论证了这个观点,但同时,他也没有忘记从反面"唯利是图的小人没有朋党"来补充论证、巩固深化自己的"只有真君子才有真朋党"的观点:

原　　文	今　　译
小人所好者禄利也,所贪者财货也。当其同利之时,暂相党引以为朋者,伪也;及其见利而争先,或利尽而交疏,则反相贼害,虽其兄弟亲戚,不能自保。故臣谓小人无朋,其暂为朋者,伪也。	小人们所爱的是利禄,所贪的是钱财。当他们有着共同的利益时,就会暂时地互相勾结成为朋党,但那也只是假朋党;等到他们真的见到利益而争先恐后时,或者利益已经枯竭而形同陌路时,他们就会反过来互相倾轧残害,甚至即使是兄弟亲戚,也不会互相保护。所以说小人并无朋党,他们只是暂时结为朋党,所勾结而成的也不过是假朋党。

3)从主题的角度看

论说文要论证的主题,很可能有些主题正面论证比较难,而反面论证却比较容易说清楚。举一个不太恰当的例子,似乎可以比较好地说明这个道理。

比如,一个家庭主妇在家带孩子、做家务,本来很辛苦、很不容易。老公却认为,这些事情很简单,所以,稍不如意,就对老婆横加指责。老婆虽然多次试图向老公"论证"自己一天天是多么不容易,但终究因为老公从来没有亲身经历过,所以,总觉得老婆矫情或无能。这个时候,老婆该怎么办?

从逻辑学的角度看,一个简单的办法就是:正面论证("我在家多不容易")说不清,就来个反面论证("如果我不在家,你在家,你的感觉会怎么样")。怎么反面论证?很简单,离家出走几天,让老公自己在家带孩子、做家务。也许用不了两三天,他马上就知道了,别说做家务,就是单单哄孩子,一天下来也会让人身心交瘁、精疲力竭。

回到论说文考试上来。有些主题对某些考生来说,正面论证有可能就是说不清楚,这个时候就可以换个思路想想,能不能做反面论证?也许有些主题做反面论证很容易。比如,论"自信"。正面论证,说自信能给自己带来什么好处,未必能说得清楚;但是做反面论证,"反之,如果没有自信,如果自卑或自惭形秽,会导致什么样不好的后果?"这样一想,论证的思路也许就打开了,论证的语言也许就源源不断地涌出了。

再比如,论"谦虚"。如果你能很轻松地做正面论证,你就可以多做一些正面论证;如果正面论证比较难,你完全可以正面论证少写一些,多做一些反面论证:如果一个人不谦虚,相反却骄傲自满、狂妄自大、目中无人,会怎样?这样,文章不就很好写了吗?

还有,论"理想",你可以很轻松地展开这样的反面论证:如果一个人没有理想,就会浑浑噩噩,就会平庸无聊……。论"团结",你也可以轻轻松松地展开这样的反面论证:如果不团结,很可能要么单干,要么甚至内斗,那么,结果会……。论"兴趣"、论"自知"、论"创新"、论"素质"、论"远见"等主题,无不可以轻松地展开相应的"反面论证"。

但是,需要提醒同学们的是,从逻辑上说,因为反面论证是相对正面论证来说的,所以,正面论证一般是不可或缺的,反面论证只是一种补充性的论证方法。一篇文章如果只做正面论证,不做反面论证,完全是可以的。但是,如果一篇文章只有反面论证,而没有任何正面论证,我们就会觉得它似乎缺了些什么,总觉得论证没有最终完成。

3. 反面论证法的范段

下面是一些供同学们学习和模仿的反面论证的范段。

【反面论证法:范段 1】

相反,如果顽固地坚持为富为仁是矛盾的,这种错误思想就很容易一方面导致某些人不去为仁,因为为仁就会沦为贫穷;另一方面又会导致某些人仇视财富,排挤和打压富人——最后的结果是全社会的普遍贫困。仓廪实而知礼节,在一个普遍贫困的社会里,谁相信它会有多少仁义道德?(2015 年管理联考论说文范文《为富为仁,未必矛盾》)

【反面论证法:范段 2】

首先,学术跟风严重危及学者的学术研究。学海无边而精力有限,只有数十年如一日地学术有专攻,才可能成为相应方面的专家,并有所创新和突破。居里夫人一辈子只专注于放射性物质钋和镭的研究,陈景润则倾尽毕生的心血来解答哥德巴赫猜想。相反,如果你一味地追逐时代"潮流",什么热门就"跟风"研究什么,那你就只能沦为"无牢固与永久不改之业"的轻浮浅薄的二流学者或人云亦云的学术贩子!(2012 年管理联考论说文范文《学术跟风,危害无穷》)

【反面论证法：范段 3】

其实，"耐不住寂寞"的品牌悲剧在三鹿之前，就已经无数次在中国商海里上演了。太阳神、三株、秦池、飞龙这些当年的"武林高手"确实有过一朝得势的好运，但它们都耐不住产品创新、深耕渠道、创造用户价值的寂寞，最终只能眼睁睁地看着自己的品牌轰然倒塌。(2009年管理联考论说文范文《做品牌要耐得住寂寞》)

【反面论证法：范段 4】

领导人素质的高低决定了企业的执行能力。彼得·德鲁克曾经说过，大多数企业并不缺乏好的战略，缺乏的只是落实战略的执行能力。所以，企业里最重要的人是 CEO——首席"执行"官！毫无疑问，领导人素质高，就能更好地配置企业人、财、物的各种资源，率领大家团结一致，锐意进取，更加"快狠准"地实现企业的战略目标。相反，将熊熊一窝。领导人素质低的企业必将是离心离德的一盘散沙。这样的企业，再好的战略都只是纸上谈兵！(1999年10月管理联考论说文范文《小议企业领导者的素质》)

【反面论证法：范段 5】

领导人素质的高低决定了企业的员工成长。普通员工权力有限，所以他们素质的高低对别人的工作与成长的影响终究是非常有限的，但领导人可以说左右着下属员工的命运。萧何、曹参、樊哙这些"鼓刀屠狗"之徒，凭什么七八年后就出将入相？还不是因为他们跟着刘邦这样优秀的领导干？！相反，如果他们跟的领导不是刘邦一样善于识才、用才的伯乐，就算他们原本是千里马，最终的结局仍可能是"辱于奴隶人之手，骈死于槽枥之间"。(1999年10月管理联考论说文范文《小议企业领导者的素质》)

七、反驳论证法

1. 反驳论证法的概念

反驳论证法，又称为"驳论法"，它主要是指论证者通过主动出击，设想自己所要论证的观点可能会遭遇反对者的哪些反对意见，然后把这些反对意见当作自己批驳的靶子来进行批驳。显然，从逻辑上看，驳倒了反对者的反对意见，消除了误解，也就等于间接地巩固了自己原先所要论证的观点。

比如，柳宗元的《驳复仇议》就是这样一篇精彩的"驳论文"：

原文（节选）	今　　　译
臣伏见天后时，有同州下邽人徐元庆者，父爽为县吏赵师韫所杀，卒能手刃父仇，束身归罪。当时谏臣陈子昂建议诛之而旌其闾；且请"编之于令，永为国典"。臣窃独过之。	据我了解，武则天做皇后时，同州下邽县有个叫徐元庆的人，父亲徐爽被县尉赵师韫杀了，他最后能亲手杀掉他父亲的仇人，自己捆绑着身体到官府自首。当时的谏官陈子昂建议处以死刑，同时在他家乡表彰他的行为，并请朝廷将这种处理方式"编入法令，永远作为国家的法律制度"。我个人认为，这样做是不对的。

原文（节选）	今　译
旌与诛莫得而并焉。诛其可旌，兹谓滥；黩刑甚矣。旌其可诛，兹谓僭；坏礼甚矣。果以是示于天下，传于后代，趋义者不知所向，违害者不知所立，以是为典乎？	表彰和处死是不能同施一人的。处死可以表彰的人，这就叫乱杀，就是滥用刑法太过分了。表彰应当处死的人，这就是过失，破坏礼制太严重了。如果以这种处理方式作为刑法的准则，并传给后代，那么，追求正义的人就不知道前进的方向，想避开祸害的人就不知道怎样立身行事，以此作为法则行吗？
若元庆之父，不陷于公罪，师韫之诛，独以其私怨，奋其吏气，虐于非辜，州牧不知罪，刑官不知问，上下蒙冒，吁号不闻；而元庆能以戴天为大耻，枕戈为得礼，处心积虑，以冲仇人之胸，介然自克，即死无憾，是守礼而行义也。执事者宜有惭色，将谢之不暇，而又何诛焉？	如果徐元庆的父亲没有犯法律规定的罪行，赵师韫杀他，只是出于他个人的私怨，施展他当官的威风，残暴地处罚无罪的人，州官又不去治赵师韫的罪，执法的官员也不去过问这件事，上下互相蒙骗包庇，对喊冤叫屈的呼声充耳不闻；而徐元庆却能够把容忍不共戴天之仇视为奇耻大辱，把时刻不忘报杀父之仇看作是合乎礼制，想方设法，用武器刺进仇人的胸膛，坚定地以礼约束自己，即使死了也不感到遗憾，这正是遵守和奉行礼义的行为啊。执法的官员本应感到惭愧，去向他谢罪都来不及，还有什么理由要把他处死呢？
其或元庆之父，不免于罪，师韫之诛，不愆于法，是非死于吏也，是死于法也。法其可仇乎？仇天子之法，而戕奉法之吏，是悖骜而凌上也。执而诛之，所以正邦典，而又何旌焉？	如果徐元庆的父亲确实犯了死罪，赵师韫杀他，那就并不违法，他的死也就不是被官吏错杀，而是因为犯法被杀。法律难道是可以仇视的吗？仇视皇帝的法律，又杀害执法的官吏，这是悖逆犯上的行为。应该把这种人抓起来处死，以此来严正国法，为什么反而要表彰他呢？
请下臣议附于令。有断斯狱者，不宜以前议从事。谨议。	请把我的意见附在法令之后颁发下去。今后凡是审理这类案件的人，不应再根据以前的意见处理。谨发表上面的意见。

在古代论说文当中，反驳论证法一般用"或曰""或者曰"等之类的引导词来引出。比如苏洵的《六国论》：

六国破灭，非兵不利，战不善，弊在赂秦。赂秦而力亏，破灭之道也。

或曰：六国互丧，率赂秦耶？

曰：不赂者以赂者丧，盖失强援，不能独完。故曰：弊在赂秦也。

在考场上，同学们一般可以用"或许有人说……""或许反对者会说……"等这样的词来引出。具体的思路是：想一想，对自己所要论证的观点，可能会遭到哪些反对的观点，然后，对它们做出相应的批判和驳斥。

2. 反驳论证法的意义

反驳论证法对论说文的写作之所以重要，首先是因为对于考场作文来说，如果考生能自觉地、有意识地运用"反驳论证法"，那无疑就等于在写作的过程中又多了一个分析、写作的角度。

其次，从论说文的文体性质来看。论说文最核心的是论证，而论证的目的是劝说。为什么需要劝说？就是因为你有一个想法，这个想法很可能别人不接受。如果你一提出自己的想法，对方马上就高高兴兴地接受了："好的，你说得对，我百分之百地赞同和接受你的观点!"那你还需要做论证吗? 不需要。这个时候,论证和劝说,就是多此一举了。所以需要论证和劝说,就是因为对方有异议,或者有疑问啊。

怎么反驳对方的异议或打消对方的疑问? 有两种基本的方法。第一种方法就是认认真真地证明自己的观点是对的,是正确的,是有道理的。但严格来说,如果我们仅仅这样做的话,我们不过是在"自说自话"而已,真正的论证并没有结束,因为对方听完你的论证之后,很可能会这样想:你是对的,并不意味着我就是错的。完全有可能你对,我也对。所以,你遵循你的对,我没意见;但是,我为什么要放弃我自己的没问题的思想而听你的? 这个时候,我们作为论证者或劝说者,就必须去深入地了解对方究竟是怎么想的,他的想法有什么问题,为什么成问题;以及在接受我们的思想时,他有什么疑问。我们如果不能打消对方内心的疑问,你一离开,对方很可能又回到自己的老路上去了,这样你的劝说就没有达到最终的目的。

俗话说,不破不立。在一座老房子上,是很难建造起一座牢固的新房子的。要造新房子,最好就要先推倒老房子,清理好地基。对应于我们的论证和劝说来说,这就意味着,要想引导对方理解和接受我们的思想,首先要了解对方对于我们正在讨论的问题有什么想法,只有在破除了他原先错误的、成问题的想法之后,我们的新想法才真正能在他心底里扎根、发芽。

比如,假设你是唐朝的柳宗元,你正在做题为《封建论》的演讲。你的演讲要论证这样一个观点:"郡县制"是一种相对于"分封制"(封建制)来说更先进的政治制度。为此,你可以慷慨激昂地说:郡县制有什么好处,比如有利于国家的统一治理和安定团结;分封制有什么坏处,比如容易导致各自为政、尾大不掉的后果,所以,郡县制比分封制先进……这样讲完之后,你就认为听众就肯定理解和接受你的观点了吗? 未必。很有可能有些听众一边听你"自说自话"的演讲,一边心里在嘀咕这样一些问题:

"封建者,必私其土,子其人,适其俗,修其理,施化易也。守宰者,苟其心,思迁其秩而已,何能理乎?"	"被分封的诸侯,会把分封给他的国土当作自己的财产一样管理,会把那里的老百姓当作自己的子女一样爱护,会适应那里的风俗,搞好那里的政治,这样施行教化是很容易的。委派的州县地方官,抱着苟且偷安、得过且过的心理,一心只想调升官级,怎么能把地方治理得好呢?"
"夏、商、周、汉封建而延,秦郡邑而促。"	"夏、商、周、汉实行分封制,统治的时间很长久。秦朝实行郡县制,而统治的时间却很短促。"
"殷、周,圣王也,而不革其制,固不当复议也。"	"商汤和周武王都是圣王,他们都没有改变分封制,因而对这个问题根本就不应该再来议论了。"

上面这三个问题问得多好、多有道理呀。作为演讲者,如果连这样的疑问都没有想过,我们不觉得自己的"演讲"太幼稚、太偏狭、太自我主义、太自以为是了吗? 如果想到了这些问题,但是我们没有能力回应和打消这样的疑问,我们的论证和劝说能让人心服口服吗?

不过,作为唐宋八大家之一的柳宗元不愧是一个伟大的论证者,一个论说文写作的高手,他在写作《封建论》的时候,不仅主动想到了这些疑问,而且对这些"或者曰""或者又曰""或者又以为"都一一做了精辟的分析和回应,从而成功地打消了读者的疑问,让读者不得不信服和接受他的思想和观点。

当然,柳宗元这样做,也可以看作是自己对自己思想的批判,或自己对自己思想主动的完善。所以,驳论表面上是驳别人,其实也是在驳自己,驳倒了自己成问题的思想,正确的思想不就进一步巩固了吗?

3. 反驳论证法的范段

范段是最好的老师。下面请同学们看看在论说文的考场上,驳证的段落究竟该怎么写。

【反驳论证法:范段1】

或许有人说,眼高手低,最终不同样摆脱不了失败的命运吗? 对此,我的回答是,就算这些人最终失败了,也远比那些胸无大志、没有眼光的人要成功和伟大,因为倒在攀登珠峰山路上的人,珠峰就是他永恒、高耸的纪念碑!(2007年10月管理联考论说文范文《为"眼高手低"正名》)

【反驳论证法:范段2】

或许有人说,通知考文垂不一定就会使得破译密码之事暴露呀,几个月前丘吉尔不就利用破译的密码成功地阻击了德军的"海狮计划"吗? 对此,我想提醒的是,偷袭不是双方交战,交战时可以随时做出某些调整。所以,阻击"海狮计划"没有使破译密码之事暴露是正常的;但如果这次提醒考文垂事先做出非正常的防备,就等于明确地告诉了敌方:你们的密码被破译!(2005年管理联考论说文范文《道是无情胜有情》)

【反驳论证法:范段3】

"就算暴露,但也可以再次破译呀。"这种想法同样是肤浅而幼稚的。我本科是学信息安全的。确实,从理论上说,任何密码都有可能被破译。但对于绝密通信密码,破译的概率非常小,而且需要大量时间、人力和物力的投入。如果这次破译密码之事暴露而再次组织人力破译德军重新设置的密码,是何等艰难漫长的事情! 说不准到时新的密码还没有破译出来,英国在希特勒闪电战的攻击下早就已经不复存在了!(2005年管理联考论说文范文《道是无情胜有情》)

【反驳论证法:范段4】

或许反对者会说,丘吉尔这样做,虽然牺牲了考文垂,但他是为了顾全大局,是为了更多的人更好地生活。对此,我要问,凭什么要牺牲这些人呢? 人人都是平等的,每个人都拥有生存在这个世界上的权利,而不为别人去牺牲,当然,除非他们自愿。可是,丘吉尔滥用了人民赋予他的权力,剥夺了考文垂人民最基本的人权——生存权和知情权,让那个城市的人民一夜之间成为了莫名其妙的替死鬼! 明知即将被轰炸,政府不去主动保护也就罢了,但仅仅把他们当作一种手段或工具而任由敌人肆虐的做法,这无异于对自己人民的屠杀!(2005年管理联考论说文范文《拯救考文垂》)

【反驳论证法:范段5】

可能还有人会说,丘吉尔并不能预知未来,又凭什么认为如果人民暗暗地做出了疏散和防备就会引起德军的怀疑呢?德军轰炸考文垂发生在1940年11月。据我们所知,至少在3个月前,丘吉尔就已经利用这个密码所破译出来的情报预先进行有针对性的布防,结果不仅成功地粉碎了德国的"海狮计划",而且并没有因此就使得这个密码暴露!(2005年管理联考论说文范文《拯救考文垂》)

【反驳论证法:范段6】

或许有人说,理想就如希望,实现时是一种快乐;失败时,何尝不是一种自慰的痛苦?这样想的人,其实并不了解理想以及为理想而奋斗的真实含义。陈胜起义最后是失败了,但相比于他年轻时佣耕垄上的同伴,那些可怜得连好梦都不敢做一个、反而嘲讽他的鸿鹄之志的"燕雀"们,难道不更加快乐千万倍?!(2004年管理联考论说文范文《为理想而奋斗的人是快乐的》)

八、比喻论证法

1. 比喻论证法的概念

"比喻论证法"就是用拿比喻者之理去论证被比喻者(论点)之理。在比喻论证中,比喻者一般是一组形象事例,其中包含着一定的关系和道理,被比喻者则是一种抽象的道理。比喻者和被比喻者虽然是两类不同的事物,但在它们之间存在着一个共同的一般性原理,因此它们之间具有一定的推理关系。

比喻论证法往往可以把抽象、理性的事物或事理说得具体、生动、明白,它在论说文中有其独特的作用。甚至有人说,一个恰到好处的比喻往往胜过一番空洞的长篇大论,比如,《战国策·魏策》在论证"六国不应该对秦国割地求和"时,就采用了一个简短、有力的比喻:"以地事秦,譬犹抱薪而救火也,薪不尽而火不止。"这样一个简单、贴切的比喻,一下子就把深刻、复杂的道理说清楚了,说到了人人都懂的浅白程度!所以,"阳春白雪"的道理,如果善于借用比喻的话,也完全可以深入浅出地对"下里巴人"们说透彻、说清楚。

再比如王安石的《取材》。王安石这篇文章主要想论证的观点是"选取人才对于国家治理的重要性"。这是一个高大上的、抽象晦涩的道理,似乎很难说清楚,但是,王安石简单的一个"工人之为业也"的比喻,就庖丁解牛般把道理说清楚了:

原　　　文	今　　　译
夫工人之为业也,必先淬砺其器用,抢度其材干,然后致力寡而用功得矣。圣人之于国也,必先遴柬其贤能,练核其名实,然后任使逸而事以济矣。故取人之道,世之急务也。	工匠要做好自己的工作,一定要先把工具打磨锋利,测量好材料适合做什么用,只有这样才能做到出力较少而收效显著。同样的道理,圣人治理国家,也必须先遴选好贤能的士人,考察他们的声誉和实际能力,然后再委派给他们具体的事务,这样,圣人想要办的事情就能成功。所以说选取人才的事,在任何时代都属于当务之急。

另外,论国家的改革,也是一言两语难以说清的"难题",但是,汉代的崔寔在《政论·昌言》中借助一个"譬诸乘弊车"的比喻,一切难题就马上迎刃而解了:

原　文	今　译
且守文之君,继陵迟之绪,譬诸乘弊车矣。当求巧工使辑治之,折则接之,缓则楔之,补琢换易,可复为新,新新不已,用之无穷。若遂不治,因而乘之,催拉捌裂,亦无可奈何矣。若武丁之获傅说,宣王之得申、甫,是则其巧工也。	况且因循守旧的君主,继承了衰败的事业,就像乘着一辆破车上路。应当找巧匠使他修治车子,把断的地方接好,松的地方楔牢,补新换旧,车子又可变新,如此不断更新,车子就可一直用下去。如果最终不加修治,就着破车乘用,那么车子折断散裂,也就无可奈何了。像武丁得到傅说,宣王得到申伯和仲山甫,这些人都是他们的巧匠。

　　正因为比喻论证法在论证说理上有如此"神效",所以,古今中外的论说文大家大都是喜欢并善用此法的高手。有的甚至通篇都在用比喻论证法来展开论证说理。这里最有名的就是韩愈的《马说》了:

原　文	今　译
世有伯乐,然后有千里马。千里马常有,而伯乐不常有。故虽有名马,辱于奴隶之手,骈死于槽枥之间,不以千里称也。	世上有了伯乐,然后才会有千里马。能日行千里的马是常有的,然而伯乐却不是常有的。因此,即使有了名马,也只能辱没于养马的奴仆之手,最后是接连不断地死在马厩之中,永远不能以日行千里而著名。
马之千里者,一食或尽粟一石。食马者,不知其能千里而食也。是马也,虽有千里之能,食不饱,力不足,才美不外见,且欲与常马等不可得,安求其能千里。	那些能日行千里的马,吃一顿往往要吃完一石粟。可是饲养马的人,却不知道这马能日行千里而要吃那么多。这样的马,虽有日行千里的本领,但是吃不饱,力不足,才干特长也就表现不出来,甚至想要发挥出平常的马的能力也不可能,哪里还能要求它日行千里呢?
策之不以其道,食之不能尽其材,鸣之而不能通其意,执策而临之,曰:"天下无马。"呜呼! 其真无马耶? 其真不知马也!	那些饲养马的人,驾驭马时不能按照马的特点,喂养马又不能根据它的才能来给足饲料,对马的哀鸣也一点都不懂它的意思。他们还手执马鞭,居高临下地说什么"天下没有好马"。唉! 真的是没有好马吗? 真的是不了解好马啊!

　　同样地,鲁迅先生的《拿来主义》也几乎通篇都是借用一个比喻来展开论证的:
　　我们要运用脑髓,放出眼光,自己来拿!
　　譬如罢,我们之中的一个穷青年,因为祖上的阴功(姑且让我这么说说罢),得了一所大宅子,且不问他是骗来的,抢来的,或合法继承的,或是做了女婿换来的。那么,怎么办呢? 我想,首先是不管三七二十一,"拿来"! 但是,如果反对这宅子的旧主人,怕给他的东西染污了,徘徊不敢走进门,是屏头;勃然大怒,放一把火烧光,算是保存自己的清白,则是昏蛋。不过因为原是美慕这宅子的旧主人的,而这回接受一切,欣欣然的蹩进卧室,大吸剩下的鸦片,那当然更是废物。"拿来主义"者是全不这样的。
　　他占有,挑选。看见鱼翅,并不就抛在路上以显其"平民化",只要有养料,也和朋友们像萝卜白菜一样的吃掉,只不用它来宴大宾;看见鸦片,也不当众摔在毛厕里,以见其彻底革命,只送到药房里去,以供治病之用,却不弄"出售存膏,售完即止"的玄虚。只有烟枪和烟灯,虽然形式和印度,波斯,阿剌伯的烟具都不同,确可以算是一种国粹,倘使背着周游世界,一定会有人看,但我想,除了送一点进博物馆之外,其余的是大可以毁掉的了。还有一群姨太太,也大可以请她们各自走散为是,要不然,"拿来主义"怕未免有些危机。

总之,我们要拿来。我们要或使用,或存放,或毁灭。那么,主人是新主人,宅子也就会成为新宅子。然而首先要这人沉着,勇猛,有辨别,不自私。没有拿来的,人不能自成为新人,没有拿来的,文艺不能自成为新文艺。

比喻论证法虽好,但在运用它进行论证时,也要注意下面几个问题:

(1) 相对于被比喻者(所要论证的东西)来说,用来作为喻体的事物,应当是大家更熟悉、更具体、更浅显的,这样,才能既通俗又生动地说明另一个大家不太熟悉理解的事物。

(2) 比喻应当贴切、自然,要能恰到好处地说明被论证事物的特点。

(3) 虽然比喻的双方之间存在着一定的联系,但同时也肯定存在着某些差异,所以任何比喻都是"蹩脚的",其论证的逻辑力量都是有限的。要完整、深刻地论述一个问题,不能仅靠几个比喻,应把它和分析论证法、理论论证法等结合起来使用。也就是说,不仅要打比喻,也要对比喻进行分析,善于揭示比喻背后所蕴含的道理,以此来更好地论证自己所要论证的观点。

2. 比喻论证法的范段

下面是从历年论说文真题范文中选取出来的几个比喻论证法的范段。

【比喻论证法:范段1】

首先,愈演愈烈的全球化竞争要求我们学会合作对敌。在全球化浪潮血洗一切的时代,单个企业犹如荒原上势单力薄的羔羊,一不小心就会遭遇一群饿狼疯狂的扑杀。正是基于"合则存,散则灭""群则强、孤则败"这个最基本的商战智慧,整合了欧洲各国力量的空客成立了,而空客的成立又进一步刺激了波音和麦道这对冤家对头的"联姻"。(2013年管理联考论说文范文《学会合作,共对强敌》)

【比喻论证法:范段2】

领导人素质的高低决定了企业的战略决策。企业就像一艘在市场的大海上航行的船,领导人是掌管方向的舵手,只有高素质,才能高瞻远瞩,做出正确的战略决策,从而确保企业始终在正确方向上前行。曾几何时,常年巨亏的苹果彻底迷失了经营方向。正是回归不久的乔布斯准确预见到了智能手机的巨大市场,它才奇迹般起死回生并重新在正确的航道上高歌猛进。相反,诺基亚时任领导人却鼠目寸光,抱残守缺,固执硬件,最终葬送了它的手机产业。(1999年10月管理联考论说文范文《小议企业领导者的素质》)

【比喻论证法:范段3】

领导人素质的高低决定了企业的员工成长。普通员工权力有限,所以他们素质的高低对别人的工作与成长的影响终究是非常有限的,但领导人可以说左右着下属员工的命运。萧何、曹参、樊哙这些"鼓刀屠狗"之徒,凭什么七八年后就出将入相?还不是因为他们跟着刘邦这样优秀的领导干?!相反,如果他们跟的领导不是刘邦一样善于识才、用才的伯乐,就算他们原本是千里马,最终的结局仍可能是"辱于奴隶人之手,骈死于槽枥之间"。(1999 年 10 月管理联考论说文范文《小议企业领导者的素质》)

第四节　段落写作

论说文的本质就是论证说理。上一节我们给大家介绍了分析论证法、事例论证法等几种最常用的论证说理的方法。但是,一个标准的论证说理的段落究竟该怎么写?它有没有相应的一些方法、套路或框架?下面,我们就将为大家介绍论说文标准论证段的写法。

一、标准论证段写作框架

在介绍标准论证段的写作框架之前,我们先请同学们写一段话。写完这段话之后,也许你才能真正理解即将要讲解的"框架"背后的微妙之处。

为什么要考作文?

我们中小学要考作文,现在还要考作文。为什么作文成为如此普遍的一种考试形式?也即,为什么要考作文?

请写 200 字左右的一个段落来回答这个问题。时间 7 分钟。

同学们,你在规定的 7 分钟之内完成了 200 字的写作了吗?你对自己写出的段落满意吗?如果用百分制来打分,你给自己写的段落打多少分呢?

还有,在此需要提醒同学们的是,你觉得你的文章有没有跑题?注意,本题要求你回答的问题不是"为什么要写作文",而是"为什么要考作文"。虽然前一个问题和后一个问题有一定的逻辑关系,但它们终究还是两个不同的问题。所以,如果你的文章通篇只是在回答"为什么要写作文""作文为什么很重要""作文有哪些具体的用途",那么,你的段落就很可能被判跑题。

下面是参考范段:

为什么要考作文?因为作文考试最能全面准确地测试出考生的综合素养。比如,一个人的知识水平、阅读积累、思想底蕴、精神境界、思维水平、表达能力等就都可以通过作文测试出来,甚至还可以看得出他的道德观、人生观和世界观。总之,正如古人所说的"文如其人,人如其文",一篇文章最能反映一个人。相反,别的数学、物理、英语等任何单科的测试,都难以达到这样"知其人"的效果。所以,古代的科举考试,一篇文章定终身,是有相当道理的。

上面这段话有什么写作技巧值得我们学习?它背后有什么样的框架?你前面写的段落相对于"范文"来说,少了哪些技巧和环节?

其实,上述范文是按照一定的"框架"按部就班地"填写"出来的。它所依据的就是我们接下来要给大家推荐的标准论证段的写作框架:

引			
正 论	正	总	
		分	
		总	
	反		
	合		

用框架来表示,上述"范文"可以拆解如下:

引		为什么要考作文?	
论	正	总	因为作文考试最能全面准确地测试出考生的综合素养。
		分	比如,一个人的知识水平、阅读积累、思想底蕴、精神境界、思维水平、表达能力等就都可以通过作文测试出来,甚至还可以看得出他的道德观、人生观和世界观。
		总	总之,正如古人所说的"文如其人,人如其文",一篇文章最能反映一个人。
	反		相反,别的数学、物理、英语等任何单科的测试,都难以达到这样"知其人"的效果。
	合		所以,古代的科举考试,一篇文章定终身,是有相当道理的。

结合上面的框架和范文中出现的标志词,我们就可以把标准论证段的写作框架完整地表述为:

引			为什么……
论	正	总	因为……
		分	比如(具体来说,举例来说,以我自己为例,我们知道,就像,某某说过,现分析如下)……
		总	总之……
	反		相反(反之,或许有人说)……
	合		所以……

提醒同学们，上述论证段的写作框架"引→论→正→反→合→总→分→总"，有两点非常重要，一个是"分"，一个是"反"。

首先，我们来看"反"。"反"就是反面论证，用"反之""相反"等引导词来进行引导。怎么展开反面论证，以及反面论证的重要性，我们在前面介绍常用的论证方法之"反面论证法"时，就已经做了详细的介绍。所以，在此不再赘述。

其次，我们来看"分"。"分"是这个例证段写作框架的核心和重点，是本段字数最多的地方，因此也是最需要我们花功夫写好的一个环节。

为什么需要"分"？而且要特别注重"分"的写作？因为只有前面的"总"，而没有随后的"分"，这一段的论证说理就会很空洞、很抽象，甚至连字数也很难凑齐。反之，在"总"之后，适当地对"总"进行具体的分析，展开一下，适当地阐述一下"总"背后所蕴含的具体道理或内涵，这样，写作的思路就打开了，论证也许就显得更具体、充实了。

那具体怎么"分"？从我们上面所提供的一些常见的引导词就可以看出，"分"的方法有很多，可以用我们前面所介绍过的理论论证法、事例论证法、引述论证法、比喻论证法、对比论证法等多种论证方法来展开具体的分析和论证。

二、论证段落的写作练习

下面就请大家按照上述写作框架来做几个论证段落的写作练习。希望大家能动起笔来，而不能"只看不练"。要知道，如果连 200 字左右的一个论证段都写不出来、写不好，我们又如何能写出、写好一篇 700 字的论说文呢？相反，如果能写好一个论证段，那么按照同样的框架和套路就能写好其他的几个论证段，这样，3~4 个好的论证段加起来就是一篇好的论说文！

【段落写作：题 1】

管理联考为什么要考论证有效性分析和论说文这样两篇作文？

请写 200 字左右的一个段落来回答这个问题。

【参考范段】

管理联考为什么要考这两篇作文？因为管理的本质在于沟通，而沟通无非就是听和说。论证有效性分析主要考我们听，也即理解和回应别人的话的能力。论说文则主要考我们说，也即说服别人接受我们自己的思想和观点的能力。可见，这两篇作文旨在通过测试我们的沟通能力来推断我们的管理潜质。反之，这两篇文章写不好，说明我们不能准确理解和回应别人的思想或不能很好地表达、论证自己的思想，因此可能不太适合做管理工作。所以，这两篇作文对致力于选拔潜在的管理硕士的管理联考来说是很有必要的。

【段落写作：题2】

为什么要养成动笔写作的习惯？

请写200字左右的一个段落来回答这个问题。

【参考范段】

为什么要养成动笔写作的习惯？因为动笔写作是一种锻炼思维严谨性的有效方法。我们知道，动笔写作之前的思维很可能只是一些零散混乱、肤浅飘忽的"思绪"，动笔写作的过程就是借助于书面语言这种更加严谨的思维载体来再一次反思、整理和完善自己思维的过程。所以，动笔写出来的思想也就更加严谨一些。相反，如果不去动笔写，就难以把自己的思想清晰化、条理化，自己的思想即使存在问题也难以发现，更难以对它进行有针对性的分析、批判和修改，最终我们可能永远摆脱不了粗劣的思想。因此，我们要养成动笔写作的习惯。

【段落写作：题3】

为什么要讲道理？

请写200字的一段话回答上述问题。

【参考范段1】

为什么要讲道理？因为讲道理是达成"共识共赢"的最好方法。我们知道，每一个人都会受到自己立场角度、思想观念、知识水平等因素的局限，所以，对同一件事情，不同的人往往都会有自己认识上的偏见和误区。这个时候，怎么办？最好的办法是讲道理：各自把各自的看法以及理由讲出来，一比较、一分析，就容易看清楚哪些看法有道理，哪些看法有问题。这样，就能较好地消除各自认识上的误区和偏见，在更高的层面上统一思想，形成共识，达到双赢。反之,如果不是采取讲道理,而是采取辱骂甚至动武的暴力方式,都只会激起对方的反击,从而加深误解和仇恨,最终出现两败俱伤的结果。

【点评】上述范段中没有最后的"合",似乎也不错啊。这就说明了我们上面的框架不是死板的,而是可以灵活拆卸组装的。

【参考范段 2】

为什么要讲道理? 因为讲道理是化孤立的"我思"为大家的"共思"的最好方法。我们知道,人是社会的动物,人的基本存在方式是"共在":与他人一起存在。所以,重要的不是你认为怎样,而是大家认为怎样。这样,你的思想才有可能获得大家的理解和支持。这就需要你劝说大家接受你的思想。这里的关键是要通过讲道理来提供真正有说服力的理由。由于理由和逻辑是公共的,因此,讲道理就可以把主观的"我思"转化成为客观的"共思",把"私见"转化成为"共识"。所以,你想要获得真正的影响力吗? 最好的方法就是给别人讲道理,把道理讲清楚。

【点评】上述范文中没有第二个"总"以及随后的"反",似乎也不错啊。这就说明了我们上面的框架不是死板的,你可以根据自己的实际情况来加以选择和运用。

【段落写作: 题 4】

为什么每个人都要学数学?

请写 200 字的一段话回答上述问题。

【参考范段】

为什么每个人都要学数学? 因为学数学是一种最好的思维训练的方式。我们知道,学数学不仅仅是为了记住某些数学知识或数学公式,或者为了讨价还价,这些都不是学数学最主要的目的。数学是目前所有思维方式中最严谨的一种思维方式,它比文学、哲学、化学、物理学的思维方式都要严谨。学习数学这样严谨的思维方式,对我们的思维训练很有帮助。所以,我们从小学一直到大学都要学数学。相反,如果连这种最严谨的思维方式都没有接触过或没有掌握,我们又怎么可能在日常生活中做到思维严谨呢? 因此,每一个人,尤其是我们年轻人,都需要认真学习数学。

【段落写作: 题 5】

为什么每个人都需要一定的哲学素养?

请写 200 字的一段话回答上述问题。

【参考范段】

为什么每个人都需要一定的哲学素养？因为"哲学问题"是任何一个正常的人都必然会在人生中遭遇的问题。比如，活着有没有意义？怎样活才更有意义？什么样的生活才是好的生活？一个人应不应该有信仰？死亡是不是就是对生命的彻底否定？……这些问题其实都是哲学问题，而我们每一个人都必然会遭遇这些问题。所以，哲学离我们并不遥远，相反它就根植于我们生活本身，甚至我们的生活就根植于哲学！当然，我们也就需要一定的哲学素养。相反，如果你没有一点哲学素养，当遭遇这些问题时，你很可能就会茫然不知所措，甚至走上人生的歧途。因此，每一个人都需要一定的哲学素养。

【段落写作：题 6】

为什么每个人都应该有点阿 Q 精神？
请写 200 字的一段话回答上述问题。

【参考范段】

为什么每个人都应该有点阿 Q 精神？因为阿 Q 式的"自我安慰"是任何人都需要的心理润滑剂。比如，这次考试，如果我真的尽了自己最大的努力，但很遗憾还是没能考上自己心目中的理想院校，这个时候安慰一下自己："没事，说不准明年可以考上更好的大学！"也许，心里就会好过一些；也许，就重新获得了继续备考的信心和勇气。所以，面对失意，适当的自我安慰还是必要的。相反，如果这个时候还把自己往死里逼，往自己的伤口上撒盐，我还能活得下去，振作得起来吗？因此，面对人生种种的不如意，阿 Q 精神其实是一种生活的智慧和艺术。

【段落写作：题 7】

先秦法家主张：禁奸止过，莫若重刑。对此，你怎么看？

请写 200 字的一段话回答上述问题。

【参考范段】

我不认为重刑主义真能达到禁奸止过的目的。为什么这样说？因为"轻罪重罚"通常只会适得其反地导致"轻罪重犯"。比如，一个人偷 100 元钱就被判死刑，那他肯定在偷窃之前就会这样想：偷 100 元是判死刑，我还不如偷个十万八万？偷钱是判死刑，我还不如既偷钱又杀人灭口呢？杀一个人是死刑，我还不如杀更多的人？……所以，重刑主义很可能与自己"禁奸止过"的最初目的完全背道而驰！相反，科学量刑，小罪小罚、大罪大罚，这样才不至于激发更多、更大的恶性案件。因此，重刑主义现在在世界上已经慢慢消失了。

【段落写作：题 8】

有人说："所谓的写作技巧都是忽悠。"——对此，你怎么看？
请写 200 字的一段话回答上述问题。

【参考范段】

写作肯定有很多技巧值得我们学习。因为凡事皆有规律，而有规律就有诀窍。比如打乒乓球，就有握拍、发球、扣球、削球的诀窍；下围棋也有一定的定式；练武术同样有一些基本的套路。因此，写作也一定有一些相应的规律和技巧，比如审题扣题，比如起承转合。反之，看不到或不会运用任何写作技巧的人，写起文章来无异于盲人骑瞎马。这样一堆毫无章法的乱码，谁能看得懂、看得下去？所以，对初学写作的人来说，尤其需要好好虚心学习一些写作技巧。

【段落写作：题 9】

请以"人生在不断超越中成长"为题，写一个 200 字左右的论证段。

【参考范段】

人的成长就是不断地自我超越的过程。小时候,我们学会了歪歪扭扭地走出人生的第一步,这就是对自己过去的巨大超越。后来,我们又学会说话,学会阅读,学会用电脑,学会开车……这些也都是对自己过去一次又一次的巨大超越……正因为不断地有这样一些自我超越,我们才能走出狭隘的自我,走向更广阔、更深远的世界,才能走出更精彩、更有意义的人生!反之,一旦没有了自我超越而停滞不前,我们的生命就会沦为一潭死水,日久天长就会腐臭,就会干涸——这不是生命,而是生命的死亡!

【段落写作:题10】

请以"论责任与人生价值"为题,写一个200字左右的论证段。

【参考范段1】

大堤在巨浪的冲打下坚守是一种责任,灯塔在狂风的袭击下挺立是一种责任,老师带病坚持在讲台上讲课是一种责任,邱少云纹丝不动地忍受着烈火的焚烧,更是责任最直接、最生动、最形象的写照……也许,"责任"给人最初的感觉是拘束、沉重,甚至痛苦,但正是责任,才赋予了生命的价值;正是更大的责任,才赋予了生命更大的价值;正是这些形异实同的庄严的责任,才雕刻出了一幅幅庄严的生命图景。反之,当真的卸去一切责任,我们的生命必将虚无化、飘渺化成为"难以承受之轻"!

【参考范段2】

任何一项职业,任何一个岗位,任何一种角色,都意味着一种责任。母亲意味着哺育子女的责任,医生意味着救死扶伤的责任,教师意味着教书育人的责任,军人意味着保家卫国的责任……正是这些责任造就了这些人,赋予了他们独特的价值。反之,如果你因为讨厌责任的沉重而推卸掉一切人生的责任,你的生命就会忽然变成不可承受之轻,轻若鸿毛,虚若浮云。所以,我们年轻人应该振奋精神,主动承担起、积极履行好自己的责任。

【参考范段3】

一个人肩负的责任越大,其人生的价值和意义也就越大。伟人之所以成为伟人,就是因为他们自觉地以天下为己任。孟子的"平治天下,当今之世,舍我其谁",杜甫的"安得广厦千万间,大庇天下寒士俱欢颜",范仲淹的"先天下之忧而忧",林则徐的"苟利国家生死以,岂因祸福避趋之",周恩来的"为中华之崛起而读书"……正是因为他们超越了狭隘的自我,以天下为己任,才获得了天下人的尊敬,他们的人生才因此"与天地同在,与日月同辉"。

做完了上面这些问题或主题的论证段落的写作练习之后,同学们,你觉得还有什么主题是你感兴趣的?你能不能自己命几个题,然后再分别写一个论证段落?要记住,这样的练习平时务必坚持做,要多做,只有这样才能慢慢找到论说文写作的感觉。

在掌握了标准论说段的写作框架并做了一些相应的写作练习之后,同学们,现在你是不是觉得论证说理的段落写起来不再那么可怕、那么让人不知所措了呢?也许,框架里面的具体内容各人所填写的质量参差不齐,也许你对自己所填写的"总""分""反"也不太满意,但是,现在至少你已经知道,一个论证段该怎么一步一步想下去、写下去了。

当然,需要注意的是,我们这里介绍的只是论证段的诸多写法中的一种而已,虽然它是比较好的一种写法,但正所谓"文无定法",所以,同学们也完全可以根据自己的具体情况而采取其他的写法,只要能把道理说清楚,就都是可以的。

第五节 写作模块

考场论说文的关键有二:一是审题立意,二是成文写作。如果文章跑题,那接下来文章写得再好,也得不了多少分。但是审题立意的目的还是为了写出一篇好文章。而且阅卷老师最后看的,也只是考生交上去的那篇文章。所以,考生的审题立意再好,但如果文章写不出来、写不好,同样也是得不了多少分的。

那审完题、立好意之后,考场论说文接下来究竟该如何写?这里,我们严肃地告诉同学们,不能急,千万不能急于动笔写文章,在落笔写文章之前,无论如何先要构思一下,也即先要为自己的文章列个提纲、搭个框架,而不能一边写一边想,一边想一边写,想到哪里写到哪里,写到哪里想到哪里。这样的话,思路事先没有打开,写作就像挤牙膏,速度是很慢的,质量一般也是很低的;而且万一写到一半,发现和自己所要论证的观点没什么关系,也即发现自己跑题了,可怎么办?

所以,考场作文,框架制胜。先花个几分钟,构思好、把提纲框架搭建好之后,再下笔成文,质量就有了基本的保证,写作的速度说不准也会更快。这就像有人让你去某个地方拿一样东西,这个地方离你家比较远,而且你也不是很熟悉,这个时候,你千万不要一听说去那里拿东西,马上拍屁股就跑,一边跑一边看,一边看一边跑;一边跑一边问,一边问一边跑……这样看起来是很抓紧时间,但其实,这样做很容易迷路,速度也未必快。相反,先别急着跑,而是坐下来,上网查查地图,知道了基本的线路后再出发,也许能更快地到达目的地。写作文也是一样。先构思好文章的基本框架之后,再下笔写文章,这个时候思路已经打开了,框架已经定好了,写作过程自然就会更轻松,速度反而会更快。

可究竟该怎么去列提纲、搭框架呢? 为此,就需要先了解考场论说文最常见的写作模块。了解了一些常见的写作模块后,在考场上就可以根据当下的题目以及自己的感觉,选择某一个写作模块,然后按部就班地往这个“写作模块”里一条一条填充具体的内容,这样,相应的内容填写完,就等于为自己的文章列好了提纲,搭好了框架。

考场论说文最常见的写作模块有三种: ① 例证式模块;② 三点式模块;③ 八股式模块。下面我们具体地介绍这三种最常见、最实用的写作模块。

一、例证式模块

1. 模块简介

“例证式模块”估计是同学们最熟悉的一种论说文写作模块,因为它学习、应用起来比较简单,中学语文老师对这种写作模块介绍得比较多。

何谓“例证式模块”? 顾名思义,就是主要用几个精彩、典型的故事或例子以及对它们的感想和分析,来论证自己的立意和论点。对应于我们前面所介绍过的“事例论证法”,例证式模块实际上就是整篇文章主要采用事例论证法来论证自己的观点。由于同学们都已经很熟悉“事例论证法”了,所以,这里我们对“例证式模块”也无需赘述。

2. 模块范文

下面我们就请同学们直接看几篇“例证式模块”的范文。相信大家一看就能大体地知道究竟该怎么用这种写作模块来写论说文。

【2007 年 1 月管理类联考试题】

根据下面的材料,写一篇议论文,700 字左右。

电影《南极的司各脱》,描写的是英国探险家司各脱上校到南极探险的故事。司各脱历尽艰辛,终于到达了南极,却在归途中不幸冻死了。在影片的开头,有人问司各脱:你为什么不能放弃探险生涯? 他回答:“留下第一个脚印的魅力。”司各脱为留下第一个脚印付出了生命的代价。

【参考范文】

敢为天下先

① 为了在南极"留下第一个脚印",司各脱虽然为此付出了生命的代价,但他的这种"勇做第一、敢为天下先"的精神,确实非常值得我们敬佩和学习。

② 第一个吃螃蟹的人是可敬的,多少年前,鲁迅先生就这样称赞道。但面对新兴市场,大部分人总是畏首畏尾,因为风险太大了!可风险与机遇并存,你规避了做第一的高风险,也就等于放弃了做第一的高收益。这样的人自然就只能步人后尘,永远吃人家的残羹冷炙了。

③ 就拿 VCD 机来说吧。刚问世时,售价高达 2 000 多元。许多本来生产热水器、电饭煲的厂家发现有利可图,便争相改为生产 VCD 机。但不出几年,价格直线下跌到 200 元!后加入的许多厂家倒闭了,而最早生产 VCD 机的那几家企业早就捞了一大笔,转行做新的产业了!所以,"第一桶"是金,第二桶、第三桶——很可能就不再是金,而是陷阱!

④ 也许正是由于浙江人深谙这个道理,一个又一个"浙商"才闯出了一片又一片新天地。就以王均瑶为例。1991 年春节前,他和一些温州老乡一起从湖南包大巴回家过年。在翻山越岭的 1 200 公里的漫长路程中,王均瑶说了一句"汽车太慢了"。结果,就是身边老乡的一句讥讽"那你包飞机回去好了",激起了王均瑶第一个吃螃蟹的"野心"。当年 7 月,年仅 25 岁的王均瑶就真的承包了长沙至温州的航线。这是国内第一条私人承包的包机航线,王均瑶也因此被誉为"胆大包天"第一人!但正是他的这种敢为天下先的精神和勇气,让他赚取了人生的第一桶金!

⑤ 也许玛丽莲·梦露有很高的智商,但她给后人留下的印象无疑首先是性感;也许后来有无数的年轻女孩比她性感,但只有她才永远是"性感"的代名词——因为正是她在展现女性性感的"探险道路"上,勇敢地踩出了"第一个脚印"!

【模块分析】

上面这篇"参考范文"除了标题之外,正文部分一共五段。其中,每一段的任务分别是:

第①段,简单引述题目材料,引出自己所要论证的观点。

第②段,对自己所要论证的观点做一番初步的说理、总体的论证。

第③段主要举了 VCD 机的例子,并对这个例子做了相应的分析,得出"第一桶是金,第二桶、第三桶很可能是陷阱",有力地支持自己所要论证的总论点"敢为天下先"。

第④段,继续举例,举了王均瑶"胆大包天"的例子,这个自然贴切的例子进一步巩固了文章的总论点。

第⑤段,呼应题目材料,总结全文,点题。并且难能可贵的时候,在点题时又非常恰当地举了玛丽莲·梦露的例子,进一步强化论点。

很显然,上文就是一篇典型的"例证式"的论说文范文,非常值得同学们学习、模仿。

【2004 年 1 月管理类联考试题】

根据以下材料,自拟题目撰写一篇 600 字左右的议论文。

一位旅行者在途中看到一群人在干活,他问其中一位在做什么,这个人不高兴地回答:

"你没有看到我在敲打石头吗？若不是为了养家糊口,我才不会在这里做这些无聊的事。"旅行者又问另外一位,他严肃地回答:"我正在做工头分配给我的工作,在今天收工前我可以砌完这面墙。"旅行者问第三位,他喜悦地回答:"我正在盖一座大厦。"他为旅行者描绘大厦的形状、位置和结构,最后说:"再过不久,这里就会出现一座宏伟的大厦,我们这个城市的居民就可以在这里聚会、购物和娱乐了。"

【参考范文1】

转个身,你便是智者

① 一群人在干活,但心情各有不同。有的无聊,有的严肃,有的则心中充满了喜悦。作为旁观者,我并不知道他们谁的工作做得更好,但如果让我选择,我会毫不犹豫地选择像第三个人那样满怀着喜悦去工作。也许工作本身无法改变,但至少我能改变自己的心态,让自己快乐地过每一天。

② 其实,任何事情都有很多面,我们可能无法改变事物本身,但如果换个角度看就能让我们更快乐,我们又何乐而不为呢?

③ 曾经听过这样一个故事。一个老太太有两个女儿,大女儿嫁给一个卖雨伞的,二女婿则是一位盐商,靠晒盐为生。一到晴天,老太太就唉声叹气,说:"大女婿的雨伞不好卖,大女儿的日子不好过了。"可一到雨天,她又想起了二女儿:"他们家里没有办法晒盐了,他们靠什么去赚钱呢?"所以,无论晴天还是雨天,老太太总是很不开心。这样一来,老太太日渐憔悴,痛苦不堪,陷于抑郁之中,两个女儿不知如何是好。

④ 后来,一个智者对老太太说:"雨天过了是晴天,晴天过了是雨天。天晴好晒盐,您该为二女儿高兴;雨天好卖伞,您该为大女儿高兴。"老太太闻后恍然大悟,不再抑郁。

⑤ 在心情不好时,如果有意无意地换一种思维角度思考,寻找事物的积极意义,也许就会像老太太一样,走出心理困境,我们的心情就会好起来。人要有个好心情,就得想开一些,我们的生活并不是一无是处,还是可以"过得去"的。所以"想得开是天堂,想不开是地狱"这句话不无道理。

⑥ 幸福和真理都是哑巴,它们不会在出现的时候夸张地和我们打招呼,它们常常就藏在我们背后,当我们找不到的时候,转个身,我们就会成为智者。

【模块分析】

上面这篇"参考范文"除了标题之外,正文部分一共六段。其中,每一段的任务分别是:第①段,引述题目材料,引出自己所要论证的观点;第②段,为引出证明观点的例证做适当的铺垫;第③和第④段,紧扣所要论证的观点来叙述故事、呈现例证;第⑤段,发表自己对上述故事和例证的感想,通过对例证的分析来进一步论证自己所要论证的核心观点;第⑥段,总结全文,点题。

很显然,上文也是典型的"例证式"的论说文范文。

【参考范文2】

为理想而奋斗的人是快乐的

大家干的是同样的活,可各自的心情为什么不一样?就因为前两个人没有真正的追求,而第三个人则满怀着一颗火热的为理想而奋斗的心,因此,工作起来是那样的快乐。

是啊,为理想而奋斗的人是快乐的。理想是人生的点睛之笔,它能化腐朽为神奇,把原本灰暗的世界浓浓地抹上快乐的亮色。

贝多芬中年失聪,他没有退缩,没有悲观,音乐的理想激发了他奋发自强的意志。结果,他以超人的毅力在生命中最艰难的时间里谱成了千古绝唱《欢乐颂》。海伦·凯勒又聋又瞎,却由衷地赞叹"生命是这样美好"!身处困境,为何还如此真诚地赞叹生活的美好?理想,正是理想这盏明灯,照亮了他们原本黑暗的生活,并让它显得如此熠熠生辉!

或许有人说,理想就如希望,实现时是一种快乐;失败时,何尝不是一种自惹的痛苦?这样想的人,其实并不了解理想以及为理想而奋斗的真实含义。陈胜起义最后是失败了,但相比于他年轻时"佣耕垄上"的同伴,那些可怜得连好梦都不敢做一个、瞌睡不醒、反而嘲讽他的"鸿鹄之志"的"燕雀"们,难道不更加快乐千万倍!

所以,追求理想本身就是一种无上的快乐。当你全身心地投入为理想而奋斗的事业之中时,你就会体会到孔子"发愤忘食,乐以忘忧,不知老之将至"的忘我快乐;当你和杜甫一样追求"安得广厦千万间,大庇天下寒士俱欢颜"的理想时,你自然就会油然而生一种"吾庐独破受冻死亦足"的满足与宽慰;当你深刻地理解了谭嗣同追求天下为公的大同社会的理想时,你也会和他一样虽将身死故手,却仍有"快哉快哉"的坦然与豪壮。

每个人都在建筑自己的人生,没有追求的人只能过着敲打石头和砌墙般刻板无聊的生活,而心中满怀着崇高理想和追求的人,每天都能欣然地看到成功的大厦慢慢地拔地而起!

【模块分析】

上面这篇"参考范文"主要是以贝多芬、海伦·凯勒、陈胜、孔子、杜甫、谭嗣同这些历史名人的故事为例证来论证自己的核心观点"为理想而奋斗的人是快乐的",所以,也可以看作是"例证式"范文。由于这些故事、这些例证相对于所要论证的核心观点来说,都非常典型、贴切,非常具有说服力,所以,整篇文章的论证也就显得很有力度。

3. 注意事项

在看过一些模块范文之后,我们来总结一下"例证式"这种写作模块。这种写作模块的优点是,如果考生在考场上审完题、立好意之后,在构思文章的过程中马上能想到两三个精彩生动、贴切自然的例子(现实生活中的例子或历史故事都可以),那么,我们相信,接下来考生就可以很轻松地写出一篇生动流畅的论说文来,因为举例子、讲故事,然后对例证和故事稍作分析,对大部分的联考考生来说,要比进行单纯的理论论证容易得多。

当然,由于这种写作模块的基础和重点在于讲故事和举例子,所以,它有特定的适用人群。如果你平常喜欢阅读,特别是喜欢看历史、看经管类或政治类人物传记,这种写作模块很可能就特别适合你,因为你肚子里原本就有很多精彩典型的故事和例子。反之,如果你肚子里本来就空空如也,不喜欢看故事,也不喜欢讲故事,这种写作模块对你来说,就未必有用了。

还有,需要提醒同学们的是,"例证式",顾名思义,要有"例",也要有"证"。具体来说就是,既要有故事和例子,但同时也必须有对故事和例子相应的"分析",以相应的"分析"来"论证"自己所要论证的观点。但是很遗憾,考场上很多同学写论说文的时候,往往讲完故事、说完例子之后,这一段或者整篇文章就结束了。这样写,写出来的文章很可能就不是论说文了,而只是记叙文,因为它只是说了什么人做了什么事。我们知道,论说文必须论证说理,必须回答"为什么"。所以,在写论说文的过程中,叙述完故事、例证之后,接下来必须说说,我为什么要讲这个故事,为什么要举这个例子,这个故事或例子对我所要论证的核心观点为什么有逻辑上的论证力度。总之,只有有例子,有分析,才是完整的"例证式"的论说文写作模块。

另外,还需要提醒同学们,在用这种写作模块写论说文的时候,要注意故事和例子的叙述要尽量简洁。要知道,论说文主要是论证说理。写论说文,可以讲故事、举例子,但目的是接下来可以更好地说理。如果之前的故事和例子,叙述得太啰嗦、太冗长,阅卷老师可能就丧失了阅读的兴趣。为此,我们建议,故事的背景、过程中的细节,能一笔带过的就要一笔带过;或者,如果估计阅卷老师原本就比较熟悉这个故事(众所周知的故事,阅卷老师一般都是很熟悉的),那就最好夹叙夹议。总之,要想办法把更多的笔墨用在分析说理上,而不是叙述事件上。

最后,也要注意这种写作模块的局限和缺点。相对于我们接下来所要介绍的"八股式"和"三点式"这两种写作模块来说,"例证式"的重点在故事和例子,所以,理论论证可能相对欠缺和薄弱。因此,如果你不是很善于讲故事,而是一个很会讲大道理的人,并且你觉得今年的这道论说文题目似乎更要求考生做理论的论证,那你就需要考虑,是不是不要采用"例证式",而要采用别的写作模块了。

当然,如果你的"例子"很贴切、很精彩,再加上你能做出深刻的分析,然后以你的例子和分析,也能充分有力地在逻辑上论证自己的观点,那么,这样的例证式论说文,同样也是可以得高分的。

二、三点式模块

1. 模块简介

顾名思义,所谓"三点式模块"就是,为了论证自己文章的总论点,我们最好:

(1)寻找强有力的三个理由来作为支持它的三个分论点,并用三句简短有力、对称整齐的话来概括和表达这三个分论点。

(2)把这三句话分别作为本论部分三段的段首句,以达到考场作文"框架制胜"的效果。

(3)在这三句充分锤炼的段首句的基础上扩充成文。

"三点式"是在许多阅卷老师多年阅卷经验的基础上总结出来的、应对考场论说文本论部分构思和写作的有效方法。"三点式"的秘诀就在于它洞悉了考场作文及其阅卷的本质:框架,框架,还是框架!

比如,这样一份三点式提纲:

《论授权》

领导人为什么要学会授权?

这是因为:

(1)授权是超越领导自身局限性的需要。

(2)授权是管理者抓大事、管全局的需要。

(3)授权是激励培养团队和下属的需要。

上述提纲所要论证的总论点是"领导人要学会授权"。论说文就是要回答"为什么"这样的问题,所以,这篇文章应该回答"为什么领导人要学会授权?"通过回答这样的"为什么"

来进行论证。怎么回答？怎么论证？上述提纲接下来给出了平行并列的三个分论点。这三个分论点可以说充分有力地支撑起了"领导人要学会授权"这个总论点。而且，有了这样三个分论点，接下来在成文写作的过程中就可以用它们来引导相应的三段，每段字数大概是200字左右。

从上述三点式提纲可以看出，三点式模块最大的好处体现在这样两个方面：

（1）文章结构更紧凑，不太容易出现过程性跑题。写一篇700字的论说文，如果成文之前只有一个总论点，没有构思好相应的几个分论点，然后就围绕这个总论点展开写作，写呀写呀，写作过程中就有可能扯远了，跑题了。相反，有了三个分论点的约束，至少整篇文章从大体结构上不会出现严重的跑题，而且每一个本论段因为有了分论点的约束，所以这200字的一段估计也不会扯远到哪里去。

（2）文章重点更突出，评阅人更易把握文章主旨。阅卷老师一天要看很多试卷，尤其是到了下午，脑子往往是一片空白，这时候如果考生的作文不是很精彩、很吸引人（又有几个考生的作文能做到？），阅卷老师真的就很难看得下去。这个时候，如果老师需要认真阅读你文章中的每一个字后才能理解整篇文章，那么，最终的结果很可能是，读来读去就是读不懂、记不住你在说些什么。

所以，作为考生，我们在写文章的时候，要秉持一个人道主义的写作原则，要能体会阅卷老师的难处，要尽量给阅卷老师提供一篇一目了然、一看就懂的文章。从这个角度说，三点式模块是阅卷老师最希望考生使用的写作模块，因为他看你的文章，只要瞄一下你文章的四句话——文章的标题以及本论三段的段首句，就基本上知道你文章的框架了，因此也大体上可以判断你文章的质量了。而作为考生，如果你能多练习练习怎么拟三点式提纲，在考场上稍微多花一点时间来把自己文章的三点式提纲拟得更好一些，自然就更容易赢得阅卷老师一望即知的好感。

2. 模块范文

接下来请同学们研读几篇三点式模块的范文。

【模拟试题1】

请以"全球化"为话题，围绕企业管理写一篇论说文，题目自拟，700字左右。

【参考范文】

抓住全球化的机遇

经济全球化的浪潮已经席卷了神州大地。对此，中国的企业可以说是"几家欢喜几家愁"。但从更长远的角度看，我认为，全球化对于一直闭关守国的民族企业来说，无疑是一个千载难逢的发展机遇。

首先，全球化更有利于企业实现规模经济。由于国内的市场规模总是有限的，所以，无论是美国的沃尔玛、可口可乐，日本的索尼、松下，或是中国的海尔、华为，当今世界的五百强企业，哪个不是在努力走出国门，获取更大的全球市场？显然，全球化在帮助它们扩大市场规模和品牌影响力的同时，还大幅降低了其单件产品的研发、生产、营销和管理的成本——这都有助于其竞争力的显著提升。

其次,全球化更有利于企业接近生产要素。企业通过全球化,可以直接获取当地更加价廉物美的土地、原材料、零部件等物资性生产要素。另外,由于廉价的劳动力难以进行全球流动,所以,企业只有通过全球化的经营才能更容易地获得他们。所有这些人力、物力等生产要素的便捷获取,不仅直接有利于企业的生产经营,而且还可以大大降低采购、运输成本和产品的销售费用,节约大量的关税。

最后,全球化更有利于企业提升学习曲线。全球化迫使企业在各个不同的国家和商业环境中参与更多的商业竞争,企业因此可以开阔视野,学到更多的新的知识和方法。打个比方来说,全球化就像参加奥运会,而单纯的国内竞争就像参加全运会。你在国内全运会上获得冠军,并不意味着你真的就很强。相反,通过参与全球化的竞争,主动找高手下棋,主动与狼共舞,你就会学得更多,提升得更快。

不要消极地等待,等待只有被淘汰;更不要关起门来,懦弱地说"外面的世界很无奈"。中国的企业家啊,让我们抖擞精神,在应对全球化的挑战中捕捉机遇,相信,最后你会发现,其实"外面的世界很精彩"!

【模块分析】

这是一篇非常标准的三点式模块的范文。整篇文章所要论证的观点是"全球化对中国企业来说是一种巨大的历史机遇"。怎么论证这个观点?接下来它提供了三个强有力的理由来作为支持它的三个分论点:① 全球化更有利于企业实现规模经济;② 全球化更有利于企业接近生产要素;③ 全球化更有利于企业提升学习曲线。而且表达这三个分论点的语言也都很准确简洁、对称整齐。估计阅卷老师看到这样三个高水平的分论点,就已经相信你是一个写论说文、进行论证说理的高手了!

而对于考生来说,如果在落笔成文之前,已经构思好了这样三个高水平的分论点,那么,第一,整篇文章的框架就已经牢牢地矗立起来了;第二,在此基础上扩充成文,也自然是水到渠成的事情。这就有点像水库放水。试想,如果我们已经事先在山上修建好了三个有相当高度、相当容量的小水库,接下来需要的时候,把水库的闸门打开,水自然就会哗啦啦地奔流出来!同样的道理,如果我们写论说文,在落笔之前已经构建好了三个有水平的分论点,接下来落笔成文,句子自然就会像开闸的水流倾泻而出!

【模拟试题 2】

"克隆人类只会导致人类生命的贬值。"

对上述观点进行分析,论述你同意或不同意这一观点的理由。你可以根据经验、观察或者阅读,用具体理由或实例佐证你的观点。题目自拟,700 字左右。

【参考范文】

克隆人类只会导致人类生命的贬值

克隆人类,这曾是我们先辈梦寐以求的科学技术。而今,当这一技术变得触手可及时,人类不得不开始思考克隆技术带给人类的福与祸的问题。在我看来,克隆人类只会导致人类生命的贬值。这主要表现在以下三个方面:

首先，克隆人类可能导致生活质量的下降。谈到贬值，常见的比如货币贬值。那是因为发行了过多的、超过正常流通所需要的货币量。又如商品贬值，那是由于产品生产规模的扩大，生产成本相应降低所致。同理，人类既然能够被克隆，那么走上规模化批量生产便不再遥远，贬值当然也在所难免。在打破了人类繁衍生息的自然法则之后，克隆所导致的人口增长速度将是现在的人类所难以想象的。试想，在那个人满为患的地球上，资源极度稀缺，人类将很难过上高尚的、有生活情趣的、能实现自我价值的生活，生命极可能贬值到整天只为生存而不断争斗的境地。

其次，克隆人类可能导致生命多样性的消失。抱着要克就要克最好的想法，人们都希望把各种优点集于一个所谓的"完人"身上，并不断加以复制。如此一来，人类将变成从一个模子里加工出来的产品，不再是形形色色，各具特性。失去了生命多样性的人类，又谈什么丰富多彩的人生呢？

最后，克隆人类还可能导致生命态度的改变。如果生命可被克隆，那就意味着生命在理论上可重复无数次，那么人类还会珍惜这唯有一次的宝贵生命吗？还会怀着感恩的心去享受生命中的一切吗？回答很可能是否定的。既然今生今世不值得珍惜，那么哪生哪世又是值得珍惜的呢？人类的生命价值便在这放任自流、忽略现在拥有的一切的消极态度中彻底贬值了。

所以，我们认为，克隆人类，只会导致人类生命的贬值。

3. 写作原则

如何写好三个分论点句，构建好三点式提纲？总结起来，有这样一些原则，或许对我们构建好三点式提纲有帮助：

（1）第一条理由不能够太大太空，要具体。第一条理由太大太空，会导致这一本论段很难写；而且，第一条理由太大太空，容易导致接下来思路闭塞，找不到第二和第三条理由。相反，第一条理由具体一些，对应的这一段我们更容易写好，我们也更容易走出这一条理由，到其他地方寻找第二和第三条理由。

（2）反思第一条理由背后的整个框架体系。要注意，我们写下的第一条理由不仅仅是第一条理由。为什么会写下这条理由？是因为我们潜意识地选择了它背后所对应的整个框架体系！所以，写下第一条理由之后，要求自己稍微停下来反思一下，我这条理由所对应的这一段好写还是不好写，以及接下来能不能很容易找到第二和第三条理由。如果这两方面觉得都很好，那么，我们就可以放心大胆地在这一条理由的基础上继续列提纲、写文章了，因为我们所选择的整个框架体系是科学的。

相反，反思之后发现这两方面都不好，那么，最好就不要再在这个思维的死胡同里痛苦地乱钻，浪费时间了，不妨放弃这个"死路一条"的成问题的框架体系。放弃这第一条理由，重新构建第一条理由，说不准我们一旦选择另一个框架体系，就会迎来"山重水复疑无路，柳暗花明又一村"的喜人局面。

（3）盯着前一条理由边界去找下一条理由。很多同学的三点式提纲，虽然也有三条理由，但是这三条理由之间往往没有什么逻辑关系，而是东拼西凑凑出来的，乱七八糟地堆砌在一起。这样的文章结构就显得非常混乱。

为什么会出现这种情况？原因很可能在于，很多同学在列提纲时，写下了第一条理由之后,就把这条理由放在一边了,另起炉灶去构思第二条理由、第三条理由……这样的话,三条理由之间自然就没关系了。

要避免这个问题,最好是我们写下第一条理由之后,不要就把第一条理由扔在一边,而是要这样想:这条理由的边界在哪里?我如何到它的隔壁或下一步去寻找第二条和第三条理由?比如写"沟通"这个主题,如果我们的第一条理由是"沟通有助于做出科学决策",那么,我们的第二条理由就应该这样来寻找:决策完了之后,该做什么?对,应该是"执行"。这样,第二条理由就有了:沟通有助于提升执行能力。

(4)三条理由的先后顺序要有一定的逻辑。同样是三条理由,如果它们的排列顺序乱七八糟,很可能阅卷老师就会觉得整个文章的结构乱七八糟。相反,按照一定的逻辑关系对它们重新进行排列,文章的结构就会显得顺畅严谨很多,文章也可能会在此基础上提升一个档次,多得四至五分。比如三条理由、三个分论点"决策、执行、控制",这样的顺序就很自然;但如果按照"控制、执行、决策"这样的顺序来写,文章的结构就会显得散乱无力。

(5)所有理由都要直接有力地支持总论点。我们寻找和构建三条理由的目的是形成三个分论点,以此来论证和支持总论点。但三条理由如何来支持总论点?这就有两种支持形式:一是并列式,二是递进式。

递进式是指这样一种排列形式:三条理由 A、B、C 依次递推来论证结论 J,也即 A→B→C→J。这样的递进式如果用得好,会给阅卷老师造成环环相扣、层层递进的感觉。这当然很好。

但递进式的风险在于,如果阅卷老师阅卷并不太认真,看我们的 A→B 这一段时,很可能会疑惑,你写这一段干吗?这跟我们的总论点 J 有什么关系?这样,无意当中就可能会判我们的这一段跑题了。

还有,递进式的第二个风险在于,因为递进式是链式结构,所以,如果我们推理论证过程中的某个环节有问题,那么,整个论证过程就会随之坍塌。

因此,对于考场作文来说,我们建议大家,要谨慎使用递进式。有把握用得好,就用;没把握,用得不好,就不妨转而采用并列式。

并列式是指,考生文章的三条理由都是直接支持自己的总结论 J 的,也即文章本论三段的逻辑形式是:A→J;B→J;C→J。对于这样的并列式来说,阅卷老师无论看我们文章的哪一段,都不会觉得我们跑题。另外,就算阅卷老师觉得我们某一段的论证有些勉强,不能很好地接受这一段,但并列式的其他两点理由至少还会继续维持着我们的结论啊。所以,对于考场作文来说,在安全性上,并列式要相对优于递进式。

当然,如果我们的本论三段既是相互并列的,同时又能层层递进,也即如果我们能很好地把并列式和递进式结合起来,那我们文章的结构就更加紧凑了。

(6)每点要有足够的理论含量和写作空间。我们构建一个分论点,并不仅仅是为了写好这一句话。我们的目的是写好这一段 200 字的本论部分。如果某个分论点句背后蕴涵的写作空间很小,那我们怎么写完这 200 字?所以,当我们写下一个分论点句的时候,要问问自己:在这句话后面有没有很多的思想、理论、事例、激情在等着我们去用它?如果是,那么这一段接下来就很好写。如果不是,就可能需要另外构建分论点句。

为了提升分论点句的理论含量,我们建议,平时可以看看《管理学概论》这样的书(比如周三多的《管理学原理与方法》,复旦大学出版社,1993年)。适当地掌握一些管理学的原理和术语,对于自己打开思路,写好三个分论点句,相信是大有帮助的。

(7) 三条理由要做到相互独立,没有交集。如果三条理由之间有交集,阅卷老师很可能就会觉得我们的思维混乱,思路不开阔,没话找话,为凑字数而写文章。

另外,我们还担心,如果三条理由之间有交集,万一我们写完第一段之后发现,第二段已经包含于其中了,第二段没话可写了,怎么办?

(8) 每句话尽量简短,三句话要对称整齐。提纲本来就要力求简明扼要,要让阅卷老师一目了然地知道我们文章的大体框架是什么。所以,我们的三个分论点句千万不要写得又臭又长,而要做到尽量简短,最好十几个字左右,一般不可超过 20 字,因为这样需要分行,会增加阅卷老师阅读理解的难度。至于解释说理,那是待会儿写作成文、做二级论证时要做的事情。提纲的语句要简短一些,这样才能充分体现我们提炼和概括的能力。

另外,为了方便阅卷老师阅卷,我们的三个分论点句最好采用对称整体的句式。比如,写沟通,可以这样写提纲:"① 沟通有助于企业做出科学决策;② 沟通有助于企业提升执行能力;③ 沟通有助于促进企业员工成长。"这样对称整齐的提纲,既显示了我们的语言水平,又方便了阅卷老师的快速阅卷。

(9) 成文时要以各种方法来强调这三句话。既然这三句话是我们精心构建起来的,所以当然不能让它们淹没在自己文章的汪洋大海之中。为此,我们建议,第一,要把这三句话放在自己本论三段的段首位置,这样阅卷老师一眼就能看到;第二,还可以用其他物理的方法来强调这三句话,比如把这三句话的字写得更加工整一些,字体更大一些。这样,阅卷老师就更容易注意和重视我们的这三句话。

4. 基本套路

前面说的是写好分论点句的一些基本原则,但如何具体地去寻找和构建作为分论点句的三条理由呢?下面,我们帮助大家总结出了一些基本的方法,或许能够帮同学们打开思路,按部就班地去寻找相应的各种具体理由。

假设我们要论证的总论点是 J,那么,我们就可以按照下面这些方法来寻找支持总结论 J 的三条理由:

(1) 三个部分:P1、P2、P3 三部分,都需要 J。比如,为什么说做好管理工作要善于倾听(J)?这是因为顾客(P1)、员工(P2)、股东(P3)的心声都需要我们管理者认真地去倾听。

(2) 三个角度:从 1、2、3 个角度看,都需要 J。比如,打假主要是靠消费者还是靠执法者?如果你认为主要靠执法者,你就可以这样来找理由、列提纲:从① 识假能力、② 打假力度和③ 打假动机看,执法者打假都优于消费者。

(3) 三个原因:原因 1、2、3 要求我们必须要 J。比如,"论居安思危"的提纲就可以这样写:我们为什么要居安思危?这是因为① 环境的时刻变化,② 时代的迅猛发展,③ 竞争的日趋激烈,都要求我们居安思危。

(4) 三个结果:J 能产生 1、2、3 等好处;J 有利于……比如,"论理想"的提纲就可以这样写:人为什么要有理想?这是因为理想能帮助我们:① 唤醒潜能;② 指明方向;③ 保持努力。

三、八股式模块

1. 模块简介

"八股式模块"是指,考生在写论说文的时候,可以参考这八个角度来展开写作。具体来说,"八股"分别是指:

步骤	要　点	简　释
1	观点的提出	引述题目材料,引出自己所要论证的观点。
2	概念的界定	如有必要,则对论点中的核心概念进行适当的澄清和界定。
3	原因的分析	为什么要主张这个观点?为什么会出现该现象?原因何在?
4	结果的推导	按照这种观点或做法去做,会有哪些好处?
5	反面的论证	不接受这个观点或不这样去做,会有哪些坏处?
6	方法的建议	如何才能践行该观点?
7	全面的考虑	应该注意哪些问题?是否需要纠偏?
8	总结和提升	回应开头,提出口号。

比如,下面这样一道命题作文题:

以"论授权"为题写一篇 700 字左右的论说文。

根据上面所介绍的"八股式模块",我们可以拟出这样的一份写作提纲:

1	观点的提出	作为一个领导人,必须学会授权。
2	概念的界定	何谓授权?授权是指适当地把权力授予下属。
3	原因的分析	为什么要授权?因为领导人的时间、精力、能力是有限的。
4	结果的推导	授权能带来什么好处?能让领导自己有更多的时间、精力抓大事、管全局,也能更好地激励和锻炼下属。
5	反面的论证	反之,如果不会授权而事必躬亲,就会像诸葛亮和王均瑶一样活活把自己累死;或像项羽和吕布一样,最多也只是匹夫之勇。
6	方法的建议	怎样才能更好地保证授权?关键是要建立和健全组织制度。
7	全面的考虑	适当的授权是必要的,但是授权不等于放任自流。授权的同时还要辅以指导、监督等。
8	总结和提升	让我们学会授权,并在授权中双赢!

接下来,请同学们自己动手针对以下题目来列一列八股式写作提纲:

以"论竞争"为题写一篇 700 字左右的论说文。

1	观点的提出	
2	概念的界定	
3	原因的分析	
4	结果的推导	
5	反面的论证	
6	方法的建议	
7	全面的考虑	
8	总结和提升	

八股式提纲参考答案:

1	观点的提出	在这个全球化市场经济的时代,我们应该鼓励竞争。
2	概念的界定	竞争是什么? 竞争是争夺有限的资源。
3	原因的分析	为什么会有竞争? 因为僧多粥少,因为资源的有限性和稀缺性。
4	结果的推导	竞争能带来哪些好处? 竞争的结果是优胜劣汰,不断的竞争就会导致事物不断的进化与进步。
5	反面的论证	反之,如果没有竞争、吃大锅饭,干好干坏都一样,就会导致懈怠,乃至退步和退化。如果把鹿的天敌狼赶尽杀绝,鹿也就会萎靡不振,体弱多病……
6	方法的建议	为保证公平竞争,需要建立竞争制度。否则不公平竞争,反而会阻碍事物的正常发展。
7	全面的考虑	我们是主张竞争,但我们并不崇拜弱肉强食。有些该保护的弱者就要保护好,否则社会、组织很可能会极不稳定,反而影响了社会、组织的正常运行。
8	总结和提升	让我们在竞争中进步!

为了方便同学们理解和记忆,我们还可以把这个模块掐头去尾,只留下论说文最核心的本论部分——余下的本论部分就是这样的四大块,分别用四个问题来进行引导:

1	是什么?
2	为什么?
3	怎么做?
4	注意什么?

很显然,上述八股式模块,对同学们来说非常重要。因为:

(1)为文章的构思与写作开启了多达八个思路和角度。一篇700字左右的考场论说文,有了这八个写作角度,具体写起来应该是很容易的。而且这八个角度有着很严谨的逻辑顺序,同学们可以节省很多谋篇布局的时间,而只需要按部就班地填写下去,一篇结构严谨的文章自然就有了。

(2)不用再担心自己文章的字数篇幅不够。有些同学在考场上很可能会出现这样的尴尬局面:在论证说理写完之后发现自己字数不够——这个时候该怎么办?这时八股式模块就会告诉你:接下来你可以写一写第六股"方法的建议",写一写怎么做;另外还可以写一写第七股"全面的考虑",写一写自己前面主张的观点是不是为了追求鲜明而有些偏颇,偏颇在哪些地方?怎么来纠这个偏?更完整、更正确的观点应该是什么?比如"坚持就是胜利"这个观点就是有些偏颇的,为此你可以这样来纠偏:当然,我们主张的"坚持"是指在正确的道路上、采取正确方法的"坚持"……这样,也许字数就上去了,篇幅也就凑够了,观点也更加全面了。

(3)具体而微地告诉了我们究竟该怎么去展开论证说理。论说文最关键的是论证说理。究竟该怎么去进行论证说理?这恰恰是令我们很多中国考生最头疼的。现在好了,有了这八股式中的第三股"原因的分析"、第四股"结果的推导"和第五股"反面的论证",考生就可以分别用这三个问题——"原因是什么?""好处有哪些?""反之会怎样?"——来引导自己的思考和写作。我们相信,一旦有了具体问题的引导,我们的思考,潜藏在记忆库中的素材,很可能就会随之被激活……文章写起来就有话可说了。反之,没有具体问题的引导,让考生去漫无目的地胡思乱想,像没头苍蝇一样去想、去瞎碰什么大道理来进行论证,确实是很头疼的事情,也没有什么效率可言。

由于八股式是考场论说文的一种非常重要而有用的写作模块,所以,接下来还请同学们继续做一做这种模块的提纲写作练习。

以"论谦虚"为题写一篇700字左右的论说文。

1	观点的提出	
2	概念的界定	
3	原因的分析	
4	结果的推导	
5	反面的论证	
6	方法的建议	
7	全面的考虑	
8	总结和提升	

八股式提纲参考答案:

1	观点的提出	不管是谁，做人都要谦虚。
2	概念的界定	什么是谦虚？谦虚意味着知不足、不自满、谦卑、虚心。
3	原因的分析	为什么要谦虚？因为一个人的知识、能力、成就是有限的；客观事物是复杂的、不断变化的；寸有所长、尺有所短……
4	结果的推导	谦虚能带来什么好处？谦虚的人就会虚心学习；而且更容易得到别人的欣赏和帮助。
5	反面的论证	反之，如果不谦虚，就会骄傲自满，就会停滞不前，最终导致失败。例子有项羽、李自成、洪秀全等。
6	方法的建议	怎么才能做到谦虚？关键是要认识到自己的有限性。
7	全面的考虑	谦虚≠永不展现自我；谦虚≠不担当。
8	总结和提升	在谦虚中学习和进步。

2. 注意事项

八股式虽然非常有用，但是如果用得不好，也会导致问题，所以，我们在这里必须提醒同学们几点：

首先，第二股"概念的界定"，也即"是什么"这一段，要不要写，要看具体情况。如果你要论证的观点中的核心概念不做解释，读者就不知道你在说什么，那么，你就必须先对核心概念做出解释或界定。比如，《读经不如读史》，你就需要对"经"是什么、"史"是什么做出界定。或者，你对核心概念能做出比较新颖的解释，并且这种解释有助于接下来的论证说理，那么这个时候你也可以做概念界定。比如，《论竞争》，你就可以把"竞争"界定为争夺有限资源。反之，如果核心概念本来就很清楚，另外你也说不出什么新意来，那你就不必再多此一举写一段"概念的界定"了。比如，《坚持就是胜利》，其中的核心概念"坚持"和"胜利"，我们还有必要去画蛇添足做界定吗？

其次，考场上的论说文第六股"方法的建议"可以写，但不能写得太多，因为论说文主要是论证说理，是回答"为什么"。而第六股不是在直接回答"为什么"，而是在说"怎么做"，所以，如果你的第六股写得太多，有些阅卷老师很可能就会认为，这不是标准的论说文，而是在告诉大家"怎么做"的"说明文"。自然，文体性质不对，是要严重扣分的。

再次，第七股"全面的考虑"可以写，但同样不能写得太多。因为写多了，就会喧宾夺主，就会模糊、冲淡自己的核心观点。试想，前面你在努力论证一个观点 A，现在你又在努力说这个观点 A 有很多问题、很多偏差……阅卷老师看了你这样的文章，很可能就会无所适从，不知道你在主张什么、反对什么。观点不明确，态度很含糊，对于考场论说文来说，实在是写作的大忌。所以，适当地纠偏是可以的，但是千万要注意，不能用力太猛。

读到这里，有些同学可能就会问，第六股不能多写，第七股不能多写，那我们究竟该放心大胆地写哪几股呀？已经真正把握了论说文这种文体性质的同学应该不难回答这个问题：肯定是第三、第四和第五股，因为这三股毫无疑问是在论证说理，是完全符合论说文文体性质的要求的。所以,在这"八股"中,第三、第四、第五这三股最好要着重去写,因为它们才是八股式模块真正的重点和核心。只要这三股写好了,道理说清楚了,你的文章就是好的论说文;反之,这三股写得不好,其余几股写得再好,也是得不了多少分的,因为你的论证说理太单薄了!

不过,值得庆幸的是,第三、第四和第五股这三股具体而微地告诉了考生,考场论说文的论证说理究竟该怎么展开:分析原因、推想后果、反面论证。当然,在具体的构思和写作过程中,如果这三股中的某一股你真的没有感觉,那你也完全可以撇弃这一股不写,而去想想另外两股自己能不能多写一点。比如,如果你觉得"原因分析"很难,但是"结果推导"和"反面论证"似乎比较容易,"某种思想有利于哪些方面,能带来哪些好处……""不利于哪些方面,可能会导致哪些不好的后果……"如果对此你很有想法,你就紧紧抓住"后果推导"和"反面论证"多写几个本论段,这样,你的论证说理的本论部分,不同样很充实、很丰满吗?而一旦你的论证说理做好了,这时候,第六、第七股写还是不写,就不是太重要了。

3. 模块范文

范文是最好的老师,下面就请同学们看一篇八股式模块的范文。

【模拟试题】

请以"坚持就是胜利"为题,写一篇700字左右的论说文。

【参考范文】

坚持就是胜利

许多有成就的人在总结他们成功的经验时,都强调要"坚持"。法国生物学家巴斯德就曾经说过:"告诉你我成功的奥秘吧,那就是我的坚持精神。"

为什么"坚持"如此之重要呢? 因为在追求事业的过程中总会遇到各种各样的艰难险阻,而且我们要成就的事业越大,这种艰难险阻也就越大。这就如王安石在《游褒禅山记》中所领悟到的:"夫夷以近,则游者众;险以远,则至者少。而世之奇伟瑰怪非常之观,常在于险远。"只有坚持不懈的精神和毅力,才能走过险远,领略到人生"奇伟瑰怪非常之观",才能取得一项事业的辉煌成就。

量变引起质变,这是自然界的变化规律之一,人的事业的成功也是这样。王献之学字,用尽十八缸水,终于成为著名的书法家;李时珍读了八百多种古代医学书,游历了七个省,收集了成千上万个单方,终于写成了《本草纲目》。他们事业的成功其实不过是他们长期坚持不懈所做的量的积累所必然导致的质之飞跃。

相反,如果没有坚持的精神,就会像《荀子·劝学》所说的,即使你是天赋极高、一跃十步的"骐骥"或"六跪而二螯"的螃蟹,最终所取得的成就也可能远不如坚持不懈的"驽马"和"无爪牙之利、筋骨之强"的蚯蚓。历史上的项羽天赋虽高,但他年轻时今天学书法,明天学剑术,后天又去学兵法,任何事情都是"略知其意,又不肯竟学"。这样不能持之以恒,又怎么可能在后来楚汉相争的持久战中立于不败之地呢?

正因为"坚持"如此之重要,所以,鲁迅先生在谈到这种精神时也不禁为之肃然起敬地写道:"我每次看运动会时,常常这样想:优胜者固然可敬,但那虽然落后而仍非跑至终点不止的竞技者,和见了这样竞技者而肃然不笑的看客,乃正是中国将来的脊梁。"

【模块分析】

严格来说,这不是一篇完整的八股式的论说文,因为它只有五段,每段一股,只有五股。整篇文章相对于标准的八股式模块来说:

第一段,对应第一股"观点的提出"。

第二段,对应第三股"原因的分析":为什么要坚持?要坚持的原因是什么?显然在此之前它省略了第二股"概念的界定"。为什么省略?估计是"坚持就是胜利"这个观点虽然包含了"坚持""胜利"这两个概念,但它们都是大家熟悉的,没有必要再多此一举做什么界定或说明。

第三段,对应第四股"结果的推导":坚持能带来哪些好处?

第四段,对应第五股"反面的论证":如果不坚持,会有哪些坏处?

第五段,对应第八股"总结和提升"。显然,在此之前,它省略了第六股"方法的建议"和第七股"全面的考虑"。为什么省略?很可能是因为作者觉得第三、第四、第五股写完之后,论证说理已经做得很好了,道理已经说透彻、讲清楚了,字数篇幅也已经差不多了,所以,第六和第七股也就不写了。正如我们前面所说的,不写第六和第七股,也没什么关系,因为它们本来就不是论说文的必需。

当然,这篇文章虽然不是标准的八股,但是,由于它的第三、第四和第五股写得实在是太好了,它们已经很好地从原因、结果、反面这三个方面充分有力地论证了"坚持就是胜利"这个论点,所以,毫无疑问是一篇是优秀的论说文。这里推荐给同学们,主要是希望大家能好好学学它的论证说理的三股是怎么写的。

第六节　模拟试题

这一节,我们给大家提供了一些高质量的仿真模拟试题,希望同学们能够认真审题立意,搭建写作提纲,并写出正式的文章。然后,再研读本书的分析和范文,看看自己的问题出在哪里,将来怎么防范,怎么克服。

一、林肯重用格兰特

【模拟试题】

根据以下材料,自拟题目写一篇700字左右的论说文。

美国南北战争初期,占有绝对优势的北方军在战争中却连连失利,即使林肯多次换将,也仍不见效。

一天,林肯听到有人说:"现在是北方一群没有缺点的将军被南方一群有缺点的将军打得一败涂地。"尖锐的嘲讽令他很恼火。但冷静下来后,他不得不承认正是自己用人失策才导致北方军失败。南方军用人只考虑此人是否对作战取胜有利,而林肯却更愿意选择那些"无缺点"的将领。

于是,林肯果断任用"傲气十足""好酒贪杯"的格兰特为作战总司令。任命一公布就立刻引来一片反对之声,但是林肯顶住压力,力保格兰特。果然,格兰特仅用了一年时间,就打败了南方军。

【请列提纲】

标题与立意	
分论点 1	
分论点 2	
分论点 3	
分论点 4	

【最好的立意】

大胆重用有缺点的人才。

【其他的立意】

凡是没能同时抓住"缺点"和"用人"这两个关键词的立意,都可以算是不同程度的跑题、偏题。

【三点式提纲】

《大胆重用有缺点的人才》
(1)任何现实的人才都必然是有着这样那样缺点的人。
(2)有缺点的人或许是最具本岗位所需核心能力的人。
(3)有缺点的人也许会更加珍惜这个来之不易的机遇。

【三点式范文】

大胆重用有缺点的人才

美国南北战争期间,林肯改变用人思路,大胆重用有缺点但会带兵打仗的格兰特。而格兰特也果然仅用一年时间就扭转了战局。这个故事告诉我们:作为领导,应该学会大胆重用有缺点的人才。

首先,任何现实的人才都必然有这样那样的缺点。人无完人,谁身上没有缺点?格兰特身上有缺点,原先的将领看似"无缺点",但实际上他们身上就有最大的缺点——不会带兵打仗。因此,如果非要求全责备,世界上就会无人可用:历史上姜太公就会因为年纪太大、管仲就会因为早年贪生爱财而只能默默无闻地终老一生，他们的领导也许就无法成就自己的丰功伟业。

其次，有缺点的人或许最具本岗位所需的核心能力。有缺点并不意味着没有能力。格兰特是有骄傲、贪杯的缺点，但瑕不掩瑜，这些并不妨碍他成为一个能征善战的将军。同样，抗清名将袁崇焕很自负、爱说谎，太平天国杨秀清表现欲极强，甚至喜欢当众训斥洪秀全，但不能因为这些缺点就否认他们是当时无可替代的军事天才。军队有他们指挥，就能大获全胜；失去他们，就只能节节败退。

最后，有缺点的人才会更加珍惜来之不易的机遇。一个人因为有缺点过去一直未被重用，现在忽然得到领导的信任并赋以重任，自然就会更加珍惜这难得的机遇，更加努力出色地完成任务，以展现自己的才能。相信北方军最后的胜利很大程度上就源于格兰特被这次破格重用所激发出来的无限潜能。无独有偶，一直郁郁不得志的逃兵韩信突然被刘邦拜为大将军后，果然不负众望，愈战愈勇，终于帮助刘邦打败了不可一世的项羽，夺得了天下。

凿石索玉，剖蚌求珠。让我们向林肯学习，学习他在合适的岗位上大胆重用有缺点的人才——这样我们也许就能扭转战局，转败为胜！

【八股式提纲】

《大胆重用有缺点的人才》
（1）原因的分析：人无完人要求我们必须大胆重用有缺点的人。
（2）结果的推导：大胆重用有缺点的人会产生巨大的激励效应。
（3）反面的论证：反之就会因为无人可用而导致事业被动失败。
（4）全面的考虑：当然前提是他的缺点不能妨碍对岗位的胜任。

【八股式范文】

大胆重用有缺点的人才

有某些性格缺点的格兰特得到林肯重用后不久，就率领北方军扭转战局，打败了南方军，赢得了决定美国历史的南北战争的胜利。这个故事似乎在告诉我们：作为领导，有时真的需要大胆重用有缺点的人才。

首先，人无完人要求我们必须大胆重用有缺点的人。黄金无足色，白璧有微瑕。世界上任何真实的个人都肯定有着这样那样的缺点。如果硬要强求完人，天下就没有配活的人；如果硬要求全责备，世界就会陷入无人可用的境地。试想如果因为格兰特有缺点就不用，南北战争的最终结局也许就不得而知。所以，用人的关键不是看他有没有缺点，而要看他是不是具有完成特殊任务所需的核心能力。如果有，领导人就应该大胆重用。

其次，大胆重用有缺点的人会产生巨大的激励效应。一个有缺点的人因为得不到重用一直郁郁不得志，忽然得到领导的信任并被委以重任，相信他会因此受到极大的激励和鼓舞，于是也会更加珍惜这难得的机遇。试想如果你是格兰特，林肯力排众议任命你做北方军的统帅，你就一定会加倍努力来完成林肯交给的光荣任务，取得南北战争的胜利，以不辜负林肯的信任和重托，同时也证明自己的能力，实现自己的价值。

反之，一有缺点就弃用注定会错失所有人才。为政之本，唯在用人。但如果不敢任用有缺点的人才,且不说林肯会因此错失格兰特,美国的历史也许会从此改写;就说中国历史,刘邦就至少会因为"盗嫂受金"而错失了一代名相陈平。错失了陈平,谁来献奇计离间项羽和范曾的关系,诱捕兵乱隐患韩信,清除诸吕拥立孝文帝?

当然,重用有缺点的人才也需要满足一定的前提条件。这就是他必须能像格兰特一样有能力胜任自己的岗位,且缺点不妨碍他对该岗位的胜任。

【例证式提纲】

《大胆重用有缺点的人才》
(1)张居正重用谭渊的故事。
(2)乾隆重用和珅的故事。
除此之外,还可以用其他故事来做例证,比如:
(1)齐桓公重用管仲的故事。
(2)刘邦重用陈平的故事。
(3)洪秀全用杨秀清的故事,洪杨内讧的故事。
(4)钱钟书数学15分考清华,其他人破格录取的故事。
(5)《西游记》《水浒》《三国演义》《红楼梦》里的故事。

【例证式范文】

大胆重用有缺点的人才

如果把完美理解成没有任何缺点,那么可以说,在现实生活中完美的人几乎就没有,完美的事根本就不存在,所以,我们对人当然就不能苛求完美。不过,值得庆幸的是,有些像格兰特一样不完美的人,却可以担当大任。

记得在明万历年间,南方的少数民族曾经发动了叛乱。这些土著生来身体健硕,善于奔走于山地之间,且团队意识很强,朝廷的几次围攻都没有奏效。而朝廷在挑选将领时,也从没有考虑过战场悍将谭渊,因为此人每次带兵必然贪污,而且贪污数量至少为军饷总数的一半。

但后来的内阁大学士张居正却独具慧眼,不顾周围人的劝阻任命谭渊为主将。果然,没出几个月,南方叛乱就被平定。事后,有人问张居正:为何明知他会贪污却依然任用他? 张居正说:朝廷几次派军队过去,同样花了大笔钱粮却不曾有效果,估计再派谁带兵出征也不会有什么效果,所以还不如让谭渊拿了钱,把事情彻底解决。

还有,清朝的大贪官和珅在乾隆皇帝如此英明的君主手下贪污那么多年,难道皇帝会不曾发现吗? 个中原因恐怕不只是和珅深得皇帝喜欢,更重要的是很多事情需要和珅,也只有和珅才能想出解决的办法。比如千叟宴。皇帝在大冬天里要宴请那么多人,如何不让饭菜变凉便成了大问题。但真让大家吃凉菜,皇帝会多没面子啊。这时,和珅就想到了火锅! 中国历史上的火锅也就此发明! 所以,超强的解决问题的能力,使得和珅的缺点在皇帝眼中自然就不那么重要了。

房玄龄曾对唐太宗说,治世之臣必须德才兼备,而乱世之臣有一技之长即可用之,说的就是这个道理。所以,现在我们用人时也不必苛求完美,像格兰特一样虽有些个性缺点,但只要能带兵打仗,我们又何不乐得用他去帮我们驰骋沙场呢?

二、降落伞的合格率

【模拟试题】

根据以下材料,自拟题目写一篇700字左右的论说文。

二战期间,美国空军降落伞的合格率为99.9%,这个合格率看起来已经很高了,但它也意味着从概率上来说,每1000个跳伞的士兵中就会有1个因为降落伞不合格而丧命。巴顿将军于是要求厂家必须让合格率达到100%才行。对此,厂主却说:"我们已经竭尽全力了,99.9%已是极限,除非出现奇迹。""那每次验货时,我就从降落伞中随机挑出几个,让你亲自跳伞,以此来检测它们的合格情况。"果然,奇迹出现了:从此,降落伞的合格率达到了100%!

【请列提纲】

标题与立意	
分论点 1	
分论点 2	
分论点 3	
分论点 4	

【最好的立意】

"奇计逼出奇迹""压力催发奇迹""逼出来的奇迹"

【三点式提纲】

《压力催发奇迹》

(1)压力会打破你虚假的设限而催发奇迹。厂主原先的自我设限,后来被压力打破。大庆油田、两弹一星的奇迹。

(2)压力会逼出你巨大的潜力而催发奇迹。厂主原先并未"竭尽全力";项羽的破釜沉舟,韩信的背水一战。

(3)压力会激发你全新的灵感而催发奇迹。战争逼迫着巴顿跳出传统验货制度的局限;诸葛亮的草船借箭和空城计。

【三点式范文】

压力催发奇迹

厂主一直认为降落伞的合格率永远不可能突破99.9%的极限。但在巴顿将军施加了"亲自跳伞"的压力后,合格率竟然奇迹般地达到了100%!这个奇迹般的故事似乎是在告诉我们:压力有时候真能催发奇迹!

首先,压力会打破你虚假的设限而催发奇迹。经验、习惯、偏见……都会在我们的潜意识里进行自我设限。但这样主观设定的极限未必就是真的,有时候压力压一压,也许就会被"奇迹般"突破。厂主原先认定的合格率的极限,一遭到巴顿的强大压力,就土崩瓦解,100%的奇迹也随之出现。同样,大庆油田、两弹一星都是新中国在当时国内外局势的巨大压力下突破原来的设限而催发出的奇迹!

其次,压力会逼出你巨大的潜力而催发奇迹。人的潜力是无限的,但人身上也有天然的懒怠和惰性。有时候,压力像鞭子一样狠狠地抽打我们几下,说不准就会逼出我们意想不到的潜力。厂主在没有压力时自以为已竭尽"全力",其实仍然留有"余力",后来在"亲自跳伞"的逼迫下,才算真正尽了全力,果然合格率也就出现了100%的奇迹。还有,历史上项羽的破釜沉舟,韩信的背水一战,也都是压力逼出潜力、从而催发奇迹的经典例证!

再次,压力会激发你全新的灵感而催发奇迹。人是思想的动物,但也会经常陷入偏见、盲区、定势等思维的死胡同,滋生出一种山重水复疑无路的"极限"错觉。这时,压力或许会逼着你换一种思路,于是,不可能也就变成了可能。战争逼着巴顿跳出传统验货制度的局限,想出了让厂主亲自跳伞的妙计;厂主逼着下属,也许就想出了万无一失的生产工艺……另外,诸葛亮的草船借箭和空城计,也很好地说明了压力激发灵感、从而催发奇迹的道理!

不要一味地反感和拒斥压力,有时候正是压力才能逼迫我们真正地竭尽全力,打破极限,催发奇迹!

【八股式提纲】

《压力催发奇迹》

(1)原因的分析:为什么只有压力才能催发奇迹?因为面对困难和极限,人总有惰性。只有压力……

(2)结果的推导:为什么压力往往可以催发奇迹?压力会激发我们原本存在的无限潜能……

(3)反面的论证:为什么没压力就不能创造奇迹?奇迹前面肯定横亘着极限的墙,极限不可能轻易被突破……

【八股式范文】

压力催发奇迹

厂主一直认为降落伞的合格率永远不可能突破99.9%的极限,除非出现奇迹。但在巴顿将军施加了"亲自跳伞"的压力后,合格率竟然奇迹般地达到了100%!这个故事很好地说明了:压力有时正是奇迹的发动机。

首先,为什么只有压力才能催发奇迹呢?因为面对困难和极限,人人都有惰性。这个时候,只有压力才能鞭策我们克服惰性,排除万难,继续前进。题中降落伞的合格率只有在厂主感受到自己性命攸关的压力时,才奇迹般地提高了那最后、也是最难的0.1%。同样,在井陉口之战,"驱市人而战之"的韩信也只有背水列阵,"置之死地,使人人自为战",才会创造出举世闻名的以少胜多的胜利奇迹。

其次,压力又何以能催发奇迹呢?我们知道,人的潜能是无限的,但平常只以潜在的方式存在。假如遭遇压力的逼迫，就有可能被激发出来，从而创造奇迹。题中巨大的战争压力逼着巴顿开动脑筋，终于想出了这么绝妙的验货制度，最终催发了合格率100%的奇迹。同样，项羽主动以破釜沉舟、切断一切退路的极端行为来给楚军加压，以显示"将有必死之心，士无贪生之意"的决心，最终，重压之下的楚军将士"无不一以当十"，奇迹般地打败了数倍于己的秦军。

反之，没有压力，就不可能创造奇迹。奇迹前面总横亘着一道极限的墙，否则就不叫奇迹。而极限之为极限，没有巨大压力，肯定不能被轻易突破。题中的厂主若没有亲自跳伞的压力，相信永远都不可能把合格率提高到100%！同样，《史记》中的李广射猎的故事也很好地说明了这个道理：疑石为虎而射之，则奇迹般"中石没镞"；后知石之为石而射之，终不能复入石。原因何在？就在于有没有压力。

无限风光在险峰。有时压力会把我们逼上绝境，但奇迹往往也就在绝境之中诞生！

三、气根植物

【模拟试题】

根据以下材料，自拟题目写一篇700字左右的论说文。

湿热的气候，充足的养料和水分，热带雨林中的植物仿佛生活在一个大温室中。地球上再也没有任何其他地方可以让植物这么快速地生长。在这里唯一的制约就是阳光。

稠密的绿叶屋顶阻挡了绝大部分光线，只有1%~2%的阳光侥幸穿过叶片间的缝隙照射到地面。林间地面上只有少量喜阴植物，如秋海棠。

许多幼小的树木依靠稀疏的叶片维持生命，等待着向上冲刺的机会。例如，有些年老的树木可能会被雷电击倒。那些小树们必须抓住这样的机会，展开一场快速长高的竞赛。当然这样的机会不可能每天都有，因此小树们只能不断地等待。于是，另外有些植物，为了能在抢夺阳光的战役中获胜，则另辟蹊径，比如气根植物。

气根植物往往依附在乔木的树杈或树枝上，它们的根不再扎入地面土壤，而是悬浮在半空中，直接从空气中吸取养分和水分，所以在气根植物的周围会出现养分匮乏、相当干燥的环境。

悬在空中虽然养分匮乏，但它们不需要辛苦地争夺阳光。因为有了阳光，它们像大多数热带兰花一样，就都可以开出绚丽的花朵。

【请列提纲】

标题与立意	
分论点 1	
分论点 2	
分论点 3	
分论点 4	

在变通中谋求突破

气根植物善于变通,打破常规放弃土壤,依附于乔木的树杈,直接从半空中开始长起,终于获得了阳光争夺战的胜利。气根植物的故事告诉我们:面对激烈的竞争,我们要学会在变通中谋求突破。

首先,变通有利于我们化干戈为玉帛。有时候脑子稍微变通一下就会发现,有些敌人不过是我们自己虚构的假想敌,其实完全可以反过来结为盟友。当小树们把高大的乔木假想为自己争夺阳光的竞争对手时,气根植物却倒转过来,超越性地把它看作是自己可以依附的平台!同样,三国时的吴蜀联盟,抗战时的国共合作,美国波音和麦道的重组,体现的也都是这种善于变通、化敌为友的超越性智慧。

其次,变通有利于我们化被动为主动。在暗无天日的热带雨林里,秋海棠干脆放弃了挣扎,小树们也最多只是被动地等待那不太可能的雷电击倒自己身边老树的机会。而气根植物则通过变通,主动创造机会,依附在乔木的树杈上,终于迎来了灿烂的阳光!同样,毛泽东也是在变通中积极创造机会的高手:农村包围城市,四渡赤水,刘邓大军千里挺进大别山,就都是他善于变通、化被动为主动的杰作。

再次,变通有利于我们化红海为蓝海。就算雷神偶尔击倒了某棵老树,但地上无数苦苦等待的小树们接下来对阳光的争夺战又将是何等的血腥残酷!而善于变通的气根植物一开始就抢得了制高点,终于独领风骚,摆脱了血拼的红海,享受到了自由的阳光。同样,刘备原先一直在中原地带这块"红海"区域拼杀,结果总是摆脱不了流寇般的命运。后来,在诸葛亮《隆中对》的指导下,终于在荆楚蜀川之地找到了自己的蓝海。

穷则变,变则通,通则久。不管现实社会竞争的激烈程度如何远远超过热带雨林,只要具备了气根植物的变通智慧,我们相信,我们也能脱颖而出,开出自己的绚丽花朵!

向气根植物学习

竞争激烈的热带雨林,真的很像我们这个现实社会。如何在这样激烈的竞争中脱颖而出?气根植物确实有很多值得我们学习的地方。

首先,积极主动的进取精神值得我们学习。面对激烈的阳光之争,秋海棠放弃了,林中的小树们也只会坐等那渺茫的希望。而气根植物则积极主动地创造机会,依附在乔木的树杈上,终于突破了稠密的绿叶屋顶,为自己争得了灿烂的阳光!同样,面对职场的激烈竞争,初出茅庐的我也没有自暴自弃和消极等待,而是自己努力创造机会,所以坐在了今天的考场上。但愿考研能把我带向阳光灿烂的职场。

其次,另辟蹊径的创新意识值得我们学习。谁说根非得扎入土壤?谁说空气只能给我们提供二氧化碳,而不能提供水和养分?为争夺阳光,气根植物以令我们瞠目结舌的方式,打破一切常规,万丈高楼平空起!同样,我们的综合考试,如果按正常的答题顺序先做数学和逻辑,就总是刚好没时间写文章。为了避免这样的考试事故,我打破常规,先写作文,再做数学和逻辑,后来的模拟考试成绩果然就直线上升!

最后,善假于物的借力智慧值得我们学习。小树们只知道自己努力长高,不知道长得高不如站得高! 气根植物依附在高大的乔木树杈上,一下子就在阳光争夺战中把小树们甩下了一大截! 同样,一开始我独自在家备考,却一直不得要领,进步很少。后来,往届考生建议我参加一个辅导班,借助他们的平台和力量。果然,那里的老师们帮助我们总结出了非常实用的考点、题型和解题方法。因此,我的英语、数学、逻辑的得分能力也随之迅速提升。

总之,在激烈的社会竞争中,气根植物有太多许多值得我们学习的地方。我也希望能像气根植物一样,通过自己的努力和智慧,最终突破制约,抢得阳光,开出属于自己的绚丽花朵!

【参考范文 3】

想要胜利,就要借力

为了摆脱暗无天日的命运,热带雨林中的气根植物主动依附在高大的乔木上,以抢占先机,更好地争夺生存所必需的阳光。气根植物的这一智慧告诉我们:面对激烈的竞争,想要胜利,有时候就要学会借力。

题中的气根植物确实是善于借力的典范。它们不像地面上的小树们一样因为得不到阳光,只能依靠稀疏的叶片勉强活命,绝望地等待老树被雷电击倒那渺茫的希望。它们断然摈弃了"万丈高楼平地起"的常规,放弃地面,假借高大的乔木做平台,直接把根悬浮在半空中,从而以高起点获得了阳光争夺战的胜利。

同样,善于借力的例子在人类历史上也比比皆是。三国中的曹操挟天子以令诸侯,刘备借汉室的名义延揽各方英雄豪杰,诸葛亮更是借荆州谋益州、借孙吴抗曹魏……为什么这么多的成功都是借来的? 道理很简单,寸有所长,尺有所短。只有借人所长,补己所短,才能迅速甩掉对手,抢先获得竞争优势。

反之,项羽、袁绍手下原本也曾谋臣武将如云,但他俩就是不会借助别人的力量和智慧,甚至还嫉贤妒能,致使手下英雄无用武之地,最终逼着他们一个个投靠自己的对手。这样的"孤家寡人"仅凭自己的一己之力,面对刘邦、曹操这样强大的竞争团队时,又怎么可能取得最终的胜利?

其实,善于借力对我们做人做事也很有指导意义。如果你要创业开店,我建议你不妨上淘宝,借助淘宝的网络、品牌和人气;而我自己正在考研,目的也是希望考一个名校,帮助自己获得一个更高的职业发展平台,否则在热带雨林般的职场上,我很可能永远没有出头之日,看到自己希望的太阳!

总之,无论是在日常生活还是工作中,我们都要向气根植物学习,善于借助别人或平台的力量,这样才能克服自己的局限,在激烈的竞争中脱颖而出,开出属于自己的绚丽花朵!

四、王安石论孟尝君

【模拟试题】

根据以下材料,自拟题目写一篇 700 字左右的论说文。

王安石曾经写过一篇题为《读孟尝君传》的短文,大意是——

世人都称孟尝君能够赢得贤士,贤士因为这个缘故归顺他,孟尝君终于依靠他们的力量,从像虎豹一样凶残的秦国逃脱出来。

唉! 孟尝君只不过是一群鸡鸣狗盗的首领罢了,岂能说得到了贤士? 如果不是这样,孟尝君拥有齐国强大的国力,只要得到一个真正的贤士,齐国就应当可以依靠国力面向南方称王而制服秦国,哪里还要借助鸡鸣狗盗之徒的力量呢? 鸡鸣狗盗之徒出现在他的门下,这就是真正的贤士不到他门下的原因。

【请列提纲】

标题与立意	
分论点 1	
分论点 2	
分论点 3	
分论点 4	

【参考范文】

治国重在用大贤

王安石对孟尝君的批评是深刻而中肯的。治理国家最关键的是要重用那些能安邦定国、经天纬地的大智大贤,过分倚重于一些鸡鸣狗盗之徒,是没法治理好庞大而复杂的国家系统的。

首先,治国重在战略,战略全靠大贤。一个国家的战略决策决定了一个国家前进的基本方向。国策英明、方向正确,国家迟早都会兴旺发达起来。反之,战略决策失误,方向严重偏差,接下来所有的努力都将是徒劳。三国时期的刘备,最初带着关羽、张飞在中原地带四处拼杀,却一直无法摆脱流寇般的命运。后来,三顾茅庐,得到了大智大贤的诸葛亮,并凭借诸葛亮《隆中对》里的英明国策,迅速开创了魏蜀吴三足鼎立的局面。

其次,精力资源有限,大小很难两全。或许有人说,大智大贤诚然重要,但如果我大才小才兼顾,岂不是更好? 其实,这样两全其美的好事不过是你主观上的一厢情愿而已。由于领导人的时间、精力、资源都是有限的,你在这个方面多花一些,你留给另一个方面的就必然会少一些。试想,你整天和鸡鸣狗盗之徒厮混在一起,你哪还有时间去寻访、任用那些大智大贤呢?

再次,人才多以类聚,亲小往往远大。俗话说,道不同不相为谋。一方面,很可能大才不愿意浪费时间跟小才厮混;另一方面,小才们也会本能地嫉妒、排斥大才。另外,在大才看来,你领导人这么喜欢鸡鸣狗盗的小才,那就说明你的眼光、价值观有问题,跟这样的领导干怎么会有大前途? 于是,他转身就另投明主去了。所以,王安石说,正是因为孟尝君得到了太多鸡鸣狗盗之徒,注定了他得不到雄才伟略的大贤。

有人说,领导人的主要任务有两项:一是用人,一是抓大局。其实,这两项就是一项,因为任用大智大贤就是领导人最大的大局。

五、伯乐一顾

【模拟试题】

根据以下材料,自拟题目写一篇700字左右的论说文。

人有卖骏马者,比三旦立市(在集市上待了三天),人莫知之。往见伯乐曰:"臣有骏马欲卖之,比三旦立于市,人莫言。愿子还(环绕)而视之,去而顾之,臣请献一朝之贾(一天的报酬)。"伯乐乃还而视之,去而顾之,一旦而马价十倍。(《战国策·燕策》)

【请列提纲】

标题与立意	
分论点 1	
分论点 2	
分论点 3	
分论点 4	

【参考范文】

巧用专家助营销

原来一直无人问津的马,经过伯乐的"还而视之,去而顾之"之后,"一旦而马价十倍"。这个故事很明显地告诉我们这样一个道理:有时要学会巧用专家助营销。

首先,自己产品的好,外表特征上不一定会显示出来。质量的好是内在的,有时未必有明显的外在特征。比如题中的这匹马,虽然事实上是一匹骏马,可在外表特征上却很可能和普通的马没有什么区别,甚至还不如一些外强中干、花里胡哨的马好看。这时如果没有相马专家的大力推荐,很可能只会继续混杂在普通马群里,"比三旦立市,人莫知之"了。

其次,自己产品的好,消费者不一定能一眼识别出来。消费者作为产品的使用者,虽然对产品的特性多少有些了解,但他们的产品识别能力和伯乐这样的专家相比,很可能就有天壤之别了。所以,有些马的优劣很明显,他们自己就能识别,但对题中的这匹处于"认知灰色区"的马,他们就看不准了。这时,伯乐凭着自己多年相马无数的丰富的专业技能,就能帮助买马者做出正确的判断。

再次,自己产品的好,卖主亲自吆喝不一定能让人相信。因为第一,你不是专家,谁能相信你的判断就会准确无误呢?第二,最要命的是,你说自己的这匹马有多好多好,在旁人眼里难道没有王婆卖瓜、自卖自夸的嫌疑吗?所以,这个时候有个伯乐这样大家都认可的公共专家来做鉴定,应该是最可信的。

最后,有人可能会说:这不是鼓励联合起来忽悠消费者吗?对此,我想回答的是:用伪劣产品来忽悠消费者的营销,当然应该令行禁止。可是,人家的这匹马本来就是骏马啊,让大家知道它是骏马,然后卖出骏马的价格,并让马的新主人以适合骏马的方式来喂养、使用它,然后让它创造更大的价值……这哪里是忽悠? 这明明是皆大欢喜的多赢呀!

六、度与分寸

【模拟试题】

根据下述材料,写一篇700字左右的论说文,题目自拟。

中国人一直很讲究一个"度",常说的"过犹不及",就是这个意思。多了少了都不好,所以说,万事都须有"度"。日常生活中,任性易坏事,急于难求成,心慌择错路,欲速则不达……都是因为没有把握好一个"度"。这个"度"其实就是"分寸",也是人生当中最难把握的两个字。

【请列提纲】

标题与立意	
分论点 1	
分论点 2	
分论点 3	
分论点 4	

【参考范文】

分寸真的很难把握

"过犹不及""欲速则不达"……把握好度和分寸的重要性,人尽皆知。但如何精准地把度和分寸把握好、拿捏准,对任何人来说,都可能非常难。

首先,认识的局限让我们很难把握好分寸。世界上的任何客观事物初看可能很简单,但仔细一研究就会发现其复杂程度远远超出我们的想象。与此同时,我们每一个人的认识能力又非常有限。所以,事物的度、我们的分寸在哪里,就很难找对、找准。比如男孩追女孩的主动性,人际交往时的不卑不亢,父母对子女的操心……究竟做到怎样的程度才是恰到好处、不多不少——这个谁能把握得绝对精准?

其次,心理的干扰让我们很难把握好分寸。也许冷静理智时,我们心里还有个模糊的度和分寸,但是愤怒、悲观、恐惧、贪婪……这些非理性的心理因素有时又会侵蚀甚至彻底吞没这些模糊的度和分寸。比如孩子的数学不及格时,我们希望他能及格。及格了,又希望他更好。后来真得了满分,人性的贪婪会伪装成各种正当美好的理由诱使我们继续要求孩子每次都得满分! 这样的得陇望蜀、得寸进尺,这样的把度和分寸忘得一干二净的贪得无厌,最后很可能只会把孩子压垮或逼反。

再次,习惯的驱使让我们很难把握好分寸。人是习惯的动物,思维的定势很容易使我们在新的情景中仍然想当然地习惯性行事,这就导致我们无意中忽视了新情景的特殊性和具体性,忽视了对当时分寸的把握。比如一个被溺爱的独生子女,在家里一直是绝对中心,很可能到了学校、单位还是会习惯性地以自我为中心,自然就很难把握好与他人相处、交往的分寸。

当然,度和分寸是很难精准把握,但这并不意味着我们对此就一点都不能把握。只要遇事冷静理智,也许也能把握个八九不离十。

七、神秘顾客

【模拟试题】

根据以下材料,自拟题目写一篇 700 字左右的论说文。

美国肯德基国际公司遍布全球 60 多个国家,繁衍的"子嗣"多达 9 900 多个。然而,肯德基国际公司总部在万里之外,又怎么能相信它的下属能循规蹈矩呢?

一次,上海肯德基有限公司收到 3 份国际公司总部寄来的鉴定书,对他们外滩快餐厅的工作质量分 3 次鉴定评分,得分分别为 83、85、88 分。公司中外方经理都为之瞠目结舌:这 3 个分数是怎么评定的,我们怎么对此一无所知?

原来,肯德基国际公司总部专门雇用、培训了一批人,让他们佯装顾客,秘密潜入各个快餐店内进行检查评分。上述外滩快餐厅的评分就是出自这些"神秘顾客"之手。

【请列提纲】

标题与立意	
分论点 1	
分论点 2	
分论点 3	
分论点 4	

【参考范文】

"神秘顾客",神奇效果

一个遍布 60 多个国家、拥有 9 900 多个分支机构的庞大集团,能够管理得如此井然有序,从容地应对市场变化,令人不得不对其基于"神秘顾客"之上的企业内部监督方式拍案叫绝。

首先,"神秘顾客"有助于企业提高顾客满意度。顾客是企业的衣食父母,抓住了顾客的心,赢得了顾客的满意,就等于赢得了市场。当然,这其中的前提就是了解顾客以及顾客的消费体验。那些经过专门培训、佯装顾客、秘密潜入各个快餐店的"神秘顾客",可以从顾客的维度来收集客户信息,也因此最能及时发现、改正商品和服务中的不足之处,从而提高客户满意度,留住老顾客,发展新顾客。

其次,"神秘顾客"可以促使员工改善本职工作。"神秘顾客"的这种检查方式真正避免了形式主义的流弊。与肯德基的"神秘顾客"相反的是,很多企业的领导下去检查工作往往是领导未动,风声先行。这样兴师动众的检查实际上就等于鼓励和怂恿下属做表面文章来掩盖问题的真相!相反,"神秘顾客"来无影去无踪,这样就可以给下属以无形压力,以促使他们更加尽职尽责地工作,并努力改善和提升自己的工作质量。

最后,"神秘顾客"可以确保企业制度的有效执行。像肯德基这么大的国际连锁集团,如果没有一套严格的制度和标准化的流程,必然会陷入难以想象的混乱之中。但肯德基却通过"神秘顾客"巧妙地解决了这一难题。经过总部培训的"神秘顾客"往往可以更加准确地理解公司的规章制度和各项标准,并且站在公司总部的角度来秘密检查、督促下属机构遵照执行。

肯德基的成功案例告诉我们:做企业集团就像放风筝,你既要多放风筝,又要把风筝放得高,还要把所有的风筝牢牢地控制在你的手里。这其中的关键就看你的手里有没有一卷"神秘顾客"这样细长而又坚韧的线圈!

八、在商言商

【模拟试题】

"孔子说:'不在其位,不谋其政。'企业家就是商人,在商言商,谈什么政治?!"

对上述观点进行分析,论述你支持或反对这一观点的理由。你可以运用取自你的经验、观察或阅读的实例或理论作为论据。700字左右。

【请列提纲】

标题与立意	
分论点 1	
分论点 2	
分论点 3	
分论点 4	

【参考范文】

言商,也要议政

当年曹刿请求论战,其乡人曰:"肉食者谋之,又何间焉?"无独有偶,孔子也曾说:"不在其位,不谋其政。"所以,有人就根据这些只言片语,片面地认为企业家是商人,只应干好本分,不应谈论政治。这种观点是值得商榷的。

首先,我国宪法赋予了每一个公民参政议政的权利。宪法规定,只要是中国的合法公民,就有一定的政治权利,如选举权和被选举权等。企业家作为公民,当然享有这些法定的权利,他可以选举别人来代言自己的利益,也可以通过自己的言行来获得别人的选举,代表自己和选民参与相应的政治议程或政策制订的活动。企业家的这些法定的参政议政的权利,谁能非法剥夺?

其次,政治协商制度赋予了企业家参政议政的权利。政治协商制度就是联合广大的知识分子、无党派人士、民主党派人士和商界人士的桥梁和纽带。企业家作为商界人士,有权利、也有义务参与国家政治生活,为我国的政治改革和经济发展建言献策,为国家的富强和民族的复兴贡献自己的智慧。事实上,俞敏洪、王健林等都是全国政协里积极参政议政的企业家典范。

最后,企业家参政议政也有利于企业自身的发展。企业家参政议政,有助于国家制订更加科学的政策,为企业的发展营造更好的政治、法律、经济环境。企业家参政议政,也可以直接表达自己企业的诉求。

总之,"在商言商,当官论政"的官本位思想是旧时代的产物。在市场经济的新时代,企业家应当大胆放开手脚,参政议政,为国家的经济建设、为企业的可持续发展贡献更大的力量。

九、领导与绳子

【模拟试题】

根据以下材料,自拟题目写一篇700字左右的论说文。

有一次,艾森豪威尔在对部下谈到领导问题时,打了一个形象的比喻。他找来一根绳子,先用手在桌子上推了推,绳子几乎纹丝未动。接着,他改用手去拉,结果不一会儿,整条绳子都动了。"你们好好琢磨这里面的道理吧!"艾森豪威尔说。

【请列提纲】

标题与立意	
分论点 1	
分论点 2	
分论点 3	
分论点 4	

【参考范文】

领导:推动不如带动

艾森豪威尔的实验似乎在告诉我们:真正的领导力不是从后面推,而是在前面拉,在前面带。推动推动,往往推而不动;领导人只有身先士卒、以身作则,才能真正地带动下属。

首先,带动比推动更具有激励作用。领导人一马当先,冲锋在前,自然能更好地激发下属的积极性。解放战争时期,为什么装备精良的国民党军队打不过共产党军队? 一个重要原因就在于:两军决战时刻,国民党军官畏畏缩缩地拿着枪,推赶着士兵,在后面喊:"兄弟们,给我上!"解放军的指战员却冲在最前面,喊的是:"同志们,跟我上!"

其次,带动比推动更具有示范作用。下属终究是下属,在经验、能力等诸方面可能都不如领导。许多事情领导知道怎么做,下属却未必。这时,领导人如果只是高高在上地吆喝着:"给我做!给我做好!"下属仍可能茫然不知所措。相反,"喊破嗓子,不如做出样子",领导人如果能自己带着下属一起做,下属也许马上就知道怎么做了。

再次,带动比推动更具有研发作用。很多时候,我们会想当然地认为:这件事很容易,应该这样那样做。但事实未必如此。所以,高高在上的官僚主义很可能就会越来越脱离现实,甚至沦为误导下属的纸上谈兵。有时候领导人只有亲自投入问题的真实情景之中去体验和尝试,才有可能找到问题的关键和真正的解决方法,从而更好地带动下属。

最后,带动比推动更具有自砺作用。一个身先士卒的领导人,总是要求自己在能力、品德上比下属先做到……这就形成了自身不断进步、更能激励带动下属的良性循环。相反,如果领导人总是置身局外,慢慢地可能就会德才退化。这样的领导又如何能带好团队?

当然,领导人要身先士卒、以身作则,绝不是指要事必躬亲,而是指在事关大局的关键事情上,领导人要做好示范带头作用。

十、岳飞存乎一心

【模拟试题】

根据以下材料,自拟题目写一篇700字左右的论说文。

据《宋史·岳飞传》记载,岳飞在宗泽部下当偏将时——

战开德、曹州皆有功,泽大奇之,曰:"尔勇智才艺,古良将不能过,然好野战,非万全计。"因授以阵图。飞曰:"阵而后战,兵法之常。运用之妙,存乎一心。"泽是其言。

【请列提纲】

标题与立意	
分论点1	
分论点2	
分论点3	
分论点4	

【参考范文】

活用兵法,切忌死套

"阵而后战,兵法之常。运用之妙,存乎一心。"岳飞的这番话告诉了我们这样一个道理:对任何兵法,都不能死套,而只能活用。

首先,兵法从来就不会直接告诉我们仗具体该怎么打。无论是孙子还是孙膑的"兵法",都不会、也不可能直接告诉诸葛亮草船借箭,让毛泽东指挥红军四渡赤水……因为写兵法的人都已经死了,兵书不过是一些文字,它们只有在我们理解、运用的基础上,通过我们才能发挥作用。这自然就需要运用兵法的我们充分发挥自己的主观能动性,而不能像赵括、马谡、李德一样机械、教条地死套某种兵法。

其次,过去的兵法未必完全适用于现时变化了的情况。历史在发展,战争也在发展;敌我双方的情况更是错综复杂、千变万化……所以怎么能削足适履地死套某种兵法来应对当下的战争呢? 此时最需要的是指挥官临场决断的能力。就以宋金战争为例。岳飞之前,宋的常规阵法只适用于步兵,但遇到了契丹、女真等游牧部族的骑兵,不知变通,仍然"阵而后战",于是屡战屡败。后来岳飞采取步、骑配合的"野战法",才终于击败了金军强大的骑兵。

最后,不能以前人的才智来完全否定抹杀后人的才智。孟子曰:"舜人也,我亦人也。"所以,后人为什么在古人面前就只能自暴自弃、迷信他们的兵法而不敢越雷池半步? 孙武、吴起是古代的军事家,为什么岳飞就不能长江后浪推前浪、一代更比一代强?"战开德、曹州皆有功"的事实,"尔勇智才艺,古良将不能过"的评价,难道还不足以说明岳飞比肩前人的军事指挥才能吗? 因此,为什么在指挥自己的战争时,他就不能有自己的想法,而只能死套古人的兵法?

总之,世界上根本不存在什么"万全计"和百战百胜的阵图兵法,唯一真正可靠的是指挥官自己在熟悉兵法的基础上,存乎一心,灵活巧妙地结合战争当时的具体情景做出决断——只有这样,才有可能取得战争的最终胜利!

十一、真正的财富

【模拟试题】

根据以下材料,自拟题目写一篇700字左右的论说文。

中国的 GDP 已经跃居世界第二,国人的物质财富也在改革开放之后大增,人们的物质生活也随之大为改善。但是,很多人无论是工作还是生活,都越来越深切地感受到自己精神的贫瘠与匮乏、心灵的空虚与无聊。于是,人们开始反思:我们真的变得富有了吗? 什么才是真正意义上的财富呢?

【请列提纲】

标题与立意	
分论点 1	
分论点 2	
分论点 3	
分论点 4	

【参考范文】

超越偏狭低级的物欲人生

物质上富有了,就意味着人变得更充实、更幸福了吗? 不一定。因为相对于精神的富有,单纯的物欲人生注定只是人生低级、偏狭的境界。

首先，物欲人生是有待人生。物欲的满足虽然能给我们带来一时的快乐，但这种满足是依赖于外在对象的，因此用庄子哲学的话来说是"有待"的。既然是有待的，也可能就有不满足的遗憾和痛苦。而精神财富，比如知足常乐的精神，则永远是自足的，所以，给人的满足是不依赖于外在对象和情景的。

其次，物欲人生是痛苦人生。物质财富的本质是对资源的占有，但世界上的资源总是有限的，因此，物欲人生必然就会导致人与人之间的竞争。生活在这样的"人对人是狼"的境界，谁都不可能很自在、很幸福。更何况叔本华还进一步论证了，这种境界的人必然是来回摆动于痛苦和无聊之间的单摆：物欲没有满足前是痛苦，满足后就是无聊。

再次，物欲人生是低级人生。根据马斯洛的理论，对物质财富的追求只是一种低层次的安全需求。此外，我们还有更高层次的精神需求，比如爱、自尊、人生意义和自我价值实现的需要。如果这些精神的需求长期得不到满足，就会在工作生活中感到自己精神的贫瘠与匮乏、心灵的空虚与无聊。

最后，物欲人生是偏狭人生。人与世界、外物、他人的关系，不仅仅是占有和利益的关系，还有认识、审美等关系。所以，"物欲人"并不是全面完整的人，而已经被挤压为单面、偏狭的"商人"。其实，生活的快乐除了物质财富的占有之外，还有对真理的认识、对美的欣赏、对道德的追求。有时候，一片风景、一首诗、一次善行，更能给我们带来感动和满足。当然，前提是我们的精神是富有的。

物欲横流，更显精神本色！让我们以自己更丰富的精神境界来超越偏狭低级的物欲人生！

十二、曹操烧黑信

【模拟试题】

根据下述内容，自拟题目，写一篇短文，评价曹操的做法，说明如果你是决策者，在当时的情况下你会做出何种选择，并解释决策依据。700字左右。

官渡之战袁绍败退之后，曹操的部队在袁绍的行营里发现了一大堆书信，都是官渡之战之前曹操的下属因为觉得"袁强曹弱"而与袁绍私通、图谋反叛的信。这时有人提议按信中人名一一核对，把这些人全部杀掉。但曹操却立刻下令不许再翻看这些信，并马上命人把这些"黑信"付之一炬，严禁任何人再追问此事。

【请列提纲】

标题与立意	
分论点 1	
分论点 2	
分论点 3	
分论点 4	

【参考范文1】

得饶人处且饶人

面对这些私通袁绍的信,曹操当机立断,下令烧毁。曹操的做法是非常明智的。得饶人处且饶人,要是我,也会这么做。

首先,写这种示好信的动机情有可原。官渡之战是历史上著名的以少胜多的战例。当时,袁绍的力量数十倍于曹操。在这种绝对的敌强我弱的形势下,要不是郭嘉力阻,连曹操自己也说不准早就投降了袁绍。这个时候,某些下属为了自己保命或为了妻儿父母,写信向袁绍示好,也许只是给自己留条后路而已。这种人之常情,有什么必要大惊小怪、小题大做的呢?

其次,这些信也没有造成多大的危害。如果他们真的在信里透露了你的最高军事机密,你还能如此轻松地以少胜多,取得官渡大捷吗?如果在交战过程中真有临阵倒戈的谋反行为,你不早就当场知道了吗?现在你读信之前并未发现他们的谋反证据,而且官渡之战最终也是以你大获全胜而告终,说明这些信对你并未造成什么严重的危害。因此,有必要对他们下此毒手吗?

最后,留信势必造成人心不稳的局面。试想,对那些只是口头上示好的人,你都不分青红皂白地全部杀掉,怎能让他本人和他人信服?还有,如果你不立刻把信烧毁,而是如获至宝地保留起来,这势必会造成会人人自危、军心不稳的可怕局面。在尚未消灭所有强敌、一统天下之前,在亟需纳贤用人之际,一下子杀掉这么多人,无异于昭示天下,你曹操对下属是多么残忍血腥!这样,哪一个人才还敢来投靠你?说不准,现有的人才都会被你的残暴吓跑了。

水至清则无鱼,人至察则无徒。面对这么多黑信,曹操毅然选择了糊涂,这是多么难能可贵的糊涂啊。俗话说,得饶人处且饶人。相信曹操的这次宽容大度,必将会赢得更多下属的忠诚,他的不杀之恩必将会激励他们下一次更加卖命地冲锋陷阵!

【参考范文2】

别把无度当大度

初读这个故事,我和大多数同学一样,也为曹操的这种既往不咎的大度而赞叹不已。但冷静下来稍加反思,就不难发现,一代枭雄曹操这回真是错把无度当大度,这样无条件地宽恕违法乱纪者,未免有些太草率。

首先,实情至少应该了解。一大堆的信,里面究竟写了些什么?说不准他们在向袁绍示好的同时,也在真实客观地分析我军内在的问题、我曹某人领导方式的不足……这些平常根本听不到的"不同声音"对于我们的自省和改进,多有参考价值啊,怎么能看都不看就草草地付之一炬呢?

其次,好坏至少应该区分。一个好的领导,必须要做到知人善任。而善任的前提又是知人。自己的下属当中,哪些人忠心耿耿,哪些人三心二意,哪些人居心叵测,领导人难道不应该预知预防吗?为什么不看看信,对这些人做到心中有数,避免将来用错人呢?用了人就不该疑,但前提是可疑的人绝对不能重用!

最后,赏罚至少应该分明。对写信的人,既不能一概格杀勿论,也不能一概既往不咎,而应视情节轻重适当处理。确实有严重通敌行为,出卖我军情报,或谋反已付诸行动的,就必须严惩不贷。只是口头示好,并未造成什么危害的,则完全可以大度地不再追问。但如果不问青红皂白,一律既往不咎,那就无异于是在鼓励更多的下属将来的不忠和叛逆行为!

或许有人说,我烧信就是为了显示我的大度,以便更好地留住内部人才和吸引外来人才,如果处罚了一些通敌谋反的人,会不会吓跑了人才?这样想的人真是太幼稚了:如果因为我公正执法,他们就吓跑了,这样的人才也算人才吗?恐怕只是一些危险的投机分子。

没有规矩不成方圆。对忠心耿耿、出于好心而犯错误的人,是应该宽容。但对那些违法乱纪、通敌谋反的叛逆者,就应该严惩不贷。只有这样,才能打造出一支纪律严明的铁军!

十三、狐狸与刺猬

【模拟试题】

根据以下材料,自拟题目写一篇 700 字左右的论说文。

一位哲人曾用古希腊谚语"狐狸多机巧,刺猬仅一招",来说明两种类型的人的差异:一类人坚信既是真理就绝对不会变化,并将它用于万事万物,恰如刺猬凡事以一招对付——竖起它那满身倒刺;另一类人则体察世间事物之复杂微妙,没有以不变应万变的宗旨,恰如狐狸遇事之灵活、机智。

【请列提纲】

标题与立意	
分论点 1	
分论点 2	
分论点 3	
分论点 4	

【参考范文】

变与不变,存乎一心

一位哲人用"狐狸多机巧,刺猬仅一招"来说明两种人的差异。我认为,在实际管理工作中,要获得成功,必须同时掌握原则性和灵活性的真谛。只有做到变与不变,存乎一心,才是管理的最高境界。

古往今来,像狐狸一样通过"变"获得成功的例子不胜枚举。秦朝的商鞅变法,一举使秦成为战国七雄并进而统一中原;日本的"明治维新",使日本迅速崛起成为世界强国。20世纪 90 年代李健熙的"除了老婆孩子,什么都可以变",如一记重拳,把韩国三星推上了世界一流企业的舞台。所以,必要时,管理者一定要下定决心,力排众议,实行变革。

当然,真正的变革也是要坚持原则和底线的。1978 年改革开放以来,中国发生了翻天覆地的变化。但我国在改革开放的同时,也始终坚持中国共产党的领导,坚持社会主义的道路。没有这样一些刺猬般的原则的坚持,中国很可能早就像苏联一样分崩离析了。

但更高的境界还不只是认识到狐狸和刺猬这两种智慧各自的重要性,而必须同时把这二者天衣无缝地融于一体。在当代政治家中,达到这种出神入化的智慧境界的非邓小平同志莫属。大的且不说中国的改革开放走的是中国特色社会主义道路,乃是变与不变存乎一心、完美结合的典范,就说当年他对香港问题的解决方案吧。首先他确定了主权问题不能讨论,主权必须回归中国,这就是"不变";而在具体的操作方法上可以变通,于是,小平同志史无前例地提出了"一国两制"的构想,成功地解决了香港问题。

所以,无论是刺猬的一招还是狐狸的机变,在实际的管理工作中都是十分重要的。一位优秀的管理者一定要同时掌握这两种智慧,并出神入化地存乎一心、适时运用,只有这样,才能基业长青,永远笑傲于江湖。

十四、世界最高峰

【模拟试题】

根据以下材料,自拟题目写一篇 700 字左右的论说文。

一天,一位成功学大师在开始演讲之前,问在座的学员:"世界的最高峰是哪一座山?""珠穆朗玛峰。"学员们异口同声地回答说。"它的海拔有多高?""原来是 8 848 米,现在是 8 844 米。"学员们仍然异口同声地回答说。

"那么,世界上的第二高峰是哪一座山?"这一问,把绝大部分的学员都问得面面相觑,虽然过了一会儿,台下稀稀落落地开始有人试图回答,但几乎没有人能说得准的,等到成功学大师再问"它的海拔有多高"时,台下更是鸦雀无声。

"好,我今天的演讲就从这里开始。"成功学大师深有感慨地说。

【请列提纲】

标题与立意	
分论点 1	
分论点 2	
分论点 3	
分论点 4	

【参考范文】

要做,就做第一

世界第一高峰是珠穆朗玛峰,这个谁都知道。可第二高峰呢? 大概很少有人知道。可见,只有做到第一,才能在这个世界上脱颖而出。

每个生活在当今社会中的人都渴望受到别人的瞩目,但往往只有比别人优秀的人才能真正得到众人的青睐。在总统竞选中,只有得票数第一的人,才能当选;在奥运会上,虽然第二和第一很可能只是差之毫厘,但是只有世界冠军国家的国歌才会在运动场上奏响;在吉尼斯世界纪录中,只有第一的,而从来没有记录过第二的……所有这些,难道还不足以说明只有"第一"才具有的独特价值吗?

正因为人们眼里只有第一、没有第二,悉尼奥运会和雅典奥运会让世人记住了索普,虽然,那时一个名叫菲尔普斯的美国游泳小将也已经得了好几块金牌,但当时出尽风头的不是他,而是索普,因为索普才是当时世界泳坛的第一。不过,2008年的北京奥运会却几乎可以看作是菲尔普斯的个人表演。因为他不仅获得了他所有8个参赛项目的金牌,并且也成为奥运史上一次获得金牌数最多的人。

在北京奥运会上,菲尔普斯确实登上了泳坛乃至世界体坛的顶峰,让所有对手高山仰止。为此,各国媒体竞相采访他,美国NBC电视台亦全程跟拍并反复播放菲尔普斯的比赛。而很多人对于几乎每次领奖都站在菲尔普斯右下方的一位匈牙利选手视而不见。对于场场比赛都遭遇菲尔普斯的他来说,或许他心中的郁闷只能用"既生瑜,何生亮"来描述了。

堵车的郁闷永远只属于落后司机。快者越快,慢者越慢,每一个开过车的人都知道这样一个道理。那么,就让我们在人生奋斗和企业经营的高速公路上,开足马力,跑在第一吧,这样展现在我们面前的道路就将是无限的,风驰电掣的我们享受到的也将是光速一样的绝对自由和超越了整个世界之后的极限快感!

十五、套娃

【模拟试题】

根据以下材料,自拟题目写一篇700字左右的论说文。

在一次高级经理会议上,一位总裁在每位与会者的桌上都放了一个玩具娃娃。"把你们面前的玩具娃娃打开看吧,那就是你们自己!"总裁说。经理们很吃惊,疑惑地打开了眼前的玩具娃娃,发现在玩具娃娃里面是一个模样相似、但体形更小的玩具娃娃。"继续打开看看。"经理们打开之后,又发现了一个模样相似、但体形更小的玩具娃娃……当他们打开最后一层时,发现玩具娃娃身上还有一张纸条,那是总裁留给他们的:"如果你们都像这种玩具娃娃一样,那么我们的公司最终就只会沦为侏儒!"

【请列提纲】

标题与立意	
分论点1	
分论点2	
分论点3	
分论点4	

【参考范文1】

家族企业与武大郎开店

读罢这个"套娃"的故事,在浙江某知名家族企业打工多年的我,在猛然间想起我们中国的一句谚语"武大郎开店——谁也不许高过我"的同时,心底不禁涌起一阵强烈而幽深的悲凉。

现在,在表面上,几乎所有的家族企业都会热烈欢迎优秀人才,但一旦有才能的人被招进企业,他所发挥出来的水平一般不会超出家族企业管理者的水平。就像高个的人,到了武大郎的店里来,他也得弯着腰,绝不敢比武大郎高,他一定要考虑老板能不能理解他的想法,一定要在老板能接受的限度之内发挥自己的才能。我们经常能听到私人企业的工程师或经理们这样说:这要看老板的意思。会听话的人自然能听得出这里的苍凉和无奈。

也许正是因为如此,中国家族企业的繁荣通常不过三代。因为第一代创业者往往都是能力比较强的,第二代即使能力稍差,还有第一代扶持,到第三代就难说了。由于家族企业用人上的这种"套娃"现象,企业的竞争力自然大打折扣。所以,通常到了第三代,很多企业就开始沦为"侏儒"了。

要说例子倒有的是。不过为了避嫌起见,我们还是举远一点的吧。1986年,微软还又"微"又"软"着呢,当时美国乃至世界IT界的真正霸主绝对是王安公司。遥想当年,虽然公司人才济济,但即将退休的王安却仍然一意孤行地选择把公司交给了经营才能宛如"侏儒"的儿子王列,结果此举一下子就气走了支撑王安公司的三剑客——考布劳、斯加尔、考尔科以及后来思科的总裁钱伯斯等一大批高级人才。俗话说,有其父必有其子,仅仅六年之后,同样是武大郎开店的王列便不得不宣告王安帝国的破产倒塌!

但是,究竟如何才能解决家族企业"武大郎开店"的这个死结?坦率地说,我也不知道。"路漫漫其修远兮",看来我也只能像屈原一样"吾将上下而求索"了。

【参考范文2】

用人当用强

总裁通过一个个模样相似、但体形却越来越小的套娃想警醒在座的各位高级经理:用人当用强,否则企业就会沦为侏儒!

"他都比我强了,那他以及其他员工会怎么看我?"于是,很多经理在用人时坚持"武大郎开店——谁也不许高过我"的原则,结果自然就是一级不如一级、一代不如一代,团队呈现的就是这样一种逐渐递减和收敛的结构,整个组织最优秀的人就是经理自己。这种团队虽然便于经理控制,但它在激烈的市场竞争中又有何战斗力和竞争力可言!

其实,以公心论,用人当用强,这是很明显的道理。俗话说,优秀的员工是免费的,不是公司在养活他,而是他通过自己的价值创造在养活公司。不合格的员工是最贵的,他不仅不能创造价值,而且只会浪费企业的各种宝贵资源,生产物质和精神的废次品。

为了防止这种不断侏儒化的悲剧,现代人力资源管理理论提出了一种切实有效的"123"方法:一个公司的一把手把自己当作1,当他找自己下属的时候,一定要去找比自己能力强的人,即为2;如果能够把同样的理念贯彻下去,2再去找比自己优秀的人,即为3。这样复制下去,一个公司的人力资源将会产生何等的扩张和裂变效应!

回顾历史,正反两方面的例子可谓比比皆是。就比如楚汉相争中的刘邦和项羽吧。毫不起眼的刘邦是如何战胜盖世英雄项羽的呢?刘邦靠的是他比项羽更会用比自己能力更强的人:张良的政治谋略、萧何的后勤保障、韩信的军事天才。而项羽虽然有一个范增也不能好好使用,所以,天下当然就是刘邦的了。可见,能否任用贤强,其结果真有天壤之别!

记得曾子曾经说过:用师者王,用友者霸,用徒者亡! 这不正好是对"用人当用强"的正反两方面的最好解释吗?

十六、跳鹅

【模拟试题】

根据以下材料,自拟题目写一篇700字左右的论说文。

国王召集跳蚤、蚱蜢和跳鹅在一起进行跳高比赛,并许诺说:"胜者将幸运地得到我的公主女儿!"

跳蚤虽然跳得非常高,但是谁也看不见它,因此大家就说它完全没有跳。

蚱蜢用力一跳,竟然跳到了国王的脸上,国王讨厌地用手把它掸落在地。

跳鹅则站着想了想,然后起跳,虽然跳的姿势很笨拙,但竟刚好跳到了公主的膝上。

最终,国王宣布,跳鹅得到了公主。

【请列提纲】

标题与立意	
分论点 1	
分论点 2	
分论点 3	
分论点 4	

【参考范文】

谋定而后动

跳蚤、蚱蜢都比跳鹅跳得高,但得到公主的却是跳鹅。为什么? 因为跳鹅是在思考之后再跳的,因此它跳对了,刚好跳到了公主的膝上。跳鹅的故事告诉我们:凡事需要谋定而后动。

毫无疑问,行动很重要,没有行动,实现不了任何真正的目标。但不要忘了,行动本身没有自在的价值,唯有它所致力的正确目标,才能赋予它价值。而正确的目标又只能源于正确的思考,所以,专家们经常告诫我们的经理:思考比行动更关键,选择比努力更重要。

经过充分思考谋划的行动,就像一着好棋,往往能盘活全局,甚至转败为胜。回顾中国历史,孙膑献计的田忌赛马、诸葛亮的千古绝唱"隆中对"、毛泽东精心谋划的刘邓大军"千里挺进大别山"……这些例子无不说明了:基于深谋远虑的行动,更像一柄所向披靡的利剑。

但遗憾的是,现实生活中却不乏跳蚤、蚱蜢一样不动脑子、盲目行动的人,结果一招不慎,满盘皆输。最典型的例子是何进的"引狼入室"。东汉末年,昏庸的国舅何进为铲除作乱的宦官,竟下令召董卓之类的狼子野心的军阀"勒兵来京",结果陷自己与大汉天下百姓于水火之中。

其实,"谋定而后动"的智慧对我们的现实生活也有许多指导意义。比如追女生、挤公交、抢篮板……都不能像菜鸟那样不管三七二十一先冲上去再说,高手应像狼一样静静地观察、思考、选择,看准了再狠狠地出手。再如,我们的这次作文考试,如果你不花更多的时间来审题,而是"急吼吼"地拿起笔来就写,结果很可能是下笔千言、离题万里,这就很难企望老师给你高分了。

运筹帷幄之中,决胜千里之外。只有像跳鹅一样谋定而后动,最终的胜利才属于我们。

十七、贸易不能创造财富

【模拟试题】

根据下述材料,写一篇700字左右的论说文,自拟题目。

有人主张,贸易能创造财富。有人则主张,商品只能来自生产,贸易并不能生产商品,它最多只能实现商品和商品之间的等价交换。所以,那种认为贸易能够创造财富的想法是完全错误的。

【请列提纲】

标题与立意	
分论点 1	
分论点 2	
分论点 3	
分论点 4	

【参考范文】

贸易创富,毋庸置疑

贸易能不能创造财富?有人认为不能,我却认为,贸易不仅能创造财富,而且它在财富的创造过程中发挥着非常重要的作用。

首先,贸易通过实现商品交换创造了财富。商品生产出来之后,它本身并不直接就是财富。如果根本没人买它,它就只是一堆没用的东西,甚至只是一堆负债。正是通过贸易卖了出去,对厂家来说它才最终变成了财富。所以,贸易和市场调研、产品设计、生产制造一样,都是创造财富的一个必要环节。

其次，贸易通过促进专业分工创造了财富。以衣服为例。我们都要穿衣服，但如果我们每个人都像原始社会一样，都是自己种棉，自己织布，自己设计，自己缝纫，那做一件衣服得花多少时间？而且质量、样式、色彩也未必就好。相反，有了贸易，就会刺激和促进分工，上述每个环节就都会有相应的专业人士或厂家来做，这样，整个社会生产出来的衣服就会越来越多，越来越好。自然，整个社会的财富也随之增加了。

反之，无视贸易的创富就会导致社会倒退。在完全封闭的农业社会，自给自足的劳动也能创造某些财富，但它所创造的财富是非常有限的，所以人们很难摆脱贫困，人均寿命也极低。相反，改革开放四十多年，正是因为看到了贸易的价值，实行了市场经济，中国才迅速地繁荣富强起来！

或许，你会说，贸易不就只是等价交换吗？怎么就创造了财富？是的，贸易看似一个东西换一个东西，两个东西还是那两个东西，并没有增加什么。但真正的贸易从来就不是左右两个口袋里的东西互换那么简单，每一次的自由贸易都是双赢。你拿一车煤换我一头牛，那肯定是因为你更需要一头牛，而我更需要一车煤！所以，通过这场贸易，我们的财富都实现了增值！

总之，贸易不仅创造财富，而且也推动着人类历史的进步！我们今天活得如此自由、富足，真的要由衷地感谢贸易！

第十章 历年真题

历年联考论说文真题是考生论说文复习最宝贵的资料。在这一章里,我们把历年联考论说文的所有真题都收集起来了,希望同学们在看历年真题的时候,千万不要像看消遣小说一样,仅仅一读了之,而是要把自己想象成当年的考生,设想如果自己来写这篇作文,该如何进行审题立意? 我的立意,也即我的文章要论证的核心观点是什么? 这样的立意、这样的观点和题目材料的关系是否紧密? 在确保自己的审题立意准确、全面之后,能否再为自己准备写作的文章列个提纲、搭个框架? 琢磨琢磨自己的论证究竟该怎么展开? 有没有充分有力的理论性的理由以及贴切恰当的例证?

另外,不管是论证有效性分析还是论说文,范文都是最好的老师。所以,针对一些重要的真题,本章还给出了相应的参考范文,希望它们能帮助同学们真正顿悟我们的考场论说文究竟该怎么写。

第一节 管理类联考真题

中国的 MBA 联考是从 1997 年开始的。2010 年之后,MPA、MPAcc、审计、工程管理、旅游管理、图书情报等并入进来,组合成为现在的"管理类联考"。下面我们就按照时间的先后顺序把 1997 年至今的管理类联考论说文的所有真题汇编如下。

【1997 年 1 月真题】

根据所给材料写一篇 500 字左右的议论文。题目自拟。

时下,商店、企业取洋名似乎成了一种时尚,许多店铺、厂家竞相挂起了洋招牌,什么爱格尔、欧兰特、哈勃尔、爱丽芬、奥兰多等触目皆是。翻开新编印的黄页电话号码簿,各种冠了洋名的企业也明显增多。甚至国货产品广告,也以取洋名为荣。

【1997 年 10 月真题】

以你最喜欢的一句格言,写一篇 500 字左右的议论文。

根据所给材料写一篇 500 字左右的议论文。题目自拟。

当前,儿童高消费已经越来越严重,许多家长甚至让孩子吃名牌、穿名牌、用名牌、玩名牌,而自己却心甘情愿地过着节俭的日子。

【1998 年 10 月真题】

用下面的一段话作为一篇议论文的开头,接下来写完一篇立论与它观点一致的议论文。

投下一着好棋,有时可以取得全盘主动。但是,光凭一着好棋,并不能说有把握最后胜利,还必须看以后的每着棋下得好不好。

【1999 年 1 月真题】

根据所给材料写一篇 500 字左右的议论文。题目自拟。

一位画家在拜访德国著名画家门采尔时诉苦说:"为什么我画一张画只要一天的时间,而卖掉一张画却要等上整整一年?"门采尔严肃认真地回答说:"倒过来试试吧,如果你用一年的时间去画它,那么只需要一天的时间就能够把它卖掉。"

【1999 年 10 月真题】

以"小议企业领导者的素质"为题,写一篇 500 字左右的议论文。

【2000 年 1 月真题】

根据所给材料写一篇 500 字左右的议论文,题目自拟。

解放初期,有一次毛泽东和周谷城谈话。毛泽东说:"失败是成功之母。"周谷城回答说:"成功也是失败之母。"毛泽东思索了一下,说:"你讲得好。"

【2000 年 10 月真题】

根据下面一则材料,写一篇不少于 500 字的议论文。

有人问一位诺贝尔奖获得者:"您在哪所大学学到了您认为最主要的一些东西?"出人意料,这位学者回答说是在幼儿园。他说:"把自己的东西分一半给小伙伴们,不是自己的东西不要拿,东西要放整齐,做错了事情要表示歉意,要仔细观察大自然。从根本上说,我学到的全部东西就是这些。"

【2001 年 1 月真题】

根据所给材料写一篇 600 字左右的议论文,题目自拟。

1831 年瑞典化学家萨弗斯特朗发现了元素钒。对这一重大发现,后来他在给他朋友化学家维勒的信中这样写道:在宇宙的极光角,住着一位漂亮可爱的女神。一天,有人敲响了她的门。女神懒得动,再等第二次敲门。谁知这位来宾敲过后就走了。她急忙起身打开窗户张望:"是哪个冒失鬼?啊,一定是维勒!"如果维勒再敲一下,不就会见到女神了吗?过了几天又有人来敲门,一次敲不开,继续敲。女神开了门,是萨弗斯特朗。他们相晤了,钒便应运而生!

【2001 年 10 月真题】

近些年来,新闻媒体经常报道公开招考公务员,乃至招考厅局级干部的消息,这同我国传统习惯中的"伯乐相马"似乎有了不同。

请以"相马""赛马"为话题,写一篇 600 字左右的议论文,题目自拟。

【2002 年 1 月真题】

阅读下面一段材料,按要求作文。

在这次激烈的招聘考试中,有些志在必得的应聘者未能通过,有些未抱希望的应聘者却取得了好成绩。前者说,压力大,影响了发挥;后者说,没有压力,发挥了高水平。看来,压力确实能破坏人的情绪。但是,人们又常说,没有压力就没有动力,这说明压力又不可缺少。

究竟应当如何认识和对待压力呢? 请以"压力"为话题,写一篇文章,可以发表议论,可以记叙经历,也可以抒发情感。所写内容必须在"压力"的范围内。文体自选,题目自拟,不少于 700 字。

【2002 年 10 月真题】

阅读下面的材料,根据要求作文。

中国古代的《易经》说:"穷则变,变则通。"这就是说,当我们要是解决一个问题而遇到困难无路可走时,就应该变换一下方式方法,这样往往就可以提出连自己也感觉到意外的解决办法,从而收到显著的效果。

请以"穷则变,变则通"为话题写一篇作文,可以写你自己的经历、体验或看法,也可以联系生活实际展开议论。文体自选,题目自拟,不少于 700 字。

【2003 年 1 月真题】

(当年未考论说文,而考了一篇文章缩写。)

【2003 年 10 月真题】

"读经不如读史。"

对上述观点进行分析,论述你支持或反对这一观点的理由。你可以运用取自你的经验、观察或阅读的实例或理论作为论据。

【2004 年 1 月真题】

根据以下材料,自拟题目写一篇 700 字左右的论说文。

一位旅行者在途中看到一群人在干活,他问其中一位在做什么,这个人不高兴地回答:"你没有看到我在敲打石头吗? 若不是为了养家糊口,我才不会在这里做这些无聊的事。"旅行者又问另外一位,他严肃地回答:"我正在做工头分配给我的工作,在今天收工前我可以砌完这面墙。"旅行者问第三位,他喜悦地回答:"我正在盖一座大厦。"他为旅行者描绘大厦的形状、位置和结构,最后说:"再过不久,这里就会出现一座宏伟的大厦,我们这个城市的居民就可以在这里聚会、购物和娱乐了。"

【2004 年 10 月真题】

根据以下材料,自拟题目撰写一篇 700 字左右的论说文。

在滑铁卢战役的第一阶段,拿破仑的部队兵分两路。右翼由拿破仑亲自率领,在利尼迎战布鲁查尔;左翼由奈伊将军率领,在卡特勒布拉斯迎战威灵顿。拿破仑和奈伊都打算进攻,而且,两个人都精心制定了对各自战事而言均为相当优秀的作战计划。但不幸的是,这两个计划均打算用格鲁希指挥的后备部队,从侧翼给敌人以致命一击,但他们事前并没有就各自的计划交换意见。当天的战斗中,拿破仑和奈伊所发布的命令又含糊不清,致使格鲁希的部队要么踌躇不前,要么在两个战场之间疲于奔命,一天之中没有投入任何一方的作战行动,最终导致拿破仑惨败。

【2005 年 1 月真题】

根据下述内容,自拟题目,写一篇短文,评价丘吉尔的决策,说明如果你是决策者,在当时的情况下你会做出何种选择,并解释决策依据。

二战时期,英国首相丘吉尔曾做出一个令他五脏俱焚的决定。当时盟军已经破译了德军的绝密通信密码,并由此得知下一个空袭目标是英国的一个城市考文垂。但是一旦通知这个城市做出任何非正常的疏散和防备,都将引起德军警惕,使破译密码之事暴露,从而丧失进一步了解德军重大秘密的机会。所以丘吉尔反复权衡,最终下令不对这个城市做任何非正常的提醒。结果考文垂在这次空袭中一半被焚毁,上千人丧生。然而,通过这个密码,盟军了解到了德军在几次重大战役中的兵力部署情况,制定了正确的应对策略,取得了重大的军事胜利。

【2005 年 10 月真题】

根据下面这首诗,写一篇 700 字左右的论说文,题目自拟。
如果你不能成为山顶的苍松,
那就做山谷一棵小树陪伴溪水淙淙;
如果你不能成为一棵大树,
那就化作一丛茂密的灌木;
如果你不能成为一只麝香獐,
那就化作一尾最活跃的小鲈鱼,享受那美妙的湖光;
如果你不能成为大道宽敞,
那就铺成一条小路目送夕阳;
如果你不能成为太阳,
那就变成一颗星星在夜空闪亮。
不可能都当领航的船长,

还要靠水手奋力划桨；

世上有大事、小事需要去做，

最重要的事在我们身旁。

【2006 年 1 月真题】

根据以下材料，围绕企业管理写一篇论说文，题目自拟。700 字左右。

两个和尚住在东、西两座相邻的山上寺庙里，两山之间有一条清澈的小溪。这两个和尚每天都在同一时间下山去溪边挑够一天用的水，久而久之，他们就成为好朋友了。光阴如梭，日复一日，不知不觉已经过了三年。有一天，东山的和尚没有下山挑水，西山的和尚没有在意："他大概睡过头了。"哪知第二天，东山的和尚还是没有下山挑水；第三天、第四天也是如此，西山的和尚担心起来："我的朋友一定是生病了，我应该去拜访他，看是否有什么事情能够帮上忙。"于是他爬上了东山去探望他的老朋友。到达东山的寺庙，西山的和尚看到他的老友正在庙前打太极拳，一点也不像十天没喝水的样子，他好奇地问："难道你已经修炼到可以不用喝水就能生存的境界了吗？"东山的和尚笑笑，带着他走到寺庙后院，指着一口井说："这三年来，我每天做完功课，都会抽空挖这口井。如今终于挖出水来了，我就不必再下山挑水啦。"西山的和尚不以为然："挖井花费的力气远远甚于担水，你又何必多此一举呢？"

【2006 年 10 月真题】

根据以下材料，围绕企业管理写一篇论说文，题目自拟，700 字左右。

20 世纪 80 年代，可口可乐公司因缺少发展空间而笼罩在悲观情绪之中：它以 35% 的市场份额控制着软饮料市场，这个市场份额几乎是反垄断政策下企业能达到的最高点；另一方面，面对更年轻、更充满活力的百事可乐的积极进攻，可口可乐似乎只能采取防守的策略，为一两个百分点的市场份额展开惨烈的竞争。尽管可口可乐的主管很有才干，员工工作努力，但是他们内心其实很悲观，看不到如何摆脱这种宿命：在顶峰上唯一可能的路径就是向下。

郭思达在接任可口可乐的 CEO 后，在高层主管会议上提出这样一些问题："世界上 44 亿人口每人每天消费的液体饮料平均是多少？"答案是："64 盎司。"（1 盎司约为 31 克）"那么，每人每天消费的可口可乐又是多少呢？""不足 2 盎司。""那么，在人们的肚子里，我们的市场份额是多少？"郭思达最后问。

通过这些问题，高管和员工们关注的核心问题不再是可口可乐在美国可乐市场中的占有率，也不再是在全球软饮料市场中的占有率，而变成了世界上每个人消费的液体饮料市场中的占有率。而这个问题的答案是：可口可乐在世界液体饮料市场中的份额微乎其微，少到可以忽略不计。高层主管们终于意识到，可口可乐不应该只盯着百事可乐，还有咖啡、牛奶、茶，甚至水，而这一市场的巨大空间远远超过人们的想象。

【2007 年 1 月真题】

根据下面的材料，写一篇议论文，700 字左右。

电影《南极的司各脱》，描写的是英国探险家司各脱上校到南极探险的故事。司各脱历尽艰辛，终于到达了南极，却在归途中不幸冻死了。在影片的开头，有人问司各脱："你为什么不能放弃探险生涯?"他回答:"留下第一个脚印的魅力。"司各脱为留下第一个脚印付出了生命的代价。

【2007 年 10 月真题】

阅读以下材料,写一篇 700 字左右的议论文,题目自拟。

著名作家曹禺先生说过这样一段话:我看,应该给"眼高手低"正名。它是褒义词,而不是贬义词。我们认真想一想,一个人做事眼高手低是正常的,只有眼高起来,手才能跟着高起来。一个人不应该怕眼高手低,怕的倒是眼也低手也低。我们经常是眼不高,手才低的。

【2008 年 1 月真题】

"原则"就是规矩,就是准绳。而在日常生活和工作中,常见的表达方式是:"原则上……但是……。"

请以"原则"与"原则上"为议题写一篇论说文,题目自拟,700 字左右。

【2008 年 10 月真题】

根据以下材料写一篇论说文,题目自拟,700 字左右。

南美洲有一种奇特的植物——卷柏。说它奇特,是因为它会走。卷柏生存需要充分的水分,当水分不充足时,它就会自己把根从土壤里拔出来,让整个身躯卷成一个圆球状。由于体轻,只要稍有一点风,它就会随风在地面打滚,一旦滚到水分充足的地方,圆球就会迅速打开,根重新钻到土壤里,暂时安居下来。当水分又一次不足,住得不称心如意,它就会继续游走,以寻求更好的生存环境。

难道卷柏不走就不能生存了吗? 一位植物学家做了一个实验:用挡板圈出一块空地,把一株卷柏放到空地中水分最充足的地方,不久卷柏便扎根生存下来。几天后当这里水分减少时,卷柏便拔出根须,准备漂移。但实验者用挡板对其进行严格控制,限制了它游走的可能;结果实验者发现,卷柏又重新扎根生存在那里;而且在几次将根拔出又不能移动的情况下,便再也不动了;而且,卷柏此时的根已经扎入泥土,长势比任何时期都好,也许它发现,根扎得越深,水分越充分……

【2009 年 1 月真题】

以"由三鹿奶粉事件所想到的"为题,写一篇 700 字左右的论说文。

【2009 年 10 月真题】

根据以下材料,写一篇 700 字左右的论说文,题目自拟。

《动物世界》里的镜头:一群体型庞大的牦牛正在草原上吃草。突然,不远处来了几只觅食的狼。牦牛群奔跑起来,狼群急追……终于,有一头体弱的牦牛掉队,寡不敌众,被狼分食了。

《动物趣闻》里的镜头:一群牦牛正在草原上吃草。突然,来了几只觅食的狼。一头牦牛发现了狼,它的叫声提醒了同伴。领头的牦牛站定与狼对视,其余的牦牛也围在一起,站立原地。狼在不远处虎视眈眈地转悠了好一阵,见没有进攻的机会,就没趣地走开了。

【2010 年 1 月真题】

根据下述材料,写一篇 700 字左右的论说文,题目自拟。

一个真正的学者,其崇高使命是追求真理。学者个人的名利乃至生命与之相比都微不足道,但因为其献身于真理就会变得无限伟大。一些著名大学的校训中都含有追求真理的内容。然而,近年学术界的一些状况与追求真理这一使命相去甚远,部分学者的功利化倾向越来越严重,抄袭剽窃、学术造假、自我炒作、沽名钓誉等现象时有所闻。

【2010 年 10 月真题】

阅读以下报道,写一篇论说文,题目自拟,700 字左右。

唐山地震孤儿捐款支援汶川灾区

2008 年 5 月 18 日,在中宣部等共同发起的"爱的奉献"抗震救灾大型募捐活动中,天津民营企业荣钢集团董事长张祥青代表公司再向四川灾区捐款 7 000 万元,帮助灾区人民重建"震不垮的学校"。至此,荣钢集团在支援四川灾区抗震救灾中累计捐款 1 亿元。

"我们对灾区人民非常牵挂,荣钢集团人大多来自唐山,亲历过 32 年前的唐山大地震,接受过全国人民对唐山灾区的无私援助,32 年后为四川地震灾区捐款,回馈社会,是应尽的义务,我们必须做!"张祥青说。张祥青在 1976 年唐山大地震时失去父母,年仅 8 岁的他不幸成为孤儿,他深深感受到来自全国四面八方的涓涓爱心。1989 年,张祥青与妻子开始了艰苦的创业历程,从卖早点、做豆腐开始,最后组建了荣钢集团。企业发展了,荣钢集团人不忘回报社会,支援汶川地震灾区是其中一例。

【2011 年 1 月真题】

根据下述材料,写一篇 700 字左右的论说文,题目自拟。

众所周知,人才是立国、富国、强国之本。如何使人才尽快地脱颖而出,是一个亟待解决的问题。人才的出现有多种途径,其中有"拔尖",有"冒尖"。拔尖是指被提拔而成为尖子,冒尖是指通过奋斗、取得成就而得到社会公认。有人认为,当今某些领域的管理人才,拔尖的多而冒尖的少。

【2011 年 10 月真题】

阅读以下报道,写一篇论说文,题目自拟,700 字左右。

2010 年春天,已持续半年的干旱让云南很多地方群众的饮水变得异常困难,施甸县大亮山附近群众家里的水管却依然有清甜的泉水流出,他们的水源地正是大亮山林场。乡亲们深情地说:"多亏了老书记啊,要不是他,不知道现在会是什么样子。"

1988 年 3 月,61 岁的杨善洲从保山地委书记的岗位上退休,婉拒了省委书记劝其搬至昆明安度晚年的邀请,执意选择回到家乡施甸县种树。20 多年过去了,曾经山秃水枯的大亮山完全变了模样:森林郁郁葱葱,溪流四季不断;林下山珍遍地,枝头莺鸣燕歌……

一位地委书记,为何退休后选择到异常艰苦的地方去种树?"在党政机关工作多年,因工作关系没有时间去照顾家乡父老,他们找过多次我也没给他们办一件事。但我答应退休后帮乡亲们办一两件有益的事,许下的承诺就要兑现。至于具体做什么,考察来考察去,还是为后代绿化荒山比较现实。"关于种树,年逾八旬的杨善洲这样解释。

【2012 年 1 月真题】

根据以下材料,写一篇700字左右的论说文,自拟题目。

中国现代著名哲学家熊十力先生在《十力语典》(卷一)中说:"吾国学人,总好追逐风气,一时之所尚,则群起而趋其途,如海上逐臭之夫,莫名所以。曾无一刹那,风气或变,而逐臭者复如故。此等逐臭之习,有两大病。一、各人无牢固与永久不改之业,遇事无从深入,徒养成浮动性。二、大家共趋于世所矜尚之一途,则其余千途万途,一切废弃,无人过问。此二大病,都是中国学人死症。"

【2012 年 10 月真题】

阅读以下文字,写一篇论说文,题目自拟,700字左右。

2012 年 7 月 6 日《科技日报》报道:

我国主导的 TD－LTE 移动通信技术已于 2010 年 10 月被国际电信联盟确立为国际 4G 标准。TD－LTE 是我国自主创新的第三代移动通信技术 TD－SCDMA 的演进技术。TD－SCDMA 的成功规模商用为 TD－LTE 的快速发展奠定了坚实的基础。目前,TD－LTE 已形成由中国主导、全球广泛参与的产业链,全球几乎所有通信系统和芯片制造商都已支持该技术。

在移动通信技术的 1G 和 2G 时代,我们只能使用美国和欧洲的标准。通过艰难的技术创新,到 3G 和 4G 时代,中国自己的通信标准已经成为世界三大国际标准之一。

【2013 年 1 月真题】

根据下述材料,写一篇700字左右的论说文,题目自拟。

20 世纪中叶,美国的波音和麦道两家公司几乎垄断了世界民用飞机的市场,欧洲的制造商深感忧虑。虽然欧洲各国之间的竞争也相当激烈,但还是采取了合作的途径,法国、德国、英国和西班牙等决定共同研制大型宽体飞机,于是"空中客车"便应运而生。面对新的市场竞争态势,波音公司和麦道公司于 1977 年一致决定组成新的波音公司,以此抗衡来自欧洲的挑战。

【2013 年 10 月真题】

阅读以下资料,给全国的企业经理写一封公开信,并在信前添加合适的标题文字,700字左右。

改革开放以来,中国经济发展的速度举世瞩目,据国际货币基金组织的统计,在 188 个国家与地区中,1980 年,我国按美元计算的 GDP 位列第 11 位,只是美国的 7.26%,日本的18.63%;从 2010 年起位列世界第 2 位,成为世界第二大经济体;到 2012 年我国的 GDP 是美国的52.45%,日本的 137.95%,与 30 年前不可同日而语。然而,从能源消耗看,形势非常严峻:1980年,我国能源消耗总量为 6.03 亿吨标准煤,到 2012 年增加到 36.20 亿吨,为 1980 年的 6 倍;按石油进口的排名,1982 年我国在世界上排名第 43 位,从 2009 年起上升到第 2 位,而且面临继续上升的困境。与能源消耗相关的污染问题也频频现于报端,引起全国民众和政府的极大关注。能源消耗和污染问题已经成为阻碍我们实现中国梦的两个难关,对此,我们要群策群力,攻坚克难。

【2014 年真题】

根据下述材料,写一篇 700 字左右的论说文,题目自拟。

生物学家发现,雌孔雀往往选择尾巴大而艳丽的雄孔雀作为配偶,因为雄孔雀尾巴越大越艳丽,表明它越有生命活力,其后代的健康越能得到保证。但是,这种选择也产生了问题:孔雀尾巴越大越艳丽,越容易被天敌发现和猎获,其生存反而会受到威胁。

【2015 年真题】

根据下述材料,写一篇 700 字左右的论说文,题目自拟。

孟子曾经引用阳虎的话:"为富,不仁矣;为仁,不富矣。"(《孟子·滕文公上》)这段话表明了古人对当时社会上为富、为仁现象的一种态度,以及对两者之间关系的一种思考。

【2016 年真题】

根据下述材料,写一篇 700 字左右的论说文,题目自拟。

亚里士多德说:"城邦的本质在于多样性,而不在于一致性。……无论是家庭还是城邦,它们的内部都有着一定的一致性。不然的话,它们是不可能组建起来的。但这种一致性是有一定限度的。……同一种声音无法实现和谐,同一个音阶也无法组成旋律。城邦也是如此,它是一个多面体。人们只能通过教育使存在着各种差异的公民统一起来,组成一个共同体。"

【2017 年真题】

根据下述材料,写一篇 700 字左右的论说文,题目自拟。

一家企业遇到了这样一个问题:究竟是把有限的资金用于扩大生产呢,还是用于研发新产品?有人主张投资扩大生产,因为根据市场调查,原产品还可以畅销三到五年,由此可以获得可靠而丰厚的利润。有人主张投资研发新产品,因为这样做虽然有很大的风险,但风险背后可能有数倍于甚至数十倍于前者的利润。

【2018 年真题】

根据下述材料,写一篇 700 字左右的论说文,题目自拟。

有人说,机器人的使命,应该是帮助人类做那些人类做不了的事,而不是代替人类。技术变革会夺取一些人低端繁琐的工作岗位,最终也会创造更高端、更人性化的就业机会。例如,历史上铁路的出现抢去了很多挑夫的工作,但又增加了千百万的铁路工人。人工智能也是一种技术变革,人工智能也将促进未来人类社会的发展。有人则不以为然。

【2019 年真题】

根据下述材料,写一篇 700 字左右的论说文,题目自拟。

知识的真理性只有经过检验才能得到证明。论辩是纠正错误的途径之一,不同观点的冲突会暴露错误而发现真理。

【2020 年真题】

根据下述材料,写一篇 700 字左右的论说文,题目自拟。

据报道,美国航天飞机"挑战者号"采用了斯沃克公司的零配件。该公司的密封圈技术专家博易斯乔利多次向公司高层提醒:低温会导致橡胶密封圈脆裂而引发重大事故。但是,这一建议一直没有受到重视。1986 年 1 月 27 日,佛罗里达州卡纳维拉尔角发射场的气温降到零度以下,美国宇航局再次打电话给斯沃克公司,询问其对航天飞机的发射还有没有疑虑之处。为此,斯沃克公司召开会议,博易斯乔利坚持认为不能发射。但公司高层认为他所持理由还不够充分,于是同意宇航局发射。1 月 28 日上午,航天飞机离开发射平台,仅过了 73 秒,悲剧就发生了。

【2021 年真题】

根据下述材料,写一篇 700 字左右的论说文,题目自拟。

我国著名实业家穆藕初在《实业与教育之关系》中指出,教育最重要之点在道德教育(如责任心和公共心之养成,机械心之拔除)和科学教育(如观察力、推论力、判断力之养成)。完全受此两种教育,实业中坚人物遂由此产生。

【2022 年真题】

根据下述材料,写一篇 700 字左右的论说文,题目自拟。

鸟类会飞是因为它们在进化中不断优化了其身体结构。飞行是一项较特殊的运动,鸟类的躯干进化成了适合飞行的流线型;飞行也是一项需要付出高能量代价的运动,鸟类增强了翅膀、胸肌部位的功能,又改进了呼吸系统,以便给肌肉持续提供氧气。同时,鸟类在进化过程中舍弃了那些沉重的、效率低的身体部件。

【2023 年真题】

根据下述材料,写一篇 700 字左右的论说文,题目自拟。

人们常说"领导艺术",可见领导与艺术之间存在着某种相似点,如领导一个团队完成某项任务就和指挥一个乐队演奏某首乐曲一样。

【2024 年真题】

根据下述材料,写一篇 700 字左右的论说文,题目自拟。

发散性思维是指不依常规、寻求变异和多种答案的思维形式。具有这种思维形式的人,其言行往往会与众不同。

【2025 年真题】

根据下述材料,写一篇 700 字左右的论说文,题目自拟。

通常情况下,人们都希望被他人认可,被社会承认。这种心理会促使他们去接受某种评价标准,因为只有接受了标准并身体力行,他们才能被社会肯定,否则便会被认为不合群。

第二节　经济类联考真题

【2011 年真题】

根据下述材料,写一篇 700 字左右的论说文。题目自拟。

2007 年以来,青年学者廉思组织的课题组对蚁族进行了持续跟踪调查。廉思和他的团队撰写的有关蚁族问题的报告多次得到中央领导的批示和高度重视。

在 2008 年、2009 年对北京蚁族进行调查的基础上,课题组今年在蚁族数量较多的北京、上海、广州、武汉、西安、重庆、南京等大城市同时展开调查,历时半年有余,发放问卷 5 000 余份,回收有效问卷 4 807 份,形成了第一份全国范围的蚁族生存报告。此次调查有一些新发现,主要有:随着高校毕业生就业形势的日趋严峻,蚁族的学历层次上升;蚁族向上流动困难,"三十而立",五成蚁族否认自己属于弱势群体等。(摘自《调查显示蚁族学历层次上升,五成人否认自己弱势》,《中国青年报》,2010 年 12 月 10 日)

【2012 年真题】

根据下述材料,写一篇 700 字左右的论说文,题目自拟。

中国 500 毫升茅台价格升至 1 200 元人民币,纽约华人聚居区华盛顿,1 000 毫升装的同度数茅台价格为 220 至 230 美元,500 毫升约合 670 元人民币。因海外茅台价格便宜,质量有保证,华人竞相购买,回国送人。

这些年,中国游客在海外抢购"MADE IN CHINA"商品的消息已不是什么新鲜事了。服装、百货、日用品,中国造的东西,去了美国反而更便宜。有媒体报道 Levi's 505 牛仔裤,广东东莞生产,在中国商场的价格是 899 元人民币,在美国的亚马逊网站上的价格是 24.42 美元,合人民币 166 元,价格相差 5.4 倍。(摘自《茅台酒为何美国更便宜?》《新京报》,2011 年 1 月 7 日)

【2013 年真题】

根据下述材料,写一篇 600 字左右的论说文,题目自拟。

被誉为清代"中兴名臣"的曾国藩,其人生哲学很独特,就是"尚拙",他曾说"天下之至拙,能胜任天下之至巧,拙者自知不如他人,自便会更虚心。"

【2014 年真题】

根据下述材料,写一篇 600 字左右的论说文,题目自拟。

我懂得了,勇气不是没有恐惧,而是战胜恐惧。勇者不是感觉不到害怕的人,而是克服自身恐惧的人。——南非前总统纳尔逊·曼德拉

【2015 年真题】

根据下述材料,写一篇 600 字左右的论说文,题目自拟。

孔子云:"求其上者得其中,求其中者得其下,求其下者无所得。"由此得出如何确定你的人生目标?

【2016 年真题】

阅读下面的材料,以"延长退休年龄之我见"为题,写一篇不少于 600 字的说论文。

自从国家拟推出延迟退休政策以来,就受到了社会各界的广泛关注,同时也引起激烈的争论。为什么要延长退休年龄? 赞成者说,如果不延长退休年龄,养老金就会出现巨大缺口;另外,中国已经步入老年社会,如果不延长退休年龄,就会出现劳动力紧缺的现象。反对者说,延长退休年龄就是剥夺劳动者应该享受的退休福利,退休年龄的延长意味着领取养老金时间的缩短;另外,退休年龄的延长也会给年轻人就业造成巨大压力。

【2017 年真题】

阅读下面的材料,以"是否应该对穷人提供福利?"为题,写一篇不少于 600 字的论说文。

国家是否应该对穷人提供福利存在较大的争论。反对者认为:贪婪、自私、懒惰是人的本性。如果有福利,人人都想获取。贫穷在大多数情况下是懒惰造成的。为穷人提供福利相当于把努力工作的人的财富转移给了懒惰的人。因此,穷人不应该享受福利。支持者则认为:如果没有社会福利,穷人则没有收入,就会造成社会动荡,社会犯罪率会上升,相关的合理支出也会增多。其造成的危害可能大于提供社会福利的成本,最终也会影响努力工作的人的利益。因此,为穷人提供社会福利能够稳定社会秩序,应该为穷人提供福利。

【2018 年真题】

阅读下面的材料,并据此写一篇不少于 600 字的论说文,题目自拟。

近期有报道称,某教授颇喜穿金戴银,全身上下都是世界名牌,一块手表价值几十万元,所有的衣服和鞋子都是专门定制,价格不菲。他认为对"好东西"的喜爱没啥好掩饰的。"以前很多大学教授都很邋遢,有些人甚至几个月都不洗澡,现在时代变了,大学教授应多注意个人形象,不能太邋遢了。"

【2019 年真题】

阅读下面的文字,根据要求作文写一篇 600 字左右的论说文。

法国科学家约翰法伯曾做过一个著名的"毛毛虫实验"。这种毛毛虫有一种"跟随者"的习性,总是盲目地跟着前面的毛毛虫走。法伯把若干个毛毛虫放在一只花盆的边缘上,首尾相接,围成一圈。他在花盆周围不远的地方,撒了一些毛毛虫喜欢吃的松叶。毛毛虫开始一个跟一个绕着花盆,一圈又一圈地走。一个小时过去了,一天过去了,毛毛虫们还在不停地、固执地团团转。一连走了七天七夜,终因饥饿和精疲力尽而死去。这其中,只要任何一只毛毛虫稍稍与众不同,便立刻会吃到食物,改变命运。

【2020 年真题】

阅读下面的材料,并据此写一篇不少于 600 字的论说文,题目自拟。

2018 年,武汉一名退休老人向家乡木兰县教育局捐赠 1 000 万元,引起了广泛的关注。这笔巨款是马旭与丈夫几十年来一分一毫积攒下来的。他们至今生活简朴,住在一个不起眼的小院里,家里也没有一件像样的家具。

马旭于 1932 年出生在黑龙江省木兰县,1947 年参军入伍,在东北军政大学学习半年后,成为解放军第四野战军的一名卫生员,先后参加过解放战争、抗美援朝战争,其间多次立功受奖。20 世纪 60 年代,她被调入空降兵部队,成为一名军医。后来她主动要求学习跳伞,成为新中国第一代女空降兵。此后 20 多年里,马旭跳伞达 140 多次,创下女空降兵跳伞次数最多和年龄最大两项纪录。

如今,马旭的事迹家喻户晓,许多地方邀请她参加各类活动,她大多婉拒。她说:"我的一切都是党和部队给的,我只是做了我力所能及的事。只要活着,我们还会继续攒钱、捐款,把自己的一切献给党和国家。"

【2021 年真题】

根据下述材料,写一篇 700 字左右的论说文,题目自拟。

巴西热带雨林中的食蚁兽在捕食时,使用灵活的带黏液的长舌伸进蚁穴捕获白蚁,但不管捕获多少,每次捕食都不超过 3 分钟,然后就去寻找下一个目标,从来不摧毁整个蚁穴。而那些未被食蚁兽捕获的工蚁就会马上修复蚁穴,蚁后也会开始新一轮繁殖,很快产下更多的幼蚁,从而使蚁群继续生存下去。

【2022 年真题】

根据下述材料,写一篇 700 字左右的论说文,题目自拟。

我国不少地方规定老年人可以免费乘坐公共交通工具,这一规定体现了对老年人的关怀。但是在具体实施过程中出现了一些问题。如在早晚高峰时,老年人免费乘车在一定程度上影响了上班族的通勤;还有,有些老年人也由于各种原因无法享受这一福利。因此,有的地方把老年人免费乘车的福利改为发放津贴。

【2023 年真题】

根据下述材料,写一篇 700 字左右的论说文,题目自拟。

一种社会事务,往往涉及诸多因素,如春运涉及交通设施、气候条件、民俗文化、经济、环境、科学技术等,所以要依赖诸多部门的通力合作才能处理好。

【2024 年真题】

根据下述材料,写一篇 700 字左右的论说文,题目自拟。

人的一生中,有些人只做一件事。如袁隆平院士一生致力于杂交水稻研究,创建了超级杂交稻技术体系,使我国杂交水稻研究始终居于世界领先水平。

第三节　经典真题范文

"范文是最好的老师",这句话不仅对于论证有效性分析来说是有效的,对论说文来说也是一句颠扑不破的真理。本节"经典真题范文"秉承古人学习写作的基本原则:"熟读唐诗三百首,不会写诗也会吟。"目的就是让同学们多读读经典范文。

毫无疑问,认真地研读一些经典的论说文范文,有意识地分析和学习它们背后的论证技巧、说理方法、文章布局、文气酝酿、措辞造句、修辞手法、事例运用……潜移默化之下,我们的思想在日积月累之中就会变得越来越厚实,我们的视野在阅读经典范文的过程中就会变得越来越开阔,我们的写作水平自然也就会随之慢慢提升,直至得心应手的化境。

另外,也需要提醒同学们,在研读范文时,特别要注意范文和题目材料的关系如何,以及这种关系是如何表达、展开的,因为我们的论说文考试大多是给材料的作文,所以,我们的作文就必须尽量紧扣题目给定的材料。如何紧扣题目材料展开写作? 这是材料作文的关键。做得不好,就有可能被阅卷老师判为跑题。反之,写作过程中,不管是开篇第一段,还是本论部分,以及文章最后的结尾段,如果能不断地回扣一下题目材料,阅卷老师自然就会觉得你的文章扣题很紧。在紧扣题目材料方面,本节提供的范文做得也是相当到位的。

一、2004 年 1 月管理类联考真题

【试题回放】

根据以下材料,自拟题目写一篇 700 字左右的论说文。

一位旅行者在途中看到一群人在干活,他问其中一位在做什么,这个人不高兴地回答:"你没有看到我在敲打石头吗? 若不是为了养家糊口,我才不会在这里做这些无聊的事。"旅行者又问另外一位,他严肃地回答:"我正在做工头分配给我的工作,在今天收工前我可以砌完这面墙。"旅行者问第三位,他喜悦地回答:"我正在盖一座大厦。"他为旅行者描绘大厦的形状、位置和结构,最后说:"再过不久,这里就会出现一座宏伟的大厦,我们这个城市的居民就可以在这里聚会、购物和娱乐了。"

【参考范文】

为理想而奋斗的人是快乐的

大家干的是同样的活,可心情为什么如此不同? 就因为前两个人没有真正的追求,而第三个人则满怀着一颗火热的为理想而奋斗的心,因此,他工作起来是那样的快乐!

是啊,为理想而奋斗的人是快乐的。理想是人生的点睛之笔,它能化腐朽为神奇,把原本灰暗的世界浓浓地抹上快乐的亮色。

贝多芬中年失聪,没有退缩,没有悲观,音乐的理想激发了他奋发自强的意志。结果,他以超人的毅力在生命中最艰难的时间里谱成了千古绝唱《欢乐颂》。海伦·凯勒又聋又瞎,

却由衷地赞叹"生命是这样美好"！身处困境，为何还如此真诚地赞叹生活的美好？理想，正是理想这盏明灯，照亮了他们原本黑暗的生活，并让它显得如此熠熠生辉！

或许有人说，理想就如希望，实现时是一种快乐；失败时，何尝不是一种自惹的痛苦？这样想的人，其实并不了解理想以及为理想而奋斗的真实含义。陈胜起义最后是失败了，但相比于他年轻时佣耕垄上的同伴，那些可怜得连好梦都不敢做一个、反而嘲讽他的鸿鹄之志的"燕雀"们，难道不更加快乐千万倍？！

所以，追求理想本身就是一种无上的快乐。当你全身心地投入为理想而奋斗的事业之中时，你就会体会到孔子"发愤忘食，乐以忘忧，不知老之将至"的忘我快乐；当你和杜甫一样追求"安得广厦千万间，大庇天下寒士俱欢颜"的理想时，你就会油然而生一种"吾庐独破受冻死亦足"的满足与宽慰；当你深刻理解了谭嗣同追求变法强国的大同社会的理想时，你也会和他一样虽将身死敌手，却仍有"快哉快哉"的坦然与豪壮。

每个人都在建筑自己的人生，没有追求的人只能过着敲打石头和砌墙般刻板无聊的生活，而心中满怀着崇高理想的人，每天都能欣然地看到成功的大厦慢慢地拔地而起！

二、2005年1月管理类联考真题

【试题回放】

根据下述内容，自拟题目，写一篇短文，评价丘吉尔的决策，说明如果你是决策者，在当时的情况下你会做出何种选择，并解释决策依据。700字左右。

二战时期，英国首相丘吉尔曾做出一个令他五脏俱焚的决定。当时盟军已经破译了德军的绝密通信密码，并由此得知下一个空袭目标是英国的一个城市考文垂。但是一旦通知这个城市做出任何非正常的疏散和防备，都将引起德军警惕，使破译密码之事暴露，从而丧失进一步了解德军重大秘密的机会。所以丘吉尔反复权衡，最终下令不对这个城市做任何非正常的提醒。结果考文垂在这次空袭中一半被焚毁，上千人丧生。然而，通过这个密码，盟军了解到了德军在几次重大战役中的兵力部署情况，制定了正确的应对策略，取得了重大的军事胜利。

【参考范文1】

道是无情胜有情

人非草木，孰能无情？如果不通知考文垂，这确实足以让和我丘吉尔一样"五脏俱焚"。但当理智战胜了情感，在当时情况下，我也会毅然决然地做出同丘吉尔一样的决策。

首先，为了更好地做出科学的决策，我们必须要仔细研究这次决策的利益相关者。显然，是否通知考文垂，不仅仅关系到考文垂，同时还关系到整个英国乃至所有同盟国军民的利益。孰重孰轻，无需我多言。所以，如果通知了考文垂而导致破译密码之事暴露，那么下次英国乃至盟国别的军用或民用基地就很可能在毫不知情的情况下成为德军轰炸机的炮灰。"二弊相权取其轻"，这是任何理性的决策者必须遵循的简单真理！

或许有人说，通知考文垂不一定就会使得破译密码之事暴露呀，几个月前丘吉尔不就利用破译的密码成功地阻击了德军的"海狮计划"吗？对此，我想提醒的是，偷袭不是双方交战，交战时可以随时做出某些调整。所以，阻击"海狮计划"没有使破译密码之事暴露是正常的；但如果这次提醒考文垂事先做出非正常的防备，就等于明确地告诉了敌方：你们的密码被破译！

"就算暴露，但也可以再次破译呀。"这种想法同样是肤浅而幼稚的。我本科是学信息安全的。确实，从理论上说，任何密码都有可能被破译。但对于绝密通信密码，破译的概率非常小，而且需要大量的时间、人力和物力的投入。如果这次破译密码之事暴露而再次组织人力破译德军重新设置的密码，是何等艰难漫长的事情！说不准到时新的密码还没有破译出来，英国在希特勒闪电战的攻击下早就已经不复存在了！

所以，尽管我也不愿意看到考文垂无数无辜的市民被生灵涂炭，但是，在"五脏俱焚"之后，我还是不得不做出这样一个"道是无情胜有情"的理性决策！

【参考范文2】

拯救考文垂

丘吉尔的做法并不明智，如果我是决策者的话，我会决定提醒考文垂的居民疏散并防备。

首先，根据近代西方法哲学理论，人之所以会让出一定的权力（比如说自由）而组成一个国家，为的就是使自己不被比自己强大的敌人所伤害，而丘吉尔所做出的决定很明显违背了人民建设国家的目的。他的决定注定会造成无数人丧生和城市的毁灭。如果这种事情被广大群众知道真相的话，人民又怎么会相信这个国家，相信政府？最严重的后果就是这个国家被自己的人民推翻，而不需要外来敌人的侵略。

或许反对者会说，丘吉尔这样做，虽然牺牲了考文垂，但他是为了顾全大局，是为了更多的人更好地生活。对此，我要问，凭什么要牺牲这些人呢？人人都是平等的，每个人都拥有生存在这个世界上的权利，而不为别人去牺牲，当然，除非他们自愿。可是，丘吉尔滥用了人民赋予他的权力，剥夺了考文垂人民最基本的人权——生存权和知情权，让那个城市的人民一夜之间成为了莫名其妙的替死鬼！明知即将被轰炸，政府不去主动保护也就罢了，但仅仅把他们当作一种手段或工具而任由敌人肆虐的做法，这无异于对自己人民的屠杀！

可能还有人会说，丘吉尔并不能预知未来，又凭什么认为如果人民暗暗地做出了疏散和防备就会引起德军的怀疑呢？德军轰炸考文垂发生在1940年11月。据我们所知，至少在3个月前，丘吉尔就已经利用这个密码所破译出来的情报预先进行有针对性的布防，结果不仅成功地粉碎了德国的"海狮计划"，而且并没有因此就使得这个密码暴露！

所以，无论从哪个角度看，我都不会赞同丘吉尔的做法。如果我是决策者，我会毫不犹豫地把真实情况告诉考文垂，提醒当地的居民疏散并防备——当然，也尽量不要引起敌人的注意。

三、2007年1月管理类联考真题

【试题回放】

根据下面的材料，写一篇议论文，700字左右。

电影《南极的司各脱》，描写的是英国探险家司各脱上校到南极探险的故事。司各脱历尽艰辛，终于到达了南极，却在归途中不幸冻死了。在影片的开头，有人问司各脱："你为什么不能放弃探险生涯？"他回答："留下第一个脚印的魅力。"司各脱为留下第一个脚印付出了生命的代价。

【参考范文】

敢为天下先

为了在南极"留下第一个脚印",司各脱虽然为此付出了生命的代价,但他的这种"勇做第一,敢为天下先"的精神,确实非常值得我们敬佩和学习。

第一个吃螃蟹的人是可敬的,多少年前,鲁迅先生就这样称赞道。但面对新兴市场,大部分人总是畏首畏尾,因为风险太大了! 可风险与机遇并存,你规避了做第一的高风险,也就等于放弃了做第一的高收益。这样的人自然就只能步人后尘,永远吃人家的残羹冷炙了。

就拿 VCD 机来说吧。刚问世时,售价高达 2 000 多元。许多本来生产热水器电饭煲的厂家发现有利可图,便争相改为生产 VCD 机。但不出几年,价格直线下跌到 200 元! 后加入的许多厂家倒闭了,而最早生产 VCD 机的那几家企业早就捞了一大笔,转行做新的产业了! 所以,"第一桶"是金,第二桶、第三桶——很可能就不再是金,而是陷阱!

也许正是由于浙江人深谙这个道理,一个又一个"浙商"才闯出了一片又一片新天地。就以王均瑶为例。1991 年,王均瑶和一些温州老乡一起从湖南包大巴回家过年。在翻山越岭的 1 200 公里漫长路程中,王均瑶抱怨说"汽车太慢了"。结果,就是身边老乡的一句讥讽"那你包飞机回去好呢",激起了王均瑶第一个吃螃蟹的野心。当年 7 月,年仅 25 岁的他就真的承包了长沙至温州的航线。这是国内第一条私人承包的包机航线,他也因此被誉为"胆大包天"第一人! 但正是他的这种敢为天下先的精神和勇气,让他赚到了人生的第一桶金!

也许玛丽莲·梦露有很高的智商,但她给后人留下的印象无疑首先是性感;也许后来有无数的年轻女孩比她性感,但只有她才永远是"性感"的代名词——因为正是她在展现女性性感的"探险道路"上,勇敢地踩出了"第一个脚印"!

四、2007 年 10 月管理类联考真题

【试题回放】

阅读以下材料,写一篇 700 字左右的议论文,题目自拟。

著名作家曹禺先生说过这样一段话:我看,应该给"眼高手低"正名。它是褒义词,而不是贬义词。我们认真想一想,一个人做事眼高手低是正常的,只有眼高起来,手才能跟着高起来。一个人不应该怕眼高手低,怕的倒是眼也低手也低。我们经常是眼不高,手才低的。

【参考范文】

为"眼高手低"正名

我们的文化传统从来都是贬低"眼高手低"的,因为我们一直认为它就是贬义词。所以,要不是曹禺先生为之正名的高论让我幡然醒悟,我可能仍然还蒙在偏见的鼓里。

其实,手本来就长在眼的下面,眼是手的领导。如果眼代表着目标,那么,手对应的就是实现目标的手段。由于手段原本就是隶属于目标的,所以,目标在价值上就要高于手段,在逻辑上也要先于手段。因此,"眼高手低"原本就是确然、当然之理!

或许有人说,眼高手低,最终不同样摆脱不了失败的命运吗? 对此,我的回答是,就算这

些人最终失败了,也远比那些胸无大志、没有眼光的人要成功和伟大,因为倒在攀登珠峰山路上的人,珠峰就是他永恒、高耸的纪念碑!

更何况,"眼高手低"的人也并非注定会失败。历史上,眼高手低但最终取得辉煌胜利的,也大有人在。汉末群雄纷争,刘备最初不过是个小商贩。但他在目睹了"汉室倾颓,奸臣窃命"之后,确定并一直坚守"欲伸大义于天下"的理想和目标。最终,眼高手低的刘备就是凭着他的"眼高"在赢得了诸葛亮这样的"高手"鼎力相助之后,还是三分天下有其一。

所以,如果我们一味地贬斥"眼高手低",不仅刘备,就连中国共产党也很可能早就被淹没和扼杀在鄙夷的口水之中了,因为"二大"时,党员不过165人,却提出了"建立民主共和国"和"实现共产主义"的政治纲领,不可不谓眼高手低!其实,推而广之,任何新生事物又何尝不都是这样眼高手低的呢?所以,当你贬低眼高手低时,无意中很可能就扼杀了摇篮里的新生事物!

当然,我们为之正名的"眼高手低"中的"眼高",必须是"真高"而非"假高"。教条主义者如赵括、马谡、王明之流的"假高",自然是我们所反对和鄙夷的。

五、2008年1月管理类联考真题

【试题回放】

"原则"就是规矩,就是准绳。而在日常生活和工作中,常见的表达方式是:"原则上……,但是……。"

请以"原则"与"原则上"为议题写一篇论说文,题目自拟,700字左右。

【参考范文】

坚持原则,不打折扣

"原则"就是规矩,就是准绳。可在日常生活和工作中,我们却总能听到有些人把"原则上……但是……"挂在嘴边,结果导致许多规章制度形同虚设。

其实,真正的"原则"是公事公办、刚性很强的,就像"则"字那样,刀刻在贝上,是任何人、任何时候都不能违反,都必须不折不扣地严格执行的规矩和准绳。人民的好书记杨善洲就是这样一个真正坚持原则的人。他不给女儿办理农转非手续,而把指标让给了别人;哪怕是顺路,他也不许亲属搭公家的顺风车……他坚持原则几乎到了不近人情的地步,但正因为这样,他才赢得了很多人由衷的敬佩!

但遗憾的是,像杨书记这样坚持原则的人,在这个社会上真是太少了。"这事原则上是不能办的,但是……"这样的一个转折,原本不可能、不合规的事情似乎就出现了柳暗花明般的"转机"。不过说穿了,"原则上"其实就是制定和执行制度的人既想用制度来"管人",又不想把自己关进去,于是给各种规章制度套上了"原则上"的松紧带,在模棱两可之间给自己留下"运作"的余地。这种从"原则"到"原则上"的"巧妙变通",真正践踏的恰恰是原则以及原则的尊严。

不过,这样轻易地就用"原则上"来突破和践踏"原则"的人,在不经意间其实也在悄悄地突破他自己的安全底线。一时的不守原则,是有可能会赢得一时的诱人利益,但一旦尝到甜头之后,也许他就会欲罢不能,从此走上了不归路。最后,他的机智和圆滑会把他的人生引向欲望和犯罪的深渊。

所以,不只是为了维护组织的利益,尊重别人的公平,也是为了守卫自己的安全,我们每一个人都要敬畏原则,坚持原则,自觉维护制度的刚性约束,不要以各种理由和借口来打破原则!

六、2009 年 1 月管理类联考真题

【试题回放】

以"由三鹿奶粉事件所想到的"为题,写一篇 700 字左右的论说文。

【参考范文】

由三鹿奶粉事件所想到的

"三鹿奶粉事件"一度成为一部考验国人承受力的"惊悚片"。惊悚之余,为了防止再次出现"四鹿""五鹿"事件,我们亟须寻找事件的深层次原因。对此,我所想到的是,正是以下三种痼疾的长期积累,才最终汇演成一场大地震,震撼着国人的神经。

首先,草菅人命的经营观念,是酿此国难的根本原因所在。三鹿其实早在三月份就接到了婴儿血尿的报告,结果他们不重视,继续生产有毒奶粉。8 月 1 日,已经得出奶粉中含有三聚氰胺的结论,但他们不披露、不召回,还想靠公关侥幸蒙混过关!这一切都说明他们心目中根本没有消费者,无数婴幼儿的生命和健康都没有企业"利润"重要。

其次,监管部门的严重失职,给了非法经营者可乘之机。在这次事件中,掺加三聚氰胺的绝不止"三鹿"一家,而是 22 家。对此,我们要问的是,如果没有被捅出来,是不是监管部门仍然会任其发展,封其为"免检产品"呢?日常工作中,这些部门又是怎样履行职责的呢?会不会真像传闻中那样,只管收费,交了钱就给盖章呢?如果监管部门认真履行职责,又怎么会出现如此恶劣事故?

最后,打击惩罚的力度不够,更助长了造假者的胆大妄为。说句实在话,现在国人对假冒伪劣产品已是见怪不怪了,甚至有些造假者也不以造假为耻。当然也有被查处的,但是没过多久,它们又会死灰复燃,甚至比原来更嚣张。为什么?因为所受处罚远低于其违法所得,皮毛之痛非但不能制止其造假行为,甚至刺激了造假欲望,使其变本加厉,为所欲为。

"三鹿奶粉"事件的教训是深刻的,食品造假的危害是巨大的。我们必须采取有力措施打击造假者,净化我们的消费环境。否则,连食品安全都不能保证,还谈什么民族复兴?!

七、2010 年管理类联考真题

【试题回放】

根据下述材料,写一篇 700 字左右的论说文,题目自拟。

一个真正的学者,其崇高使命是追求真理。学者个人的名利乃至生命与之相比都微不足道,但因为其献身于真理就会变得无限伟大。一些著名大学的校训中都含有追求真理的

内容。然而,近年学术界的一些状况与追求真理这一使命相去甚远,部分学者的功利化倾向越来越严重,抄袭剽窃、学术造假、自我炒作、沽名钓誉等等现象时有所闻。

【参考范文】

淡泊名利,潜心学问

"天未生仲尼,宇宙常咸咸。"滚滚红尘,芸芸众生,没有孔子、苏格拉底等一大批先知学者的指导,我们今天很可能仍然停留在鸿蒙蛮荒的原始社会,与野兽无异。因此,献身于"为天地立心,为生民安命"的学者,才获得了"人类导师"的神圣尊称。

但是,在倾听、吸收这些伟大学者的伟大思想之余,我们可曾想过,他们的这些创造性的思想是怎样在漫长的寂寞中锤炼出来的?相关研究显示,所有开创性的重大学术项目都至少需要10年以上的攻关,比如马克思写《资本论》就用了40年的时间……所以,真正的学者就必须有"板凳要坐十年冷"的耐心和气概。

但是,现在很多学者显然违背了献身真理的崇高使命,丧失了"十年磨一剑"的学术精神,表现出来的是各种急功近利的不端行为:抄袭、剽窃、造假、炒作……究其原因,他们甚至还振振有词:市场经济的大环境啦,单位的科研有指标啦,房价以及孩子教育的费用高得吓人啦……其实,这些都不过是堕落的学者堕落的借口而已。

对于学术不端行为,我们坚决主张,要像惩治腐败一样严惩不贷。因为首先,抄袭剽窃非法侵占了别人的学术成果,导致学术上的不当竞争。其次,造假的学术一旦运用于实践,就可能直接严重危害个人、企业、社会的利益;再次,学者本应是人类的导师、道德的楷模,因此学者的不端也最能败坏整个社会的风气;最后,它还严重浪费我国原本稀缺的科研资源,进一步枯竭国家创新的源泉,长此以往,还可能导致整个民族进步的生机和活力都丧失殆尽!

当然,学者也是人,所以我们并不苛求学者完全不求名利。但君子爱财,取之有道。我们相信,在知识经济时代,如果你真能长期潜心学问,最后你也必定能像袁隆平一样实现学术和名利的双丰收!

八、2011年管理类联考真题

【试题回放】

根据下述材料,写一篇700字左右的论说文,题目自拟。

众所周知,人才是立国、富国、强国之本。如何使人才尽快地脱颖而出,是一个亟待解决的问题。人才的出现有多种途径,其中有"拔尖",有"冒尖"。拔尖是指被提拔而成为尖子,冒尖是指通过奋斗、取得成就而得到社会公认。有人认为,当今某些领域的管理人才,拔尖的多而冒尖的少。

【参考范文】

呼唤更多人才的冒尖

如果拔尖是指被提拔而成为尖子,冒尖是指通过奋斗、取得成就而得到大家公认,那毫无疑问,我们现在更应该大力呼唤更多的管理人才的冒尖。为什么这么说?

首先,管理领域更需要冒尖人才。俗话说,兵熊熊一个,将熊熊一窝,可见管理者对整个团队的重要性。很显然,拔尖有很大的主观性,拔错用错的概率很高。相反,如果新上任的管理者是通过自己的努力在该团队中自然地冒尖出来的,由于其经验、能力、品质、威信上都已经得到了事实的证明和团队其他成员的公认,这样众望所归的冒尖者对该团队的管理应该要远胜于被硬生生地提拔上来的人。

其次,立国强国更渴望冒尖人才。中国的改革开放已进入艰难的攻坚期,全球化的竞争愈演愈烈,再加上西方某些霸权国家为了维护自己在全球的霸主地位,对中国的打压、遏制已经达到了不择手段的地步……这样的国内国际形势,我们的立国强国梦最终难道能靠那些因循守旧、唯命是从、消极地等待别人来提拔的人吗?不,毫无疑问只能靠一大批敢于带头冲锋陷阵的猛将,靠一大批浑身洋溢着一股原始的冲劲闯劲和创新精神的冒尖型人才!

最后,谁来提拔也依赖冒尖人才。韩信原是项羽手下的一个小小执戟郎,后来被刘邦突击提拔为大将军,并最终成为中国历史上的千古名将。这个例子确实很好地说明了伯乐、拔尖对于人才的重要性。但我们有没有进一步想过,如果所有人都等待被提拔,那最终谁来提拔那个处在人才金字塔最顶端的刘邦呢?显然,像刘邦、朱元璋、任正非这样的帝国缔造者和商业领袖,是不可能由别人提拔起来的,而只能靠自己冒尖冒出来。

既然现今的中国更需要冒尖型人才,那我们年轻人就应该勇敢地让自己去主动冒尖,而不能一味消极地等着被别人提拔!

九、2012年管理类联考真题

【试题回放】

根据以下材料,写一篇700字左右的论说文,自拟题目。

中国现代著名哲学家熊十力先生在《十力语典》(卷一)中说:"吾国学人,总好追逐风气,一时之所尚,则群起而趋其途,如海上逐臭之夫,莫名所以。曾无一刹那,风气或变,而逐臭者复如故。此等逐臭之习,有两大病。一、各人无牢固与永久不改之业,遇事无从深入,徒养成浮动性。二、大家共趋于世所矜尚之一途,则其余千途万途,一切废弃,无人过问。此二大病,都是中国学人死症。"

【参考范文】

学术跟风,危害无穷

熊先生几十年前曾严厉批评我国学人"总好追逐风气"的"跟风"陋习。今天读来,仍觉其力透纸背的现实意义。

首先,学术跟风严重危及学者的学术研究。学海无边而精力有限,只有数十年如一日地学术有专攻,才可能成为相应方面的专家,并有所创新和突破。居里夫人一辈子只专注于放射性物质钋和镭的研究,陈景润则倾尽毕生的心血来解答哥德巴赫猜想。相反,如果你一味地追逐时代"潮流",什么热门就"跟风"研究什么,那你就只能沦为"无牢固与永久不改之业"的轻浮浅薄的二流学者或人云亦云的学术贩子!

其次,学术跟风严重损害国家的自主创新。急功近利的学术跟风势必会浪费原本有限的科研资源,导致许多基础性、风险性的学术领域"无人过问",从而严重影响我国的自主创新能力。在科学技术是第一生产力、全球化竞争日趋激烈的今天,自主创新能力的缺乏,按熊先生的说法,可是国家民族危亡的征象啊。所以,每一个有爱国心的学者都应该努力以自身的自主创新来推动国家的自主创新,而不应该一味地跟风!

最后,学术跟风严重败坏社会的道德风气。德国哲学家费希特在《论学者的使命》一书中义正词严地指出,作为知识乃至真理的化身,学者不只是"社会的大脑",更应该是"人类的师表"和"道德的楷模"。如果这些在世人心目中一直享有崇高地位的学者,都堕落成为浮躁肤浅的"逐臭之夫",这将多么严重地败坏整个社会的风气!

"夫夷以近,则游者众;险以远,则至者少。而世之奇伟瑰怪非常之观,常在于险远。"但愿我们的学者戒除跟风的陋习,在冷僻险远的自主创新的学术道路上,有"当今之世,舍我其谁"的英雄气概,并最终领略到学术和人生的"奇伟瑰怪非常之观"!

十、2013年管理类联考真题

【试题回放】

根据下述材料,写一篇700字左右的论说文,题目自拟。

20世纪中叶,美国的波音和麦道两家公司几乎垄断了世界民用飞机的市场,欧洲的制造商深感忧虑。虽然欧洲各国之间的竞争也相当激烈,但还是采取了合作的途径,法国、德国、英国和西班牙等决定共同研制大型宽体飞机,于是"空中客车"便应运而生。面对新的市场竞争态势,波音公司和麦道公司于1977年一致决定组成新的波音公司,以此抗衡来自欧洲的挑战。

【参考范文】

学会合作,共对强敌

20世纪70年代,在欧、美两大利益集团之间上演的这场没有硝烟的"空战",就像一本经典的商战教材,教导着我们:面对残酷激烈的竞争,我们有时必须学会合作,共对强敌。

首先,愈演愈烈的全球化竞争要求我们学会合作对敌。在全球化浪潮血洗一切的时代,单个企业犹如荒原上势单力薄的羔羊,一不小心就会遭遇一群饿狼疯狂的扑杀。正是基于合存散灭、群强孤败的商战智慧,欧洲各国为共同对付波音和麦道而合作成立了空客;为共同对付空客,波音和麦道又联合组成了新的波音。同样,为共同对付优步,滴滴和快滴也实行了战略合并。

其次,单个企业资源的有限性要求我们学会合作对敌。任何特定企业的人力、财力、物力等资源都是有限的。所以,聪明的企业家在利用好自身资源的同时,还必须学会通过合作来借助别人的力量。同样是70年代,李嘉诚和包玉刚这两位华商就曾精诚合作,借助彼此的力量,联手上演了一出出"蛇吞象"的惊天大戏,最终分别把和记黄埔和九龙仓这两块大肉硬生生地从英资大财团的身上撕咬下来,据为己有。

最后,避免内耗、一致对外也要求我们学会合作对敌。商场上虽然免不了打打杀杀,但绝不是见人就杀。有时候，相比四面出击、处处树敌，团结合作恐怕是一种更高的商业智慧。一直以来，义乌、温州小商品为什么身陷红海而难以有较大发展？恐怕和他们精于内斗、爱和中国同行打恶性价格战有关。相反，为避免内战、一致对外，聪明的优酷和土豆就曾化敌为友，像波音和麦道一样，实现了整合。

"谁是我们的敌人？谁是我们的朋友？这个问题是革命的首要问题。"毛泽东一直在告诫我们：团结可以团结的力量，联合可以联合的朋友，才能让我们真正有力量去对付那些真正的敌人。

十一、2014 年管理类联考真题

【试题回放】

根据下述材料，写一篇 700 字左右的论说文，题目自拟。

生物学家发现，雌孔雀往往选择尾巴大而艳丽的雄孔雀作为配偶，因为雄孔雀尾巴越大越艳丽，表明它越有生命活力，其后代的健康越能得到保证。但是，这种选择也产生了问题：孔雀尾巴越大越艳丽，越容易被天敌发现和猎获，其生存反而会受到威胁。

【参考范文】

做选择不能只见利不见弊

雄孔雀的尾巴大而艳丽虽然更能保证后代的健康，但也容易被天敌发现和猎获，其生存反而会受到威胁。这似乎在警示我们：做选择时不能像孔雀一样只见利、不见弊。

首先，唯物辩证法告诉我们，矛盾是事物存在的基本形式，有利就有弊，有收益就有风险。孔雀大而艳丽的尾巴有这样的利弊两面性，恐龙庞大的身躯也是这样：食物充足时它能雄霸地球，但食物匮乏时它就远不如小小的蜥蜴那么耐活了。

其实，人类社会又何尝不是如此？常言道，树大招风，枪打出头鸟，人怕出名猪怕壮等，说的都是这个道理。另外，"成功"可能会给我们带来更多的自信，但也可能导致我们得意忘形；"自信"可能会激励我们奋勇前进，但也可能阻碍我们从善如流；"能说会道"可能会赢得一些人的敬佩，但也可能会被人视为"巧言令色"……

既然凡事利弊共存交错，所以，只见利不见弊的片面选择就很有可能会导致错误的决策，最终让人自食其果，受到相应的惩罚。因为弊端和风险客观存在，你无视它不等于它就会对你网开一面。孔雀只见大而艳丽的尾巴的利而无视容易被天敌发现的弊，所以现在自然界的孔雀已经沦为了濒危动物。同样，只见融资扩张的利而不见其弊的恒大，在房地产业进入低谷时就立即陷入了风雨飘摇的困境。

反之，做选择时见利又见弊，会更有助于我们预防风险，减少损失。也许孔雀智商不高，做不到这点，但我们人应该可以做到。一个人工作能力强、业绩突出，往往容易遭人嫉妒和打压。但如果你能见利又见弊，也许就会表现得更加谦虚一些，就会像张良一样避免兔死狗烹的韩信式的悲剧。

总之，我们做选择时不能像孔雀一样只见利、不见弊，否则，我们很可能就会像孔雀一样陷入濒危的生存困境。

十二、2015年管理类联考真题

【试题回放】

根据下述材料,写一篇700字左右的论说文,题目自拟。

孟子曾经引用阳虎的话:"为富,不仁矣;为仁,不富矣。"(《孟子·滕文公上》)这段话表明了古人对当时社会上为富、为仁现象的一种态度,以及对两者之间关系的一种思考。

【参考范文】

为富为仁,未必矛盾

孟子认为,为富为仁必然矛盾,不可兼得。这在逻辑上难以必然成立。

首先,为富未必就要去为不仁。俗话说,君子爱财,取之有道。一个人未必要通过不道德的手段,靠自己的勤劳、胆识、能力、技术等正当方法,也完全可以获得应有的回报和财富。"富而行其德"的范蠡,"儒商代表"子贡,"爱国侨商"陈嘉庚,"红色资本家"荣毅仁,同获"改革开放四十年杰出民营企业家"称号的陶华碧和曹德旺……就是"既富且善"的最好例证。

其次,为富有时更有助于为仁。一个人光有一颗善心是不够的,而财富正好能让它的拥有者更好地帮助那些需要帮助的人。盖茨、巴菲特不仅是世界首富,也是世界首善,他们共同捐助的基金会慷慨地帮助了全世界多少贫病的弱者?要做到这样的大善,没有钱能行吗?

最后,为仁未必就会导致不富。诚信经营,努力为客户创造更多的价值,这是仁,而这样的仁也是最容易获得高额回报的。盖茨的 Windows、Office 系统造福了无数电脑人,也因此成就了他的"世界首富"。袁隆平研发出杂交水稻,让中国十几亿人吃饱了饭,可谓当今中国最大的仁者。但这样的仁者贫穷了吗?要知道他也是中国最富有的人之一啊。

相反,如果顽固地坚持为富为仁是矛盾的,这种错误思想就很容易一方面导致某些人不去为仁,因为为仁就会沦为贫穷;另一方面又会导致某些人仇视财富,排挤和打压富人——最后的结果是全社会的普遍贫困。仓廪实而知礼节,在一个普遍贫困的社会里,谁相信它会有多少仁义道德?

当然,现实生活中确实有一些为富不仁者,这无疑是要引起我们高度警惕的。我们要通过网络、舆论、道德乃至法律的力量来约束他们的不仁行为。但我们不能因此就以偏概全地认为为富和为仁就是绝对对立的。

十三、2016年管理类联考真题

【试题回放】

根据下述材料,写一篇700字左右的论说文,题目自拟。

亚里士多德说:"城邦的本质在于多样性,而不在于一致性。……无论是家庭还是城邦,它们的内部都有着一定的一致性。不然的话,它们是不可能组建起来的。但这种一致性是有一定限度的。……同一种声音无法实现和谐,同一个音阶也无法组成旋律。城邦也是如此,它是一个多面体。人们只能通过教育使存在着各种差异的公民统一起来,组成一个共同体。"

【参考范文】

多样性与一致性的统一

亚里士多德不愧是伟大的哲学家,短短一段话却蕴含着丰富深刻的哲理。是啊,不仅城邦,所有事物,乃至整个世界,都是多样性与一致性的统一。

首先,多样性是世界存在的基本特征。莱布尼兹曾经说过,凡物莫不相异,天底下甚至找不到完全相同的两片树叶。同样,就算是同一城邦的任何两个公民,同一班级的任何两个学生,甚至同一家庭的任何两个孪生兄弟,初看可能很相似,细看却总能找到各种各样的差异……总之,我们所生活于其中的就是这样一个由差异性和多样性编织而成的世界。

其次,多样性是机体存活的必需基础。真正有生命活力的机体,分而言之都是由各种不同的部分构成的。同一个音阶无法组成旋律,任何一个眼睛、鼻子之类的器官,也都无法单独组成一个完整的人,只有各种不同的器官通过分工合作,才能构建出人。同样,城邦也是由不同的机构、政党、公民组成的,企业则是由不同的部门、员工组成的,缺少任何一个多样性的部分,整个组织都有可能丧失生命活力。

最后,多样性是组织进化的积极动力。组织中不同个体间往往可以相互切磋学习,相互鞭策竞争,从而促使各个体乃至整个组织的进步和进化。我国先秦、古希腊思想的繁荣,无不得益于当时各种思想流派的争鸣。同样,不同学生、不同企业的存在,就像一只无形的手,都会有力地推进教育和市场的发展。

当然,我们也不能因此就忽视一致性。一致性也是组织不可或缺的,没有一致性的多样性只是一盘散沙。试想各部分、各成员之间如果没有任何一致性,现在的家庭、学校、城邦,乃至整个社会以及我们的身体,就都会分崩离析。

所以,作为组织的领导者,在充分尊重多样性的基础上,也要尽量要做到多样性和一致性的和谐统一。

十四、2017 年管理类联考真题

【试题回放】

根据下述材料,写一篇 700 字左右的论说文,题目自拟。

一家企业遇到了这样一个问题:究竟是把有限的资金用于扩大生产呢,还是用于研发新产品?有人主张投资扩大生产,因为根据市场预测,原产品还可以畅销三到五年,由此可以获得可靠而丰厚的利润。有人主张投资研发新产品,因为这样做虽然有很大的风险,但风险背后可能有数倍甚至数十倍于前者的利润。

【参考范文】

研发新产品,赢得大未来

有限的资金究竟应该用于扩大生产,还是用于研发新产品?企业内部两派意见针锋相对。如果企业生存基本无忧,且有限的资金无法二者兼顾,我就会着眼未来,大胆地选择研发新产品。

首先，研发新产品可以带来更丰厚的利润、更长远的利益。新产品一旦研发成功，由于市场上没有真正的竞争对手，所以，产品也许会很好销，定价也可以较高，于是利润很可能要数倍甚至数十倍于原有产品。赚到这些丰厚的利润，再拿它们去研发第二代、第三代新产品，企业就可以进入良性循环的蓝海，一步一步把市场上其他竞争者远远地甩在身后！

也许有人会说：原产品还可以继续畅销三五年，干吗要放弃唾手可得的利润去研发什么新产品？这样的想法就更是鼠目寸光了！做企业怎能为一点眼前利益而牺牲长远利益呢？试想，如果现在不研发新产品，三五年之后也许就只能坐以待毙了。柯达和诺基亚的悲剧，还不足以让我们警醒吗？反之，苹果就是靠 iPad、iPhone，腾讯就是靠 QQ、微信等一代又一代新产品才持续笑傲江湖的！

可是，研发新产品有风险呀，失败了怎么办？对此，我的回答是：没有无风险的经营，企图规避所有风险，那不过是幼稚的一厢情愿，因为你吃饭还有被噎死的风险呢！而且利润和风险成正比，只有一定程度的风险，才能把某些企图分食你利润的人吓退。当然，有风险就可能失败，但有风险并不意味着就肯定失败！何况就算这次研发失败了，但失败也会带来经验和教训，从而有助于下一次新产品研发的成功。

当然，如果企业现在濒临破产，那么扩大生产、赚取可靠利润以求得生存，就是刻不容缓的当务之急。但一旦企业的生存无忧，我就会毅然决然地投资研发新产品，因为只有这样，企业才有真正的未来！

十五、2018 年管理类联考真题

【试题回放】

根据下述材料，写一篇 700 字左右的论说文，题目自拟。

有人说，机器人的使命，应该是帮助人类做那些人类做不了的事，而不是代替人类。技术变革会夺取一些人低端繁琐的工作岗位，最终也会创造更高端、更人性化的就业机会。例如，历史上铁路的出现抢去了很多挑夫的工作，但又增加了千百万的铁路工人。人工智能也是一种技术变革，人工智能也将促进未来人类社会的发展。有人则不以为然。

【参考范文】

人工智能，人类福音

近年来，人工智能取得了突飞猛进的巨大成就，但也引起了世人的热议。对此，我坚持认为，人工智能是当今人类的伟大福音。

首先，人工智能将会替人完成许多低端工作。因为受限于科技发展的水平，现在还有很多人在做那些低端的、不人性的工作：扫地洗碗、流水线上的机械操作、危险性很高的消防救援……可喜的是，随着人工智能的发展，这些工作有朝一日完全可以由人工智能来完成。这样，也许成本更低，效率更高，同时也能把人解放出来，让人类重获自由去从事更人道、更有价值的工作。

其次，人工智能也会创造许多新的就业机会。对人工智能的发展，有些人担心，它会不会和人抢夺就业机会？这种担心应该是多余的。在近代，铁路的出现抢去了很多挑夫的工作,但又增加了千百万的铁路工人。同样,人工智能也必将像历史上所有的技术变革一样,在夺取一些人低端繁琐的工作岗位的同时,最终也会创造更多、更高端、更人性化的就业机会。

最后,人工智能更会促进未来社会的大发展。从原始人火的使用、打猎工具,到后来的畜牧、冶铁、印刷,再到今天的网络、卫星、生物……人类社会的每一次重大进步,无不是这些技术变革推动的结果。同样,人工智能正在并必将会在交通、城市管理、医疗、教育等方面推进人类社会的发展。

可是,人工智能会不会最终代替我们人类? 对此,我们不必杞人忧天。因为人工智能只是对人的模仿,所以最终不可能超越母本人类;另外,它的风险弊端应该是可以被理性的人类基本掌控的。历史上曾经让人惶恐一时的毒气、原子能、克隆等技术,现在人类对它们的控制和运用总体上不就是良性的吗?

所以,放下不必要的顾虑,让我们热烈地期待人工智能这项伟大的技术变革,能最大程度地造福人类、解放人类!

十六、2019年管理类联考真题

【试题回放】

根据下述材料,写一篇700字左右的论说文,题目自拟。

知识的真理性只有经过检验才能得到证明。论辩是纠正错误的途径之一,不同观点的冲突会暴露错误而发现真理。

【参考范文】

论辩:人类求真的利器

如何更好地检验和发现真理? 也许方法与途径有多种多样。但毫无疑问,论辩是人类追求真理最重要的利器之一。

首先,真理不是主观的宣称,论辩会通过不断地盘问和质疑,从而有助于检验真理。任何人的思想都有一定的主观性,所以你再拼命宣称自己的思想绝对是真理,也没有任何真理的价值。只有经得起检验的思想,才有可能是真理。虽然实践是检验真理的最终标准,但论辩一定程度上也可以检验出某些思想的质量。试想,论辩时漏洞百出、经不起别人盘问和质疑的思想,又如何让人相信它是真正的真理?

其次,人人都有认识的局限,论辩会充分暴露出各自的错误,从而有助于发现真理。表象不是真理,真理往往隐蔽而艰深。同时,任何个人的理性和认识能力又都是有限的,因此,我们的思想总是充斥着各种错误而不自知。这时,论辩就可以帮助我们彼此认识和走出误区。科学史上的生物进化论、波粒二象性……就都是在长期持续的论辩过程中不断地发现自身存在的问题,并逐步完善发展起来的。甚至通过论辩,我们还可以相互激荡和启发,碰擦出全新的灵感和思想的火花,从而开启一片崭新的真理的视域。

最后,人人都有好强的心理,论辩会倒逼双方努力想得更好,从而有助于接近真理。每个人的思想千差万别,不同的思想一接触就有可能引发争论,遭到反驳和质疑。为避免一出口就出丑、就被人轻易驳倒的尴尬,我们自会倒逼自己,事先努力审查和完善自己的思想,找到那个过硬的、经得起质疑、让对方不得不接受的公共真理。

先秦的百家争鸣、欧洲的文艺复兴，都是史上少有的大论辩时期，同时也是人类思想史上最伟大的创新和繁荣的巅峰期。回顾过去，展望未来，用好论辩这把求真的利器，也许我们就能发现更多闪光的真理！

十七、2020年管理类联考真题

【试题回放】

根据下述材料，写一篇700字左右的论说文，题目自拟。

据报道，美国航天飞机"挑战者号"采用了斯沃克公司的零配件。该公司的密封圈技术专家博易斯乔利多次向公司高层提醒：低温会导致橡胶密封圈脆裂而引发重大事故。但是，这一建议一直没有受到重视。1986年1月27日，佛罗里达州卡纳维拉尔角发射场的气温降到零度以下，美国宇航局再次打电话给斯沃克公司，询问其对航天飞机的发射还有没有疑虑之处。为此，斯沃克公司召开会议，博易斯乔利坚持认为不能发射。但公司高层认为他所持理由还不够充分，于是同意宇航局发射。1月28日上午，航天飞机离开发射平台，仅过了73秒，悲剧就发生了。

【参考范文】

别再让悲剧重演

1986年1月28日，那是一个寒冷的冬日。这天上午，美国挑战者号航天飞机开始发射。但仅仅过了73秒，原本可以避免的悲剧还是发生了。是谁导致了这场悲剧？毫无疑问，是斯沃克公司的高层领导。

首先，身为高层领导，竟然不听取技术专家的意见。专家之所以是专家，是因为他对这个专业领域有着比你更精深的研究。并且，大多数专家身上有一股高层所没有的、唯真理是从的可贵品质。所以，他们的意见是非常宝贵的。但斯沃克的高层就是不懂这些，结果不仅浪费了博易斯乔利这样的专家价值，也给公司和国家造成了巨大的损失。

其次，身为高层领导，竟然不重视坚决反对的声音。决策过程中总会出现一些反对者。如果反对的声音不够坚决，也许是因为他自己没想清楚。但如果出现坚定的反对者，那高层领导就要特别注意。显然，博易斯乔利的反对从头到尾都是坚定的，这足以说明他的深思熟虑。可斯沃克的高层竟然一直没有重视他的反对意见，最后导致了悲剧的出现。

最后，身为高层领导，竟然抱有安全上的侥幸心理。俗话说，不怕一万，就怕万一。尤其是对零配件更要特别警惕，因为它们不太起眼，但有时候恰恰就是细节成定成败。博易斯乔利多次警告密封圈脆裂的风险，斯沃克高层最终还是认为他理由不充分。其实，无论是事前的分析预测、当时的气温条件，还是宇航局再次致电的疑虑，甚至事后的悲剧都说明，博易斯乔利反对发射的理由是非常充分的。斯沃克高层所以武断地同意发射，说穿了只是因为他们安全意识淡薄，因此心存侥幸！但73秒之后的事故，瞬间就摧毁了这种脆弱的侥幸。

挑战者号的悲剧已经过去了30多年，我们这些未来的管理者必须从斯沃克高层那里吸取教训，别再让类似本可避免的悲剧重演！

十八、2021年管理类联考真题

【试题回放】

根据下述材料,写一篇700字左右的论说文,题目自拟。

我国著名实业家穆藕初在《实业与教育之关系》中指出,教育最重要之点在道德教育(如责任心和公共心之养成,机械心之拔除)和科学教育(如观察力、推论力、判断力之养成)。完全受此两种教育,实业中坚人物遂由此产生。

【参考范文】

实业家必受德科两教育

我国著名实业家穆藕初在论及实业与教育的关系时指出,教育的重点是"道德教育"和"科学教育"两手都要抓的"完全教育"。只有这样的完全教育,才能培养出作为国家和社会之"中坚"的实业家。对此,我深表赞同。

首先,道德教育是实业家之精神力量养成的基础。俗话说,若欲成天下一等之大业,必先立天下一等之大志。否则,就不可能有成就一等大业所必需的巨大坚韧的精神力量。1895年,正值国家民族危亡之际,从小接受"修身齐家治国平天下"的儒家道德教育的张謇,毅然走下状元神坛,率先屈身在南通下海创办大生纱厂。因为心里时刻激荡着"实业报国"的伟大理想,日后他才能克服重重困难,聚集各方力量,催生了江南工商业的蓬勃发展。

其次,科学教育是实业家之实业能力养成的前提。历史进入近代,科学技术一跃成为第一生产力。这时,实业家实业报国的理想就只能靠科学才能实现。1915年,范旭东痛感传统土法制盐的纯度只有50%,更不忍国人被西方人讥笑为"食土民族",毅然在天津塘沽的渔村创办久大精盐公司,并很快把盐的纯度提高到90%以上!为什么范旭东能做出这样的大实业?那是因为他是日本京都帝国大学化学系的高才生,受过严格的科学教育!

再次,这两种教育中的任何一种教育都不可偏废。一个人缺乏道德教育,尤其是缺乏责任心的教育,就很难认真踏实地做有难度的实业;缺乏公共心的教育,做出来的也可能是三鹿一样的毒奶"实业"。缺乏科学教育,尤其是缺乏观察力、推理能力和判断力的训练,就很难为自己的实业做出正确的决策。

总之,真正的实业家必须充分接受道德和科学两种教育。而在美留学八年的"棉花大王"穆藕初本人就是完全受此两种教育的实业家的杰出代表。所以,他的提醒对我们现今实业人才的培养来说,仍然是非常值得借鉴的。

十九、2022年管理类联考真题

【试题回放】

根据下述材料,写一篇700字左右的论说文,题目自拟。

鸟类会飞是因为它们在进化中不断优化了其身体结构。飞行是一项较特殊的运动,鸟类的躯干进化成了适合飞行的流线型;飞行也是一项需要付出高能量代价的运动,鸟类增强了翅膀、胸肌部位的功能，又改进了呼吸系统，以便给肌肉持续提供氧气。同时，鸟类在进化过程中舍弃了那些沉重的、效率低的身体部件。

【参考范文】

全力聚焦目标，全面优化结构

为了能让自己自如地飞起来，鸟类在进化时竭尽全力地优化了自身结构的每一个部分。读完这则材料，作为管理类考生，我似乎悟到了这样一个道理：一个组织必须全力聚焦目标，全面优化结构。

组织为什么必须全力聚焦目标，全面优化结构？

首先，这样能更好地打造组织型态。组织是围绕着特定的目标而组建的，因此，能帮助组织更好地实现预定目标的组织型态才是好的组织型态。鸟类为了能飞行，它把自己的躯干进化成了流线型。同样地，军队为了统一指挥战斗，大多选择军师旅团营连班这样锥形的组织型态。而谷歌这样的互联网、高科技企业，为了方便沟通，鼓励创意，选择的多是扁平化的组织型态。

其次，这样能更好地增强部门功能。有利于实现组织目标的部门，必须大力加强，否则它们对组织目标的支持就会力不从心。为聚焦于需要巨大消耗的飞行目标，鸟类就竭力增强了自己的翅膀、胸肌和呼吸系统。同样地，为把自己打造成全世界最顶尖的通信设备供应商，华为就规定每年至少要拿出10%的营收投入研发，研发人员也要占到公司员工的50%。只有这样，华为的5G技术才会始终排名世界第一。

再次，更好地舍弃低效部分。环境和目标改变之后，组织中的有些部分可能就变得低效或多余，这些部分就必须精减或舍弃，否则就会成为组织实现目标的障碍。为此，大部分的飞鸟就舍弃了走兽那样的大腿和大胃。同样地，乔布斯重新执掌濒临破产的苹果后，就大刀阔斧地砍掉了许多原先杂乱的产品线和产品开发部门，集中全公司的精力，最终研发出了畅销全球的 iPhone。

总之，组织发展的目标一旦确定，我们就应该像鸟的进化一样，全力聚焦预定目标，全面优化组织结构，这样，我们的组织才能实现腾飞！

二十、2023年管理类联考真题

【试题回放】

根据下述材料，写一篇700字左右的论说文，题目自拟。

人们常说"领导艺术"，可见领导与艺术之间存在着某种相似点，如领导一个团队完成某项任务就和指挥一个乐队演奏某首乐曲一样。

【参考范文】

领导和艺术的相似点

领导是一门科学，也是一门艺术，领导和艺术，尤其是乐队指挥艺术之间存在着许多相似点。

首先，领导和艺术都需要独特的创造。为了演奏好一首乐曲，优秀的指挥家需要自身对乐谱有独特的感悟，并选择适当的乐器、乐手、基调、节奏来创造性地指挥排练和演奏。同样，领导人在领导团队完成某项有难度的新任务时，也必须结合具体情景，不断地寻找新的解决方案。改革开放的总设计师邓小平，就是这样创造性的领导艺术家。反之，像赵括、马谡之类的书呆子或教条主义者，最终注定是要失败的。

其次，领导和艺术都需要有机地整合。单一的颜色不是画，单一的声音不是音乐。乐手们使用不同的乐器，发出不同的声音，乐队指挥通过手势、眼神、表情等各种体态语言来把这些声音整合成和谐动听的音乐。团队的领导也必须首先明确下属的分工，然后再把他们有机地整合在一起，共同完成任务。当年的刘邦之所以能打败不可一世的项羽，关键就在于他整合人才的艺术远高于逞匹夫之勇的项羽。

再次，领导和艺术都需要热情的激励。艺术的本质在于兴，对于指挥艺术来说，很重要的一点就是兴发和激励乐手的热情。意大利指挥家里卡多·穆蒂曾被卡斯卡拉歌剧院的七百名员工炒了鱿鱼，原因是他们在联名信中所说的："你把我们看成乐器，而不是伙伴。"之后，他吸取教训，最终成为了一名善于倾听、理解和激励每一位乐手的杰出指挥家。同理，优秀的领导人也必须像杰克·韦尔奇一样，理解和尊重每一位下属，用自己的热情激发他们的潜能，激励他们每一个人发光发热，群策群力，这样的团队才会迸发出强大的生命力。

正因为领导和艺术，特别是和指挥艺术如此相似，所以团队领导也应该向优秀的指挥家学习他们的指挥和领导艺术。

二十一、2024 年管理类联考真题

【试题回放】

根据下述材料，写一篇 700 字左右的论说文，题目自拟。

发散性思维是指不依常规、寻求变异和多种答案的思维形式。具有这种思维形式的人，其言行往往会与众不同。

【参考范文】

发散性思维让人与众不同

一般人大多是墨守成规的单线思维。发散性思维是一种不依常规、寻求变异和多种答案的思维形式。因此，它会让具有这种思维形式的人显得与众不同。具体来说，与一般人相比，发散性思考者具有以下特点。

首先，认识事物时更能转换视角。一般人看事物，往往只有一个既定的角度，因此也只能看到事物的一个侧面、一种用途。比如风筝，一般人也许只看到它是一种玩具，但发散性思考者也许就可以想到，它还可以用来传递军事情报，当射击靶子，等等。再如，一般人觉得"有限性"就只是三个字而已，可发散性思考者会发散出去，想到个人时间、精力、知识的有限性，企业资金、技术、人才的有限性；想到用它来论证分工、合作、专注、学习、谦虚、宽容等许多论说文主题。

其次，运用知识时更会发挥联想。发散性思考者总想试着把现有的知识，从一个对象迁移到另一个对象。鲁班上山砍柴，被茅草划伤了手，因此发明了锯子。邓禄普用橡胶水管浇花,联想到把它装在自行车的木轮子上防震,于是发明了橡胶轮胎。福特参观芝加哥屠宰场的流水线时发现,一头头活牛赶进去,最后出来的是一块块牛肉。把屠宰的流程反过来,汽车生产流水线的伟大构想就随之出现了!

最后,处理问题时更有新意。发散性思考者总爱不依常规,探求多种可能的答案。因此,在面对棘手的难题时,一般人也许就束手无策了,发散性思考者可能此刻就会迸发出奇妙的思想火花。孙膑的围魏救赵,曹操的望梅止渴,诸葛亮的草船借箭,司马光的砸缸救人……这些奇思妙想无不说明发散性思考者在处理问题时是多么与众不同!

既然发散性思维能让我们在许多方面超越众人,那么,平时我们就应该自觉加强自己发散性思维的训练!

二十二、2025 年管理类联考真题

【试题回放】

根据下述材料,写一篇 700 字左右的论说文,题目自拟。

通常情况下,人们都希望被他人认可,被社会承认。这种心理会促使他们去接受某种评价标准,因为只有接受了标准并身体力行,他们才能被社会肯定,否则便会被认为不合群。

【参考范文】

接受评价标准,获得社会承认

为了获得他人的认可、社会的承认,通常情况下,我们必须接受某些评价标准。为什么这么说?

首先,要被别人认可,就必须接受别人的评价标准。比如,如果你的房东是一个非常爱干净、同时又非常讨厌宠物的老太太,你要想租住她的一间空房,就必须接受她的卫生标准,并保证不养宠物,否则,她很可能就不会接受你的租房要求——即使你已经租下了,过一段时间,她也会把你赶出去。

其次,要被社会认可,就必须接受社会的评价标准。比如,在公共场所,不能吸烟,不能大声喧哗;在人多的地方办事,应该排队,不能加塞;开车的时候,需要遵守交通规则……不接受这些社会的评价标准,就会遭到很多人的白眼、唾弃、指责,甚至制裁。严重到违法时,社会就会通过法律的暴力手段对你进行处罚。

至此,或许有人会问,接受别人和社会的评价标准,那不就等于丧失了自己的原则和个性?——对此,我的回答是,在公共领域里,真正正确的个人原则和积极的个性,从来不是个人主观任性的恣意妄为,而必须符合公共的社会标准。当然,在纯粹的私人领域,比如你在自己的房间里,无论是选择睡觉还是选择看书,别人的或社会的标准本来就不会干预,这时你尽管按照你的原则和个性行事。

最后,可能还有人会问,如果别人的评价标准不过是一些低级趣味,我们还要不要接受这样的标准去迎合他们?——对此,我要说,这种低级趣味的标准,因为不符合社会主流的观念和标准,所以不可能成为社会主流。显然,不合这样的低级群,才能更好地合社会主流的大群。

总之,只有接受并践行别人和社会的评价标准,我们才能真正获得别人和社会的承认。

参考文献 ✛

本书在写作过程中参考了许多国内外正式出版的著作和网络上的文章,难以一一注明。下面列出的仅是一些最主要的参考文献,难免挂一漏万,恳请谅解。

[1] 全国工商管理硕士入学考试研究中心.2014年MBA、MPA、MPAcc联考综合能力考试辅导教材[M].北京:机械工业出版社,2013.

[2] 全国工商管理硕士入学考试研究中心.2004年MBA联考综合能力考试辅导教材:逻辑与写作分册[M].北京:机械工业出版社,2003.

[3] 全国工商管理硕士入学考试研究中心.2002年MBA联考考前辅导教材:语文与逻辑分册[M].北京:机械工业出版社,2001.

[4] 陈君华.2006年MBA全国联考系列教材:写作[M].北京:人民出版社,2005.

[5] 陈君华.2016MBA、MPA、MPAcc管理联考写作高分应试教程[M].北京:机械工业出版社,2015.

[6] 陈君华.2016MBA、MPA、MPAcc联考综合能力写作高分指南[M].北京:北京航空航天大学出版社,2015.

[7] 陈君华.2016MBA、MPA、MPAcc联考综合能力写作历年真题名家详解[M].北京:高等教育出版社,2015.

[8] 陈君华.2016MBA、MPA、MPAcc联考综合能力写作临考冲刺[M].北京:北京航空航天大学出版社,2015.

[9] 陈君华.2017MBA、MPA、MPAcc、MEM管理联考与经济联考综合能力写作高分指南[M].北京:高等教育出版社,2016.

[10] 陈君华.2023MBA、MPA、MPAcc、MEM管理类与经济联考综合能力写作高分突破[M].北京:高等教育出版社,2022.

[11] 章培恒.高中古诗文辞典[M].上海:汉语大词典出版社,2003.

[12] 阙勋吾,等.古文观止(言文对照)[M].长沙:岳麓书社,1988.

[13] 陈振鹏.古文鉴赏辞典[M].上海:上海辞书出版社,2014.

[14] 吕氏春秋[M].张双棣,等译注.北京:北京大学出版社,2011.

[15] 卫绍生.唐宋名家文集:韩愈集[M].郑州:中州古籍出版社,2010.

[16] 卫绍生.唐宋名家文集:柳宗元集[M].郑州:中州古籍出版社,2010.

[17] 李之亮.唐宋名家文集:王安石集[M].郑州:中州古籍出版社,2010.

[18] 李之亮.唐宋名家文集:欧阳修集[M].郑州:中州古籍出版社,2010.

[19] 李之亮.唐宋名家文集:苏轼集[M].郑州:中州古籍出版社,2013.

[20] 何新所.唐宋名家文集:苏辙集[M].郑州:中州古籍出版社,2010.

[21] 周振甫.苏洵散文选[M].南京:江苏教育出版社,2005.